Winning COM.-PASS
ウィニング　コンパス

歴史総合の整理と演習

もくじ

① 東アジア

諸地域の成り立ち

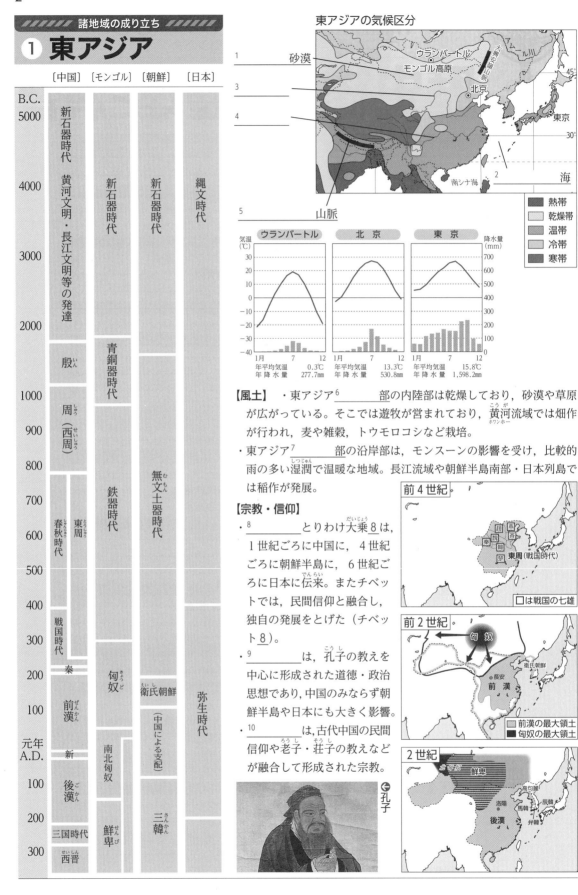

東アジアの気候区分

	B.C.	[中国]	[モンゴル]	[朝鮮]	[日本]

年表（縦軸：B.C.5000〜A.D.300）

[中国] 新石器時代／黄河文明・長江文明等の発達／殷／周（西周）／春秋時代／東周／戦国時代／秦／前漢／新／後漢／三国時代／西晋

[モンゴル] 新石器時代／青銅器時代／鉄器時代／匈奴／南北匈奴／鮮卑

[朝鮮] 新石器時代／無文土器時代／衛氏朝鮮／（中国による支配）／三韓

[日本] 縄文時代／弥生時代

気候区分（凡例）
- 熱帯
- 乾燥帯
- 温帯
- 冷帯
- 寒帯

1 ＿＿＿ 砂漠
3 ＿＿＿
4 ＿＿＿
5 ＿＿＿ 山脈
2 ＿＿＿ 海

雨温図

	ウランバートル	北京	東京
年平均気温	0.3℃	13.3℃	15.8℃
年降水量	277.7mm	530.8mm	1,598.2mm

【風土】
- 東アジア[6]＿＿＿部の内陸部は乾燥しており，砂漠や草原が広がっている。そこでは遊牧が営まれており，黄河流域では畑作が行われ，麦や雑穀，トウモロコシなど栽培。
- 東アジア[7]＿＿＿部の沿岸部は，モンスーンの影響を受け，比較的雨の多い湿潤で温暖な地域。長江流域や朝鮮半島南部・日本列島では稲作が発展。

【宗教・信仰】
- [8]＿＿＿とりわけ大乗[8]は，1世紀ごろに中国に，4世紀ごろに朝鮮半島に，6世紀ごろに日本に伝来。またチベットでは，民間信仰と融合し，独自の発展をとげた（チベット[8]）。
- [9]＿＿＿は，孔子の教えを中心に形成された道徳・政治思想であり，中国のみならず朝鮮半島や日本にも大きく影響。
- [10]＿＿＿は，古代中国の民間信仰や老子・荘子の教えなどが融合して形成された宗教。

← 孔子

前4世紀　□は戦国の七雄

前2世紀　匈奴／衛氏朝鮮／前漢　□前漢の最大領土　■匈奴の最大領土

2世紀　鮮卑／後漢

特集

〔中国〕	〔モンゴル〕	〔朝鮮〕	〔日本〕
東晋	五胡十六国 柔然	高句麗 伽耶	古墳時代
南北朝時代	柔然	高句麗 百済	古墳時代
隋	突厥		飛鳥時代
唐	突厥 ウイグル キルギス	渤海 新羅	奈良時代
十国	五代		平安時代
宋	遼 西夏	高麗	平安時代
南宋	金 モンゴル	高麗	鎌倉時代
元	北元		鎌倉時代
明	タタール・オイラト	（李氏）朝鮮	室町時代
明	タタール・オイラト	（李氏）朝鮮	安土・桃山時代
清	後金		江戸時代

（年代目盛：300, 400, 500, 600, 700, 800, 900, 1000, 1100, 1200, 1300, 1400, 1500, 1600, 1700）

【日本の歴史①　古代】

- [11]＿＿＿＿＿が大陸から伝来し，農耕文化が広がるとともに，日本列島各地で「クニ」が形成されていった。
- 古墳時代，各地で台頭した豪族らは，[12]＿＿＿＿＿という連合体をつくった。
- 遣隋使や遣唐使が派遣され，中国の[13]＿＿＿＿＿制度を模範とする，天皇を中心とした[13]国家が形成された。

【日本の歴史②　中世】

- 軍事力を背景に[14]＿＿＿＿＿の階層が権力をもち，鎌倉・室町幕府が開設されるなど，政治に大きな影響を与えた。
- 室町幕府の権力が低下すると，戦国大名が出現。

【日本の歴史③　近世】

- スペイン船やポルトガル船が来航し，ヨーロッパの知識や文化が直接伝来。
- [15]＿＿＿＿＿幕府による全国支配のもとで，戦乱のない時代が続き，飛躍的に経済が発展し，豊かな文化が生まれた。

【中国の歴史】

- 中国全土を初めて統一した秦やその後の漢によって，皇帝を中心とした国家を形成。
- 隋の滅亡後に中国を統一した[16]＿＿＿＿＿は律令を整備し，長安を中心とする中央集権国家を確立させた。
- [17]＿＿＿＿＿帝国は領土を広げ，朝鮮の高麗を服属させ，中国の南宋を滅ぼし，日本へ侵攻した。

【朝鮮半島の歴史】

- 高句麗・百済・[18]＿＿＿＿＿の分立状態から[18]が朝鮮半島を統一した。
- 高麗の後に朝鮮半島を統一した[19]＿＿＿＿＿は官僚制度を整え，豊臣秀吉の侵攻を防いだ。

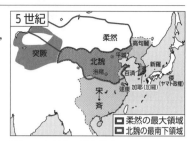

5世紀

7世紀

11世紀

13世紀

15世紀

↑チンギス=ハン

諸地域の成り立ち

② 南アジア・東南アジア

南アジア・東南アジアの気候区分

〔インド〕 〔半島部〕〔島嶼部〕

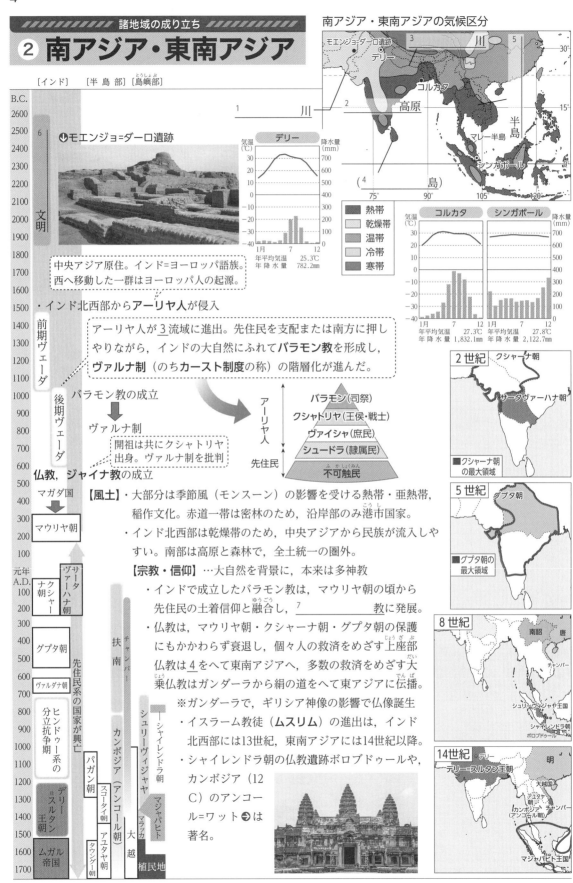

←モエンジョ＝ダーロ遺跡

デリー
気温(℃) 降水量(mm)
年平均気温 25.3℃
年降水量 782.2mm

熱帯
乾燥帯
温帯
冷帯
寒帯

コルカタ
気温(℃) 降水量(mm)
年平均気温 27.3℃
年降水量 1,832.1mm

シンガポール
年平均気温 27.8℃
年降水量 2,122.7mm

中央アジア原住。インド＝ヨーロッパ語族。
西へ移動した一群はヨーロッパ人の起源。

・インド北西部から**アーリヤ人**が侵入

アーリヤ人が3流域に進出。先住民を支配または南方に押し
やりながら、インドの大自然にふれて**バラモン教**を形成し、
ヴァルナ制（のち**カースト制度**の称）の階層化が進んだ。

バラモン教の成立

ヴァルナ制

開祖は共にクシャトリヤ
出身。ヴァルナ制を批判

仏教，ジャイナ教の成立

バラモン（司祭）
クシャトリヤ（王侯・戦士）
ヴァイシャ（庶民）
シュードラ（隷属民）
不可触民

アーリヤ人
先住民

【風土】・大部分は季節風（モンスーン）の影響を受ける熱帯・亜熱帯，
稲作文化。赤道一帯は密林のため，沿岸部のみ港市国家。
・インド北西部は乾燥帯のため，中央アジアから民族が流入しや
すい。南部は高原と森林で，全土統一の圏外。

【宗教・信仰】…大自然を背景に，本来は多神教
・インドで成立したバラモン教は，マウリヤ朝の頃から
先住民の土着信仰と融合し，7＿＿＿＿＿＿＿教に発展。
・仏教は，マウリヤ朝・クシャーナ朝・グプタ朝の保護
にもかかわらず衰退し，個々人の救済をめざす上座部
仏教は4をへて東南アジアへ，多数の救済をめざす大
乗仏教はガンダーラから絹の道をへて東アジアに伝播。
※ガンダーラで，ギリシア神像の影響で仏像誕生
・イスラーム教徒（**ムスリム**）の進出は，インド
北西部には13世紀，東南アジアには14世紀以降。
・シャイレンドラ朝の仏教遺跡ボロブドゥールや，
カンボジア（12
C）のアンコー
ル＝ワット➋は
著名。

2世紀 クシャーナ朝
サータヴァーハナ朝
■クシャーナ朝
の最大領域

5世紀 グプタ朝
■グプタ朝の
最大領域

8世紀 南詔 唐
チャンパー
シュリーヴィジャヤ王国
シャイレンドラ朝
ボロブドゥール

14世紀 デリー 明
デリー＝スルタン王朝
大越国
アユタヤ朝
カンボジア チャンパー
（アンコール朝）
マジャパヒト王国

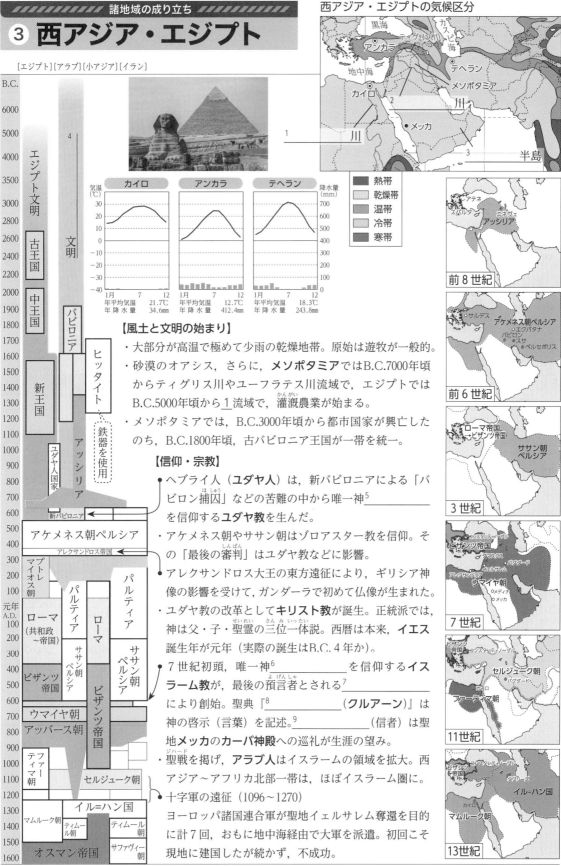

諸地域の成り立ち
③ 西アジア・エジプト

〔エジプト〕〔アラブ〕〔小アジア〕〔イラン〕

西アジア・エジプトの気候区分

■	熱帯
▨	乾燥帯
▧	温帯
▦	冷帯
▨	寒帯

カイロ
年平均気温　21.7℃
年降水量　34.6mm

アンカラ
年平均気温　12.7℃
年降水量　412.4mm

テヘラン
年平均気温　18.3℃
年降水量　243.8mm

前8世紀

前6世紀

3世紀

7世紀

11世紀

13世紀

【風土と文明の始まり】
- ・大部分が高温で極めて少雨の乾燥地帯。原始は遊牧が一般的。
- ・砂漠のオアシス，さらに，**メソポタミア**ではB.C.7000年頃からティグリス川やユーフラテス川流域で，エジプトではB.C.5000年頃から_1_流域で，灌漑農業が始まる。
- ・メソポタミアでは，B.C.3000年頃から都市国家が興亡したのち，B.C.1800年頃，古バビロニア王国が一帯を統一。

【信仰・宗教】
- ・ヘブライ人（**ユダヤ人**）は，新バビロニアによる「バビロン捕囚」などの苦難の中から唯一神_5_を信仰する**ユダヤ教**を生んだ。
- ・アケメネス朝やササン朝はゾロアスター教を信仰。その「最後の審判」はユダヤ教などに影響。
- ・アレクサンドロス大王の東方遠征により，ギリシア神像の影響を受けて，ガンダーラで初めて仏像が生まれた。
- ・ユダヤ教の改革として**キリスト教**が誕生。正統派では，神は父・子・聖霊の三位一体説。西暦は本来，**イエス**誕生年が元年（実際の誕生はB.C.4年か）。
- ・7世紀初頭，唯一神_6_を信仰する**イスラーム教**が，最後の預言者とされる_7_により創始。聖典『_8_（**クルアーン**）』は神の啓示（言葉）を記述。_9_（信者）は聖地**メッカ**の**カーバ神殿**への巡礼が生涯の望み。
- ・聖戦を掲げ，**アラブ人**はイスラームの領域を拡大。西アジア～アフリカ北部一帯は，ほぼイスラーム圏に。
- ・十字軍の遠征（1096～1270）
  ヨーロッパ諸国連合軍が聖地イェルサレム奪還を目的に計7回，おもに地中海経由で大軍を派遣。初回こそ現地に建国したが続かず，不成功。

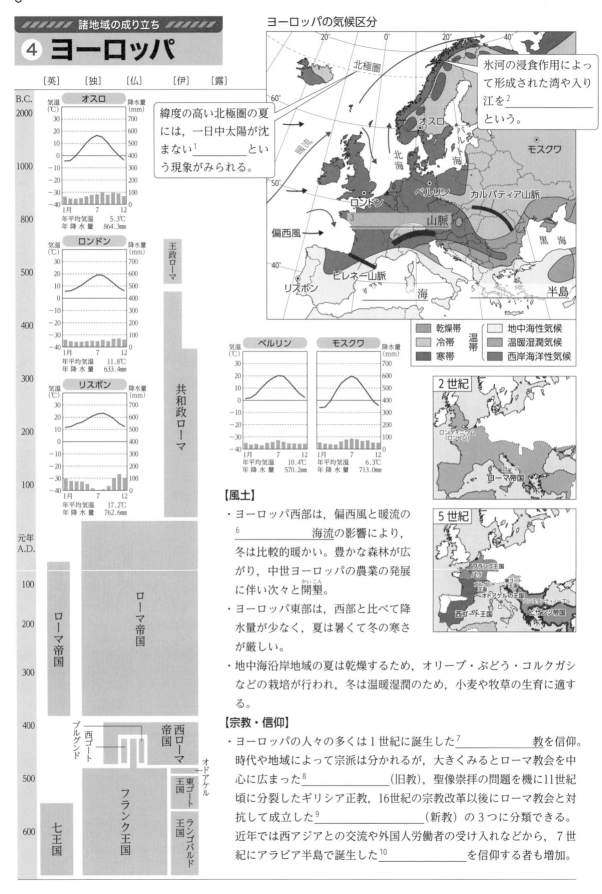

諸地域の成り立ち
④ ヨーロッパ

〔英〕　〔独〕　〔仏〕　〔伊〕　〔露〕

ヨーロッパの気候区分

緯度の高い北極圏の夏には，一日中太陽が沈まない[1]＿＿＿＿＿という現象がみられる。

氷河の浸食作用によって形成された湾や入り江を[2]＿＿＿＿＿という。

オスロ
気温（℃）／降水量（mm）
年平均気温　5.3℃
年降水量　864.3mm

ロンドン
気温（℃）／降水量（mm）
年平均気温　11.8℃
年降水量　633.4mm

リスボン
気温（℃）／降水量（mm）
年平均気温　17.2℃
年降水量　762.6mm

ベルリン
年平均気温　10.4℃
年降水量　570.2mm

モスクワ
年平均気温　6.3℃
年降水量　713.0mm

気候区分凡例：
乾燥帯／冷帯／寒帯｜温帯：地中海性気候／温暖湿潤気候／西岸海洋性気候

2世紀
5世紀

【風土】
・ヨーロッパ西部は，偏西風と暖流の[6]＿＿＿＿＿海流の影響により，冬は比較的暖かい。豊かな森林が広がり，中世ヨーロッパの農業の発展に伴い次々と開墾。
・ヨーロッパ東部は，西部と比べて降水量が少なく，夏は暑くて冬の寒さが厳しい。
・地中海沿岸地域の夏は乾燥するため，オリーブ・ぶどう・コルクガシなどの栽培が行われ，冬は温暖湿潤のため，小麦や牧草の生育に適する。

【宗教・信仰】
・ヨーロッパの人々の多くは1世紀に誕生した[7]＿＿＿＿＿教を信仰。時代や地域によって宗派は分かれるが，大きくみるとローマ教会を中心に広まった[8]＿＿＿＿＿（旧教），聖像崇拝の問題を機に11世紀頃に分裂したギリシア正教，16世紀の宗教改革以後にローマ教会と対抗して成立した[9]＿＿＿＿＿（新教）の3つに分類できる。近年では西アジアとの交流や外国人労働者の受け入れなどから，7世紀にアラビア半島で誕生した[10]＿＿＿＿＿を信仰する者も増加。

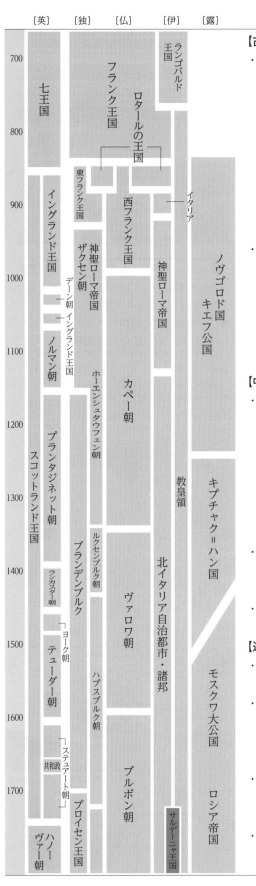

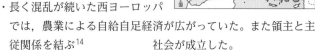
↑アクロポリス

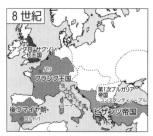
8世紀

13世紀

15世紀

【古代ヨーロッパの歴史】

・紀元前2000年頃，地中海に浮かぶクレタ島にギリシア最初の文明が誕生。紀元前8世紀には都市国家である[11]＿＿＿が形成されたが，紀元前4世紀に北方マケドニアのアレクサンドロス大王によって統一。この頃のギリシア文化とオリエント文化が融合して形成された文化をヘレニズムと呼ぶ。

・ラテン人が建設した都市国家であるローマは，貴族中心の[12]＿＿＿政を採用。のちに帝政となってローマは繁栄を迎えたものの，2世紀後半以降から衰退（すいたい）し，395年にローマ帝国は東西へ分裂。

【中世ヨーロッパの歴史】

・4世紀後半のゲルマン人の大移動で西ローマ帝国は滅亡し，フランク王国が勢力を広げた。カール大帝の死後は3つに分裂し，のちのドイツ・フランス・イタリアを形成。10世紀には，東フランクに[13]＿＿＿帝国が誕生。

・長く混乱が続いた西ヨーロッパでは，農業による自給自足経済が広がっていた。また領主と主従関係を結ぶ[14]＿＿＿社会が成立した。

・11〜13世紀に行われた[15]＿＿＿の遠征（えんせい）により遠隔地との交易が発展し，中世都市が誕生。

【近代ヨーロッパの歴史】

・ローマ教会の権威（けんい）が衰（おとろ）え，古代ギリシア・ローマの文化を模範とした文化運動を[16]＿＿＿とよぶ。

・ローマ教皇の贖宥状（しょくゆうじょう）に対して行ったルターの批判を機に，[17]＿＿＿が始まった。プロテスタントの広がりに応じてカトリックも布教を行い，来日した[18]＿＿＿会のザビエルもその一員。

・羅針盤（らしんばん）の改良など，航海技術の発達により，15世紀末からアジアの香辛料などの産物を求めて，ヨーロッパ人による航路開拓が行われた（[19]＿＿＿時代）。

・16世紀から18世紀にかけて，ヨーロッパでは国王が絶対的な政治権力をもつ絶対王政が行われた。

1 アジア諸地域の繁栄と日本

東西の文明が結びつき始める時代。広い帝国の維持や、貿易による繁栄の背景にある、異文化に対する寛容と偏狭のせめぎ合いに着目しよう。

――― ポイント整理 ―――

1 16～17世紀の西アジア・南アジア・東南アジア 〈イスラームが活動圏を広げ、のちヨーロッパ諸国が来航〉

■オスマン帝国 …イスラーム教スンナ派

1300頃	小アジア（現トルコの地）に建国
1453	コンスタンティノープル（現[1]＿＿＿＿＿＿）を攻略し、ビザンツ帝国を滅ぼす
1520	スレイマン1世即位（～66）…全盛期

・北アフリカ・ハンガリー・イラクに領域拡大
・帝国内のキリスト教など異教徒には融和共存的
・ヨーロッパ諸国に、通商などでの恩恵的特権である[2]＿＿＿＿＿＿＿＿を容認

| 1683 | ウィーン包囲《第2回》失敗 → 衰退へ |

■サファヴィー朝 (1501～1736) …イスラーム教シーア派

首都イスファハーンが繁栄…「イスファハーンは世界の半分」
華麗な「王の広場」「王のモスク」⬆
ヨーロッパ～アジア諸国と広く通商
のちアフシャール朝 (1736～96)、ガージャール朝 (1796～) が興亡

16世紀の世界

神聖ローマ帝国
ウィーン
イスタンブル
オスマン帝国　サファヴィー朝
イスファハーン
ムガル帝国
明
メッカ
アユタヤ朝
マルク諸島

➡メッカのカーバ聖殿

➡タージ=マハル

■ムガル帝国 …イスラーム教スンナ派

1526	インド北西部から侵入、建国
1556	3代アクバル（～1605）
	非ムスリムへの人頭税廃止など、**ヒンドゥー教**徒などへの融和策
1658	6代アウラングゼーブ（～1707）…領域が最大
	信仰が厳格で、異教徒弾圧・人頭税復活 → 死後、帝国分裂へ

マルク諸島は、肉の保存に不可欠な香辛料のクローヴやナツメグの特産地。他に、胡椒はインド、シナモンはスリランカが特産

当時、インド洋の季節風貿易などにより、内陸部を結ぶ商業ルートも整備され、オスマン帝国・サファヴィー朝・ムガル帝国とも互いにつながり、西アジア～東南アジアにかけてのムスリム商人の活動が盛ん。聖地**メッカ**への巡礼も保護されていた。

■東南アジア …16世紀以降、ポルトガル・スペイン・イギリス・オランダなどが進出

・タイのアユタヤ朝南部のマレー半島からインドネシアにかけて、港市国家が発達し、貿易拠点となった…マラッカ王国など
・オランダの**東インド会社**の活動
　マルク諸島（モルッカ諸島、香料諸島）の[3]＿＿＿＿料⬆をヨーロッパに運び、巨利
　日本などアジア各地に商館を設置し、アジア域内貿易
・スペインは、植民地フィリピンのマニラに拠点を置き、ガレオン船➡により、メキシコのアカプルコから、マニラ経由で、ラテンアメリカ産の銀を中国に運んだ
　→ 中国は銀中心の貨幣制度へ

クローヴ

ナツメグ

❷ 中国を中心とする東アジア〈中華思想での閉鎖的な交易から，南アジアに至る交易ネットワークへ〉

(1) 明：周辺国と⁴＿＿＿＿＿関係による貿易

- 伝統的に，文明の中心「中華」に対し，周囲を「夷狄（野蛮人）」とみなした。
  - → 朝貢すれば，恩恵で数倍の返礼を賜与し，君臣関係を構築（**冊封**）
- 元を北方に追って成立した漢人国家の明は，異民族支配からの権威復活のため，
  周辺国に朝貢関係を求めた。ex. 鄭和の大艦隊のインド洋遠征

  その際，朝貢貿易こそを貿易とみなし，民間の海上貿易を禁止（⁵＿＿＿＿＿政策）。
  - ⇔ 中国人・日本人の密貿易集団の略奪行為「⁶＿＿＿＿＿」が多発

    ポルトガルが日中間を仲介した「南蛮貿易」で巨利

❶紫禁城　明代から約500年間の宮殿

> 「中華」思想に基づく蔑称の例を調べよう。

図（北狄・西戎・東夷・南蛮・中華の冊封・朝貢の図）

(2) 清の政治と経済

1616	ヌルハチが東北部の満洲人（⁷＿＿＿＿＿人）を統一，後金を建国
	〜次の代，内モンゴル・朝鮮を制圧，国号を清と改称〜
1644	農民反乱により明滅亡 → 清が北京入城

辮髪令…漢人男性に満洲人の風俗の辮髪➡を強制
反満洲思想・言論の抑圧

◁ 従来の統治制度を継承
　　冊封体制，官僚の登用試験⁸＿＿＿＿＿，朱子学など
　　要職も含め，民族を超えた人材登用

1661　4代⁹＿＿＿＿＿帝・5代**雍正帝**・6代¹⁰＿＿＿＿＿帝の全盛期（〜1795）

- ［領域］・9が，台湾など漢人の反抗を制圧，直轄地を画定
  - ・非直轄地の¹¹＿＿＿＿＿は自治…モンゴル，チベット，新疆など
  - ・東進するロシアと，東北部・モンゴルで国境画定
- ［貿易］・台湾平定後，上海・広州など4港での民間の海外貿易を公認（**互市**貿易）
  - ・治安のため，10はヨーロッパ貿易を¹²＿＿＿＿＿1港に限定し，公行という特許商人組合が独占
    - ［輸出品］**生糸**，絹・綿織物，**茶**，**陶磁器** → ヨーロッパに**シノワズリ**（中国趣味）ブーム
    - ［輸入品］¹³＿＿＿＿＿（メキシコ・日本産），綿花（インド産），**トウモロコシ・サツマイモ**（南米産）
- ［社会］・人口が急増 ← 経済活動の活発化，生育力の強い作物の輸入・普及 ◀
  - ・東南アジアなどへの移住者¹⁴＿＿＿＿＿（華人）の増加
- ［信仰］・イエズス会宣教師がカトリック布教のため来訪…円明園の設計に参加したカスティリオーネ［伊］など
  - ・典礼問題

    当初，典礼（孔子や祖先の崇拝）を認めるイエズス会のみ布教を許可。のち，ローマ教皇が典礼を否定したため，キリスト教布教を全面禁止

(3) 朝鮮

- 身分が固定的で，両班とよばれる地主層が特権階層として政権中枢を独占
- **豊臣秀吉**の**文禄・慶長の役**（1592〜93，97〜98）の侵略を受けるが，明の援軍もあり，撤退させる。
  その講和は，**徳川家康**の時に対馬の宗氏を介して実現。
  以後，将軍の代替わりに¹⁵＿＿＿＿＿使を派遣し，通交
- 清の攻撃に屈服し，冊封
- 貿易には消極的で，海禁政策

> だが両班は，清を「夷狄」とみなし，朝鮮こそが正統な中国文化の継承者と自負
> 　→ 朱子学の理念の徹底化など

(4) 琉球

- 明の冊封を受けた**琉球王国**を，薩摩の島津氏が侵攻，支配（1609）。
  だが，中国へ朝貢は継続し，日本との両属関係
- 中継貿易で繁栄…蝦夷地の**昆布**・俵物を中国へ。琉球の**砂糖**は日本への特産品

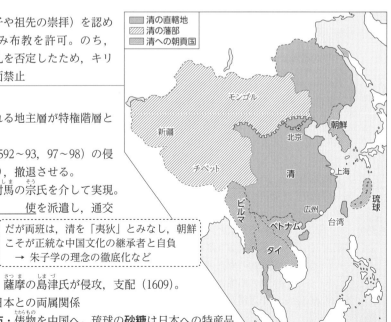

地図凡例：
清の直轄地／清の藩部／清への朝貢国

（地図中の地名）モンゴル，新疆，チベット，ビルマ，北京，朝鮮，上海，広州，清，台湾，琉球，ベトナム，タイ

③ 江戸時代の日本〈日本はなぜ鎖国をしたのか，なぜ鎖国が可能だったのか，を考えながら学ぼう〉

(1) 幕府による全国支配の体制——16 [　　　　] 体制

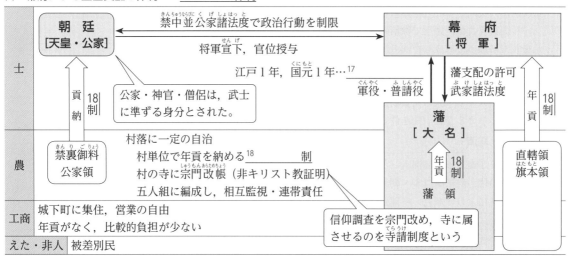

士	朝廷[天皇・公家] ←禁中並公家諸法度で政治行動を制限→ 幕府[将軍]
	将軍宣下，官位授与
	公家・神官・僧侶は，武士に準ずる身分とされた。
	貢納 18[　]制
	江戸1年，国元1年…17[　　]
	軍役・普請役 藩支配の許可 武家諸法度
	藩[大名]
	年貢 18[　]制
	直轄領 旗本領
農	禁裏御料 公家領
	村落に一定の自治
	村単位で年貢を納める18[　　]制
	村の寺に宗門改帳（非キリスト教証明）
	年貢 18[　]制 藩領
	五人組に編成し，相互監視・連帯責任
	信仰調査を宗門改め，寺に属させるのを寺請制度という
工商	城下町に集住，営業の自由 年貢がなく，比較的負担が少ない
えた・非人	被差別民

(2) 対外貿易から鎖国へ

1603	徳川家康に征夷大将軍の宣下
1604	長崎を拠点に朱印船貿易を開始
1609	朝鮮との貿易開始…対馬の19[　　]氏に独占権。釜山の20[　　]館で取引
	以後，将軍代替わりに派遣される**通信使**を仲介
	薩摩の21[　　]氏が琉球王国に侵攻・支配
	→ 将軍代替わりに慶賀使，国王即位には謝恩使を江戸に派遣
1612	幕府が直轄領にキリスト教禁止令（禁教令）
1613	全国に禁教令
1623	イギリスが日本から撤退
1624	スペイン船の来航禁止
1635	海外渡航・帰国の全面禁止
1639	ポルトガル船の来航禁止
1641	オランダ商館を**長崎**の23[　　]に移す（「24[　]国」の完成）
	初めてオランダ風説書の提出…来航のたび，海外情勢を報告
1689	中国人居住地として，長崎に25[　　　　]が完成

当初は貿易の発展をはかるが，キリスト教徒急増をみて鎖国に転換
→ 東南アジアの日本町は衰退

鎖国下での窓口「四つの口」

【松前口】
・松前藩がアイヌ交易を独占
・昆布・22[　　]（いりこ，干し鮑，ふかひれ）⬇を中国へ

【薩摩口】 【対馬口】 【長崎口】

いりこ
干し鮑
ふかひれ

(3) 江戸中期の改革と社会

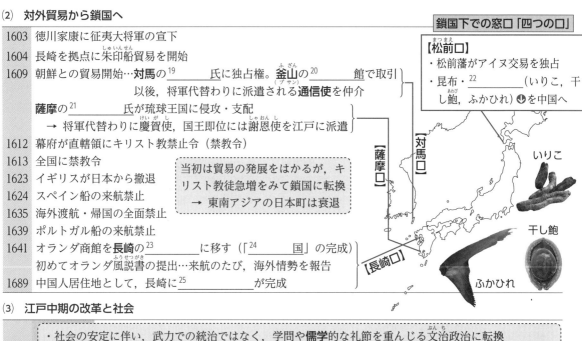

1650	・社会の安定に伴い，武力での統治ではなく，学問や**儒学**的な礼節を重んじる文治政治に転換 ・**新田開発**や，商品作物の栽培も進み，各地に**特産物** → 東廻り海運や西廻り海運の整備などで物流 → 26[　　]（大坂・京都・江戸）の発達。諸藩は大坂などに27[　　]屋敷。年貢米・特産物を換金
1700 元禄時代 正徳の政治 享保の改革	・大坂や京都を中心に元禄文化とよぶ町人文化が開花 ・貿易の発展や金銀の減産など → 貨幣改鋳（金銀の含有率削減）で対処，取引が混乱 → 新井白石は，海舶互市新例（正徳新令）で貿易制限 ・徳川吉宗は，漢訳洋書の輸入を緩和し，実学を奨励，蘭学を導入 → 輸入しにくくなった**生糸**・砂糖・28[　　]朝鮮などの国産化が進む
1750 田沼時代 寛政の改革	～年貢増徴などにより，百姓一揆が増え始める～ ・田沼意次は，商業を重視し，蝦夷地でのロシア交易を構想 ・銅などの専売制 → 銅や俵物を輸出し，銀の輸入をはかる ～天明の飢饉，浅間山噴火が発生～ ・松平定信が，農村復興や倹約による財政策など，幕政引き締め
1800	

諸藩も藩政改革
・藩校設立，人材養成
・特産物の専売 etc.
儒学のほか，国学も形成

▬▬▬▬▬▬▬▬▬▬▬▬▬▬▬▬ 問題演習 ▬▬▬▬▬▬▬▬▬▬▬▬▬▬▬▬

1 イスラーム帝国の繁栄　次の文を読んで，下の問いに答えよ。　〔21武蔵野大𝚰𝚰：改　20大阪学院大𝚰𝚰：改〕

　インドで起こった　ア　は，バーブルがその基礎を築いた。第3代皇帝アクバルは，ヒンドゥー教徒とイスラーム教徒の融合をはかったが，ⓐその後の第6代皇帝アウラングゼーブは，イスラーム教に傾倒し，ヒンドゥー教徒の反発を招いた。

　同じ時期，　イ　のスレイマン1世は，ヨーロッパ方面ではハンガリーにまで支配地域を拡大する一方，アジア方面ではⓑ1534年にイラン・イラクに遠征をし，イラク南部を獲得した。また，東地中海の制海権を獲得するなど，全盛期を築いた。1453年以降に首都となったイスタンブルは50万人を超える大都市に発展した。　イ　はイスラームを支配原理としたうえで，多様な民族との共存を図りながら中央集権的な統治体制を確立した。また，ⓒヨーロッパ諸国に対しては，通商などの恩恵的特権を与えた。

　1683年には第2次　ウ　包囲をおこなったが，激しい抵抗にあって失敗し，　イ　は多くの領土を失い，次第に衰退の途をたどっていくこととなった。

(1)　空欄ア・イに入る国名として最も適当なものを，それぞれ選べ。

　　① オスマン帝国　　② 神聖ローマ帝国　　③ ムガル帝国

(2)　空欄ウに入る都市名を答えよ。

(3)　下線部ⓐについて，アウラングゼーブが行った政策に関する説明Ｘ・Ｙについて，その正誤の組合せとして最も適当なものを，あとの①～④から選べ。

　　Ｘ：人頭税を廃止した。　　Ｙ：ヒンドゥー教寺院の破壊を命じた。

　　① Ｘ 正 Ｙ 正　　② Ｘ 正 Ｙ 誤　　③ Ｘ 誤 Ｙ 正　　④ Ｘ 誤 Ｙ 誤

(4)　下線部ⓑについて，この時期にイラン高原を拠点としていたイスラーム王朝はどれか。

　　① アユタヤ朝　　② ガージャール朝　　③ ササン朝　　④ サファヴィー朝

(5)　下線部ⓒについて，この特権を何というか。

2 東南アジアの貿易　次の文を読んで，下の問いに答えよ。　〔21関西大𝚰𝚰：改〕

　15世紀の東南アジアでは香辛料貿易が活発化し，特に　Ａ　海峡に面したイスラーム国家の　Ａ　王国が貿易ネットワークの中心として繁栄するなど，数多くの港市国家が誕生した。

　ヨーロッパにおける香辛料の需要の高まりを受けて香辛料貿易の独占を目指した　Ｂ　は，喜望峰をまわってインド西岸に到達したヴァスコ＝ダ＝ガマの航海によってインド航路を開拓し，1511年には　Ａ　を占領したが，香辛料貿易の独占には失敗した。これ以降ムスリム商人は　Ａ　を避け，新ルートを開拓した。その結果，東南アジア各地に交易拠点が形成された。　Ｂ　は1557年に中国沿海部のマカオでの居住を明朝から許可され，中国貿易の根拠地とした。また日本の平戸にも来航して当地を日本貿易の根拠地とし，アジア域内貿易を行った。

(1)　空欄Ａにあてはまる語句を答えよ。

(2)　空欄Ｂにあてはまる国名として適当なものを選べ。

　　① アメリカ　　② イギリス　　③ フランス　　④ ポルトガル

(3)　下線部について，港市国家について述べた文としてふさわしいものを選べ。　〔21國學院大𝚰𝚰〕

　　① 航海技術の進歩による産地と市場を結ぶ直航ルートの開発で，港市国家はさらに発展した。

　　② 港市国家は中国人商人やインド人商人，ムスリム商人が建設し，彼らが国を支配した。

　　③ 強大な海軍力を背景に広大な海域を領有し，海賊行為により富を集積した国家である。

　　④ 河口部の港を拠点に内陸部で農場や森林，鉱山を経営し，生産物を販売して利益を得た。

　　⑤ 海上交易に基盤をおき，集散地を兼ねる港を拠点に成立・発展した国家やその連合体である。

1	(1)ア	イ	(2)		(3)	(4)	(5)	
2	(1)		(2)		(3)			

3 清と東アジア諸国 次の文の空欄に適語を入れ，下の問いに答えよ。

[20甲南大学圏：改]

　ⓐ中国の歴代王朝を中心とする国家間関係が形成され，広大な領域が生み出す市場と商品を有する中国との貿易はアジア域内貿易の大動脈であった。14世紀に成立した明は，鄭和に大艦隊を率いさせ，周辺諸国との関係を強化した。その一方で，ⓑ民間貿易を認めなかったために，16世紀になると（①）による密貿易が活発化した。明が16世紀後半に民間貿易の禁止を緩和した結果，明と周辺国との間で活発な貿易が行われるようになった。ヨーロッパでは「大航海時代」に当たり，スペインはアジアとアメリカ大陸との貿易に従事し，ポルトガルは日明貿易に参入した。

　貿易の活性化は，各地で新興勢力の台頭を促した。中でも，中国の東北地方では満洲人によって後金が建国され，後に国号が清に改められた。清は1644年に北京を占領して明に代わって中国支配を開始した。

　漢人王朝の明が滅ぶと，満洲人の王朝である清にとって統治基盤の構築が重要な課題となった。清は，ⓒ明の制度を受け継ぎつつ，満洲人による支配を徹底した。さらに，（②）や乾隆帝をはじめとした皇帝のもと，17世紀末以降には支配領域を広げ，18世紀半ばに最大領域に達した。しかし，直轄領は中国内地・東北地方・台湾に過ぎず，ⓓモンゴル・青海・チベット・新疆などは間接統治であった。

　17世紀半ばは台湾を拠点に抵抗した鄭氏への対応として貿易を制限していたが，1683年に鄭氏を降伏させると，民間貿易も認められた。日本や朝鮮との貿易は停滞したが，東南アジアとの貿易は拡大し，多くの中国商人が活動した。また，ヨーロッパ船の清への来航も増大した。18世紀半ばにヨーロッパ船との取引は（③）1港に限定したが，ヨーロッパにおける生活革命に支えられて順調に拡大し，　A　などの輸出の対価として　B　が流入した。

(1) 下線部ⓐについて，中国を中心とした東アジアの伝統的な国際秩序を次のようにまとめた。文章中の空欄
　　ア・イにあてはまる語句をそれぞれ答えよ。

> 周辺諸国の首長が中国皇帝に使節と貢物を送る（ア）に対して，中国皇帝が返礼するとともに，中国皇帝が周辺国の首長に官職・称号を授与する（イ）を通じた国家間関係

(2) 下線部ⓑについて，この政策を何というか。

(3) 下線部ⓒについて，清が行ったことについて述べたX・Yの正誤の組合せとして正しいものはどれか。
　　X　儒教を用いた試験である科挙によって，官僚を登用した。
　　Y　漢人の男性に辮髪を強要し，清に反発する言論は弾圧した。
　　① X　正　Y　正　　② X　正　Y　誤
　　③ X　誤　Y　正　　④ X　誤　Y　誤

(4) 下線部ⓓについて，直轄地ではなく，間接統治した国を何というか。

(5) 文中の空欄A・Bにあてはまる交易品を次の語群からすべて選べ。

> 茶　　銀　　生糸　　陶磁器　　絹織物

4 幕藩体制下の日本と周辺地域 次の文の空欄に適語を入れ，下の問いに答えよ。

[21名城大団：改　19学習院女子大団：改　20成蹊大団：改]

　（①）は，織田信長とむすび，今川氏の没落などを機に，東海地方に勢力をふるう大名となった。豊臣秀吉の死後，五大老の筆頭であった①は，諸大名の対立を利用して政治的地位を高めた。その後豊臣政権を存続させようとする側と対立を深め，1600年に関ヶ原で激突した。この戦いに勝利をおさめると，1603年に征夷大将軍に任じられて江戸幕府をひらいた。

　江戸幕府は武断政治をおし進め，力によるⓐ諸大名の統制を図った。1615年には（②）を制定して，大名が守るべき規範を示した。1623年，徳川家光が3代将軍となり，1635年に（③）が制度化されると，江戸滞在や往復に多額の費用がかかったことから，江戸城などの普請の負担とあいまって，大名の経済力をそぐ役割を果たした。

　政治が安定して平和が続くと，ⓑ三都を中心として交通網が整えられ，経済や産業が発展をとげた。　A　は「将軍のお膝元」であり，幕府の施設や諸大名の屋敷が置かれた。　B　は「天下の台所」と称され，物資の集散地として栄えた。大諸藩が（④）を置き，領内の年貢米などを販売して貨幣の獲得につとめた。　C　は，古

代より政治・文化の地として栄えた。手工業生産も発達し，高級織物が生産された。

　17世紀末には，三都や城下町などの都市が発達し，都市の住民を中心として消費需要が多様化すると，商品生産が各地で活発化した。幕府や大名も商品作物の生産を奨励し，全国各地にそれぞれの風土に適した特産物が生まれた。

　日本の近世対外関係における特筆点は，ヨーロッパと接点を持つようになったことである。ⓒ17世紀には，いわゆる鎖国体制が確立するが，近年では，長崎・薩摩・対馬・松前を窓口として，異国・異民族と接点を持っていた点が注目されている。

　このうち琉球王国は，薩摩藩の島津家久が徳川家康から許可を得て琉球に侵攻して，実質的に薩摩藩の支配下におかれた。ⓓ琉球征服後の琉球王国は，江戸には将軍の代替わりごとに｜ ア ｜と呼ばれる使節などを派遣する一方，中国にも進貢船を送るという，日中両属関係にあった。

(1)　下線部ⓐについて，江戸幕府では大名家が各地を治め，幕府が大名家を従える統治体制を整えた。この政治体制を何というか。

(2)　下線部ⓑについて，文中の空欄Ａ～Ｃにあてはまる都市名の組合せとして，適当なものはどれか。

　① 　Ａ―大坂　Ｂ―江戸　Ｃ―京都　　② 　Ａ―大坂　Ｂ―京都　Ｃ―江戸
　③ 　Ａ―江戸　Ｂ―大坂　Ｃ―京都　　④ 　Ａ―江戸　Ｂ―京都　Ｃ―大坂
　⑤ 　Ａ―京都　Ｂ―江戸　Ｃ―大坂　　⑥ 　Ａ―京都　Ｂ―大坂　Ｃ―江戸

(3)　下線部ⓒについて，17世紀に江戸幕府が行った対外政策として適当でないものはどれか。

　① 　オランダ商館を，平戸から長崎の出島に移す措置をとった。
　② 　島原の乱を鎮圧したのち，オランダ船の来航を禁止した。
　③ 　中国人の居住地を限定するため，唐人屋敷を設置した。
　④ 　幕府の許可した船を除き，日本船の海外渡航を禁止する措置をとった。

(4)　下線部ⓓに関して，空欄アに該当する使節の名称と，琉球王国の派遣した使節の行列を描いた絵図の組合せとして正しいものを選べ。

〔使節の名称〕　a　謝恩使　　b　慶賀使　　c　通信使

〔使節の行列を描いた絵図〕

d

ハワイ大学図書館

e

長崎県対馬歴史研究センター

　① 　a・d　　② 　a・e　　③ 　b・d　　④ 　b・e　　⑤ 　c・d　　⑥ 　c・e

3	①		②		③		
(1)ア		イ		(2)		(3)	
(4)		(5)Ａ		Ｂ			
4	①		②		③		④
(1)		(2)		(3)		(4)	

2 ヨーロッパの主権国家体制と海外進出

中央集権国家の形成と，宗教改革・科学革命が前提となり，世界の一体化を伴って，近代が胎動

ポイント整理
---

1 西ヨーロッパの主権国家体制の形成 〈中規模の国々による競合の中から，立憲君主政・共和政も誕生〉

・アジアでは，明・清，オスマン帝国，ムガル帝国など，大国が繁栄。
　だがヨーロッパでは，古代ローマ帝国の後継を自任する[1]＿＿＿＿＿＿＿帝国が弱体化
　　→ イギリス・フランス・スペイン・オランダなど中規模の国々が台頭

■神聖ローマ帝国（ドイツ）

・帝国内の領邦（領邦国家）を支配する多数の諸侯と，帝国の皇帝の権力が分立状態
・16世紀の宗教改革と，17世紀前半の長期の戦争の結果，皇帝の権力がさらに弱まる

> 皇帝は有力な7諸侯から選ばれ，突出した支配力はない。300もの領邦に加えて自由都市も存在し，中央集権化が進まなかったことがドイツの歴史の特徴

神聖ローマ帝国の最大領域（12世紀）

神聖ローマ帝国

■イギリス

世界初の 市民革命

1640	[2]＿＿＿＿＿＿革命（〜60）
1649	共和政…イギリス史上，一度だけ。クロムウェルが国王を処刑し，独裁的指導
1660	王政復古。次第に専制化し，議会と対立
1688	[3]＿＿＿＿＿＿革命（〜89）
1689	・国王の娘夫妻をオランダから招き，ウィリアム3世・メアリ2世として即位 ・議会が[4]＿＿＿＿＿＿を制定 　＝議会優位の**立憲君主政**が確立

> 　議会は，かれらの古来の自由と権利を擁護し，主張するため，つぎのように宣言した。
> 1　国王は，議会の承認なしに法を停止できる権限があると主張しているが，それは違法である。
> 4　大権に名を借り，議会の承認なしに，国王が使用するために金銭を徴収することは，違法である。

| 1694 | 中央銀行のイングランド銀行の創設
　→ のち国債発行の定着で対外戦争推進 |
| 1714 | ハノーヴァー（ハノーファー）朝始まる
ドイツのハノーヴァーから遠縁を招聘
　→ 英語を解せず，"君臨すれども統治せず"の議院内閣制の定着へ |

■フランス　典型的な絶対王政

・ルイ14世（在位1643〜1715）が絶対的な権力を集中。議会を開かずに長期の国王専制
・パリ郊外に，壮麗な**ヴェルサイユ宮殿**を建設●

17世紀中頃のヨーロッパ

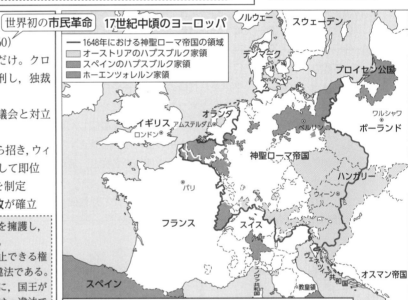

――1648年における神聖ローマ帝国の領域
オーストリアのハプスブルク家領
スペインのハプスブルク家領
ホーエンツォレルン家領

ノルウェー　スウェーデン
デンマーク
プロイセン公国
ワルシャワ
イギリス　アムステルダム　オランダ　ベルリン　ポーランド
ロンドン
神聖ローマ帝国
パリ　　ウィーン　ハンガリー
フランス　スイス
ヴェネツィア共和国　教皇領　オスマン帝国
スペイン

■オランダ，ヴェネツィア，ジェノヴァなど

・貴族が中心となる共和政。のち，革命により共和国となったアメリカ・フランスとともに，共和政の先例

ロシアの拡大

北極海　　　0　　　1000km
カムチャツカ半島
ペテルブルク　ノヴゴロド　シベリア
モスクワ　ロシア　ヤクーツク　オホーツク海
黒海　ネルチンスク
カスピ海　イルクーツク　キャフタ　清
オスマン帝国

1462年のモスクワ大公国　　1613年までの獲得地
1689年までの獲得地　　1725年までの獲得地
1796年までの獲得地

■ロシア

・18世紀，バルト海に進出…西ヨーロッパ諸国への窓口
・17世紀以来，オスマン帝国と戦い，黒海沿岸を獲得。
　並行してシベリアを東進，極東に達し，清と通商関係

2 **近代への前提：精神面の変革**〈中世カトリックの固定的・神話的世界観からの脱却〉

(1)　宗教改革（16世紀前半）

> **プロテスタント**（新教）…諸派が発生
> ・聖職者の導きよりも，聖書による信徒の信仰心を重視
> ・だが，救済は個人の意志ではなく，神の決定
> ・聖書を諸国の日常語に翻訳

┈┈┈┈┈┈┈┈┈┈┈┈┈┈┈┈┈┈┈┈┈
ルネサンス時の教皇が，サン=ピエトロ大聖堂新築の
資金集めの名目で信徒に贖宥状を販売し，ドイツのル
ターが批判したことが契機。ほかに，ツヴィングリや
カルヴァンも改革を唱える。なお，イングランドのカ
ルヴァン派をピューリタンとよぶ。
┈┈┈┈┈┈┈┈┈┈┈┈┈┈┈┈┈┈┈┈┈

(2)　科学革命…17世紀に本格化
・自然界の法則性の追求…顕微鏡や望遠鏡の利用
　　→　真理は知への探究の蓄積で得られると認識
・ガリレイ［伊］らの地動説，地球球体説

> **カトリック**（旧教）…ローマ教皇以下，聖職者の階層制
> ・聖職者の導きと個人の善行を重視
> ・対抗宗教改革　← プロテスタントの発生に危機感
> 　　　プロテスタントへの弾圧
> 　　　宗教戦争の発生
> 　　　スペインのイエズス会などが海外布教

宗教裁判で弾圧

> 地動説は聖書に反するとして断罪され，幽閉死。
> 1992年，教皇が非を認め，ようやく名誉回復

・王立協会［英］，科学アカデミー［仏］などが創立
・ニュートン［英］…万有引力の法則，天体の運動力学

⬇ 地動説を黙認
便乗して布教

⬇ 地動説に
基づいて

3 **ヨーロッパ人の海外進出**〈「世界の一体化」をリードする国と，貿易の様態が，時期により変化〉

(1)　15〜17世紀の「[5]　　　　　　時代」
・国家統一を成し遂げ，いち早く中央集権化して
いたスペイン・ポルトガルが支援し，先駆け

動機
・オスマン帝国経由のアジア産品は高額
・マルコ=ポーロ『世界の記述』に書かれた「黄金の国」ジパングへの憧れ
・イエズス会などのカトリック布教の熱意

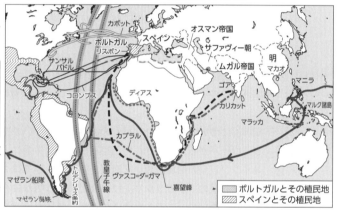

・両国の勢力範囲を教皇が仲介し，分界線を設定
・スペインは，中南米の先住民の文明を征服
　　→ [6]　　　　　　山を開発し，ヨーロッパに輸出
・両国とも商工業者が未成長で国力が停滞
　　→ のち，後発のオランダ・イギリス・フランスに，植民地を次々に奪われていく

┈┈┈┈┈┈┈┈┈┈┈┈┈┈┈┈┈┈┈┈┈
両国ともカトリック国だったため，現在も中南米やフィリピ
ンはカトリックが主流であり，中南米の公用語はスペイン語
やポルトガル語
┈┈┈┈┈┈┈┈┈┈┈┈┈┈┈┈┈┈┈┈┈

(2)　貿易品と社会への影響
・北米へのイギリス人入植者は，先住民人口の少なさもあり，自給自足型
　中南米では先住民を使役し，大規模農園（[7]　　　　　　　　　　　）でサトウキビ・[8]　　　　　　などを栽培
・アジアや中南米からの物産により，ヨーロッパでは「生活革命」
　　中南米原産のジャガイモ・トマト・トウモロコシ・タバコ・カカオなどの農産物が伝来
　　コーヒーハウス・カフェでの喫茶・社交，**綿織物**・[9]　　　　　　器の人気　etc. → 技術開発・模倣生産へ

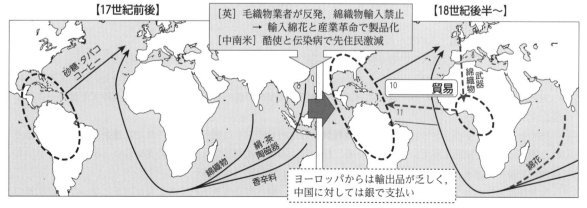

【17世紀前後】

[英] 毛織物業者が反発，綿織物輸入禁止
　→ 輸入綿花と産業革命で製品化
[中南米] 酷使と伝染病で先住民激減

【18世紀後半〜】

砂糖・タバコ
コーヒー

絹・茶
陶磁器

綿織物

香辛料

[10] 　貿易

[11]

綿織物

武器

綿花

ヨーロッパからは輸出品が乏しく，
中国に対しては銀で支払い

‖‖‖ **問題演習** ‖‖‖‖‖‖‖‖‖‖‖‖‖‖‖‖‖‖‖‖‖‖‖‖‖‖‖‖‖‖‖‖‖‖

1 近世ヨーロッパ 授業中の先生と生徒の会話を読み，下の問いに答えよ。

先生：これまで16世紀から18世紀にかけての，いわゆる近世，あるいは近代初期と呼ばれる時代のヨーロッパについて学んできました。この時代のヨーロッパを説明するのに必要なキーワードは何だと思いますか。

高橋：やはり大事なのは「ⓐ主権国家・主権国家体制」というキーワードだと思います。この時期以降の国家のありかた，国際関係のあり方の基盤となるようなしくみが出来上がったといえます。

伊藤：「ⓑ宗教改革」や「科学革命」というのも大事なキーワードだと思います。それまでのヨーロッパ社会を支えていたキリスト教の分裂や，自然科学が発達していったことは，人々の考え方や生活を大きく変えたと考えられるからです。

金子：ⓒ「世界の一体化」というのも，この時代以降，注目すべきキーワードではないでしょうか。航海や商業の発展により，ヨーロッパの人々が海を越えて世界各地に進出していったことで，今日のグローバル社会にもつながる地域間の結びつきが生まれていきました。

先生：そうですね。このように16世紀から18世紀にかけては，≪　A　≫。

(1) 下線部ⓐについて，主権国家および主権国家体制の説明として正しいものを選べ。
　① 主権国家は，外部の干渉を排除して統治する権限を持っている。
　② 覇権を有する国が周辺諸国を服属させている国際関係である。
　③ 主権国家においては，成立当初から主権は市民が有していた。

(2) 下線部ⓑについて，宗教改革において従来の教会権力に対する抗議の動きとして登場した新しい派閥を何というか。

(3) 下線部ⓑについて，宗教改革に対抗してカトリック側の改革で誕生し，ヨーロッパ以外へのキリスト教の布教を進めた組織の名称は何か。

(4) 下線部ⓒについて，ヨーロッパ人のアジア進出への意欲を高めた『世界の記述』(『東方見聞録』)の著者は誰か。

(5) 下線部ⓒについて，ヨーロッパ人の海外進出について述べた文章として**適当でないもの**を選べ。
　① ヨーロッパからもたらされた伝染病や過酷な労働により，アメリカ大陸の先住民人口が激減した。
　② メキシコ以南の地域やカリブ海諸島には，トウモロコシやジャガイモのプランテーションが形成された。
　③ 中南米原産のトウガラシやトマトなどの農作物がヨーロッパにもたらされ，食生活に変化をもたらした。

(6) 下線部ⓒについて，こうした動きの結果，ヨーロッパ，南北アメリカ，アフリカの経済的結びつきの度合いは強まり，「大西洋三角貿易」と呼ばれるような経済的関係が形成された。
　ⅰ 「大西洋三角貿易」のしくみを説明せよ。
　ⅱ この経済関係においては，イギリスをはじめとするヨーロッパの国々に利益が偏ることとなったが，それはなぜか。

(7) 先生の発言中の空欄≪A≫に入れる文章として最も適切なものを選べ。
　① 広くヨーロッパ全土を支配する教皇や皇帝の力が拡大していった時代です。
　② 地域内で完結する経済圏での交易・交流が展開していった時代です。
　③ 従来の価値観がゆらぎ，自然現象を探究し人間の知と幸福を自ら獲得していくことが目指された時代です。

2 イギリス憲政の発展 次の文を読み，下の問いに答えよ。　　　　　　　　　[21中央大学🏛：改]

イギリスはヨーロッパ諸国の中でも特に早い時期に議会政治が発達していった国である。

17世紀はじめ，スコットランド王がジェームズ1世として即位してスチュアート朝を開いた。スチュアート朝の国王たちは専制を行ったため，議会は1628年に権利の請願を可決したが，翌年国王チャールズ1世は一方的に議会を解散した。

1640年，スコットランドの反乱に対する戦費調達のため11年ぶりに議会が招集された。議会から圧政を非難された国王は武力で議会を抑えようとしたため，1642年，内戦が勃発した。独立派のクロムウェルは軍隊を率いて議会派を勝利に導き，1649年にはチャールズ1世を処刑して ア へと移行した。

独裁体制をしいたクロムウェルの死後，1660年， イ 復古によりチャールズ2世が国王となった。1640年の

1章

議会招集を発端とした　イ　復古にいたるまでの一連の過程は，イギリスの絶対　イ　を崩壊させたことからイギリス革命と呼ばれている。ⓐチャールズ2世のあとは弟のジェームズ2世が王位を継いだが，いずれも専制的，反動的な政治を行ったため，議会の要請でオランダ総督（そうとく）であったウィレム軍がイギリスに上陸し，ジェームズ2世はフランスに亡命した。ウィレムとその妻のメアリは1689年に議会がまとめた権利の宣言を受け入れ，これをⓑ権利の章典（しょうてん）として制定した。これにより，国王と議会が共同で統治する　ウ　が成立した。

　ウィレムとメアリの後，メアリの妹のアンが即位したが，彼女の死去によってスチュアート朝は断絶した。そのため，ジェームズ1世の血をひき，神聖ローマ帝国（ドイツ）北西部に築かれた公国の君主がジョージ1世として即位してハノーヴァー朝が開かれた。しかし，王はドイツに滞在することが多かったため，内閣が国王にかわって国政をとるようになり，1721年にⓒ議院内閣制（ぎいんないかくせい）（責任内閣制）が成立した。

(1)　文中の空欄ア～ウに当てはまる語句を次の語群から選んで答えよ。

語群　共和政（きょうわせい）　冊封体制（さくほうたいせい）　封建制（ほうけんせい）　立憲君主政（りっけんくんしゅせい）　王政（おうせい）

(2)　下線部ⓐについて，この出来事を何というか。

(3)　下線部ⓑについて，次の資料A～Cは，イギリス憲政上の三大法典といわれる，大憲章（だいけんしょう），権利の請願，権利の章典のいずれかの条文の一節である（いずれも抄訳（しょうやく））。王権に対する議会の優越（ゆうえつ）を明確にした権利の章典の一節であるものはどれか。

資料A

今後何人も，国会制定法による一般的同意なしには，いかなる贈与（ぞうよ），貸付（かしつけ），上納金（じょうのうきん），税金，その他同種の負担をなし，またはそれに応ずるように強制されないこと。

資料B

いっさいの楯金（たてきん）（軍役の代わりに納める税金）もしくは援助金は，朕（ちん）の国家の一般評議会によるものでなければ，朕の王国においてこれを課しない。

資料C

国王は，王権により，国会の承認なしに法律を停止し，または法律の執行を停止し得る権限があると称しているが，そのようなことは違法である。

（資料A～Cとも，高木八尺ら編『人権宣言集』）

(4)　下線部ⓒについて，議院内閣制（責任内閣制）の内容や意義に関する記述として適当でないものを選べ。
　①　内閣は国王に対して責任を負う慣習になった。
　②　議会の不信任（ふしんにん）には，議会の解散か内閣総辞職でこたえることとなった。
　③　「王は君臨（くんりん）すれども統治（とうち）せず」の伝統が根づいた。
　④　首相が議会の多数派を率いて国政を動かす体制となった。

1	(1)	(2)	(3)	(4)	(5)
(6) i					
ii					
(7)					
2	(1)ア	イ	ウ	(2)	
(3)		(4)			

❸ 産業革命とアメリカ独立革命・フランス革命

今に続く機械と労働者による大量生産，民主主義の共和国の誕生。

━━━━━━━━━ ポイント整理 ━━━━━━━━━

1 イギリスの産業革命の背景〈必要は発明の母。そこに諸条件が重なると産業に発展〉

必　要	インド産[1]＿＿＿＿＿が人気 → 伝統の毛織物業に悪影響あり，輸入禁止へ → 綿織物の国産化欲求
市場・資本	植民地戦争をへて広大な海外市場を獲得 →[2] 大西洋＿＿＿＿貿易の利益で工業化のための十分な資本
労働力	[3]＿＿＿＿革命：[4]第2次＿＿＿＿による穀物増産 → 土地を失った農民が都市流入，豊富な労働力が存在
資　源	イギリス本土に**鉄鉱石・石炭**が豊富

16世紀の第1次囲い込みは，牧羊が目的で，非合法だった。

2 産業革命の展開〈綿工業の技術革新と動力革命から開始 → 交通革命を誘発〉

薪・木炭から石炭へのエネルギー革命

(1) 綿工業の技術革新

	発明者	発明した物・技術
1733	[5]＿＿＿＿	縦糸に横糸を倍速で通す[6]＿＿＿＿
		～綿糸生産が追いつかず～
1764	ハーグリーヴズ	多軸のジェニー紡績機
1768	アークライト	上記を改良した水力紡績機（69特許）
1779	クロンプトン	上記2種を融合した**ミュール紡績機**
		～今度は綿糸が生産過剰。原料の綿不足も～
1785	カートライト	蒸気機関の力織機。[6]の4倍速
1793	ホイットニー[米]	綿の繊維を種子から離す綿繰機

(2) [7]＿＿＿＿革命

1709	ダービー父	コークス製鉄法
1712	ニューコメン	[8]＿＿＿＿機関を実用化した炭坑の排水用ポンプ ↓
1769	[9]＿＿＿＿	[8]の大改良
1781	〃	回転運動への転換技術

(3) [10]＿＿＿＿革命　～輸送力向上の必要～

1804	トレヴィシック	蒸気機関車の発明
1807	フルトン[米]	蒸気船（汽船）を実用化
1825	[11]＿＿＿＿	蒸気機関車を実用化➡

◑飛び杼

引き綱
杼箱　　杼箱
筬（おさ）　杼すり　杼（シャトル）

3 産業革命の影響〈重商主義から，産業資本主義の社会へ〉

(1) **資本主義**社会の形成…工業生産による[12]＿＿＿＿資本家の台頭

　・都市への人口集中 → 公害，スラム街，疫病など発生
　・女性や年少労働者の出現，劣悪な労働条件
　・機械の導入による失業も → ラダイト運動などの[13]＿＿＿＿打ちこわし運動

普及は早い。蒸気船は1819年には大西洋横断に成功。蒸気機関車も1830年には本格的な営業運転を開始。アヘン戦争（1840）の際のイギリスの軍艦は蒸気船。

(2) **社会主義**思想の誕生…18世紀後半以後，サン=シモン[仏]，フーリエ[仏]，オーウェン[英]ら

(3) 「[14]世界の＿＿＿＿」であるイギリスから産業革命が伝播……ベルギー・仏・独・米・露・日へ。保護関税で工業化
　　　一方，軍事技術も向上（軍事革命）し，アジア・アフリカ植民地の支配力強化

4 アメリカ独立革命の背景

〈性質上，市民革命として位置づけ〉

・大航海時代に北アメリカ南部はスペイン領。
　17世紀初，イギリス・フランス・オランダが
　進出し，ヨーロッパでの戦争の際，北米でも
　植民地争奪 → オランダ・フランスが敗退
・東海岸のイギリスの13植民地のうち，北部は
　商工業，南部は黒人奴隷によるタバコなどのプランテーションが
　盛ん。独立戦争直前には本国の3分の1の経済規模 ← 本国が発展を抑制
・[15]＿＿＿＿思想の広がり…市民革命の理論的背景
　　[16]＿＿＿＿[英]…社会契約説。市民の[17]＿＿＿＿権（革命権）を主張
　　ヴォルテール[仏]…教会や政治を批判
　　モンテスキュー[仏]…**三権分立**

17世紀の北アメリカ
イギリス領
フランス領
スペイン領

カナダの公用語は，現在，英語・フランス語の2つ

イギリス領カナダ
ボストン
ニューヨーク
フィラデルフィア
ヨークタウンの戦い
ミシシッピ川
ルイジアナ
フロリダ

■1776年に独立を宣言した13州
▨1783年のパリ条約でイギリスから割譲された地域
■イギリス領
■スペイン領

5 独立戦争と合衆国の成立 〈独立宣言の趣旨の重要性。世界初の大統領制。なぜ連邦制？〉

1765	本国議会への「[19]　　　なくして　　　なし」を唱え抵抗, 阻止	← 商取引や新聞への[18]　　　税を決定
1773	[20]　　　事件…先住民に扮し, 積荷の茶を海に投棄	← 東インド会社に中国茶の販売独占権
1774	各植民地代表による[21]　　　会議を開催, 結束して抗議	← ボストン港を軍事封鎖
1775	ボストン近郊で武力衝突（戦争開始）	
1776	[22]　　　著『コモン=センス』で世論高揚	
	独立宣言…[23]　　　ら起草⬇	

　……すべての人は平等に造られ, 造物主（神）によって, 一定の奪いがたい天賦の権利を付与され, そのなかに生命, 自由および幸福の追求の含まれることを信ずる。また, これらの権利を確保するために人類のあいだに政府が組織されたこと, そしてその正当な権力は被治者の同意に由来するものであることを信ずる。そしていかなる政治の形態といえども, もしこれらの目的を毀損するものとなった場合には, 人民はそれを改廃し, かれらの安全と幸福とをもたらすべしとみとめられる主義を基礎とし, また権限の機構をもつ, 新たな政府を組織する権利を有することを信ずる。
『人権宣言集』岩波文庫）

1778	フランスが参戦…のち, スペイン・オランダも参戦へ
1781	ヨークタウンの戦い…植民地側の連合軍の勝利で独立確定
1783	[24]　　　条約…ミシシッピ川以東のルイジアナを加え, 独立承認
1787	合衆国憲法の制定…世界初の成文憲法と三権分立。連邦制, 各州に広範な自治権
1789	連邦政府発足…初代大統領[25]

白星は州の実数。独立時は13個。現在は？

⬆独立当時の国旗

《着眼点》当時としては画期的だったが, 奴隷制・先住民抑圧・女性参政権など, 市民としての例外が存在した。

6 フランス革命とナポレオン 〈独立戦争参戦で深刻化した財政が火種。革命は急進化し, ナポレオンが台頭〉

1789	[26]　　　世が[27]　　　会を招集…免税など特権身分の第一身分（聖職者）・第二身分（貴族）への課税を企図
	→ 第三身分（平民）中心に[28]　　　議会を結成, 憲法制定をめざす（球戯場の誓い）
	パリ民衆がバスティーユ牢獄を襲撃, 農民蜂起も広がる
	封建的特権の廃止宣言, 人権宣言➡
	パリ女性のヴェルサイユ行進…国王をパリへ連行
1791	ヴァレンヌ逃亡事件…国王夫妻のオーストリア逃亡未遂
	立憲君主政の憲法制定 → [29]　　　議会の成立
1792	革命に干渉するオーストリアに宣戦 → 不利な戦況に義勇兵が結集, 王権停止
	男性普通選挙により[30]　　　公会が成立 → 王政廃止, 第一共和政の成立
1793	26処刑。10月, 王妃マリ=アントワネットも処刑
	[32]　　　らの急進的な[33]　　　派が主導権
	公安委員会に権力を集中し, 独裁。反対派を処刑する[34]　　　政治…
1794	テルミドール9日のクーデタ…32処刑, 34終わる
1795	[35]　　　政府が成立…政局不安
1799	ナポレオンがブリュメール18日のクーデタで[36]　　　政府を樹立
	フランス銀行設立（1800）, 民法典（ナポレオン法典）の制定（1804）
1804	国民投票でナポレオンが皇帝に（第一帝政）
	転戦し, 欧州の大半を支配。神聖ローマ帝国消滅（1806）
1806	[37]　　　令…イギリスを経済封鎖, 自国経済の保護
1812	└➤これを無視した[38]　　　に遠征, 大敗
1813	[39]　　　の戦い…連合軍に敗れ退位, エルバ島へ
1814	ウィーン会議始まる…諸国が戦後秩序で対立
1815	復位。[40]　　　の戦いに敗北, セントヘレナ島へ

第1条　人は, 自由かつ権利において平等なものとして出生し, かつ生存する。
第2条　あらゆる政治的団結の目的は, 人の消滅することのない自然権を保全することである。……
第3条　あらゆる主権の原理は, 本質的に国民に存する。……
（『人権宣言集』岩波文庫）

義勇兵が歌った「ラ=マルセイエーズ」が, のち国歌に。

徴兵制 ← 第1回[31]　　　大同盟

断頭台（ギロチン）は, 恐怖政治の象徴だった。

1796～ ナポレオン=ボナパルトのイタリア遠征, エジプト遠征 →

← 第2回対仏大同盟

《着眼点》・ナポレオンが革命理念を流布 → 彼の支配への抵抗も招く
　　　　　国民国家（主権在民）や民法典の理念。女性差別の残存
　　　　　度量衡（メートル, グラム）は世界標準へ

フランス帝国（～1812）　ナポレオンの遠征路
フランス帝国の同盟国（～1812）　← エジプト遠征（1798～99）
フランスに服属した諸国　← ロシア遠征（1812）　エジプト

1 産業革命　次の文の空欄に適語を入れ，下の問いに答えよ。

　16～18世紀のヨーロッパ各国では，貨幣や貴金属などの国富を蓄積することを目的とした（①）主義がとられ，海外への交易を広げた。インドの航路が開けるとイギリスではインド産の綿織物が人気となり，国内の（②）業は大きな打撃を受けた。そのため綿織物の需要に伴って原材料である（③）をインドから輸入するほか，ⓐ大西洋貿易などの広大な海外市場も獲得していく。さらなる成長を目指したイギリスは，豊富な資源とⓑ産業技術の革新により，自国の綿工業を発展させた。このような産業の転換ではⓒ資本家と労働者からなる社会が誕生し，（④）主義経済が形成された。19世紀になるとⓓさまざまな技術が著しく発達し，「世界の一体化」が進んでいった。

(1)　下線部ⓐについて，右の図のⒶ～Ⓒの貿易品として適切なものを選択肢の中からすべて選べ。

　　① 砂糖　　② 武器　　③ タバコ　　④ 奴隷

図
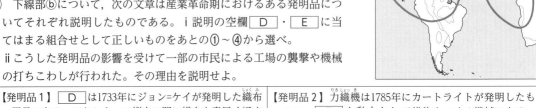

(2)　下線部ⓑについて，次の文章は産業革命期におけるある発明品についてそれぞれ説明したものである。ⅰ説明の空欄　Ｄ　・　Ｅ　に当てはまる組合せとして正しいものをあとの①～④から選べ。

　　ⅱこうした発明品の影響を受けて一部の市民による工場の襲撃や機械の打ちこわしが行われた。その理由を説明せよ。

【発明品1】　Ｄ　は1733年にジョン＝ケイが発明した織布用具である。これによって縦糸の間に横糸を素早く通すことが可能になり，時間の短縮を図り，幅の広い織物を織れるようになった。	【発明品2】力織機は1785年にカートライトが発明したもので，　Ｅ　を動力として織物をつくる機械である。これによって織布工程の生産力を大きく向上させた。

　　① Ｄ　飛び杼　　　Ｅ　電力　　　　② Ｄ　飛び杼　　　Ｅ　蒸気機関
　　③ Ｄ　ジェニー紡績機　Ｅ　電力　　　④ Ｄ　ジェニー紡績機　Ｅ　蒸気機関

(3)　下線部ⓒについて，次の**資料1～3**は当時の労働者の生活の様子をあらわしたものである。ここから読み取れる内容として**適当でないもの**を①～④から選べ。

資料1　イギリス産業革命と都市の衛生問題

　…惨めな借家人からけちな週家賃を取り立てる大家以外にはいかなる当局者によっても排水されず，舗装もされず，換気もされず，手入れもなされない結果，この捨て場のすみずみまで排泄物の堆積が見られる。（中略）このような毒気にさらされて成人の生命は破壊される。まして乳児がこの不快な雰囲気に置かれ，その中で育てられるとどんなことになるだろうか。道徳的な習慣についても同様に影響が生じる。

（『世界史史料6』岩波書店）

資料2　18世紀半ばのイギリスの工場労働者の性別と年齢構成（%）

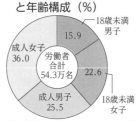

（「19世紀イギリスにおける女性労働と低賃金」）

資料3　工場労働における週給の賃金格差（シリング）

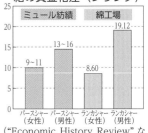

（"Economic History Review"などを参考に作成）

　　① 労働者の7割以上は女性や子どもである。
　　② 労働者の中でも女性は半数以上おり，その中で占める子どもの割合も半数以上に達する。
　　③ 男性と比べて女性の労働者の賃金が低く，最大でも2倍以上の差が生じている。
　　④ 悪環境の生活では生命が脅かされるだけではなく，常識やモラルなども喪失してしまう可能性がある。

(4)　下線部ⓓについて，**資料4・5**は19世紀のイギリスの鉄道の様子やその地図を表している。下線部Ｘの鉄道区間の位置（a～c）と空欄Ｙに適する都市名との組合せとして正しいものを，①～⑥から選べ。　〔12センター本試囲：改〕

資料4　イギリスの鉄道の発展　（『世界の歴史21』中央公論社）

　1825年に蒸気機関車でも馬でも牽ける営業線がイングランド東北部炭鉱地帯のＸストックトン－ダーリントン間に建設され，ついで30年にもっぱら蒸気機関車の牽引による世界最初の旅客・貨物営業線が　Ｙ　－マンチェスター間に開通した。そして以後，鉄道建設は時代のブームとなり，36，7年と44年～46年には中流階級を中心に鉄道熱と称せられる熱狂的な鉄道投機がひきおこされた。

資料5

■ 1836年までのおもな鉄道

① X—a　Y—リヴァプール　　② X—b　Y—リヴァプール　　③ X—c　Y—リヴァプール
④ X—a　Y—ロンドン　　　⑤ X—b　Y—ロンドン　　　⑥ X—c　Y—ロンドン

2 アメリカ独立革命・フランス革命　次の会話文の空欄に適する語句を入れ，以下の問いに答えよ。

先　生：（①）戦争によって財政難を迎えたイギリスは，ⓐアメリカの植民地に対し課税を強化して大きな反発を招きました。その後，植民地側は（②）を開いて抗議し，戦争に発展していきます。

マ　キ：資料1はⓑアメリカ独立宣言ですね。「人間はすべて平等」とあるけど，本当に平等なのかなあ？

ヒロシ：ここでの平等はヨーロッパからの白人にとってのことで，　A　は含まれていなかったんじゃないかな。

アキコ：資料2はフランスの（③）ですね。どちらも人々の平等や　B　の保障を権利として定めているね。

先　生：そうですね。アメリカの独立が，ⓒフランスの社会に大きな影響を与えたことがわかりますね。

資料1

　われわれは以下の原理は自明のことと考える。まず，人間はすべて平等に創造されており，創造主から不可譲の諸権利を与えられており，それらのなかには生命，自由，幸福追求の権利がある。次に，これらの権利を保障するためにこそ，政府が人間のあいだで組織されるのであり，公正な権力は被治者の同意に由来するものである。

資料2

第1条　人間は自由で権利において平等なものとして生まれ，かつ生きつづける。社会的区別は共同の利益にもとづいてのみ設けることができる。

第2条　あらゆる政治的結合の目的は，人間のもつ絶対に取り消し不可能な自然権を保全することにある。これらの権利とは，自由，所有権，安全，および圧政への抵抗である。

(1)　文章中の　A　と　B　に適する語句の組合せとして正しいものを，次の①～④から選べ。
　　① A—先住民や黒人の奴隷　B—安全と財産　　② A—先住民や黒人の奴隷　B—安全と自由
　　③ A—女性や幼い子ども　　B—安全と財産　　④ A—女性や幼い子ども　　B—安全と自由

(2)　下線部ⓐについて，アメリカの港で停泊中の船の積み荷の茶箱を海に投棄した事件を何というか答えよ。

(3)　下線部ⓑについて，独立に向けた動きについて述べた文として適当でないものを，次の①～④から選べ。
　　① アメリカの植民地では，13植民地のいくつかで「植民地議会」の設立が認められていた。
　　② トマス=ペインが著した「コモン=センス」が植民地側に大きな影響を与えた。
　　③ 独立戦争を勝利に導いた司令官としてワシントンは，初代大統領に任命された。
　　④ 独立後に制定された合衆国憲法では，中央集権制かつ三権分立の理念が定められた。

(4)　下線部ⓒについて，次の年表や資料3を見てⅰ～ⅲの問いに答えよ。

フランス年表

1789年	Xフランス革命の始まり
1799年	統領政府の成立
1804年	Yナポレオン皇帝の誕生

資料3

　貴族身分は，その民事的，公的特権によって，われわれのなかの異邦人にほかならない。国民とは何か。共通の法の下に暮し，同一の立法府によって代表される協同体である。…第三身分は国民に属するすべてのものを包含しており，第三身分でないものは国民とは見なされない。第三身分とは何か。すべてである。

ⅰ　下線部Xについて，資料3は政治指導者シェイエスがフランスの旧制度を批判し，フランス革命に大きな影響を与えたとされるものである。この中で「国民」はどのように捉えられているかを説明せよ。

ⅱ　下線部Yについて，この人物がブリュメール18日のクーデタで樹立した国家を統治する機関について適当なものを，次の①～④から選べ。
　　① 第一共和政　　② 恐怖政治　　③ 総裁政府　　④ 統領政府

ⅲ　1804年以降に起きた次の①～④の出来事について，これらが起きた順に並べよ。
　　① ライプツィヒの戦い　　② ロシア遠征　　③ 大陸封鎖令　　④ ワーテルローの戦い

1	①	②	③	④	
(1)A		B		C	(2) i
ii				(3)	(4)

2	①		②		③		(1)		(2)		(3)
(4) i											
ii			iii		→		→		→		

④ 19世紀のヨーロッパ・アメリカ大陸

市民革命の理念が，ヨーロッパの文化圏に伝わる世紀。だが，まだ不完全な面が残されていた。

─── ポイント整理 ───

❶ ウィーン体制とその崩壊 〈広まったフランス革命の理念の前で，反動的復古体制はもはや不可能だった〉

(1) **ウィーン会議**（1814〜15）…オーストリア外相¹＿＿＿＿＿＿＿＿主催の全欧州の国際会議

指導理念²＿＿＿＿＿主義…フランス革命前の秩序に戻す反動的復古主義

各国の利害対立の中，ナポレオン復位の報で，妥協・合意

自由主義的・ナショナリズム的な革命を防ぐ2条約が成立

　　┌ ³＿＿＿＿＿同盟…友愛精神により多国間で協力
　　└ ⁴＿＿＿＿＿同盟…英・露・普（プロイセン）・墺（オーストリア）
　　　　　　　　（のち仏が加わり**五国同盟**）

(2) **体制復古に反発した革命第1波**（右図 ○）

> デカブリストの乱［露］や独・イタリアの運動は鎮圧
> ラテンアメリカ諸国の独立運動（→後述）
> 　　独立阻止のメッテルニヒ ⇔ 英米が独立支援
> ⁵＿＿＿＿＿＿独立戦争…英仏露が支援，独立（1829）

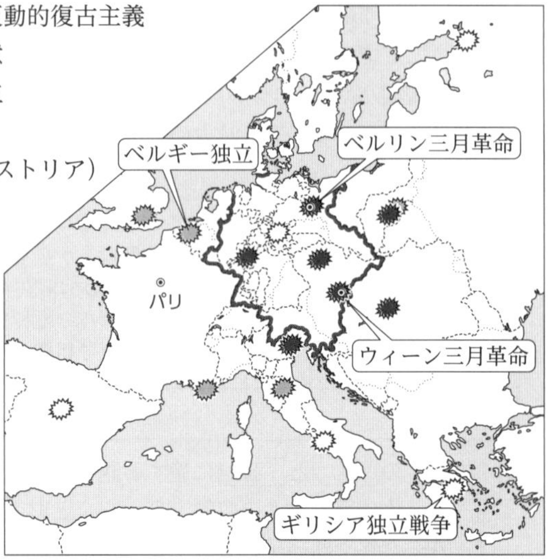

(3) **フランスの情勢**（〜19世紀半ば）

1830	⁶＿＿＿＿革命

・反動政治に対し民衆蜂起，シャルル10世亡命
　自由主義者ルイ＝フィリップが国王即位
・各地に波及（右図 ✸）

> **革命第2波：**
> ・⁷＿＿＿＿＿＿＿独立…蘭から独立。英が支援
> ・「青年イタリア」の革命運動開始（1831）
> ・第1回選挙法改正［英］（1832）　　etc.

1848	⁸＿＿＿＿革命

・選挙権拡大運動の集会禁止に対し，民衆蜂起
　社会主義者も含む**第二共和政**が成立
・**1848年革命**「⁹＿＿＿諸国民の＿＿＿＿」の拡大（右図 ✸）
・世界初の¹²**男性**＿＿＿選挙…社会主義勢力が惨敗
　　⇔ 労働者が暴動，鎮圧
　¹³＿＿＿＿＿＿＿＿＿が大統領に当選

> **革命第3波：**
> ・ウィーンとベルリンで¹⁰＿＿＿＿革命
> 　　メッテルニヒ亡命 ≒ ウィーン体制崩壊
> ・¹¹＿＿＿＿＿＿国民議会ができ，ドイツ統一に向け，憲法案作成
> ・ベーメン，ハンガリー，イタリア，ポーランドなどで独立運動や民族運動　　etc.

この報で体制側が鎮圧へ

1852	→ 国民投票で**ナポレオン3世**即位（**第二帝政**）

❷ イギリスの繁栄 〈なぜ，革命の波及が小さかったのか〉

・19世紀半ば〜後半，「¹⁴＿＿＿＿＿＝＿＿＿＿＿」の絶頂期
・産業資本家の利益を優先する自由貿易政策に主眼 → 「**世界の工場**」であるイギリス中心の国際分業体制
・**二大政党制**（¹⁵＿＿＿＿党vs¹⁶＿＿＿＿党）が効果的に機能…ウィーン体制から早々に離脱，議会が諸課題に対処
　¹⁷＿＿＿＿＿＿女王（在位1837〜1901）のもと，15は帝国主義に，16は民主化政策に重点

1832	**第1回選挙法改正**…都市中産階級まで選挙権拡大
1833	**東インド会社**の商業活動・対中国貿易独占権の停止
1837	¹⁸＿＿＿＿＿＿＿＿運動開始…労働者が選挙権要求
1846	¹⁹＿＿＿法廃止…地主保護策の高関税を廃止
1849	航海法廃止…外国船排除の廃止。自由貿易化の完成
1851	²⁰ロンドン＿＿＿＿会開催…世界初。繁栄を誇示
1858	東インド会社解散
1867	第2回選挙法改正…都市労働者に選挙権拡大
1870	**初等教育法**…国民皆教育へ
1871	**労働組合法**…組合を合法化
1884	第3回選挙法改正…農業・鉱山労働者に選挙権拡大

❶万博会場「水晶宮」は総ガラス張り

❶ヴィクトリア女王

3 イタリア・ドイツの統一と，フランス・ロシア情勢〈ヨーロッパ史は複数の国家の関連に留意して学ぶ〉

フランス	イタリア・ドイツの統一過程	ロシア

↑ナポレオン3世即位

叔父ナポレオン1世の名声を利用。外征と社会政策に特徴

2章

1831　[21]＿＿＿＿が「**青年イタリア**」結成…共和政での統一をめざす
1834　ドイツ関税同盟…プロイセン主導，経済的統一
二月革命 1848　**サルデーニャ王国が貴族主導で憲法制定 → イタリア統一の中心勢力に**
フランクフルト国民議会…統一範囲で論争
　　オーストリアを含む大ドイツ主義 vs プロイセン中心の小ドイツ主義
　　→ 後者の方針で憲法制定。だが，プロイセン国王が拒否し，頓挫(とんざ)

1852　国王[22]＿＿＿＿=エマヌエーレ2世が[23]＿＿＿＿を首相に登用
　　→ 鉄道・銀行設立による急速な工業化，巧みな外交手腕により台頭へ

1853　**クリミア戦争**（～56）…対オスマン帝国。ロシア劣勢
英と共に対露参戦 1854
　　[24]＿＿＿＿世は後進性を痛感
1855　対露参戦…英仏を支援
　　cf.**ナイティンゲール**の看護活動
第2次アヘン戦争（～60）1856　のちのイタリア統一の際，英仏を味方にさせる意図　1856　[25]＿＿＿＿条約…黒海の非軍事化。露の南下阻止
インドシナ出兵（～67）1858
サルデーニャ王国に援軍→ 1859　イタリア統一戦争…仏軍と共に戦い，オーストリアに勝利，**ロンバルディア**併合
1860　中部イタリア併合…**サヴォイア**と**ニース**をフランスに割譲し，介入を防止
　　「青年イタリア」出身の[26]＿＿＿＿の遠征
　　千人隊（赤シャツ隊）を率い，**両シチリア王国を征服**，国王に献上
1861　**イタリア王国の成立**　1861　[27]＿＿＿＿令←
南部は経済発展が遅れ，今もなお課題
　　土地解放は有償で停滞，共同体ミールも残存
1862　ユンカー（地主貴族）の[28]＿＿＿＿が首相就任…「[29]＿＿＿＿政策」で軍拡
1864　**デンマーク戦争**…オーストリアと共にシュレスヴィヒ・ホルシュタイン2州を奪う
1866　**プロイセン=オーストリア（普墺(ふおう)）戦争**…上記2州をめぐって戦い，プロイセン勝利
　　同盟のイタリアは，オーストリアからヴェネツィア併合
1867　北ドイツ連邦を組織。
1870　**プロイセン=フランス（普仏(ふふつ)）戦争**（～71）
捕虜(ほりょ)のナポレオン3世退位← ドイツ統一を妨害するフランスを挑発，圧勝。同盟のイタリアは教皇領を併合
共和派の**臨時政府**成立 1871　**ドイツ帝国成立**…パリ包囲中，ヴェルサイユ宮殿で
[30]パリ=＿＿＿＿成立　史上初の労働者政権だが鎮圧
第三共和国憲法の制定 1875

1874　[31]＿＿＿＿の運動が盛ん
　　「ヴ=ナロード（人民の中へ）」を唱え，農民啓(けい)蒙(もう)での改革をめざす → 挫折しテロリズムも
1877　**ロシア=トルコ（露土）戦争**…オスマン帝国に勝利
1878　[32]サン=＿＿＿＿条約…**バルカン半島**に進出
　　オスマン帝国内のルーマニア・セルビア・モンテネグロ独立，ブルガリア保護国化
　　ベルリン会議…英墺が露に異議，ビスマルク仲介
　　ベルリン条約…ブルガリア返還（自治領に）
1881　アレクサンドル2世暗殺

左地図ラベル： サヴォイア　南チロル　オーストリア帝国　スイス　ヴェネツィア　フランス　ロンバルディア　トリノ　「未回収のイタリア」　トリエステ　ニース　フィレンツェ　サンマリノ　コルシカ島　教皇領 ローマ　サルデーニャ島　ナポリ　シチリア島 0 200km

凡例：
- サルデーニャ王国（1815年）
- 併合（1859年）
- 両シチリア王国が併合（1860年）
- 併合（1860～70年）

ドイツ地図： 1871年にドイツ帝国に参加した南ドイツ諸邦　シュレスヴィヒ　ホルシュタイン　プロイセン　ロンドン　ベルリン　ザクセン　ロレーヌ　パリ　バイエルン　ウィーン　ドイツ帝国の領域　アルザス

〔内政〕国民統合を重視
文化闘争…政教分離でカトリックと対決
[33]社会主義者＿＿＿＿法（1878）…社会主義政党禁止
社会保険の整備…世界の先駆。労働者の穏健化
〔外交〕列強間の関係調整で戦争防止
独墺伊の**三国同盟**（1882）　etc.
　→ フランスを孤立させ，報復防止

↑ビスマルク

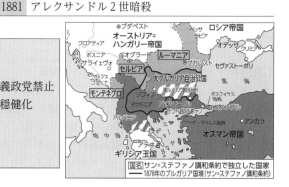

国名：サン=ステファノ講和条約で独立した国家
1878年のブルガリア国境（サン=ステファノ講和条約）

4 アメリカ合衆国の発展と内紛〈現代のアメリカ社会につながる要素を探してみよう〉

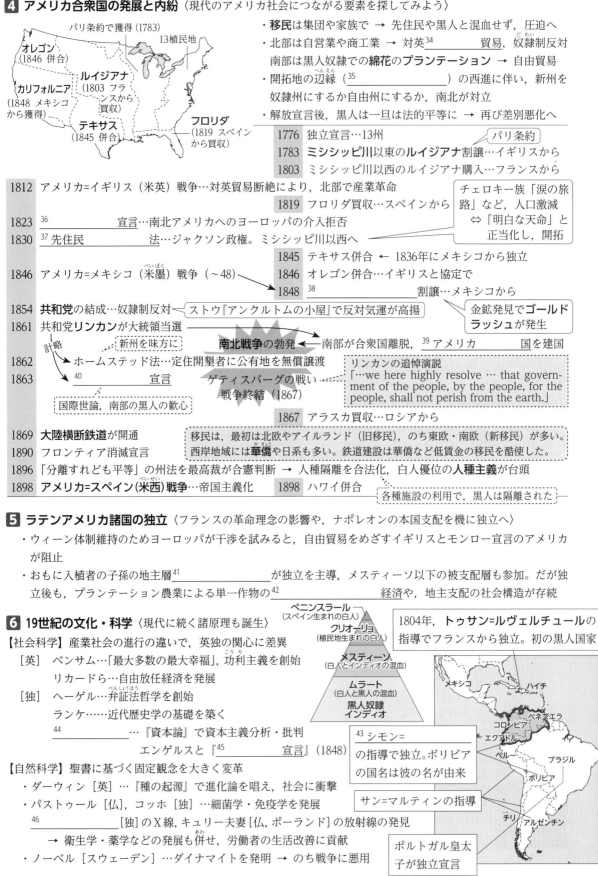

・**移民**は集団や家族で → 先住民や黒人と混血せず，圧迫へ
・北部は自営業や商工業 → 対英34_____貿易，奴隷制反対
　南部は黒人奴隷での**綿花のプランテーション** → 自由貿易
・開拓地の辺縁（へんえん）（35_____）の西進に伴い，新州を
　奴隷州にするか自由州にするか，南北が対立
・解放宣言後，黒人は一旦は法的平等に → 再び差別悪化へ

パリ条約で獲得（1783）
13植民地
オレゴン（1846 併合）
ルイジアナ（1803 フランスから買収）
カリフォルニア（1848 メキシコから獲得）
テキサス（1845 併合）
フロリダ（1819 スペインから買収）

1776	独立宣言…13州
1783	**ミシシッピ川以東のルイジアナ**割譲…イギリスから
1803	ミシシッピ川以西のルイジアナ購入…フランスから

パリ条約

1812	アメリカ=イギリス（米英）戦争…対英貿易断絶により，北部で産業革命	
	1819	フロリダ買収…スペインから
1823	36_____宣言…南北アメリカへのヨーロッパの介入拒否	
1830	37_____先住民_____法…ジャクソン政権。ミシシッピ川以西へ	

チェロキー族「涙の旅路」など，人口激減
⇔「明白な天命」と正当化し，開拓

1845	テキサス併合 ← 1836年にメキシコから独立
1846	オレゴン併合…イギリスと協定で
1848	38_____割譲…メキシコから

1846 アメリカ=メキシコ（米墨）（べいぼく）戦争（～48）

金鉱発見で**ゴールドラッシュ**が発生

1854 **共和党**の結成…奴隷制反対　ストウ『アンクルトムの小屋』で反対気運が高揚
1861 共和党**リンカン**が大統領当選

計略　新州を味方に

南北戦争の勃発 ← 南部が合衆国離脱，39 アメリカ_____国を建国

1862	→ ホームステッド法…定住開墾者に公有地を無償譲渡
1863	↓ 40_____宣言

ゲティスバーグの戦い
戦争終結（1867）

リンカンの追悼演説
「…we here highly resolve … that government of the people, by the people, for the people, shall not perish from the earth.」

国際世論，南部の黒人の歓心

1867	アラスカ買収…ロシアから

1869 **大陸横断鉄道**が開通
1890 フロンティア消滅宣言

移民は，最初は北欧やアイルランド（旧移民），のち東欧・南欧（新移民）が多い。
西岸地域には**華僑**や日系も多い。鉄道建設は華僑など低賃金の移民を酷使した。

1896 「分離すれども平等」の州法を最高裁が合憲判断 → 人種隔離を合法化，白人優位の**人種主義**が台頭
1898 **アメリカ=スペイン（米西）戦争**…帝国主義化　1898 ハワイ併合

各種施設の利用で，黒人は隔離された

5 ラテンアメリカ諸国の独立〈フランスの革命理念の影響や，ナポレオンの本国支配を機に独立へ〉

・ウィーン体制維持のためヨーロッパが干渉を試みると，自由貿易をめざすイギリスとモンロー宣言のアメリカ
　が阻止
・おもに入植者の子孫の地主層41_____が独立を主導，メスティーソ以下の被支配層も参加。だが独
　立後も，プランテーション農業による単一作物の42_____経済や，地主支配の社会構造が存続

6 19世紀の文化・科学〈現代に続く諸原理も誕生〉

【社会科学】産業社会の進行の違いで，英独の関心に差異
　[英]　ベンサム…「最大多数の最大幸福」，功利（こうり）主義を創始
　　　　リカードら…自由放任経済を発展
　[独]　ヘーゲル…弁証法（べんしょうほう）哲学を創始
　　　　ランケ……近代歴史学の基礎を築く
　　　　44_____…『資本論』で資本主義分析・批判
　　　　　　　　　エンゲルスと『45_____宣言』（1848）
【自然科学】聖書に基づく固定観念を大きく変革
　・ダーウィン［英］…『種の起源』で進化論を唱え，社会に衝撃
　・パストゥール［仏］，コッホ［独］…細菌学・免疫学を発展
　・46_____［独］のＸ線，キュリー夫妻［仏，ポーランド］の放射線の発見
　　→ 衛生学・薬学などの発展も併せ，労働者の生活改善に貢献
　・ノーベル［スウェーデン］…ダイナマイトを発明 → のち戦争に悪用

ペニンスラール（スペイン生まれの白人）
クリオーリョ（植民地生まれの白人）
メスティーソ（白人とインディオの混血）
ムラート（白人と黒人の混血）
**黒人奴隷
インディオ**

1804年，**トゥサン=ルヴェルチュール**の指導でフランスから独立。初の黒人国家

メキシコ　ハイチ　ベネズエラ　コロンビア　エクアドル　ペルー　ブラジル　ボリビア　チリ　アルゼンチン

43 **シモン=**_____の指導で独立。ボリビアの国名は彼の名が由来

サン=マルティンの指導

ポルトガル皇太子が独立宣言

▓▓▓▓▓▓▓▓▓▓▓▓▓▓▓▓▓▓▓▓▓▓▓▓▓▓▓▓▓▓▓ 問 題 演 習 ▓▓▓▓▓▓▓▓▓▓▓▓▓▓▓▓▓▓▓▓▓▓▓▓▓▓▓▓▓▓▓

1 ウィーン体制とヨーロッパ諸国　次の文の空欄に入る国名を入れ，あとの問いに答えなさい。

[21青山学院大圏：改]

　ナポレオン戦争の後に成立したヨーロッパの国際体制は，@ウィーン体制と呼ばれる。この体制は，ペンタルキーと呼ばれるイギリス・フランス・ロシア・プロイセン・オーストリアの五大国の協調に基づいており，また，この五大国はすべて君主政であった。

　しかし，1820年代のオスマン帝国に対する（①）の独立運動は，ヨーロッパ諸国の支援もあって成功し，各地のナショナリズムを活性化させた。また，（②）もイギリスの援助を受けオランダから独立するなど，ウィーン体制の綻びも見えはじめた。

　（③）では，シャルル10世が反動的な政策を行ったため，1830年に⑥七月革命が起こり，さらに1848年には⑥二月革命が起こった。

　ドイツ地域では，ウィーン会議によって国家連合であるドイツ連邦が組織された。このドイツ連邦で優位にあったのが，オーストリアと（④）であった。他方で，ドイツ統一を目指す動きが知識人の間で続き，⑥1848年革命の際に⑥フランクフルト国民議会（全ドイツ議会）へと繋がったが，この試みは成功しなかった。最終的に，ドイツ統一は，君主中心の④によって成し遂げられ，④国王がドイツ皇帝となった。

　1853年に始まったクリミア戦争は，（⑤）とオスマン帝国の争いに，イギリス・③が参戦したことで大国間の争いとなった。この結果，大国間の協調は動揺することとなる。

　1848年革命の際にウィーン会議を主導したオーストリア外相メッテルニヒが失脚し，狭義のウィーン体制は終結したといえる。しかし，ペンタルキー体制を支えた五大国中心の体制は，形を変えつつ19世紀を通じて継続したといえるだろう。ただし，1890年代以降，ヨーロッパの国際体制は，三国協商と三国同盟という相互に対抗的な同盟関係の形成へと移っていくこととなる。

(1)　下線部@について，ウィーン体制の説明として正しいものはどれか。

　①　ヨーロッパ諸国の自由主義とナショナリズムを支援するものであった。

　②　神聖ローマ帝国が再建された。

　③　ヨーロッパの多くの国で，革命やナポレオン戦争以前の体制が復活した。

　④　ヨーロッパ諸国の領土に変更はなかった。

(2)　下線部⑥に関して，七月革命について述べた文として正しいものはどれか。

　①　国王が処刑され，共和政が確立された。

　②　クーデタにより新たな皇帝が誕生し，帝政が確立された。

　③　新たな王が即位し，立憲君主政が確立された。

(3)　下線部⑥に関して，二月革命について述べた文として正しいものはどれか。

　①　パリの民衆蜂起により，第二共和政が樹立された。

　②　この革命後，ルイ=フィリップが大統領に選出された。

　③　画家のドラクロワがこの革命を称賛して「民衆を導く自由の女神」を描いた。

(4)　下線部⑥について，ヨーロッパ各地で分離独立や自治を求める民族運動が広がったこの年の状況を指した言葉はどれか。

　①　アンシャン=レジーム　　②　文化闘争　　③　涙の旅路　　④　光栄ある孤立　　⑤　諸国民の春

(5)　下線部⑥について，フランクフルト国民議会について述べた文として正しいものはどれか。

　①　ドイツ統一の方式をめぐりオーストリアによる併合を決めた。

　②　ドイツのための憲法制定を議論した。

　③　万国の労働者の団結を呼びかけた。

　④　腐敗選挙区の廃止を決めた。

1	①		②		③		④	
	⑤		(1)	(2)	(3)	(4)	(5)	

2 ドイツ・イタリアの統一　次の会話文の空欄に適語を入れ，下の問いに答えよ。

先生：小国が分立していたイタリアとドイツでは，国家的統一は一筋縄では進みませんでした。どちらも，たくさんある小国家群の中から統一の中心となる国が出てきたことが共通しています。イタリアの統一の中心となったのは（①），ドイツの統一の中心となったのはプロイセンです。**資料1**の絵を見てみましょう。どんな歴史上の出来事を表現しているか分かりますか。

藤井：「ITALY」と書かれた長靴を，王冠をかぶった人物に履かせている人の絵ですね。「ITALY」は長靴の形をした半島と言われるイタリアのことで間違いないと思います。そうすると，イタリアという長靴はイタリアの領土を表していると考えられるので，長靴を履いている王冠をかぶった人物が当時の①の国王で，のちにイタリア王国の国王となった（②），王に長靴を履かせている人物が両シチリア王国の占領地を献上した「青年イタリア」の（③）であると考えられます。

資料1

先生：そのとおりです。さらに，イタリアとドイツの国家統一の共通点として，王を支える首相の活躍が大きかったことがあげられます。

平田：イタリアで国王を支えたのは首相の（④），ドイツで皇帝を支えたのはプロイセンの保守的支配層（⑤）出身の<u>ⓐビスマルク</u>でしたよね。

先生：そのとおりです。<u>ⓑ複数の戦争での勝利</u>によってドイツ帝国が成立すると，ビスマルクは宰相となり政治の主導権を握りました。

小野：ビスマルクは当時のヨーロッパ諸国の国際関係に対しても重要な役割を担っていましたよね。特に「公正な仲介者」を自称して開催したベルリン会議では，ヨーロッパ諸国の利害を調整して<u>ⓒベルリン条約</u>を締結したのでしたよね。

(1)　下線部ⓐについて，ビスマルクの行った演説として正しいものを次の①～③から選べ。

（『西洋史料集成』などによる）

① たとえ軍備が我々の貧弱な身体にとって大きすぎるものとなりましょうとも，それが我々に有益であるかぎり，我々はそれを身につける情熱をもつものであり，またあえてそうすることを好むものであります。我々の着眼すべき点は，自由主義ではなく，軍備であります。……我が国の国境は，健全な国家のそれにふさわしいものではありません。言論や多数決によっては現下の大問題は解決されないのであります。言論や多数決は1848年および1849年の欠陥でありました。

② 我々はヨーロッパ列強間の諸戦争には，それがヨーロッパ諸国自身に関する事柄ならば，決して介入しなかった。我々はいかなるヨーロッパ諸国の現存する植民地，もしくは属領に対しても，従来干渉しなかったし，また将来も干渉しないだろう。……すでに独立を宣言し，また我々がその独立を承認した諸政府に関して，これらの運命を左右せんとするいかなるヨーロッパ諸国の干渉も，我々に対する非友好的態度の表明としかみることができない。

③ 朕が農民に完全な自由を与えたがっているというような風評があるが，これは正しくない。しかし不幸なことには，農民と地主のあいだには，仇敵のような感情が存在している。こうしてすでに地主に対する不服従といった事件まででてきているのである。遅かれ早かれ，解放の方向に進まねばならぬというのが朕の確信である。皆もまた朕と意見を等しくするものと思う。かくなる上は，このことがらが下からおこるよりは，上からおこったほうがはるかに良いのである。

(2)　下線部ⓑについて，ドイツ帝国成立までの複数の戦争について述べた①～③の文のうち**適当でないもの**を選べ。

① オーストリアとともにデンマークと戦った。

② アルザス・ロレーヌ地方の管理をめぐってオーストリアと戦った。

③ 普仏戦争においては，南ドイツ諸国もプロイセン側で参戦した。

(3)　下線部ⓒについて，次の資料はベルリン条約の要約である。

（『西洋史料集成』による）

第 1 条　　ア　は，スルタン陛下の主権のもとに貢税義務のある自治公国に組織される。それは，キリスト教の政府と国民軍を保持する。
第13条　バルカン半島南部に，東ルメリアと称し，行政的自治を条件として，スルタン陛下の直接の政治的，軍事的支配のもとにおかれる一州が形成される。それは，キリスト教徒の知事を保持する。
第43条　締約国は，ルーマニアの独立を承認する。
第44条　すべての国の国民は，商人であると否とにかかわらず，ルーマニアにおいては宗教の別なく完全に平等な取り扱いを受ける。

2章

　ⅰ　資料の空欄アには，この条約以前はロシアの保護国となっていた国が入る。空欄アに当てはまる国名を答えよ。

　ⅱ　資料は，ある戦争の結果結ばれた条約を破棄して，新たに結ばれたものである。その戦争と破棄された条約名との組合せとして正しいものを，①～④のうちから一つ選べ。　　　［21共通テスト本試圏］

　　①　露土戦争（ロシア=トルコ戦争）―パリ条約　　②　露土戦争―サン=ステファノ条約
　　③　クリミア戦争―パリ条約　　　　　　　　　　　④　クリミア戦争―サン=ステファノ条約

3 アメリカ合衆国の発展　次の表はアメリカ合衆国の歴史についてまとめたものである。空欄に適語を入れ，下の問いに答えよ。

1775年　ⓐアメリカ独立戦争が勃発した。
1787年　合衆国憲法が制定された。
《　Ａ　》
1803年　フランスから（①）を買収した。
1812年　アメリカ=イギリス戦争が勃発した。
《　Ｂ　》
1830年　ジャクソン大統領が先住民に対する強制移住法を制定した。
1848年　メキシコとの戦争により（②）を獲得した。
《　Ｃ　》
1861年　南北戦争が勃発した。
1863年　奴隷解放宣言
《　Ｄ　》
1869年　大陸横断鉄道が開通した。

(1)　下線部ⓐについて，ヨーロッパ系移民の子孫が中心となり独立をなしとげたアメリカ合衆国の繁栄は，スペイン・ポルトガルの植民地であったラテンアメリカ地域の独立に大きな影響を与えた。ラテンアメリカにおいて独立運動の担い手となった植民地生まれの白人地主階層を何と呼ぶか。

(2)ⅰ　年表の時期の出来事として，以下の文中の空欄（　Ｘ　）に当てはまる語句は何か。

　　ⅱ　以下の文は表中の空欄Ａ～Ｄのどこに入るか答えよ。

（　Ｘ　）党のリンカンが大統領に就任した。

2	①		②		③	
	④		⑤			
	(1)		(2)		(3) ⅰ	ⅱ
3	①		②		(1)	
	(2) ⅰ		ⅱ			

5 # アジアの植民地化と中国・日本
近代化したヨーロッパ諸国の進出（植民地化など）の段階。
アジア諸国は，この「西洋の衝撃」にどう対処したのか。

─────────────── ポイント整理 ───────────────

1 オスマン帝国の動揺（ヨーロッパの「1 _____ 問題」）とインド・東南アジアの植民地化〈介入した国は？〉

オスマン帝国（現トルコ）		エジプト
オスマン帝国が派遣，ナポレオンと戦う。総督就任後，事実上自立。徴兵制・殖産興業の推進など富兵強兵化	1798	ナポレオン1世の軍の侵入（～1801）
	1805	2 _____ がエジプト総督就任
要請でオスマン帝国に援軍 →	1818	オスマン帝国が要請，ワッハーブ王国を滅ぼす
1821 **ギリシア独立戦争**（～29）←	← エジプト=トルコ戦争（1831～33，39～40）	エジプトがギリシア独立戦争の賞を求め圧勝。シリア獲得，英露の介入で返還
1839 ギュルハネ勅令…3 _____ の開始	恩恵改革の意。西欧化の改革。議会制，宗教・民族の平等，法治主義など。不平等条約や西欧資本進出により産業衰退	
1853 **クリミア戦争**（～56）		
1875 → 外債で破綻した国家財政が英仏の管理下へ	1869	7 _____ 運河開通…レセップス[仏]と共同で完成
1876 4 _____ 憲法（オスマン帝国憲法）発布	→ 建設費で財政が破綻，英仏の管理下へ	
アジア初。大宰相5 ミドハト= _____ が起草	1881	軍人8 _____ の蜂起，英が鎮圧，保護国化
1877 **ロシア=トルコ戦争**…6 _____ 世 が戦争を口実に憲法停止，専制化	影響 →	「エジプト人のためのエジプト」を唱え，民族運動の原点に

イラン人11 _____ が，
欧州の侵略に対し，宗派を超えた
パン=イスラーム主義を唱道

■イラン
1796	9 _____ 朝（カージャール朝）が全土統一
1828	トルコマンチャーイ条約…対露戦争後，**カフカス**割譲。不平等条約
1890	10 タバコ= _____ 運動…英商人に専売権を与えた政府に抗議

■タイ 東南アジア唯一の独立国
ラーマ4世…対英ボーリング条約で自由貿易
チュラロンコン（ラーマ5世）…近代化を推進

■ビルマ 3回のビルマ戦争で英領インドに併合

東南アジア植民地は，欧米のための
16 _____ 経済が一般化

■アラビア半島 厳格なイスラームへの回帰運動が発生
1744頃	12 _____ 王国建国
	イスラーム改革派に豪族サウード家が協力
1818	ムハンマド=アリーの侵攻で滅亡
1823	王国再興（～89）

■フィリピン スペイン領（のちアメリカ領）
列強の求めでマニラ開港，自由貿易へ（1834）

■ベトナム ナポレオン3世以降，仏領化へ
1802	阮朝の成立…阮福暎が，仏の協力で
1858	宣教師殺害を機に，仏に南部割譲（1862）
1873	劉永福の黒旗軍が反仏闘争（～85）
1883	ベトナム全土が仏の保護国化
1884	**清仏戦争**（～85）…清が仏に宗主権放棄
1887	**仏領インドシナ連邦**成立（含カンボジア）

■マレー半島 英領。錫・ゴムなどを生産
1826	海峡植民地の成立…シンガポールなど
1895	マレー連合州として保護国化

■インドネシア 蘭領
コーヒー・サトウキビなど**強制栽培制度**で利益

■インド（ムガル帝国など）
17世紀後半以降，厳格なイスラーム化政策により各地で反乱，帝国が分裂

1757	13 _____ の戦い…**東インド会社**[英]が仏軍・ベンガル太守軍を破り，支配地拡大を開始
1767	マイソール戦争（～99）……南部の王国を征服
1775	マラーター戦争（～1818）…中西部の諸侯同盟を征服
1845	シク戦争（1845～49）…パンジャーブのシク教徒の王国を征服

- 植民地化完了。一部は旧支配者の14 _____ 国とし，間接支配
- 英国製の綿製品の流入で，インドは綿織物業が衰退し，綿花などの輸出に頼る貿易赤字国に転落 → 中国向けアヘンで代替
- 当面，東インド会社がインド統治機関 ← 商業活動停止（1833）

1857	**インド大反乱**（～59）…インド人傭兵15 _____ の蜂起を機に諸勢力が参加した反英の動乱へ
↓	
1858	**ムガル帝国滅亡**。反乱鎮圧後，本国は東インド会社を解散
1877	英領**インド帝国**の成立…ヴィクトリア女王が皇帝。直接支配

❷ 清の動揺と列強の動き〈欧米の中国への姿勢が，他の地域の植民地化と異なる点はどこか〉

中国の情勢	列強の進出

1757　欧米貿易を**広州**（コワンチョウ）1港に限定

1793　　　　　清は朝貢関係以外を認めない姿勢　｜拒否｜←**マカートニー[英]が乾隆帝（けんりゅうてい）に謁見（えっけん），自由貿易交渉**

1796　白蓮教徒（びゃくれん）の乱（～1804）

1816　　清の正規軍は鎮圧できず，漢人の義勇軍や地域の自衛組織が鎮圧。また，戦費は清の財政危機を招き，重税に民衆の不満が増していった。　←**アマースト[英]の自由貿易交渉失敗**

｜そこで｜　謁見の礼を拒否し，謁見さえできなかった。

18世紀後半，イギリスは紅茶の嗜好が定着し，中国からの茶の代価である**銀**の支払が増加。そこで，中国で吸飲禁止の<u>17　　　</u>をインドから密輸する**三角貿易**をおこなった。その結果，中国では代価の銀の流出で銀価格が上昇し，財政危機や社会不安を招いた。

1839　広州に<u>18　　　</u>を派遣，<u>17</u>を処分　←報復

1840　アヘン戦争（～42）…清のジャンク船壊滅↓　←**イギリスが汽走軍艦の艦隊派遣**

片貿易（18世紀）→三角貿易（19世紀前半）

1842　<u>19　　　</u>条約…上海など5港開港，<u>20　　　</u>島の割譲 etc.

1843　追加の条約｛<u>21　　　</u>自主権の喪失／<u>22　　　</u>裁判権の承認／相手国のみ最恵国待遇｝**不平等条約**

（『岩波講座世界の歴史21』岩波書店）

1844　[米]望厦条約（ぼうか），[仏]黄埔条約（こうほ）…英と同じ条件

1851　<u>23　　　</u>の建国　　→欧米は当初，好意的
・広西省で<u>24　　　</u>が**キリスト教系上帝会**（じょうていかい）を結成し，挙兵
・南京を占領（1853）し，首都とした（天京（てんけい）と改称）
・**「滅満興漢」**（めつまんこうかん）・男女平等・土地均分などを唱え，民衆が支持

1856　第2次アヘン戦争（<u>25　　　</u>戦争）←**英仏が艦隊派遣**

　イギリスはアロー号船員の不当逮捕，フランスは宣教師殺害が口実。だが，自由貿易拡大が本当のねらい

1858　天津条約…清が批准妨害　←｜北京まで侵攻｜
1860　<u>26　　　</u>条約
　天津など開港，キリスト教布教の自由，アヘン貿易承認

｜危機感｜　ロシアは混乱に乗じて，**アイグン条約（1858）でアムール川以北を獲得**。戦争の調停の見返りに北京条約で**沿海州を獲得**

<u>27　　　</u>運動の開始
　技術のみ導入する「<u>28　　　</u>」の改革

　敗戦が続き，軍隊や産業の近代化をはかるが，政治や思想の改革をせず，のち日清戦争の敗戦で改革の失敗が露呈

1864　<u>23</u>が滅亡…内紛に加えて，欧米の常勝軍や，漢人官僚の曽国藩（ツォンクオファン）・李鴻章（リーホンチャン）の<u>29　　　</u>とよばれる義勇軍が鎮圧

■朝鮮
1863年，国王の父である大院君（たいいんくん）の政権成立
排外方針…仏米と交戦，撃退（1866）
全国に「斥和碑（斥洋碑）」（せきわひ／せきようひ）

❸ 幕末の対外関係と開国 〈世界の一体化の波に，鎖国の日本はどう対処すべきか，賛否両派のせめぎ合い〉

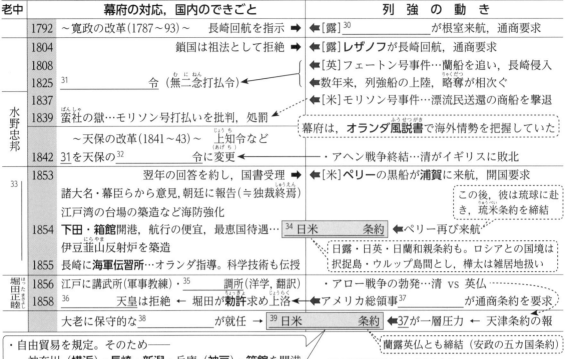

老中		幕府の対応，国内のできごと	列強の動き
	1792	～寛政の改革（1787～93）～　長崎回航を指示 ➡	◀[露] 30 ＿＿＿＿＿ が根室来航，通商要求
水野忠邦	1804	鎖国は祖法として拒絶 ➡	◀[露]レザノフが長崎回航，通商要求
	1808		◀[英]フェートン号事件…蘭船を追い，長崎侵入
	1825	31＿＿＿＿＿ 令（無二念打払令）◀	◀数年来，列強船の上陸，略奪が相次ぐ
	1837		◀[米]モリソン号事件…漂流民送還の商船を撃退
	1839	蛮社の獄…モリソン号打払いを批判，処罰 ◀	幕府は，オランダ風説書で海外情勢を把握していた
		～天保の改革（1841～43）～　上知令など	
	1842	31を天保の 32＿＿＿＿＿ 令に変更 ◀	・アヘン戦争終結…清がイギリスに敗北
33	1853	翌年の回答を約し，国書受理 ➡	◀[米]ペリーの黒船が浦賀に来航，開国要求
		諸大名・幕臣らから意見，朝廷に報告（≒独裁終焉）	この後，彼は琉球に赴き，琉米条約を締結
		江戸湾の台場の築造など海防強化	
	1854	下田・箱館開港，航行の便宜，最恵国待遇… 34 日米＿＿＿＿＿ 条約 ◀ペリー再び来航	日露・日英・日蘭和親条約も。ロシアとの国境は択捉島・ウルップ島間とし，樺太は雑居地扱い
		伊豆韮山反射炉を築造	
	1855	長崎に海軍伝習所…オランダ指導。科学技術も伝授	
堀田正睦	1856	江戸に講武所（軍事教練）・35＿＿＿＿＿ 調所（洋学，翻訳）	・アロー戦争の勃発…清 vs 英仏
	1858	36＿＿＿＿＿ 天皇は拒絶 ◀ 堀田が勅許求め上洛 ◀	アメリカ総領事 37＿＿＿＿＿ が通商条約を要求
		大老に保守的な 38＿＿＿＿＿ が就任 ➡ 39 日米＿＿＿＿＿ 条約 ◀37が一層圧力 ◀ 天津条約の報	
			蘭露英仏とも締結（安政の五カ国条約）

・自由貿易を規定。そのため――
　神奈川（横浜）・長崎・新潟・兵庫（神戸）・箱館を開港
　東京・大坂の開市…
・不平等条約　　　　　　　居留地を設定 ◀
　①関税自主権の欠如
　②領事裁判権の容認 ◀　　③相手国のみ最恵国待遇 ◀

・批准書交換の咸臨丸を含む使節団など，頻繁に留学生派遣
・輸出超過での品不足，金貨の流出 → 物価高騰・社会不安
・当初，貿易相手国はイギリス，貿易港は横浜港が最大

品目別貿易比率（1865年）

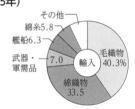

輸出　海産物2.9　その他　蚕種3.9　茶10.5　生糸79.4%

輸入　その他　綿糸5.8　艦船6.3　武器・軍需品7.0　毛織物40.3%　綿織物33.5

（『図説日本文化史大系』小学館）

❹ 開国後の政局 〈開国反対を諦めたエネルギーは，次第に政権担当者に向いていく〉

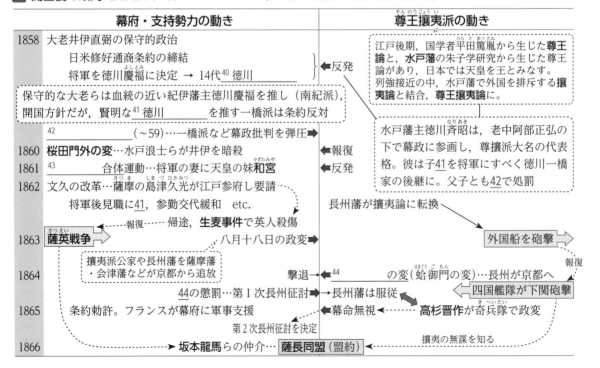

	幕府・支持勢力の動き	尊王攘夷派の動き
1858	大老井伊直弼の保守的政治	江戸後期，国学者平田篤胤から生じた尊王論と，水戸藩の朱子学研究から生じた尊王論があり，日本では天皇を王とみなす。列強接近の中，水戸藩で外国を排斥する攘夷論と結合，尊王攘夷論に。
	日米修好通商条約の締結	
	将軍を徳川慶福に決定 → 14代 40 徳川＿＿＿ ◀反発	
	保守的な大老らは血統の近い紀伊藩主徳川慶福を推し（南紀派），開国方針だが，賢明な 41 徳川＿＿＿ を推す一橋派は条約反対	
	42＿＿＿＿＿（～59）…一橋派など幕政批判を弾圧 ➡	水戸藩主徳川斉昭は，老中阿部正弘の下で幕政に参画し，尊攘派大名の代表格。彼は子41を将軍にすべく徳川一橋家の後継に。父子とも42で処罰
1860	桜田門外の変…水戸浪士らが井伊を暗殺 ◀報復	
1861	43＿＿＿＿＿ 合体運動…将軍の妻に天皇の妹和宮 ◀反発	
1862	文久の改革…薩摩の島津久光が江戸参府し要請	長州藩が攘夷論に転換
	将軍後見職に41，参勤交代緩和　etc.	
1863	←報復…帰途，生麦事件で英人殺傷	外国船を砲撃 ▷
	薩英戦争 ▷　　　八月十八日の政変 ➡	報復
1864	攘夷派公家や長州藩を薩摩藩・会津藩などが京都から追放	
	撃退 → 44＿＿＿＿＿ の変（蛤御門の変）…長州が京都へ	四国艦隊が下関砲撃 ◁
	44の懲罰…第1次長州征討 ➡ 長州藩は服従	
1865	条約勅許。フランスが幕府に軍事支援	幕命無視 ◀ 高杉晋作が奇兵隊で政変
	第2次長州征討を決定	
1866	➡ 坂本龍馬らの仲介… 薩長同盟（盟約）◀	攘夷の無謀を知る

■■ 問題演習 ■■

1 西アジアの変容とアジア諸地域の植民地化　次の文の空欄に適語を入れ，下の問いに答えよ。

[20日本大囲：改, 20東海大囲：改]

　エジプトでは，同地を占領したフランス軍を⒜オスマン帝国がイギリスと結んで撃退する事態となっていたが，この混乱の中で，1805年に（①）がエジプト総督に就任した。①は，オスマン帝国にシリアの領有を求めたが拒絶されると，二度にわたりエジプト゠トルコ戦争を起こした。しかし，この戦争はヨーロッパ列強の介入を招き，最終的に①はエジプト・スーダンの総督の世襲権を認められたにとどまった。

　エジプトは，度重なる戦争や急速な近代化のために巨額の債務をかかえることとなり，19世紀後半には（②）を建設したが，その運営会社株の約4割をイギリスに売却した。さらには国家財政もイギリスとフランスの財務管理下におかれることとなった。

　イギリスなどの列強によるエジプトへの内政干渉が強まるなか，「（③）」をスローガンに掲げる（④）による運動が起こった。これに対して，イギリスは単独でエジプトを軍事占領してこの運動を鎮圧し，事実上ここを保護下におき，1914年に正式に保護国化した。

　インドでは，イギリスが徴税制度を整備するとともに，⒝イギリス産綿製品を大量に輸出してインドの綿工業に壊滅的打撃を与えた。こうした植民地支配に対する反発から（⑤）が起こったが，その鎮圧過程でイギリスは（⑥）を解散して直接統治とし，のちには（⑦）がインド皇帝に即位して，（⑧）を樹立させた。

(1)　下線部⒜について，述べた文として**適当でない**ものはどれか。

① アブデュルハミト2世は露土（ロシア゠トルコ）戦争を口実にミドハト憲法を停止した。

② アフガーニーがヨーロッパの植民地主義に対抗するためにスンナ派とシーア派に関係なく連携を訴えた。

③ ロシアがギリシア正教徒保護を名目にオスマン帝国に出兵してクリミア戦争が始まった。

④ 帝国の司法・行政・財政・軍事等にわたりタンジマートといわれる大規模な西欧化改革を開始した。

(2)　下線部⒝について，イギリスのインド進出によってインドとイギリスの綿製品の輸出入はどのように変化したかを下の**グラフ**をもとに説明せよ。

グラフ　綿布輸出額の変化

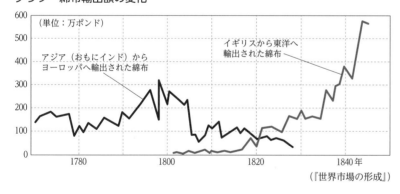

（『世界市場の形成』）

1	①	②	③
	④	⑤	⑥
	⑦	⑧	(1)
	(2)		

2 アヘン戦争と中国の開港　次の文の空欄に適語を入れ，下の問いに答えよ。　　　　　　　　〔20中京大囲：改〕

18世紀半ば以来，清朝はヨーロッパ船の来航を（①）1港に限定し，そこでの貿易も強い管理下においた。やがて，貿易に対する規制緩和を求めるようになったイギリスは，ⓐ使節を派遣し，清朝との交渉をはかったが，いずれもその目的を果たすことはできなかった。やがてイギリス商人らによるアヘンの密貿易が拡大し，その代価となった銀の国外流出や中毒患者の増加が問題になると，清朝はⓑアヘンの取り締まりを強化し，これが発端となって1840年にアヘン戦争が勃発した。この戦争に敗れた清朝はⓒ1842年にイギリスと講和条約を結び，その翌年には追加・補足条約を結んだ。とくに後者の追加・補足条約では，ⓓ不平等な内容の条約となった。そして，イギリスがこの一連の条約でえた権利の多くは，1844年にアメリカ・フランスが清朝と締結した条約でも認められた。

アヘン戦争後，イギリスは1856年，フランスとともに清に出兵し，（②）を起こした。この戦争にも敗北した清朝は，1860年に（③）を結び，開港地の拡大や外国公使の北京駐在などを認めた。なお，②を戦っていた時期の清朝は，国内で（④）がおこした太平天国の反乱も抱えており，まさに内憂外患に苦しむ状況だった。また，東方進出を目指すロシアは，この時期に清朝と結んだⓔアイグン条約などを通じて領土を拡張していった。

(1)　下線部ⓐについて，1792年にイギリスから清に派遣され，1793年に乾隆帝と会見した使節の名を選べ。

　①　アトリー　　　②　ピニョー　　　③　マカートニー　　　④　ラッフルズ

(2)　下線部ⓑを行った人物は誰か。

(3)　下線部ⓒについて，

　ⅰ　この講和条約の名前は何か。

　ⅱ　このときイギリスに割譲されたのはどこか。

(4)　下線部ⓓについて，条約の不平等な点は何だったか。次の文章の空欄にあてはまる語句を答えよ。

> 清朝が（　ア　）を喪失し，イギリスの（　イ　）と（　ウ　）が認められた。

(5)　下線部ⓔのアイグン条約の内容として正しいものを選べ。

　①　ロシアは沿海州を清朝から租借した。　　　②　ロシアは樺太（サハリン）を獲得した。

　③　ロシアは黒竜江（アムール川）以北の土地を獲得した。　　　④　1860年に結ばれた。

3 日本の開港とその影響　次のA・Bの文を読み空欄に適語を入れ，各問いに答えよ。

〔21佛教大囲：改，21同志社大囲：改〕

A　欧米の産業革命の影響は東アジアにも及んだ。1853年，ⓐアメリカ東インド艦隊司令長官ペリーは，軍艦を率いて日本に開国を迫った。老中首座の　X　はこの来航を朝廷に報告したり，開国に関して諸大名や幕臣にも諮問したりした。それとともに品川台場の築造に着手するなど海防面での対策も講じた。ペリーは翌年再来航して条約の締結を強要し，幕府は（①）を締結した。

その後アメリカ総領事として（②）が来日し，通商に関する交渉が開始された。日米間でさまざまな駆け引きが繰り広げられた末，1858年にⓑ日米修好通商条約が結ばれ，ついで　Y　・ロシア・イギリス・フランスともほぼ同内容の条約が締結された。ⓒ貿易が開始されると日本国内の経済に大きな影響があらわれ，排外的な動きが強まるとともに，幕府に対する反感も高まった。

(1)　空欄X・Yに入る語句の組合せとして最も適当なものを選べ。

　①　X―堀田正睦　Y―オランダ　　　②　X―堀田正睦　Y―スペイン

　③　X―阿部正弘　Y―オランダ　　　④　X―阿部正弘　Y―スペイン

(2)　下線部ⓐに関連して，ペリー来航後に来日した外国人の行動について述べた次の文Ⅰ～Ⅲについて，年代の古い順に並べたものとして最も適当なものを選べ。

　Ⅰ　ロシアの使節プチャーチンが長崎に，翌年には下田に来航し，和親条約を締結した。

　Ⅱ　イギリス公使パークスは，戊辰戦争に対して中立の方針をとった。

　Ⅲ　フランス公使ロッシュは，将軍徳川慶喜に幕府再建策を提案した。

　①　Ⅰ―Ⅱ―Ⅲ　　　②　Ⅰ―Ⅲ―Ⅱ　　　③　Ⅱ―Ⅰ―Ⅲ

　④　Ⅱ―Ⅲ―Ⅰ　　　⑤　Ⅲ―Ⅰ―Ⅱ　　　⑥　Ⅲ―Ⅱ―Ⅰ

(3)　下線部ⓑについて，この条約の内容について述べた次の文Ⅰ～Ⅳについて，正しいものの組合せを選べ。

　　Ⅰ　下田・箱館を開港することが決められた。

　　Ⅱ　神奈川・長崎・新潟・兵庫を開港することが決められた。

　　Ⅲ　相手国は関税を日本に払わないという不平等な内容であった。

　　Ⅳ　相手国の領事裁判権を一方的に認める不平等な内容であった。

　　①　Ⅰ・Ⅲ　　　②　Ⅰ・Ⅳ　　　③　Ⅱ・Ⅲ　　　④　Ⅱ・Ⅳ

(4)　下線部ⓒに関連して，**資料**から読み取れることを述べた文として最も適当なものを選べ。

資料　主要貿易品の割合（「図説日本文化史体系」）

　　①　輸出入ともに1863年から1867年までは同じ商品の割合が最も多くなっている。

　　②　諸外国との貿易が盛んになったため，日本の貿易額はどの年でも黒字であった。

　　③　1863年から1867年まで，輸出入の合計金額は増加している。

　　④　綿製品が大量に輸入されたため，日本国内の綿花栽培が発展していった。

B　1858年，次期将軍に徳川慶福を推す（③）が大老に就任すると，朝廷の許しを得ないままアメリカとの条約に調印した。これに対し，徳川慶喜を推す大名等は強く反発するものの，③は（④）でこれらの人々を弾圧した。

　　その後幕府は，ⓓ朝廷との融和を図る政策をとった。こうした中，幕府と朝廷に深いつながりを持つ薩摩藩では島津久光が上京し，江戸に下り幕政改革を要求した。この時期に，ⓔ尊攘派の志士たちによる外国人殺傷事件も頻発した。急進化する尊攘派に危機感を持った薩摩藩と会津藩は，天皇や幕府と融和を図る公卿と連携し，八月十八日の政変を引き起こし，長州藩勢力と尊攘派の公卿を追放した。

　　追放された長州藩は，池田屋事件をきっかけにⓕ京都に進撃したが，薩摩・会津藩の前に敗退した。さらに，長州藩は，英仏などの連合艦隊による報復攻撃をうけ，幕府が組織した征長軍にも屈伏することとなった。

　　尊攘派が衰退すると，幕府は自己の権力強化に乗り出し，薩摩藩と幕府の関係は悪化した。薩摩藩では，ⓖ洋式軍備を整えた軍隊を作り上げていた一方で，長州藩でも洋式軍備による軍制改革をおこなった。薩長両藩は，土佐出身の（⑤）と中岡慎太郎の仲介により（⑥）を秘密裏に結んだ。

(5)　下線部ⓓについて，この政策の名前は何か。

(6)　下線部ⓔのうち，1862年，薩摩藩士がイギリス人を殺傷した事件は何か。

(7)　下線部ⓕについて，長州藩と薩摩藩・会津藩が御所で交戦した武力衝突事件を何というか。

(8)　下線部ⓖについて，薩摩藩が洋式軍隊を整備したきっかけとして正しいものを選べ。

　　①　ペリー来航　　　②　アヘン戦争　　　③　桜田門外の変　　　④　薩英戦争

2 ①	②	③	④	
(1)	(2)	(3) i	ii	
(4)ア	イ	ウ		(5)
3 A①	②	(1)	(2)	(3)	(4)
B③	④	⑤	⑥		
(5)	(6)	(7)	(8)		

⑥ 明治維新と立憲体制

封建社会から近代国家への切り換え。急進派・漸進派・庶民など利害・志向の違いの中でとられた選択・紛争・影響をみよう。

───── **ポイント整理** ─────

1 幕府滅亡と新体制の成立 〈近代国家として重要な施策から順に改革が進む〉

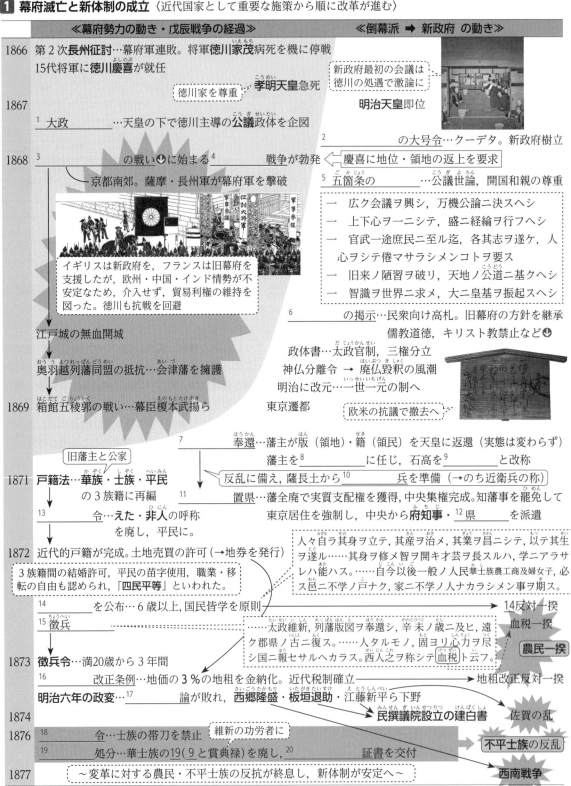

| ≪幕府勢力の動き・戊辰戦争の経過≫ | ≪倒幕派 ➡ 新政府 の動き≫ |

1866 第2次**長州征討**…幕府軍連敗。将軍**徳川家茂**病死を機に停戦
15代将軍に**徳川慶喜**が就任

[徳川家を尊重] **孝明天皇**急死

新政府最初の会議は徳川の処遇で激論に

1867

明治天皇即位

1 大政　　　…天皇の下で徳川主導の**公議政体**を企図

2 　　　の大号令…クーデタ。新政府樹立

1868 3 　　　の戦い↓に始まる 4 　　　戦争が勃発 ⇐ 慶喜に地位・領地の返上を要求

　─ 京都南郊。薩摩・長州軍が幕府軍を撃破

5 五箇条の　　　…公議世論，開国和親の尊重

　一 広ク会議ヲ興シ，万機公論ニ決スヘシ
　一 上下心ヲ一ニシテ，盛ニ経綸ヲ行フヘシ
　一 官武一途庶民ニ至ル迄，各其志ヲ遂ケ，人心ヲシテ倦マサラシメンコトヲ要ス
　一 旧来ノ陋習ヲ破リ，天地ノ公道ニ基クヘシ
　一 智識ヲ世界ニ求メ，大ニ皇基ヲ振起スヘシ

イギリスは新政府を，フランスは旧幕府を支援したが，欧州・中国・インド情勢が不安定なため，介入せず，貿易利権の維持を図った。徳川も抗戦を回避

6 　　　の掲示…民衆向け高札。旧幕府の方針を継承
　　　　儒教道徳，キリスト教禁止など↓

江戸城の無血開城

政体書…太政官制，三権分立
神仏分離令 → 廃仏毀釈の風潮
明治に改元…一世一元の制へ

奥羽越列藩同盟の抵抗…会津藩を擁護

1869 箱館五稜郭の戦い…幕臣榎本武揚ら

東京遷都　[欧米の抗議で撤去へ]

7 　　　奉還…藩主が版（領地）・籍（領民）を天皇に返還（実態は変わらず）
　　　藩主を 8 　　　に任じ，石高を 9 　　　と改称

[旧藩主と公家]

[反乱に備え，薩長土から 10 　　　兵を準備（→のち近衛兵の称）]

1871 **戸籍法**…**華族・士族・平民**
　　　の3族籍に再編

11 　　　置県…藩全廃で実質支配権を獲得，中央集権完成。知藩事を罷免して東京居住を強制し，中央から**府知事**・12 県　　　を派遣

13 　　　令…**えた・非人**の呼称を廃し，平民に。

1872 近代的戸籍が完成。土地売買の許可（→地券を発行）

3族籍間の結婚許可，平民の苗字使用，職業・移転の自由も認められ，「**四民平等**」といわれた。

人々自ラ其身ヲ立テ，其産ヲ治メ，其業ヲ昌ニシテ，以テ其生ヲ遂ル……其身ヲ修メ智ヲ開キ才芸ヲ長スルハ，学ニアラサレハ能ハス。……自今以後一般ノ人民華士族農工商及婦女子，必ス邑ニ不学ノ戸ナク，家ニ不学ノ人ナカラシメン事ヲ期ス。

14 　　　を公布…6歳以上，国民皆学を原則 → 14反対一揆

15 徴兵　　　

太政維新，列藩版図ヲ奉還シ，辛未ノ歳ニ及ヒ，遠ク郡県ノ古ニ復ス。……人タルモノ，固ヨリ心力ヲ尽シ国ニ報セサルヘカラス。西人之ヲ称シテ**血税**ト云フ。

1873 **徴兵令**…満20歳から3年間

血税一揆

[農民一揆]

16 　　　改正条例…地価の3%の地租を金納化。近代税制確立 → 地租改正反対一揆

明治六年の政変…17 　　　論が敗れ，**西郷隆盛・板垣退助・江藤新平**ら下野

1874 **民撰議院設立の建白書**

佐賀の乱

1876 18 　　　令…士族の帯刀を禁止　[維新の功労者に]

19 　　　処分…華士族の19(9と賞典禄)を廃し，20 　　　証書を交付

[不平士族の反乱]

1877 〈～変革に対する農民・不平士族の反抗が終息し，新体制が安定へ～〉

西南戦争

2 殖産興業 〈外資導入を避け，「上から」の近代化〉

条件整備	・**お雇い外国人**を雇用…文部・兵部省も含め800人超 ・工部省を設置し，事業を管理 ・²¹　　　　博覧会で発明技術を公募し，普及
金融制度	1868　太政官札・民部省札発行…不換紙幣で価値動揺
	1871　²²　　　　条例…円・銭・厘が単位。金本位の新硬貨
	1872　国立銀行条例…兌換銀行券。金流出で設立は4行
官営軍事工場	東京・大阪に軍事工場，長崎・横須賀に造船所
官営模範工場	²³　　　　製糸場(群馬)…士族から工女採用
官営鉱山	旧幕府・藩の経営を継承
交通・通信	電信	東京～横浜（1869）以後，数年で上海～北海道
	郵便	前島密の尽力で官営制度が発足（1871）
	鉄道	新橋～横浜（1872）以後，民営中心

3 文明開化 〈英仏系が中心〉

- 教育…学制(1872)。工部大学校で西欧の技術導入
- 啓蒙思想…**明六社**などが欧米思想・制度を紹介
  福沢諭吉『学問のすゝめ』『西洋事情』
  中村正直：訳『西国立志編』『自由之理』
- 西洋芸術の流入…のち日本文化の見直しも
- **太陽暦採用**…日曜休制を併せて。地方は旧暦
- 銀座の煉瓦造，馬車，人力車，洋服，牛鍋　etc.

3章

4 明治初期の対外関係 〈不平等条約改正の目標が背景〉

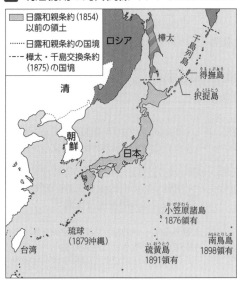

日露和親条約(1854)以前の領土
日露和親条約の国境
樺太・千島交換条約(1875)の国境

ロシア
樺太
千島列島
得撫島
択捉島
清
朝鮮
日本
琉球（1879沖縄）
台湾
硫黄島 1891領有
小笠原諸島 1876領有
南鳥島 1898領有

(1)　対ロシア，北海道開拓

1854	**日露和親条約**…樺太は雑居地。**択捉島**以南が日本領
1869	**蝦夷地**を北海道と改め，²⁴　　　　使を設置
	～この頃，ロシアが樺太に軍隊派遣，日本移民と紛争～
1874	²⁵　　　　制度を創設…開拓と防衛。当初は東北士族
1875	²⁶　　　　交換条約…樺太をロシア領，千島全島を 　　　　　　　　　　　日本領として画定
1899	²⁷ 北海道　　　　法…日本同化策。アイヌ語禁止

(2)　対欧米列強：条約改正交渉，日本領承認 〔日本の禁教に抗議〕

1871	**岩倉使節団**…アメリカが条約交渉拒否
	津田梅子らアメリカへの女子留学生が同行
	西欧の政治・社会経済を視察して帰国
1876	**小笠原諸島**の領有…英→米→幕府と領有変遷後
	～尖閣諸島・竹島は各々日清・日露戦争後に日本領確定～

(3)　対中国（清国）

²⁸ 日清　　　　　…相互・**対等**に開港・領事裁判権
琉球漂流民殺害事件…台湾原住民が殺害。清を問責
琉球藩設置…**琉球王国**廃絶。旧国王尚泰を藩王
〔台湾原住民は，中国人（漢族など）ではない。そのため，清国は責任を拒否した。〕
↓
台湾出兵…木戸孝允が抗議し，下野
→　清が漂流民殺害の賠償 ≒ 琉球の日本領承認
→　琉球藩に対し，清国への朝貢停止命令
〔属国（朝貢国）の琉球が日本領になろうとするのをみて，1880年，清国は先島諸島（宮古・石垣諸島）を清国領にできないか，アメリカを仲介に要求してきた。〕
(琉球藩→)**沖縄県設置**…一連の"²⁹ 琉球　　　　"終了
日清戦争の**下関条約**…台湾領有で沖縄島間の領有確定

(4)　対朝鮮

1870	国交を要求　→　鎖国の朝鮮側が拒絶
1871	〔吉田松陰が唱えて以来の，朝鮮・満洲・中国の併合論が背景〕
1872	〔帰国した岩倉使節団の大久保・木戸が主張〕
1873	**征韓論争**…征韓派 vs 内治優先派
	→ **明治六年の政変**…征韓派の西郷・板垣ら下野
1874	
1875	³⁰　　　　島事件…日本の挑発で軍艦を砲撃させ，鎮台占拠
1876	**日朝修好条規**…開国。釜山・仁川・元山を開港
	日本のみ領事裁判権・無関税特権の**不平等**条約

（3）対中国の年表左欄の年号：

1871
1872
1874
1875
1876
1879
1895

5 自由民権運動と松方財政〈飴◁ と鞭◀ に留意。デフレで財政打開。生じた貧農は産業革命の労働者へ〉

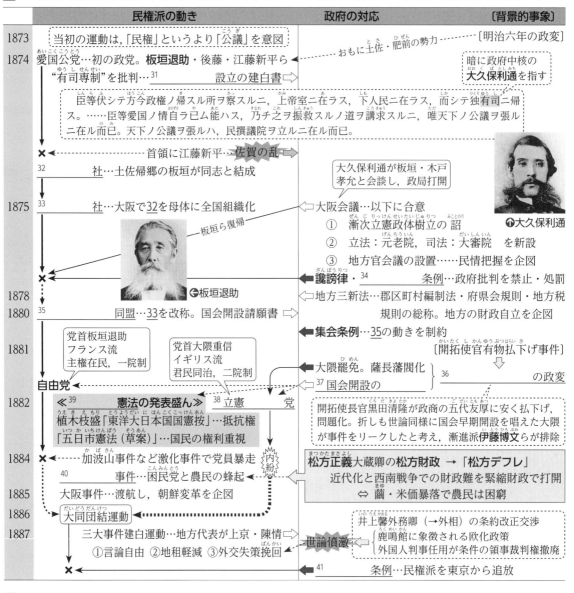

	民権派の動き	政府の対応	〔背景的事象〕
1873	当初の運動は、「民権」というより「公議」を意図		〔明治六年の政変〕
1874	愛国公党…初の政党。**板垣退助**・後藤・江藤新平ら ← おもに土佐・肥前の勢力	暗に政府中核の**大久保利通**を指す
	"有司専制"を批判… 31 設立の建白書 ▷	

臣等伏シテ方今権権ノ帰スル所ヲ察スルニ，上帝室ニ在ラス，下人民ニ在ラス，而シテ独リ有司ニ帰ス。……臣等愛国ノ情自ラ已ム能ハス，乃チ之ヲ振救スルノ道ヲ講求スルニ，唯天下ノ公議ヲ張ルニ在ル而已。天下ノ公議ヲ張ルハ，民撰議院ヲ立ルニ在ル而已。

	× ← 首領に江藤新平…佐賀の乱 ▶	大久保利通が板垣・木戸孝允と会談し，政局打開	
	32 社…土佐帰郷の板垣が同志と結成		
1875	33 社…大阪で32を母体に全国組織化 ◁ 大阪会議…以下に合意		↑大久保利通
	板垣ら復帰	① 漸次立憲政体樹立の詔	
		② 立法：元老院，司法：大審院 を新設	
	× ← ③ 地方官会議の設置……民情把握を企図		
		◀ **讒謗律**・ 34 条例…政府批判を禁止・処罰	
1878	←板垣退助 ◁ 地方三新法…郡区町村編制法・府会規則・地方税		
1880	35 同盟…33を改称。国会開設請願書 ▷ 規則の総称。地方の財政自立を企図		
		◀ **集会条例**…35の動きを制約	
1881	党首板垣退助 / フランス流 / 主権在民，一院制	党首大隈重信 / イギリス流 / 君民同治，二院制	〔開拓使官有物払下げ事件〕
		◀ 大隈罷免。薩長藩閥化	36 の政変
	自由党	◁ 37 国会開設の	
1882	≪39 **憲法の発表盛ん**≫ 38 立憲 党	開拓使長官黒田清隆が政商の五代友厚に安く払下げ，問題化。折しも世論同様に国会早期開設を唱えた大隈が事件をリークしたと考え，漸進派**伊藤博文**らが排除	
	植木枝盛「東洋大日本国国憲按」…抵抗権		
	「五日市憲法（草案）」…国民の権利重視		
1884	× ← 加波山事件など激化事件で党員暴走	**松方正義**大蔵卿の松方財政 → 「松方デフレ」	内紛
	40 事件…困民党と農民の蜂起	近代化と西南戦争での財政難を緊縮財政で打開 ⇔ 繭・米価暴落で農民は困窮	
1885	大阪事件…渡航し，朝鮮変革を企図		
1886	▶ **大同団結運動** ◀	井上馨外務卿（→外相）の条約改正交渉	
1887	三大事件建白運動…地方代表が上京・陳情 ▷ 世論憤激	鹿鳴館に象徴される欧化政策 / 外国人判事任用が条件の領事裁判権撤廃	
	① 言論自由 ② 地租軽減 ③ 外交失策挽回 ◀		
	× ← 41 条例…民権派を東京から追放		

6 憲法制定と初期議会〈現憲法との比較で特徴を把握しよう〉

(1) 憲法制定…君主権の強いドイツ（プロイセン）がモデル

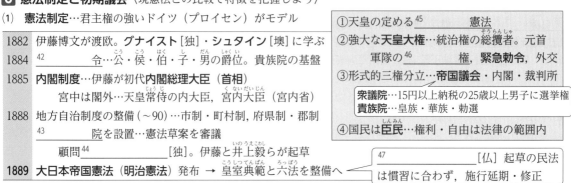

1882	伊藤博文が渡欧。**グナイスト**[独]・**シュタイン**[墺]に学ぶ	① 天皇の定める 45 憲法
1884	42 令…公・侯・伯・子・男の爵位。貴族院の基盤	② 強大な**天皇大権**…統治権の総攬者。元首 軍隊の 46 権，緊急勅令，外交
1885	**内閣制度**…伊藤が初代**内閣総理大臣（首相）**	③ 形式的三権分立…**帝国議会**・内閣・裁判所
	宮中は閣外…天皇常侍の内大臣，宮内大臣（宮内省）	**衆議院**…15円以上納税の25歳以上男子に選挙権 **貴族院**…皇族・華族・勅選
1888	地方自治制度の整備（～90）…市制・町村制，府県制・郡制	④ 国民は**臣民**…権利・自由は法律の範囲内
	43 院を設置…憲法草案を審議	
	顧問 44 [独]。伊藤と井上毅らが起草	47 [仏]起草の民法
1889	**大日本帝国憲法（明治憲法）**発布 → 皇室典範と六法を整備へ	は慣習に合わず，施行延期・修正

(2) 初期議会…政党無視の超然主義の政府・吏党 ⟺ 48 （民権派勢力）

・第1次山県有朋内閣の第一議会…民党は「政費節減・民力休養」を唱え，軍拡予算案を削減

・第1次松方正義内閣の第二議会…軍拡予算削減に対し，解散総選挙 → 激しい**選挙干渉**に耐え，民党勝利

||||||||||| 問 題 演 習 |||||||||||

1 文明開化と自由民権運動　次の文の空欄に適語を入れ，下の問いに答えよ。　〔19センター本試囚：改〕

　小林清親は幕臣の子として，1847年に江戸で生まれ，（①）の最初の戦いである鳥羽・伏見の戦いに参加した。幕府が倒れると，清親は東京で絵師として生きることを決意した。1876年に浮世絵に西洋絵画の技法を取り入れて，ⓐ文明開化の時期の東京を描いた風景版画を発表し，浮世絵師としてデビューした。

　この頃，清親は風景版画だけでなく，（②）が首領となった最大の士族反乱である西南戦争を題材に戦争錦絵を描いた。また，福島事件で政治犯として逮捕された6人のⓑ自由民権運動家の肖像を，政府「転覆」になぞらえて，「天福六家撰」と題して描く反骨精神も有していた。

(1)　下線部ⓐに関連して，文明開化にともなう生活様式や思想の変化に関して述べた次の文について，その正誤の組み合わせとして正しいものを，あとの選択肢から選べ。

　X　東京銀座には洋風の煉瓦造りの建物が建てられ，ガス灯が使用された。

　Y　福沢諭吉が『西洋事情』や『学問のすゝめ』を著し，欧米の近代思想を紹介した。

　①　X　正　Y　正　　②　X　正　Y　誤　　③　X　誤　　Y　正　　④　X　誤　Y　誤

(2)　下線部ⓑに関連して，次の文Ⅰ～Ⅲを古いものから年代順に正しく配列したものはどれか。

　Ⅰ　国会開設の勅諭が出され，大隈重信を総理とする立憲改進党が結成された。

　Ⅱ　松方デフレによる中小農民の窮乏が運動と結びつき，秩父事件や加波山事件が起こった。

　Ⅲ　政府は讒謗律と新聞紙条例を制定して，政府に対する批判や運動を抑圧した。

　①　Ⅰ─Ⅱ─Ⅲ　　②　Ⅰ─Ⅲ─Ⅱ　　③　Ⅱ─Ⅰ─Ⅲ

　④　Ⅱ─Ⅲ─Ⅰ　　⑤　Ⅲ─Ⅰ─Ⅱ　　⑥　Ⅲ─Ⅱ─Ⅰ

2 大日本帝国憲法の制定　大日本帝国憲法に関する下の問いに答えよ。　〔21共テ追試囚：改〕

(1)　大日本帝国憲法の制定過程に関して述べた次の文について，その正誤の組み合わせとして正しいものを，下のうちから選べ。

　X　伊藤博文を中心とした憲法の起草作業は，フランス人法学者の助言を得て進められた。

　Y　天皇の諮問機関として枢密院が設置され，憲法の内容を審議した。

　①　X　正　Y　正　　②　X　正　Y　誤　　③　X　誤　Y　正　　④　X　誤　Y　誤

(2)　次の史料A・Bのそれぞれにおいて，女性による皇位継承はどう規定されているか述べよ。

史料A　「大日本帝国憲法」

> 第二條　皇位ハ皇室典範ノ定ムル所ニ依リ皇男子孫之ヲ継承ス

史料B　「日本帝国憲法（五日市憲法）」(注1)

> 6　皇族中男無キトキハ皇族中当世ノ国帝ニ最近(注2)ノ女ヲシテ帝位ヲ襲受(注3)セシム但シ女帝ノ配偶ハ帝権(注4)ニ干与スルコトヲ得ス
>
> (注1)　日本帝国憲法：千葉卓三郎らが1881年4月ごろに起草した私擬憲法。
> (注2)　最近：最も血縁の近い。　（注3）　襲受：継承。　（注4）　帝権：国帝の権限。

1	①		②		(1)		(2)	
2	(1)		(2)					

❸ 明治日本の政治と外交　以下は，明治時代の日本に関する史料とそれに対する解説である。空欄に適語を入れ，あとの問いに答えよ。

史料A

> 一，広く会議を起こし，重要な事柄はすべて公の議論のもとに決定されなければならない。
> 一，旧来の悪習を改め，万国公法に基づいて政治は行われるべきである。

解説　この史料は（①）である。起草は由利公正という旧越前藩士だが，最終的には公家の（②）や三条実美が加わって成文化された。一方で，これの翌日に発せられた（③）では庶民の守るべき心得が示されたが，その内容は江戸時代の領主が庶民に布告していたものを引き継いでいた。

史料B　　　『法令全書』

> 朕は以前に諸藩の（④）の申し出を聞き入れ，新たに知藩事を任命してそれぞれの職を勤めさせた。ところが，数百年にわたる古いしきたりのため，中にはその名目だけで実質が伴わない藩があった。……よって今，さらに藩を廃止して県とする。

解説　この史料は（⑤）の詔である。政府は知藩事の代わりに（⑥）・（⑦）を任命したが，これにより，国内の政治的統一が完成された。

史料C　　『法令全書』

> 西洋の諸国は数百年にわたって研究し実践して，兵制を定めている。……従って，今その長所を取り入れ，わが国古来の軍制にそれを補って，……全国の士・農・工・商のすべての人民男子で（⑧）歳になった者をすべて兵籍に入れておき，この兵士によって危急の場合の必要に備えなければならない。

解説　この史料は徴兵告諭であり，翌年に（⑨）が公布された。これに不満を抱いたのは従前の武士階級である（⑩）で，徴兵制のほかに（⑪）の発行による秩禄処分などにより，身分上の特権が否定されていった。

史料D　　『法令全書』

> 今までの田畑の納税方法はすべて撤廃し，地券調査が済み次第，その土地の代価の100分の（⑫）をもって地租と定めることが命じられた。……地租改正実施ののちは，（⑬）の価格に従って課税するので，今後はたとえ豊作の年でも増税は行わないのはもちろんだが，凶作の年であっても減税は一切認めない。

解説　この史料は地租改正に関する太政官布告と条例である。これにより⒜近代的な租税制度が生み出された。

史料E　　『日新真事誌』

> 我々が考えてみると，近頃の政権を独占しているのは，上の天皇でも，下の人民でもなく，ひとえに政府の役人なのである。……そこでこのひどい状態を救う道を追求すれば，それは広範な人民が議論を行うことにしかあり得ない。そして，このような議論を行うには，民撰による議院をつくる以外にない。

解説　この史料は（⑭）であり，参議であった（⑮）らが提出した。その後，⑮は高知で（⑯）を，大阪で（⑰）を結成し，さらに日本最初の政党である（⑱）を結成した。

史料F　　『大日本外交文書』

> 日本国の人民が，朝鮮国の指定した各港に在留中において，もし罪科を犯し朝鮮国の人民と関係する事件が生じた際には，日本国の官員の審断に任せる。もし朝鮮の人民が罪科を犯し日本人民に関係する事件であれば，同様に朝鮮国官員の処理に任せる。

解説　この史料は（⑲）である。軍事力を背景に締結された⑲は，史料にみられるように，日本側の一方的な（⑳）の設定などの不平等な内容を含んでいた。これに先立って，②らの欧米訪問中には，留守政府内では武力によって朝鮮を開国させる（㉑）が主張されていた。

(1) 下線部ⓐに関して，地租改正によって納税者と納税方法がどう変わったか，簡潔に答えよ。

(2) 下の表は，史料のほか明治時代の日本で起きた主な出来事を年代順に並べたものである。次のア～オの出来事が表中のⅠ～Ⅴのどこに入るか答えよ。

　ア　王政復古の大号令　　イ　開拓使官有物払下げ事件　　ウ　江華島事件
　　　　　　　　　　　　　　　　　　　　　　　　　　　　　　こう か とう
　　　　　　　　　　　　　　　　　　　　　　　　　　　　　カンファド
　エ　西郷隆盛らの下野　　オ　保安条例公布
　　　さいごうたかもり　 げ や

❶ 大政奉還上表，《　　Ⅰ　　》	❼ ⓑ樺太・千島交換条約締結，《　　Ⅲ　　》
❷ 戊辰戦争勃発，【史料A】公布	❽ 【史料F】締結
❸ 【史料B】公布	❾ 西南戦争
❹ 【史料C】公布	❿ 《　　Ⅳ　　》，明治十四年の政変
❺ 【史料D】公布，《　　Ⅱ　　》	⓫ 三大事件建白書提出，《　　Ⅴ　　》
❻ 【史料E】提出	⓬ 大日本帝国憲法発布

3章

(3) 下線部ⓑに関して，右の史料Gは，条約締結に先立つ1859年に行われた樺太（サハリン）の国境画定に関する日露間交渉の記録である。史料Gおよび地図に関連する文章として正しいものをあとのa～dから二つ選べ。

地図　樺太・千島交換条約関係図

史料G

（『大日本古文書』より意訳）

但馬守／右京亮　：　内地（本州以南）では古代の風俗が変わってしまっていることもありますが，樺太では，かえって日本の古風が存続していることもあります。ただ拙者どもは実地検分をしていないため，ここにおります村垣淡路守・堀織部正が島（樺太）を廻り，実地をよくよく存じておりますから，この両人より詳しくお聞きください。……

ロシア使節　：　そういうことでしたら，お伺いしましょう。

淡路守／織部正　：　まず，（河川などの）流れのことを「ナイ」と唱え，海の島のことを「シリ」と唱え，場所のことを「コタン」と唱えるなど，その類いは，まだあります。

ロシア使節　：　それはアイヌの言葉であって，日本の言葉ではありません。

淡路守／織部正　：　この言葉（「ナイ」や「シリ」）は，日本北部の言葉にあります。

ロシア使節　：　千島にもアイヌの言葉はあります。その言葉は（日露の）いずれにもあるではありませんか。

a　樺太・千島交換条約の締結で日露国境は②から①へと変更されたので，交渉時では択捉島以北の千島列島はロシア領であった。

b　樺太・千島交換条約の締結で日露国境は③から②へと変更されたので，交渉時では千島列島全体はロシア領であった。

c　ロシア側は，日本とアイヌの文化の違いを指摘しようとしている。

d　日本側は，アイヌが固有の文化を持った民族であることを認めている。

3 ①	②	③	④
⑤	⑥	⑦	⑧
⑨	⑩	⑪	⑫
⑬	⑭	⑮	⑯
⑰	⑱	⑲	⑳
㉑	(1)		
(2)ア　　　　　イ　　　　　ウ　　　　　エ　　　　　オ			(3)　　・

7 日清戦争と日本の産業革命

アジアで唯一，政治・経済・社会の近代化を進め，欧米と対等な地位に届こうとする日本と，中国・朝鮮との格差を考えてみよう。

―――――――――― **ポイント整理** ――――――――――

1 朝鮮問題から日清戦争へ 〈朝鮮は，親清派vs親日派vs親露派が抗争。日本は既にロシアの南下を警戒〉

1882	[1]_____軍乱…親日派[2]_____妃に対し，親清派**大院君**支持の軍と民衆が反乱，日本公使館を襲撃。清が鎮圧
	→ 日本は守備兵駐留権を獲得
1884	[3]_____事変…清仏戦争の勃発をみて親日派[4]_____ら急進開化派（独立党）がクーデタ。清が鎮圧
1885	← **福沢諭吉**が『時事新報』に「[5]_____論」を発表…東アジア一体での開明を諦めた"脱亜入欧"
	→ [6]_____条約…対清国。日清両国軍の撤兵と，以後の出兵時の相互通知を約す
	← [7]_____事件…民権派の一部が朝鮮の内政改革を企図
1894	[8]_____戦争（**東学**の乱）…南部農民が減税・排日の蜂起。朝鮮の要請で清が出兵，対抗して日本も出兵
	← 日本の朝鮮内政改革要求を清が拒否
	日清戦争…黄海海戦，艦隊母港の威海衛占領など圧勝
1895	→ [9]_____条約…［日］伊藤首相・[10]_____外相 vs ［清］[11]_____
	①清国は朝鮮の独立を承認（宗主権を放棄）
	②割譲地…[12]_____半島，**台湾**，澎湖諸島
	③賠償金…**2億両**＋3000万両（12返還の代償）

うち8割以上を軍拡に充当

三国干渉…**ロシア**がフランス・ドイツを誘い，12**返還**を強要
　　　　　→「**臥薪嘗胆**」を標語に軍拡へ

駐朝鮮公使三浦梧楼の指示で親露反日の**2**暗殺，大院君の親日政権擁立

1897　朝鮮が**大韓帝国**に改号…[13]_____宗が"独立国"を強調，親露へ

《台湾》…[14]台湾_____を設置，抗日の**台湾民主国**の抵抗を鎮圧

2 条約改正 〈下表は改正交渉一覧。改正の主眼は，[15]_____権の撤廃と，[16]_____権の回復〉

1872	**岩倉具視**右大臣	**岩倉使節団**。禁教継続の日本に反発し，米国が予備交渉を拒否。欧米視察のみ
1876～	寺島宗則外務卿	関税自主権（税権）回復が目標。禁教廃止をみて米国は同意，英独の反対で無効
1882～	[17]_____外務卿 →外相	**外国人判事任用**を領事裁判権撤廃の条件としたことや，[18]_____館に象徴される**欧化政策**への反感，さらに**ノルマントン号事件**発生で交渉中断，辞任
1888～	大隈重信外相	外国人判事を大審院に限定。反発する右翼に襲われ重傷で，挫折
1891	青木周蔵外相	領事裁判権撤廃と税権一部回復が目標。英国との調印直前，来日中のロシア皇太子ニコライを警官が襲撃した**大津事件**により引責辞任し，交渉中断
1894	陸奥宗光外相	日清戦争直前，**領事裁判権撤廃**と税権一部回復（**日英通商航海条約**）。他国も追随
1911	小村寿太郎外相	**関税自主権**完全回復（日米通商航海条約など）

⊃大隈重信

3 日清戦争後の政局 〈超然主義の限界に気づき始めて…〉

藩閥政府と政党との妥協：自由党または（立憲改進党→）**進歩党**と提携し，戦後経営

↓　第3次伊藤内閣の地租増徴案を両党が否決 → 両党が合同した[19]_____党が総選挙で圧勝

初の政党内閣：19の[20]第1次_____内閣…板垣退助が内相（内務大臣）で入閣した「隈板内閣」

↓　当初から旧2党勢力の対立。4カ月で内閣崩壊

政党抑圧：[21]第2次_____内閣…旧自由党系勢力を利用して地租増徴案成立後，抑圧に転ず

↓　・[22]_____法（1900）…社会主義・労働・農民・女性運動などを抑圧

↓　・[23]_____制…陸海軍大臣を現役武官に限定。政党員を排除

伊藤系藩閥と政党の合流：第4次伊藤博文内閣

↓　・旧自由党系と[24]立憲_____を結成 ⇔ 反発した山県閥の抵抗で退陣

世代交代：伊藤・山県とも引退し，「[25]_____」として首相推薦など強い影響力保持

①山県有朋

⊃伊藤博文

4 産業革命とその影響〈各産業の発展と，背景となるできごとを関連づけて把握しよう〉

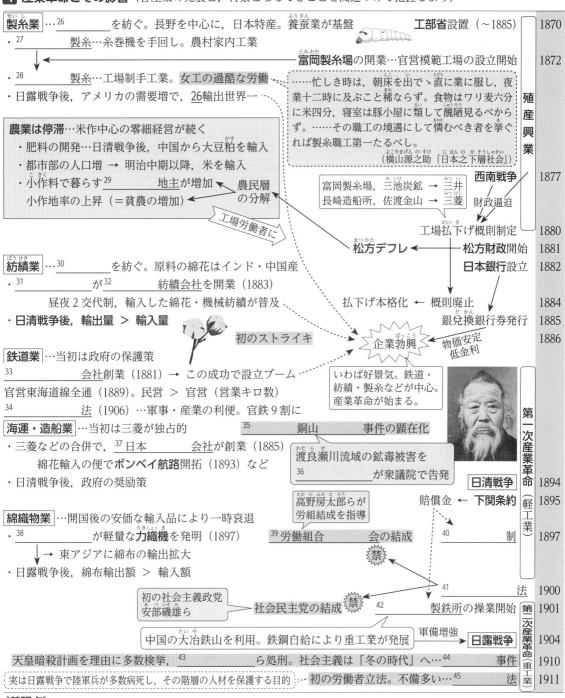

| 製糸業 |…26 | | を紡ぐ。長野を中心に，日本特産。養蚕業が基盤 |

製糸業…26＿＿＿を紡ぐ。長野を中心に，日本特産。養蚕業が基盤

・27＿＿＿製糸…糸巻機を手回し。農村家内工業

・28＿＿＿製糸…工場制手工業。女工の過酷な労働

・日露戦争後，アメリカの需要増で，26輸出世界一

農業は停滞…米作中心の零細経営が続く
・肥料の開発…日清戦争後，中国から大豆粕を輸入
・都市部の人口増 → 明治中期以降，米を輸入
・小作料で暮らす29＿＿＿地主が増加
　小作地率の上昇（＝貧農の増加）

農民層の分解

工場労働者に

紡績業…30＿＿＿を紡ぐ。原料の綿花はインド・中国産
・31＿＿＿が32＿＿＿紡績会社を開業（1883）
　昼夜2交代制，輸入した綿花・機械紡績が普及
・**日清戦争後，輸出量 ＞ 輸入量**

初のストライキ

鉄道業…当初は政府の保護策
33＿＿＿会社創業（1881）→ この成功で設立ブーム
官営東海道線全通（1889）。民営 ＞ 官営（営業キロ数）
34＿＿＿法（1906）…軍事・産業の利便。官鉄9割に

海運・造船業…当初は三菱が独占的
・三菱などの合併で，37日本＿＿＿会社が創業（1885）
　綿花輸入の便でボンベイ航路開拓（1893）など
・日清戦争後，政府の奨励策

35＿＿＿銅山＿＿＿事件の顕在化
渡良瀬川流域の鉱毒被害を
36＿＿＿が衆議院で告発

綿織物業…開国後の安価な輸入品により一時衰退
・38＿＿＿が軽量な力織機を発明（1897）
　→ 東アジアに綿布の輸出拡大
・日露戦争後，綿布輸出額 ＞ 輸入額

高野房太郎らが
労組結成を指導
39労働組合＿＿＿会の結成

初の社会主義政党
安部磯雄ら
社会民主党の結成

40＿＿＿制

41＿＿＿法

42＿＿＿製鉄所の操業開始
中国の大冶鉄山を利用。鉄鋼自給により重工業が発展
軍備増強

天皇暗殺計画を理由に多数検挙，43＿＿＿ら処刑。社会主義は「冬の時代」へ…44＿＿＿事件
実は日露戦争で陸軍兵が多数病死し，その階層の人材を保護する目的…初の労働者立法。不備多い…45＿＿＿法

―――右側の年表―――

1870　工部省設置（～1885）

殖産興業

1872　**富岡製糸場**の開業…官営模範工場の設立開始
　…忙しき時は，朝床を出でゝ直に業に服し，夜業十二時に及ぶこと稀ならず。食物はワリ麦六分に米四分，寝室は豚小屋に類して醜陋見るべからず。……その職工の境遇にして憐むべき者を挙ぐれば製糸職工第一たるべし。
　（横山源之助『日本之下層社会』）

1877　**西南戦争**　財政逼迫
富岡製糸場，三池炭鉱 → 三井
長崎造船所，佐渡金山 → 三菱

1880　工場払下げ概則制定
松方デフレ ←　松方財政開始

1881　**松方財政開始**
1882　**日本銀行**設立

1884　払下げ本格化 ← 概則廃止
1885　銀兌換銀行券発行
1886　企業勃興　物価安定低金利

いわば好景気。鉄道・紡績・製糸などが中心。産業革命が始まる。

第一次産業革命（軽工業）

1894　**日清戦争**
1895　賠償金 ← **下関条約**
1897

1900

1901　第二次産業革命（重工業）
1904　**日露戦争**
1910　大逆事件
1911

《着眼点》
・殖産興業等で財政逼迫 → 松方デフレで財政再建 → 銀本位制などにより産業革命を誘発　の流れ
・産業発展の裏側に，過酷な労働条件や公害の実態が存在 → 労働運動・社会主義運動の芽生え

5 学校教育の進展〈社会経済発展の条件〉

1886	学校令…小学校令（義務教育4年間）・中学校令・師範学校令・帝国大学令の総称
1900	義務教育無償化 → 日露戦争後，男女とも就学率95％超
1907	義務教育6年間に延長

教員養成系。無償

福沢諭吉の慶応義塾や，大隈重信の東京専門学校（→早稲田大学）などの私学も，各界に人材輩出

████████████████████████████████ 問題演習 ████████████████████████████████

1 **条約改正と日清戦争**　次の文の空欄に適語を入れ，下の問いに答えよ。

　江華島事件（カンファド）をきっかけに締結された（①）を根拠に，日本は朝鮮における清国の宗主権を否定しようとした。朝鮮国内でも閔妃（ミンビ）らが日本にならって近代化を進め，清国からの独立をはかったが，こうした改革に反発した兵士の一部は，国王の父である大院君（テウォングン）と結び，（②）を起こした。清国が軍隊を送り込みこれを鎮圧して以降，閔妃らは次第に転じ，（③）らが日本の支援を受け（a）クーデタを起こしたが清国の軍隊によって鎮圧された。清国の宗主権は維持され，（b）朝鮮半島の主導権をめぐり日本と清国との間で緊張が高まったが，日本と清国の全面衝突は（④）の締結により回避された。（c）東学の信徒を中心とする農民反乱の収束後，朝鮮の内政改革をめぐって再び対立が深まると，（d）日英通商航海条約が締結された直後に日清戦争が勃発した。日清戦争に勝利した日本は，（e）1895年の講和条約で清国の朝鮮に対する宗主権を否定し，朝鮮が独立国であることを認めさせた。また，講和条約の中で台湾が日本の植民地となり，（⑤）が設置された。

⑴　下線部（a）について，この事件を何というか。

⑵　下線部（b）に関連して，山県有朋は第一回帝国議会衆議院で**資料1**のような演説を行った。**資料1**から読み取れることの組合せとして正しいものはどれか。

資料1　山県有朋による首相施政方針演説（1890年12月6日）　　　　　（『第一回帝国議会衆議院速記録』）

> 国家独立自営ノ道ニ二途アリ，第一ニ主権線ヲ守護スルコト，第二ニハ利益線ヲ保護スルコトデアル。其ノ主権線トハ国ノ疆域（きょういき）ヲ謂ヒ，利益線トハ其ノ主権線ノ安危（あんき）ニ，密着ノ関係アル区域ヲ申シタノデアル。

　a　国家の独立を維持するためには，主権線のみ守れば良い。

　b　国家の独立を維持するためには，主権線を守り利益線を保護する必要がある。

　c　主権線とは大日本帝国の国境を指し，利益線とは朝鮮半島を指す。

　d　主権線とは大日本帝国の国境を指し，利益線とは満洲を指す。

　①　a・c　　②　a・d　　③　b・c　　④　b・d

⑶　下線部（c）について，この農民反乱を何というか。

⑷　下線部（d）が締結された経緯について説明した次の文章X・Yの正誤の組合せとして正しいものはどれか。

　X　イギリスが青木周蔵（あおきしゅうぞう）との条約改正交渉に応じた背景には，ロシアの東アジア進出への危機感があった。

　Y　大津事件によって条約改正交渉は中断したものの，その後，陸奥宗光（むつむねみつ）が関税自主権の撤廃を達成した。

　①　X　正　Y　正　　②　X　正　Y　誤　　③　X　誤　Y　正　　④　X　誤　Y　誤

⑸　次の**資料2～5**は，日清戦争後の日本や日本と諸外国との関係を示している。**資料2～5**を参考にして，下線部（e）でイギリスが利益を得ることになった条項を，①～④から2つ選べ。　　　　　　　　　　[18共テ試行E：改]

資料2　日本の主力艦調達先
　　　　（日清戦争後～日露戦争）

種別	調達先	隻数
戦艦	イギリス	4隻
巡洋艦	イギリス	4隻
	イタリア	2隻
	フランス	1隻
	ドイツ	1隻

（『日本外交文書』により作成）

資料3　清国の対外借款
　　　（日清戦争賠償金関係）

成立時期	借款金額	年利	借款引受国
1895年	4億フラン	4.0%	ロシアフランス
	（英貨換算　1,582万ポンド）		
1896年	1,600万ポンド	5.0%	イギリスドイツ
1898年	1,600万ポンド	4.5%	イギリスドイツ

（『日本外交文書』などにより作成）

資料4　日清戦争の賠償金の使途

　海軍拡張費（軍艦等補充金含む）46.9%
　臨時軍事費特別会計（日清戦争費）21.9%
　陸軍拡張費15.7%
　皇室費用5.5%
　台湾経営費3.3%
　災害準備基金2.8%
　教育基金2.8%
　その他1.1%

（総額　360,809千円）
（『大蔵省史』により作成）

（注）　アヘン戦争後，清国はイギリス・アメリカ・フランスに片務的な最恵国待遇を認めていた。

資料5　清の主な開港場と列強の勢力範囲
　　　　（1900年前後）

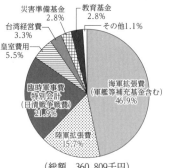

勢力範囲
■ロシア　■イギリス
▦ドイツ　▨フランス
▥日本
●　おもな開港場

①　清国は朝鮮の独立を認める。

②　遼東半島（リオトン）・台湾・澎湖諸島（ポンフー）を日本に割譲する。

③　日本に賠償金2億両（テール）を支払う。

④　新たに沙市（シャーシー）・重慶（チョンチン）・蘇州（スーチョウ）・杭州（ハンチョウ）を開市・開港する。

2 **日本の産業革命と教育の普及**　太郎先生の授業では，生徒たちが日本の産業革命に関連して自由にテーマを設定して発表した。次の会話文の空欄に適語を入れ，下の問いに答えよ。

一郎：私はテーマにもあった産業革命そのものを理解するために，1880年から1900年までの日本国内の鉄道業と繊維産業について調べました。1882年に設立された（①）が発行する銀兌換券による貨幣価値の安定によって@株式会社の設立が増えると，鉄道業では　X　，繊維産業では　Y　。

花子：私は日本の産業革命が国内にどのような影響をもたらしたのかを調べました。ⓑ1897年から金本位制を実施した日本は，繊維産業を中心に資本主義が成立し，資本家と労働者の区別が明確になりました。しかしながら，ⓒ労働者の働く環境は決して良いものではなく，社会問題に発展しました。

桃子：私は日本の産業革命と同時期の日本の教育について調べました。1886年に制定された一連の（②）により小学校から帝国大学・師範学校までの@学校教育制度が確立され，1900年代までには女子教育の充実も図られました。

(1)　下線部@に関して，この時期に株式会社が相次いで設立された現象を何というか。

(2)　X・Yに当てはまる1900年までの産業の動向について述べた文a～dの組合せとして正しいものはどれか。

　a　民営による鉄道が盛んに敷設され，営業キロ数では民営が官営を上回り
　b　民営の鉄道について政府が国有化を進めたため，営業キロ数は官営が民営を上回り
　c　アメリカ向けの生糸の輸出が増え，生糸の輸出規模は中国を抜いて世界１位になった
　d　機械生産による紡績会社が次々と設立され，国内の綿糸生産高は輸入高を上回った

　①　X―a　Y―c　　②　X―a　Y―d　　③　X―b　Y―c　　④　X―b　Y―d

(3)　下線部ⓑに関して，金本位制を実施できた理由を，金本位制の準備金に注目して簡潔に説明せよ。

(4)　下線部ⓒに関して，この時期の社会問題について説明した文として適当でないものはどれか。

　①　明治政府は1900年に治安警察法を制定し，労働運動の取り締まりを強化した。
　②　明治政府は1911年に工場法を制定したが，その施行には数年がかかった。
　③　労働組合期成会が結成され，各産業の労働組合の結成を指導した。
　④　労働問題は繊維産業など軽工業が中心で，重工業では労働者の反発は起こらなかった。

(5)　下線部@に関して，桃子さんは資料1・2を参考にあとのような説明を行ったが，誤りを指摘された。どのような指摘だったと考えられるか簡潔に説明せよ。　　　　　　　　　　　　　　　[21共テサンプル問題：改]

資料1　日本の義務教育の就学率

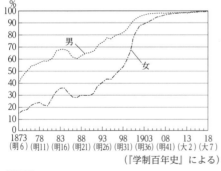

1873 78 83 88 93 98 1903 08 13 18
(明6)(明11)(明16)(明21)(明26)(明31)(明36)(明41)(大2)(大7)
（『学制百年史』による）

資料2　学事奨励二関スル被仰出書（1872年，現代語訳）

……行いを正し，知識を広め，才能・技芸を伸ばすことは，学ばなければ不可能である。これが学校を設ける理由であり，……今後一般の人民は（華族・士族・農民・工人・商人及び婦女子を問わず，）必ず村に不学の家などなく，家に不学の人などいないことを目標にしなければならない。人の父兄たるものは，よくこの趣旨を認識し，いつくしみ育てる気持ちを強く持って，その子弟を必ず学校に通わせるようにしなければならない。

（『新編　史料日本史』東京法令出版）

〈説明〉

　1890年代に女子の就学率が急激に上昇している背景には，欧米の多くの国で女性に選挙権が与えられるようになり，日本でも，資料2でうたわれている目的が人々に受容されるようになったためだと考えられる。

1	①	②	③	④	⑤
	(1)	(2)	(3)	(4)	(5)　・
2	①		②	(1)	(2)
	(3)				(4)
	(5)				

8 帝国主義と列強の対立

現代も帝国主義的な姿勢をとる国は存在するため，その防止・対応のためにも，帝国主義の構造・実態を学ぶことは，とても重要である。

―――――― ポイント整理 ――――――

1 帝国主義〈発生の背景・要因と，もたらされたものの関係〉

学問的発明・発見（19世紀）

1　　　『種の起源』…2　　　論
発電機，ガソリンエンジン，電話　etc.

重化学工業化したアメリカ・ドイツが，軽工業が伝統のイギリスの工業生産額を超す

← 動力源の3　　　・4　　　力など，産業に応用

第2次産業革命…**重化学工業**・鉄鋼業・電機工業など ➡ 労働運動・社会主義

不満をそらす

カルテル…企業連合
トラスト…企業合同
コンツェルン…企業連携

5　　　資本の形成…**銀行**（金融資本）が中核

← 国家と連携の必要

← 巨額な資本が必要

国民意識 ⇔ 人種・民族差別
利潤や輸入品による生活改善
植民地への6　　　

「白人の責務」論，淘汰され強者が残るとする**社会進化論**など，支配の正当化も

帝国主義の発生…原材料・商品販売・資本輸出
の市場となる**植民地**の確保

世界各地域の結びつき…6　　，交通・通信，国際組織
軍備拡張，植民地の争奪 → 世界大戦へ

社会主義政党の組織**第2インターナショナル**（1889）etc.

2 帝国主義初期の列強〈斜陽のイギリス，富強化するアメリカ・ドイツ〉

■イギリス …工業の座は譲っても，国際政治は主導
・1870～90年代の世界的不況 → 鉄鋼生産額は米独が抜く
　→ 白人植民地を**自治領化**…財政対策の面も
　　　　カナダ，オーストラリア，ニュージーランド
・総選挙勝利の漸進社会主義勢力が**労働党**を結成（1906）
・懸案の**アイルランド自治法**が成立（1914）
　→ 北アイルランド入植者が抵抗。大戦で施行延期

■フランス
・第三共和政のもと，アフリカ・インドシナに植民地拡大（後述）
・ユダヤ系大尉ドレフュス事件（1894）
　　反ユダヤ・反共和政の保守派 vs 共和派
　　→ 共和派の伸長。社会党の結成

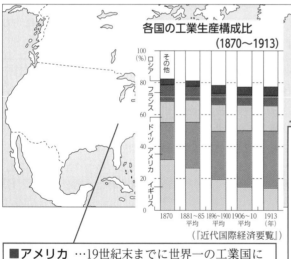

各国の工業生産構成比（1870～1913）

（縦軸：ロシア／その他／フランス／ドイツ／アメリカ／イギリス）
1870　1881～85平均　1896～1900平均　1906～10平均　1913（年）
（『近代国際経済要覧』）

■ドイツ …ビスマルクは植民地の不保持論者
・1880年代，**ビスマルクの保護関税政策**
　→ 独占資本の形成，重化学工業化に成功
・1888年，7　　　世が即位
　社会主義対策で対立したビスマルク辞任。
　「8　　　政策」を掲げ，帝国主義を開始
・社会主義者鎮圧法廃止で，**社会民主党**が伸長，
　第一党に（1912）。ベルンシュタインの唱えた，
　革命を否定する「修正主義」の支持拡大

■アメリカ …19世紀末までに世界一の工業国に
・西部開拓の終了（1890）→ 帝国主義の開始
・10　アメリカ=　　　戦争（米西戦争）（1898）
　→ フィリピンなど獲得，キューバの保護国化
・ハワイ併合（1898）
・列強に中国市場の11　　　宣言（1899）
　～1900年代，**セオドア=ローズヴェルト**大統領が
　　　　カリブ海諸国に「棍棒外交」を展開～
　　　　→ パナマ運河開通（1914）

■ロシア
・**バルカン半島**での**南下政策**の挫折後，極東への南下に重点 → シベリア鉄道開通（1904）
・日露戦争は，1905年革命（第1次ロシア革命）を誘発し，ニコライ2世は立憲体制を成立させて収束
・9　ロシア　　　労働党（1898～）が活発化

❸ アフリカの分割〈現在の名残──便宜的な国境線と，「宗主国」の言語が公用語として残る〉

- 帝国主義以前は，アフリカは「暗黒大陸」といわれ，沿岸部のみ奴隷・象牙・穀物などの貿易で知られ，主な植民地は**ケープ植民地**［英］と**アルジェリア**［仏］。
- 19世紀半ば以降の，12＿＿＿＿＿＿＿＿＿＿＿［英］・スタンリー［米］の探検は，内陸部への関心を向け，ビスマルク主催の13＿＿＿＿＿＿＿（＝コンゴ）会議で植民地化の原則が成立すると，アフリカ分割は一気に進んだ。

	イギリスの動き	フランスの動き	
1882	ウラービー運動を鎮圧し，エジプトを保護国化	チュニジアを保護国化	1881
	→ 14アフリカ＿＿＿＿＿政策の南下を開始		
1884〜85	13…ベルギーのコンゴ植民地承認。植民地は先に占領した国を優先する原則		1884〜85
1890	ケープ植民地首相に15セシル=＿＿＿＿＿＿着任		
	→ 14の北上を開始	15の名をとって「ローデシア」	
	ローデシアを占領（〜1894）⋯⋯	東岸のジブチに向け，16アフリカ＿＿＿＿政策開始	1894
1898	17＿＿＿＿＿＿事件…14のイギリスと16のフランスが衝突，フランスが譲歩		1898
1899〜1902	18＿＿＿＿＿戦争…ブール（ボーア）戦争 金・ダイヤモンドが豊富なオランダ系先住入植者19＿＿＿人の国家を征服⋯⋯	のち南アフリカ連邦が成立（1910）。人種隔離政策（**アパルトヘイト**）を導入し，ブール人と宥和	
1904	20英仏＿＿＿＿…イギリスのエジプト，フランスのモロッコ支配を相互承認		1904

> イギリスは「光栄ある孤立」をやめて**日英同盟**（1902）を締結。また，フランスの21露仏＿＿＿＿（1894）に20と22英露＿＿＿＿（1907）を加え，**三国協商**が成立 ⬌ ドイツ・オーストリア・イタリアの**三国同盟**

〔**ドイツの動き**〕…ビスマルクの方針で，出遅れ
- ビスマルクが南西アフリカ・東アフリカなど確保（1884〜85）
- ヴィルヘルム2世は23＿＿＿＿＿＿に進出を図る（1905，11）
  - → 20後の英仏が阻止

〔**イタリアの動き**〕…ドイツより，さらに出遅れ
- 東部の独立国24＿＿＿＿＿＿への侵攻に失敗（1896）
- イタリア=トルコ戦争（1911〜12）の結果，リビア占領

〔**残された独立国**〕…東部の24と，西海岸の**リベリア**のみ

作業 右の地図の空欄に，次の地名を記号で記入しよう。

> アメリカの解放奴隷が組織的に移住・建国

①ケープ植民地　②アルジェリア　③エジプト　④チュニジア
⑤コンゴ　　　　⑥ローデシア　　⑦ジブチ　　⑧ファショダ
⑨モロッコ　　　⑩リビア　　　　⑪エチオピア　⑫リベリア

❹ 太平洋の分割〈17〜18世紀に探検。列強4カ国が植民地に〉

英	オーストラリア……流刑植民地に始まり，先住民25＿＿＿＿を抑圧して開拓。第二次世界大戦後まで有色人種排斥	
	ニュージーランド…先住民26＿＿＿＿を抑圧して開拓	世界初の女性参政権（1893）
仏	タヒチ，ニューカレドニア	
独	ヴィルヘルム2世が，マリアナ諸島〜ニューギニア北岸	
米	・アメリカ=スペイン戦争で27＿＿＿＿，**グアム**を獲得（1898）	
	・アメリカ人移民により**ハワイ王国併合**（1898）⋯⋯	最後の女王**リリウオカラニ**は「アロハオエ」の作詞者

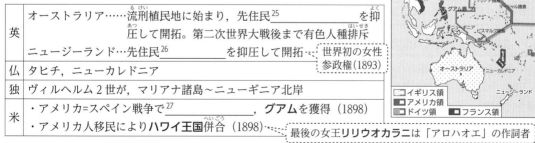

❺ ラテンアメリカの動向〈経済面は，カリブ海沿岸はアメリカ，南米はイギリスの影響が大〉

- 帝国主義の時代，欧米向けの農畜産物の生産地
- **メキシコ革命**（1910〜17）…まず，米英資本・地主が支持する独裁的大統領が失脚（1911）。その後，主導権の争奪をへて，土地改革・人権保障など民主的憲法を制定した政権が確立

■■ 問題演習 ■■

❶ 帝国主義とアフリカの分割 次の文の空欄に適語を入れ，下の問いに答えよ。 ［07関西学院大⑱：改］

　ヨーロッパのアフリカ進出は，ⓐ19世紀の産業革命の進展とともに本格化した。19世紀の半ば，宣教師（①）などの探検調査に始まる「アフリカ争奪競争」は，イギリスとフランスの政策により加速した。イギリスはエジプトの（②）と南アフリカのⓑケープ植民地の南北２つの拠点から大陸を貫く形で植民地の拡大に向かっていったので，これを大陸縦断政策という。一方，すでに1830年に（③）を植民地としていたフランスは，北アフリカ西部から中央部の東西を繋げる大陸横断政策をとった。イギリスとフランスの政策が交錯した結果，勃発したのが（④）事件である。19世紀後半にはヨーロッパの新興国が次々にアフリカへ進出し，植民地を巡る衝突が起こった。これにドイツの宰相（⑤）は1884年に列強の利害を調整するⓒベルリン会議を提唱した。1904年，イギリスとフランスは最終的な妥協策として，（⑥）を結んで同盟し，双方の植民地を確定した。一方でイタリアは（⑦）に侵入したが，アドワの戦いで敗れ後退した。しかし，1912年，イタリアはオスマン帝国との戦争により，北アフリカの（⑧）を獲得した。これにより，リベリアと⑦を除くⓓアフリカ全土はヨーロッパ列強により分割され，植民地となった。

(1) 下線部ⓐについて，次の文章はこの頃の産業の変化に関する説明である。空欄Ａ とＢに入れる語句として正しいものを，それぞれあとの１～２から一つ選べ。

> 　19世紀後半になるとアメリカ合衆国やドイツを中心に，欧米各国ではこれまでの産業からの変化がみられた。石炭に加え，石油が燃料として利用されるとともに，動力源には　Ａ　が用いられ，産業の機械化と大規模化が伸展した。大規模化した産業は，巨額の資本を必要としたため，各国では　Ｂ　。

　　Ａ　１　電力　　　　　Ｂ　１　銀行・企業・貿易における国家統制が実施された。
　　　　２　蒸気力　　　　　　　２　銀行と結びつき，企業を合併する独占資本が形成された。

(2) 下線部ⓑについて，ケープ植民地首相として植民地拡張を主導した政治家は誰か。

(3) 下線部ⓒについて，ベルリン会議によってコンゴ領有を認められた国はどこか。

(4) 下線部ⓓについて，ヨーロッパによるアフリカ植民地支配は，様々な形で正当化されてきた。次の**資料１～４**の解釈について述べた文として**適当でないもの**を，あとの①～④から一つ選べ。

資料１　フランス国会での首相の演説（1885年）　　　　　　　　　　　（『フランスの歴史【近現代史】』）

> （植民地の）問題の，人道主義的・啓蒙的側面です。すぐれた人種には，劣った人種を文明化する義務があります。この義務は，過去の何世紀にもわたる歴史のなかで，しばしば無視されてきました。しかしこんにち，ヨーロッパの民族がこのすぐれた義務を崇高かつ誠実にはたすべきだと，私は考えます。

資料２　ケープ植民地の首相の談話（1895年）　　　　　　　　　　　　　（レーニン『帝国主義論』）

> 私の抱負は社会問題の解決である。イギリス帝国の4000万の人民を血なまぐさい内乱からまもるためには，われわれ植民政治家は，過剰人口を収容するために新領土を開拓し，また彼らが工場や鉱山で生産する商品のために新しい販路をつくらなければならない。決定的な問題は，私が常にいうことだが，胃の腑の問題である。彼らが内乱を欲しないならば，彼らは帝国主義者とならなければならない。

資料３　英国領インド生まれの児童文学作家の詩（1899年）

> 白人の責務を果たせ。平和のため残忍な戦いに参加し，飢えた者たちの口を満たし，疫病の広がりを食い止めよ。（略）白人の責務を果たせ。そして白人の報酬を得よ。連中の非難を和らげ，連中の憎悪を見守れ。大勢の嘆きに同調し，（ゆっくりと！）光明に向ける。

資料４　フランス思想家による人種論（1853年）　　　　　　（ゴビノー『人間の不平等に関するエッセー』）

> 黒人種は，人種の階梯の最底辺に位置している。……黄色人種は，あらゆる点で凡庸である。……白色民族には，熟考力が，より正確に言うならば，エネルギッシュな知力が備わっている。……歴史をひもとけば，あらゆる文明の起源は白色人種にある，ということもわかる。白色人種の貢献なしには，どの文明も存続しえない。

① 本国での内乱と飢餓（きが）を防ぐため，植民地政策を進める必要があると述べている資料がある。

② 白人は，黄色人種や黒人よりも人種として優れていると述べている資料がある。

③ 白人による植民地支配は，支配される側の人々の大きな反発を招くと述べている資料がある。

④ 白人には，それ以外の民族・人種を文明化させる使命があると述べている資料がある。

2 ヨーロッパ列強の対立　次の文は，「なぜヨーロッパの列強は対立することになったのか」という問いについて，資料をもとに探究した授業での会話である。会話文の空欄に適語を入れ，下の問いに答えよ。

先生：1890年にドイツの宰相ビスマルクが辞任をすると，ドイツはロシアとの（①）の更新を拒否しました。その結果，国際関係はどうなりましたか。

平野：ロシアは，フランスに接近して（②）を結んだため，ドイツは東西から脅かされることとなりました。なぜドイツはロシアとの①の更新を拒否したのだろう。

セナ：ⓐドイツの新しい皇帝には，伸展した工業力を背景に「世界政策」と呼ばれる積極的な対外政策を展開させるという思惑があったからじゃないかな。ⓑバグダード鉄道の建設もその一環だね。

森村：そのことがⓒイギリスとの外交的な軋轢（あつれき）を生み出すこととなるんだ。

平野：1907年になると，イギリスがロシアに近づき英露協商を締結しているね。この結果，イギリス・フランス・ロシア3国の提携関係である（③）が成立するんだ。包囲されたドイツはどうしたのかな。

角田：ドイツは，1882年にビスマルクがオーストリア・（④）と締結していた三国同盟で対抗したんだ。

先生：こうしてヨーロッパ列強は二極化することとなり，この対立が第一次世界大戦へとつながっていきます。

(1) **資料5**は，1870年を100とした「主要国の工業生産指数」を示したグラフである。ある生徒は，自分の発言の根拠に使えると考え，授業へ持ち込んだ。根拠として用いることが適切な生徒を次の①〜④から選べ。また，その理由を，**資料5**から読み取れることをもとに説明せよ。

① 平野さん　　② セナさん　　③ 森村さん　　④ 角田さん

(2) 下線部ⓐについて，1888年に即位し，帝国主義政策を推進した皇帝は誰か。

(3) 下線部ⓑについて，**資料6**は列強各国の鉄道の総距離を示したグラフである。グラフの Ａ と Ｂ は，ロシアかフランスのいずれかを示している。Ａ と考えられる国名a・bと，Ｂ の国の鉄道発達の要因X・Yの組合せとして正しいものを，あとの①〜④から一つ選べ。

Ａの国名　　　　a　ロシア　　　b　フランス

Ｂの国の鉄道発達の要因

X　世界初の産業革命を成し遂げ，いち早く鉄道建設に乗り出した。

Y　同盟国からの借款（しゃっかん）で，ヨーロッパからアジアへと続く大鉄道を建設した。

① a−X　　② a−Y　　③ b−X　　④ b−Y

(4) 下線部ⓒについて，ドイツの政策がイギリスとの外交的な軋轢を生み出すこととなった理由を，イギリスの帝国主義政策の名称とその内容を答えながら説明せよ。

資料5　主要国の工業生産指数

（『近代国際経済要覧』）

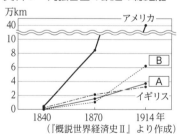

資料6　列強各国の鉄道の総距離

（『概説世界経済史Ⅱ』より作成）

1	①		②		③		④	
	⑤		⑥		⑦		⑧	
	(1)A	B	(2)		(3)		(4)	
2	①		②		③		④	
	(1)記号	理由					(2)	
	(3)	(4)						

⑨ 日露戦争とその影響

日露戦争は単なる日本史上のできごとに留まらず，世界に与えた影響が大きい。植民地は日本を目標にしたが，列強，特にアメリカは反感を抱く。

ポイント整理

① 列強の中国進出と日露戦争 〈日清戦争で中国の弱体化が露見。「中国分割」を機に，日露が衝突〉

【租借地】	出遅れたアメリカは[2]＿＿＿＿
［露］旅順，大連	・機会均等・領土保全を提唱
［英］威海衛	
［仏］広州湾	
【勢力圏】	
右図参照➡	

1898 ドイツが膠州湾を[1]＿＿＿＿，山東半島を勢力圏に。
　　　　→ 露・英・仏も同様に獲得へ
　　　　[危機感]
　　　　[3]＿＿＿＿＿＿という改革
　　　　　立憲君主政が目標。明治維新がモデル
　　　　　[4]＿＿＿＿帝の下で，[5]＿＿＿＿・梁啓超ら
　　　　[反発]
　　　　[6]戊戌の＿＿＿…保守派の[7]＿＿＿らによるクーデタで挫折
　　　　　[4]は幽閉，[5]らは日本亡命

1900 [8]＿＿＿＿戦争(事件)…山東省で民衆の宗教的武術集団が蜂起
　　　　　「[9]＿＿＿＿」を唱え，北京の列国の公使館を包囲
　　　　清国が宣戦 ◀[鎮圧] 8カ国連合軍…日・(露)が主力

1901 [10]北京＿＿＿＿(辛丑和約)…賠償金，外国軍の北京駐屯

この後，ロシアは満洲に軍隊を残留，事実上の支配下に。
　　→ 日本は，満洲をロシア，韓国を日本の勢力圏とすべく交渉，ロシアが拒否
　　　[論争]
キリスト教徒の[11]＿＿＿＿が非戦論，社会主義者の幸徳秋水らが反戦論を唱えたが，
主戦論(開戦論)が優勢　cf. 開戦後，与謝野晶子の詩「君死にたまふことなかれ」

韓国の高宗の親露姿勢も背景

1902 [12]＿＿＿＿同盟協約 → この結果，英米が日本を，仏独がロシアを支持
　　　　[列強各国の，日本・ロシアへの支持理由を調べよう。]

1904 **日露戦争**…日本の旅順攻撃で開戦。日本優勢で進むが軍事補給に限界
1905　　ロシアも革命発生。**日本海海戦**でのロシア艦隊壊滅で決着
　　　　[13]＿＿＿＿条約…アメリカ大統領セオドア=ローズヴェルト仲介
　　　　　代表：小村寿太郎外相 vs ウィッテ
　　　(1)韓国での優越権
　　　(2)旅順・[14]＿＿＿を含む遼東半島南部([15]＿＿＿州)の租借権
　　　(3)長春以南の鉄道権益
　　　(4)北緯50°以南の樺太(南樺太)の割譲
　　　※賠償金なし

戦争中，第2次日英同盟で日本の韓国保護権承認，**桂・タフト協定**で韓国・フィリピンの日米の立場を相互承認

　　　　　　　　　　[16]＿＿＿＿焼打ち事件など暴動発生
1906 [17]＿＿＿に[18]＿＿＿府…[15]と満鉄を管轄
　　　[14]に[19]＿＿＿株式会社(満鉄)…半官半民。製鉄所も経営
　　　　→ 権益独占の姿勢にアメリカが反発，日本人移民排斥運動も発生
戦後，4次にわたる[20]＿＿＿により，共同でアメリカの
進出を抑えながら，満洲・内モンゴルの勢力圏を取り決めた。

↑今も残る旧満鉄本社

2 日本の朝鮮半島支配〈韓国併合（へいごう）の過程を，史料を絡めてみよう〉

1904	日韓議定書…日露開戦直後，軍事行動の便宜（べんぎ）を約す
	第1次21[ ]…日本政府推薦の財政・外交顧問を規定•
	作業　各内容に適する史料を選び，•と•を結ぼう。
1905	第2次21[ ]…乙巳（いっし）条約。外交権を接収（保護国化）•
1906	漢城に22[ ]府を設置
1907	←23[ ]　事件…万国（ばんこく）平和会議に韓国が訴え
	第3次21[ ]…内政権接収，軍隊解散 → 24[ ]運動
1909	←伊藤博文（いとうひろぶみ）暗殺…ハルビンで25[ ]に
1910	韓国併合条約…22を廃し，26[ ]府を設置•
	→ 憲兵が治安維持。27[ ]事業の結果，小作地を失う農民多数

- ⓐ……法令ノ制定及ビ重要ナル行政上ノ処分ハ予メ統監ノ承認（とうかん）ヲ経ルコト。
- ⓑ……韓国ノ外国ニ対スル関係及事務ヲ監理（かんり）指揮スベク……日本国政府ハ其代（おおび）表者トシテ……一名ノ統監（レヂデントゼネラル）ヲ置ク。
- ⓒ……韓国全部ニ関スル一切ノ統治権ヲ完全且永久ニ日本国皇帝陛下ニ譲与ス。
- ⓓ……日本政府ノ推薦スル日本人一名ヲ財務顧問トシテ……総テ其意見ヲ詢ヒ（すふ）施行スベシ。

3 アジア各地の民族独立運動・改革運動〈日露戦争での日本の勝利が大きな刺激に〉

(1) 中国——28[ ]革命（1911）

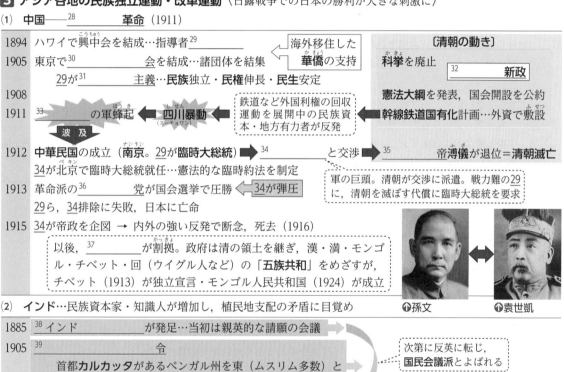

1894	ハワイで興中会を結成…指導者29[ ]
1905	東京で30[ ]会を結成…諸団体を結集
	29が31[ ]主義…民族独立・民権伸長・民生安定
1908	
1911	33[ ]の軍蜂起（こうちょう） ← 四川暴動（しせん）（スーチョワン）

海外移住した華僑（かきょう）の支持

鉄道など外国利権の回収運動を展開中の民族資本・地方有力者が反発

〔清朝の動き〕
科挙（かきょ）を廃止
32[ ]新政
憲法大綱を発表，国会開設を公約
幹線鉄道国有化計画…外資で敷設（ふせつ）

波及

1912	中華民国の成立（南京（なんきん）。29が臨時大総統） → 34[ ]と交渉 → 35[ ]帝溥儀（ふぎ）が退位＝清朝滅亡
	34が北京（ペキン）で臨時大総統就任…憲法的な臨時約法を制定
1913	革命派の36[ ]党が国会選挙で圧勝 ← 34が弾圧
	29ら，34排除に失敗，日本に亡命
1915	34が帝政を企図 → 内外の強い反発で断念，死去（1916）
	以後，37[ ]が割拠（かっきょ）。政府は清の領土を継ぎ，漢・満・モンゴル・チベット・回（ウイグル人など）の「五族共和」をめざすが，チベット（1913）が独立宣言・モンゴル人民共和国（1924）が成立

軍の巨頭。清朝が交渉に派遣。戦力難の29に，清朝を滅ぼす代償に臨時大総統を要求

⬆孫文　　⬆袁世凱

(2) インド…民族資本家・知識人が増加し，植民地支配の矛盾に目覚め

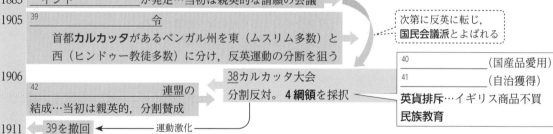

1885	38[ ]インド[ ]が発足…当初は親英的な請願の会議
1905	39[ ]令
	首都カルカッタがあるベンガル州を東（ムスリム多数）と西（ヒンドゥー教徒多数）に分け，反英運動の分断を狙う
1906	42[ ]連盟の
	38カルカッタ大会 分割反対。4綱領を採択
	結成…当初は親英的，分割賛成
1911	39を撤回 ← 運動激化

次第に反英に転じ，国民会議派とよばれる

40[ ]（国産品愛用）
41[ ]（自治獲得）
英貨排斥…イギリス商品不買
民族教育

(3) 西アジア・東南アジア

■オスマン帝国
43[ ]革命（1908）
ミドハト憲法を復活

■イラン
44[ ]革命（1905～11）…露英の介入で挫折（ざせつ）

■インドネシア
イスラーム同盟（45[ ]＝イスラム）の独立運動

■ベトナム
ファン＝ボイ＝チャウらが独立をめざし，日本に留学生を派遣する46[ ]（東遊）運動を推進 ← 日本は国外退去

■フィリピン
ホセ＝リサールの啓蒙（けいもう）活動後，フィリピン革命（1896～1902）アギナルド指導で独立後，米西戦争後のアメリカ領に

4章

━━━━━━━━━━━━━━━━━━━━━━━ 問題演習 ━━━━━━━━━━━━━━━━━━━━━━━

1 列強の中国進出 次の文の空欄に適語を入れ，下の問いに答えよ。 〔20早稲田大⑪：改〕

　（①）とアロー戦争での敗北をきっかけに，清と欧米諸国との国際関係にも大きな変化がみられた。また，琉球や朝鮮をめぐり対立を深めていた日本との間で勃発した（②）での敗北は，清王朝領土内での@列強の利権獲得競争をさらに推し進めた。進出に遅れたアメリカは，通商活動の自由を訴えて（③）・（④）や領土保全を提唱した。この間，清王朝内部では，ⓑ近代化の試みも見られたが，保守派の抵抗もあり，限界を伴っていた。1900年のⓒ義和団戦争での敗北により，清は巨額の賠償金を支払う等取り決めた（⑤）を結んだ。

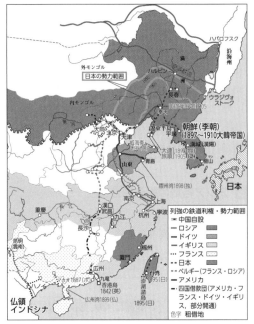

(1) 下線部@について，日本に敗戦した後から20世紀初頭にかけて列強諸国が清王朝の領土内で獲得した勢力圏として最も適切なものを，右図を参考にして選べ。
　① 長江流域—ロシア　　② 山東地方—ドイツ
　　（チャンチヤン）　　　　　　（シャントン）
　③ 満洲—フランス　　　④ 雲南地方—イギリス
　　（まんしゅう）　　　　　　（うんなん）

(2) 下線部ⓑについて，清王朝の近代化の試みに関する記述のうち，最も適切なものを選べ。
　① アロー戦争および太平天国の滅亡後，洋務運動が起こったが，軍事面の近代化に偏重し，思想や学問，軽工業の近代化はおこなわれなかった。
　② 日清戦争敗北後，洋務運動の限界を悟った康有為や梁啓超ら官僚によって，共和政に向けた変法が試みられた。
　　　　　　　　　　　　　　　（カンヨウウェイ）（リャンチーチャオ）
　③ 西太后ら保守派が戊戌の政変を起こし，康有為らを幽閉したために，変法は失敗に終わった。
　　（せいたいこう）　　　（ぼじゅつ）
　④ 義和団戦争後，西太后政権の下で，科挙の廃止や，日本の明治憲法を模範とする憲法大綱の制定など，光緒新政と呼ばれる改革が試みられた。
　　（しょ）

(3) 下線部ⓒについて，義和団戦争に関する記述のうち，最も適切なものを選べ。
　① 山東省の農村地帯を基盤にあらわれた宗教結社の義和団は，鉄道やキリスト教の教会を破壊するなど排外運動を展開した。
　② 清王朝は義和団の鎮圧を当初試みたが失敗し，列強に共同出兵を要請した。
　③ 宣戦布告した清に対して，日本・イギリスを中心とする連合軍が組織された。
　④ 義和団戦争後に結ばれた条約によって，ロシアは東北三省の駐留権を得た。

2 日露戦争とその影響 次の文の空欄に適語を入れ，下の問いに答えよ。 〔20学習院大⑪：改〕

　義和団戦争が終息した後も，ロシアは（①）から撤兵せず，朝鮮の支配をめぐって日本と対立することになった。ロシアの南下を警戒していたイギリスは，極東に兵力を割くことが困難であったため，（②）を結び，ロシアの勢力をおさえさせようとした。これにアメリカも支援を加え，そうした後押しのもとで日本は1904年にロシアに宣戦，@日露戦争が勃発した。その後，アメリカ大統領（③）の調停により，日本とロシアは1905年に（④）を結んだ。日本はⓑ韓国の指導・監督権，遼東半島南部の租借権，ⓒ南満洲の鉄道利権，（⑤）南部の領有権などを得たが，ⓓ国民の中には納得できない人もいた。日露戦争は，戦場となったⓔ清の領域の人々にも大きな被害を与えるものであった一方，日本がロシアに勝利したことはⓕアジア諸民族の民族的自覚を高める要因ともなった。しかし実際日本は，日露戦争後，欧米列強とともに大陸への帝国主義的進出を行っていくことになった。
　　　　　　　　　　　　　　　　　　　　　　　　　　　　　　　　（りょうとう）
　　　　　　　　　　　　　　　　　　　　　　　　　　　　　　　　（リャオトン）

(1) 下線部@について，日本がロシアのバルチック艦隊を破った戦いを何というか。
(2) 日露戦争の講和会議に参加した日本全権は誰か。

(3)　下線部⑥について，日本が韓国を併合していく過程ア～エを年代の古い順に並べ替えよ。

　　ア　日本が韓国の外交権を接収し，韓国統監府を設置した。

　　イ　高宗（コジョン）が万国平和会議に密使を派遣し韓国の窮状を訴えようとした。

　　ウ　日本政府の推薦する財政・外交顧問を韓国においた。

　　エ　日本が韓国の内政権を掌握し，韓国軍隊を解散させた。

(4)　下線部ⓒについて，日本がこの鉄道や炭鉱などを経営するために設立したものは何か。

(5)　下線部ⓓについて，東京などで起きた講和反対の暴動事件の総称は何か。

(6)　下線部ⓔについて，19世紀後半～20世紀初頭の清に関する記述として正しいものを選べ。　〔20成蹊大囲：改〕

　　①　漢人官僚中心に進められた洋務運動では，「中体西用」の立場から憲法の制定や国会の開設など西洋的近代化がはかられた。

　　②　清は，「扶清滅洋」を掲げた義和団の反乱を支援したが列強に敗北し，外国軍隊の北京駐屯などを承認した。

　　③　乾隆帝のもと，康有為（カンヨウウェイ）の提唱で変法運動がはじまり，科挙の廃止や新軍の創設などがおこなわれた。

　　④　孫文は上海で中国同盟会を組織すると，武昌蜂起を機に辛亥革命を起こして清朝を滅ぼした。

(7)　下線部ⓕについて，Wさんは図書館で調べて資料Ａ～Ｃを見つけた。この中から読みとれるものを，あとのア～オからすべて選べ。

資料Ａ　ファン=ボイ=チャウの自伝（1905年１月頃を回想）　　（白石昌也『日本をめざしたベトナムの英雄と皇子』）

　　日本はアジアの黄色人種の国であり，今まさにロシアと戦って，それを打ち負かしつつある。日本は将来，アジア全体の覇主となる野心を抱いているようだ。そうであれば，われわれベトナム人を手助けし，フランスの勢力を削ぐことは日本にとっても利益になる。われわれが日本に行って同情を求めれば，兵隊を派遣してくれないまでも，武器や資金を提供してくれるであろう。

資料Ｂ　ネルーの回想（日露戦争前後を回想）　　（大山聰訳『父が子に語る世界歴史３』）

　　アジアの一国である日本の勝利は，アジアのすべての国ぐにに大きな影響をあたえた。……たくさんのアジアの少年，少女，そしておとなが，同じ感激を経験した。ヨーロッパの一大強国は敗れた。だとすればアジアは，そのむかし，しばしばそういうことがあったように，いまでもヨーロッパを打ち破ることもできるはずだ。ナショナリズムはいっそう急速に東方諸国にひろがり，「アジア人のアジア」の叫びが起（おこ）った。……ところが，その直後の成果は，少数の侵略的帝国主義諸国のグループに，もう一国をつけ加えたというにすぎなかった。そのにがい結果を，まずさいしょになめたのは，朝鮮であった。日本の勃興は，朝鮮の没落を意味した。

資料Ｃ　孫文「大アジア主義」（1924年）

　　日本がロシアに勝利したその日から，全アジアの民族はヨーロッパを打倒しようと考え，独立運動を起こしました。エジプトに独立運動が起こり，ペルシャやトルコにも独立運動が起こり，アフガニスタンやアラビアに独立運動が起こり，インド人もこの時期から独立運動を起こしました。こういうわけで日本がロシアに勝利した結果として，アジア民族の独立という大きな希望が生まれたのです。

　　ア　日本はアジアの中心国として，共存共栄を掲げて新しい秩序を作り上げた。

　　イ　日露戦争がきっかけとなり，日本に対する関心が高まったことで日本へ行こうとする人があらわれた。

　　ウ　「アジア人のアジア」の叫びの最初として朝鮮半島で独立運動が始まった。

　　エ　日本がロシアに勝つということは，植民地になっていたアジアの国に希望を与えた。

　　オ　日露戦争の開戦前まで西アジアや南アジアはヨーロッパの支配下になっていた。

1	①	②	③	④
	⑤	(1)	(2)	(3)

2	①	②	③	④			
	⑤	(1)	(2)	(3)	→	→	→
(4)		(5)		(6)		(7)	

///// 探究型演習 I　近代化と現代的な諸課題

1 貿易を巡る国内外の問題（自由・制限）　次は，「近代化」のまとめとして「なぜ貿易を巡る問題が，その国内部での対立や国家間の戦争へと発展するのだろうか」という問いを，資料をもとに探究した授業の会話文である。会話文を読み，下の問いに答えよ。

先生：歴史上，貿易を巡る問題は，国内や国外との対立を生じさせてきました。これまでの学習のなかで，貿易を巡る対立として，まず，国内ではどのような事例があったか話しあってみましょう。

櫻澤：国内の対立としては，ⓐ19世紀イギリスにおけるⓑ穀物法を巡る論争があったよね。　ア　の政策である穀物法に対して産業資本家や工場労働者が反対し，資料1のような抗議デモまで行われたみたい。

細野：同じような事例として，19世紀アメリカの南北戦争があるよ。自由貿易を主張する北部と保護貿易を主張する南部が対立し，内戦にまで発展したんだ。

吉田：なぜアメリカ北部と南部では，貿易に対する姿勢が違っていたのかな。

細野：それはⓒアメリカ北部と南部で主要産業が違っていたことが理由なんだ。

櫻澤：あと貿易の問題に加えて，ⓓ奴隷制についての対立もあったんだよね。

先生：では，次に国家間の対立にはどのような事例がありましたか。

吉田：清朝中国とイギリスのⓔアヘン戦争は，貿易を巡る対立が戦争へと発展した事例と言えそうだね。イギリスは，清へのアヘンの自由な輸出を望んでいたみたい。アヘン戦争の結果として締結された　イ　は，その後の中国の貿易に大きな影響を及ぼしたね。

細野：これは明治期のⓕ日本の開国も例外じゃないよ。明治政府にとって関税自主権の回復は条約改正交渉の重要な目標として掲げられ，ⓖ日本の近代化が進められることとなったから。

先生：ⓗ貿易を巡る「自由」と「制限」の問題は，過去だけでなく現在の国際情勢や日本の政策でも，重要な争点となっています。例えば，資料2の環太平洋パートナーシップ協定（TPP）に対する抗議デモの様子は，資料1と類似していますね。これら貿易を巡る対立の歴史から，私たちが学べることは何か考えてみましょう。

資料1　穀物法に対するデモ

資料2　TPPに対するデモ

(1) 下線部ⓐについて，産業革命により安価で均質なイギリスの綿製品が世界各地に輸出されるようになった。その結果，イギリスは何と呼ばれるようになったか。

(2) 下線部ⓑについて，次は穀物法の内容に関する説明である。これを踏まえ，会話文中のアに入れる語句a・bと，資料1の抗議デモが起きた理由の説明X・Yの組合せとして正しいものを，あとの①～④から一つ選べ。

> 穀物法…外国からの安価な穀物の輸入に高関税を課し，穀物の輸入を制限するイギリスの法律。国内の穀物価格の下落を抑え，地主や農業資本家を保護した。

アに入れる語句　　a　自由貿易　　b　保護貿易
抗議デモが起きた理由の説明
　　X　穀物法により，小麦の価格が下落し，利益を得ることが難しくなったから。
　　Y　穀物法により，貿易に制限がかかり，綿布などの工業製品の輸出が難しくなったから。

①　a—X　　②　a—Y　　③　b—X　　④　b—Y

(3) 下線部ⓒについて，資料3はアメリカ南部と北部の産業生産を比較したグラフである。資料3を参考に，南部と北部の産業の違いを，「プランテーション」という言葉を使用して説明しなさい。

資料3　アメリカ北部と南部の産業比較

	北部連邦	南部連合
人口		2.5 : 1
鉄道（マイル数）		2.4 : 1
工場生産額		10 : 1
鉄生産		15 : 1
石炭生産		32 : 1
綿花生産	1 : 24	

(4) 下線部ⓓについて，当時のアメリカは，奴隷のみならず移民も重要な労働力だった。資料4は各国からアメリカへ移住してきた移民の推移を示したものである。資料4から読み取れることについて述べた文として**適当でないもの**を，次の①～④から一つ選べ。

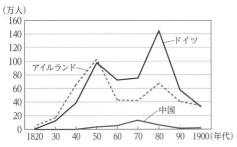

資料4　国別アメリカへの移民数の推移

① 1840年代のアイルランドからの移民が増加している。これは当時アイルランドで起きた飢饉の影響だと考えられる。

② 1840年代のドイツからの移民が増加している。これは1848年に起きた三月革命の影響だと考えられる。

③ 1860年代は全ての移民が減少している。これは当時アメリカで起きていた南北戦争によるものと考えられる。

④ 1870年代以降，中国からの移民が減少している。これはアメリカで起きた中国移民排斥運動の影響だと考えられる。

(5) 下線部ⓔについて，次の資料5は会話文中の イ に当てはまる講和条約の内容である。 イ の名称と，資料5の Z に入れる語の組合せとして正しいものを，あとの①～④から一つ選べ。

資料5　アヘン戦争の講和条約　　　　　　　　　　　　　　　　　　　　　　（『世界史資料　下』）

第2条　清国皇帝陛下は英国臣民がその家族および従者を携えて，広州，厦門（アモイ），福州，寧波（ニンポー）および Z の市町において商事に従事するため，迫害または拘束を蒙（こうむ）ることなく居住し得べきを約する。

① イ―北京条約　Z―香港島（ホンコン）　　② イ―南京条約　Z―香港島
③ イ―北京条約　Z―上海（シャンハイ）　　④ イ―南京条約　Z―上海

(6) 下線部ⓕについて，1853年アメリカのペリー艦隊が江戸湾に現れ，開国を要求した。アメリカが日本に開国を要求した理由として適当でないものを，次の①～④から一つ選べ。

① 太平洋沿岸のカリフォルニアなどを獲得したことで，太平洋への進出が重要な課題となったため。
② 中国をはじめとするアジア諸国の市場との貿易を展開するため。
③ 捕鯨船（ほげいせん）の燃料・食料供給地として日本の港を利用したいと考えたため。
④ キリスト教布教の熱意が高まっており，その勢力を拡大させるため。

(7) 下線部ⓖについて，資料6は近代化の過程で制定された大日本帝国憲法の一部である。これをもとに授業では現代の日本国憲法と比較し，それをメモにまとめた。メモ中の空欄 ウ ～ カ に当てはまる語句の組合せとして正しいものを，次の①～④から一つ選べ。

資料6　大日本帝国憲法

第1条　大日本帝国は万世一系の天皇が統治する。
第7条　天皇は帝国議会を召集し，開会・閉会・停会及び衆議院の解散を命じる。
第29条　日本臣民は法律の範囲内において言論・著作・印行（いんこう）・集会及び結社の自由を有する。
第55条　国務各大臣は，天皇を輔弼（ほひつ）し，その責任を負う。……

メモ

大日本帝国憲法において，主権者は ウ であり， エ 主権である日本国憲法と大きく異なる。加えて，大日本帝国憲法における国民の権利は， オ ことが，資料6の カ の規定から読み取れる。

① ウ―国民　　　エ―天皇　　オ―法律の範囲内に限られる　　　　カ―第1条
② ウ―天皇　　　エ―国民　　オ―法律の範囲内に限られる　　　　カ―第29条
③ ウ―天皇　　　エ―国民　　オ―侵すことのできないものである　カ―第29条
④ ウ―国務大臣　エ―国民　　オ―侵すことのできないものである　カ―第1条

(8) 下線部ⓗについて，歴史上の貿易を巡る国内や国家間の対立の共通点として，自由貿易を支持する立場と保護貿易を支持する立場の対立があったことが分かる。どのような立場の人々（国家）が，自由貿易および保護貿易を支持したか。会話文やこれまでの設問を参考にしながらそれぞれ説明せよ。

1	(1)	(2)		
	(3)			
	(4)	(5)	(6)	(7)
	(8)			

2 国内や国家間の経済的格差（平等・格差） 次は，「なぜ近代化の過程で経済的な格差が生じたのか」という問いを，資料をもとに探究した授業の会話文である。会話文を読み，下の問いに答えよ。

先生：近代化に伴い人々の暮らしは豊かになる一方，資本主義によって経済的な格差も拡大しました。次の**資料1・2**は19世紀イギリスにおける労働者と資本家の家計簿を示したものです。

小林：**資料1・2**を比べると，当時から@国内で経済格差があったことがわかるね。産業の機械化に伴って，資本家と労働者の間に大きな経済格差が生じていたんだ。

ルナ：産業革命期のイギリスでは，他にも⑥多くの社会問題が生じていたよね。

小林：この頃作られたイギリスの機械製綿布は，どんな地域に輸出されたのかな。

岩崎：インドをはじめとする©アジア各地へ輸出されたよ。当時のインドにどのような影響を与えたのだろう。

先生：思想家の　ア　は，インドの様子を**資料3**のように記録し，イギリス産綿布がインドの産業に大きな影響を与えたことを訴えています。そして，この頃，⑥列強各国の帝国主義政策は強まっていきます。

岩崎：明治期の日本も本格的に産業革命を成し遂げて，対外政策を推し進めていくことになるね。

ルナ：これらの歴史から，近代化に伴う経済格差には，その背景に資本主義や帝国主義といった思想や政策があったことがわかるね。このような経済格差に対し，当時の人々はどのように対応したのだろう。

小林：思想家　ア　が1848年に自身の著書で，労働者階級の団結を主張したのは有名だね。その後，⑥労働者の権利拡大や国際的な労働者組織の結成など，国境を越えた連帯や協調へつながったみたいだよ。

先生：①歴史をみると「格差」があるところに「平等」を実現しようとする思想や行動が生まれたことがわかります。それでも，貧困と格差の問題は，現在の世界にいまだに根深く残っています。現状の「格差」を解決し「平等」な社会を実現するため，私たちにできることは何か考えてみましょう。

資料1　労働者家族の家計簿

		£	s.	d.	（%）
週支出	パン		2	7½	15.9
	バター			10½	5.3
	チーズ			5¼	2.7
	肉		3	6	21.2
	ビール		2	7½	15.9
	食糧雑貨			10½	5.3
	ミルク			5¼	2.7
	石鹸			5¼	2.7
	ローソク			5¼	2.7
	石炭		1	2	7.1
	雑貨			5¼	2.7
	修繕費			4¾	2.4
	教育費			9	4.5
	家賃		1	6	9.1
	計		16	6	100.2
年支出	上記の年経費	43	0	4	78.9
	臨時費	2	0	0	3.7
	衣料費	9	0	0	16.5
	医療費		10	0	0.9
	計	54	10	4	100.0

資料2　中流家庭（資本家）の家計簿

		£	s.	d.	（%）
週支出	パン		3	¾	7.1
	バター		3	¾	7.1
	チーズ		1	¼	2.4
	魚と肉		10	2½	23.7
	食糧雑貨		2	½	4.7
	紅茶・砂糖		4	1	9.5
	牛乳			5¼	1.0
	ビール		3	1½	7.2
	エール		2	6	5.8
	石鹸		6	1½	14.2
	雑貨		2	½	4.7
	ローソク		1	3	2.9
	砂・漂土など			2	0.4
	石炭		2	6	5.8
	修繕費		1	6	3.5
	計	2	3	1½	100.0

		£	s.	d.	（%）
年支出	週支出の年額	112	10		28.8
	衣料費	60	0		15.4
	ひげそり・靴磨き	2	0		0.5
	臨時費（出産費）	5	0		1.3
	教育費	8	0		2.1
	召使いの賃銀	4	10		1.2
	小遣（主人）	10	8		2.7
	小遣（婦人・子供）	5	4		1.3
	プレゼントのお返し	4	0		1.0
	医療費	6	0		1.5
	娯楽費	8	0		2.1
	家賃・税金	50	0		12.8
	雑費	19	8		5.0
	資本に対する貸倒れ	20	0		5.1
	貯金	75	0		19.2
	計	390	0		100.0

［貨幣単位］　1ポンド（£）＝20シリング（s.）＝240ペンス（d.）

（『世紀末までの大英帝国』より）

資料3　思想家　ア　の記録したインドの様子

> インドの手織機をうちこわし，紡車を破壊したのは，侵入したイギリス人であった。イギリスはまずインド綿製品をヨーロッパ市場から駆逐した。つづいて撚糸をヒンドゥスタン（インド）にもちこみ，ついにはこの木綿の母国そのものに綿製品を氾濫させた。…イギリスはインド社会の全骨組を破壊してしまい，いまに至るもその再建のきざしはみえないのである。　　（『インドにおけるイギリスの支配』）

(1) 下線部@について，小林さんは，**資料1・2**を踏まえて，イギリス国内の経済格差を考察し，次の**考察メモ**にまとめた。**考察メモ**中の空欄**イ**・**ウ**に当てはまる言葉の組合せとして正しいものを，次の①〜⑥から一つ選べ。

考察メモ

> **資料1・2**から労働者の家計と中流階級（資本家）の家計では，年支出の総額において，約　**イ**　倍程度の差額があることが分かる。この理由は，　**ウ**　だと推測できる。

① イ―2　ウ―労働組合の訴えにより労働者の賃金が上昇したから

② イ―2　ウ―国家による公共事業によって資本家が利潤を得たから

③ イ―5　ウ―労働組合の訴えにより労働者の賃金が上昇したから

④ イ―5　ウ―資本家は労働者を低賃金で雇うことで富を蓄えたから

⑤ イ―7　ウ―国家による公共事業によって資本家が利潤を得たから

⑥ イ―7　ウ―資本家は労働者を低賃金で雇うことで富を蓄えたから

特集

(2)　下線部ⓑについて，ルナさんは，次の**資料4・5**を見つけ，当時のイギリスには経済格差以外にも多くの社会問題があったことに気がついた。**資料4・5**を参考に，産業革命期のイギリスにおいて経済格差以外にどのような社会問題が生じたか，簡潔に説明せよ。

資料4　「イギリスの白い奴隷」

鞭打ちを受ける子ども　　工場の監督官

資料5　夏目漱石の『滞英日記』（1901年1月4日）

> 倫敦（ロンドン）の町を散歩して試みに痰を吐きて見よ。真黒なる塊（かたま）りの出るに驚くべし。何百万の市民はこの煤煙（ばいえん）とこの塵埃（じんあい）を吸収して毎日彼らの肺臓を染めつつあるなり。我ながら鼻をかみ痰をするときは気のひけるほど気味悪きなり。
> （平岡敏夫『漱石日記』）

(3)　下線部ⓒについて，岩崎さんは列強の植民地支配に対するアジア各国の独立運動に興味を持ち，調べたことを次のようにまとめた。文中の空欄**エ**～**キ**に当てはまる語句を答えよ。

> 19世紀後半に列強の帝国主義を批判した　**エ**　は，民族や宗派を越えたムスリムの団結をめざすパン＝イスラーム主義を提唱した。同時期のインドでは，インド人傭兵（ようへい）　**オ**　による反乱をきっかけとするインド大反乱が起こり，またエジプトでは英仏の支配に対抗する　**カ**　の反乱が起こった。またイランでは，タバコ産業から外国資本の撤退を訴える　**キ**　運動が起きるなど，アジア各国では列強に対する抵抗運動が高まった。

(4)　下線部ⓓについて，列強各国の帝国主義政策の背景には，各国の工業化の進展があった。**資料6**は，1870年代から1910年代にかけて世界の工業生産高で占めていた割合を示したものである。図中のa～cの国名の組合せとして正しいものを，次の①～④から一つ選べ。
　①　a—アメリカ　　b—ドイツ　　　c—イギリス
　②　a—アメリカ　　b—イギリス　　c—ドイツ
　③　a—イギリス　　b—ドイツ　　　c—アメリカ
　④　a—イギリス　　b—アメリカ　　c—ドイツ

資料6　世界の工業生産高の割合

（単位：％）

	1870	1880	1890	1900	1910	1913年
その他	18	19	22	22	23	22
ロシア	4	3	3	6	5	6
フランス	10	9	8	7	7	6
c	13	13	14	16	16	16
b	23	28	31	31	35	36
a	32	28	22	18	14	14

(5)　下線部ⓔについて，**資料7**は会話文の空欄**ア**の人物の著書の一部である。空欄**ア**の人物名とその内容について述べた文の組合せとして正しいものを，次の①～④から一つ選べ。
　アに入る人物　　a　ヘーゲル　　b　マルクス
　著書の内容
　　X　労働問題の解決のためには，何よりも労働者と資本家の話し合いが必要だと主張している。
　　Y　現状の社会体制を変革する革命によってこそ，労働問題は解決できると主張している。
　①　a—X　　②　a—Y　　③　b—X　　④　b—Y

(6)　下線部ⓕについて，近代化に伴う国内・国家間の経済格差の背景には，どのような社会体制や政策があったか。会話文やこれまでの設問を参考に，それぞれ説明せよ。また，それら格差の解決のために，どのような思想や行動が生まれたか，具体的に述べよ。

資料7　思想家　**ア**　の著書の一部

> 共産主義者は，どこでも，現存の社会状態および政治状態に反対するあらゆる革命運動を支持する。……従来の社会秩序全体を強力によって転覆（てんぷく）しないでは，彼らの目的が達成できないことを，公然と言明する。支配階級をして，共産主義革命のまえに戦慄（せんりつ）させよ！……万国のプロレタリア団結せよ！
> ＊プロレタリア＝労働者のこと

2

(1)	(2)					
(3)エ		オ	カ	キ	(4)	(5)
(6)国内						
国家間						
思想・行動						

20世紀前半の世界

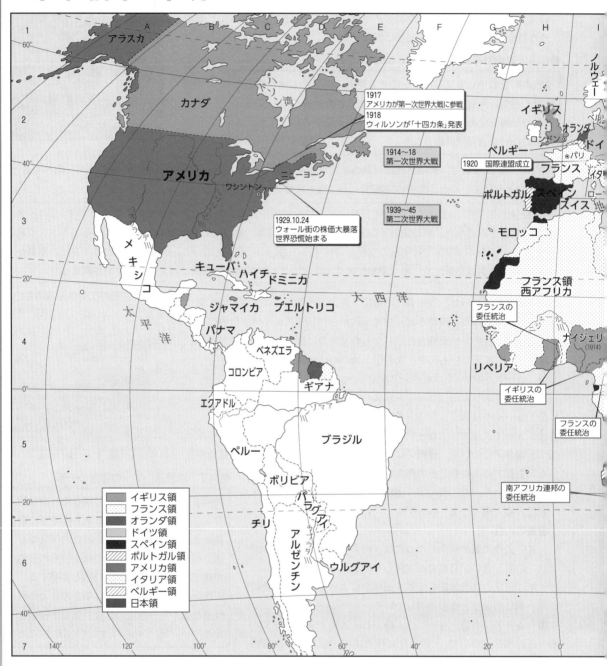

アラスカ

カナダ

アメリカ

ワシントン

ニーヨーク

メキシコ

キューバ　ハイチ　ドミニカ

ジャマイカ　プエルトリコ

パナマ

ベネズエラ

コロンビア

ギアナ

エクアドル

ブラジル

ペルー

ボリビア

パラグアイ

チリ

アルゼンチン

ウルグアイ

太平洋

大西洋

ノルウェー

イギリス

ロンドン

オランダ

ドイ

ベルギー　パリ

フランス

イタ

ロー

スイス

ポルトガル　スペイン

モロッコ

フランス領
西アフリカ

ナイジェリ
(1914)

リベリア

1917
アメリカが第一次世界大戦に参戦

1918
ウィルソンが「十四カ条」発表

1914〜18
第一次世界大戦

1920　国際連盟成立

1939〜45
第二次世界大戦

1929.10.24
ウォール街の株価大暴落
世界恐慌始まる

フランスの
委任統治

イギリスの
委任統治

フランスの
委任統治

南アフリカ連邦の
委任統治

	イギリス領
	フランス領
	オランダ領
	ドイツ領
	スペイン領
	ポルトガル領
	アメリカ領
	イタリア領
	ベルギー領
	日本領

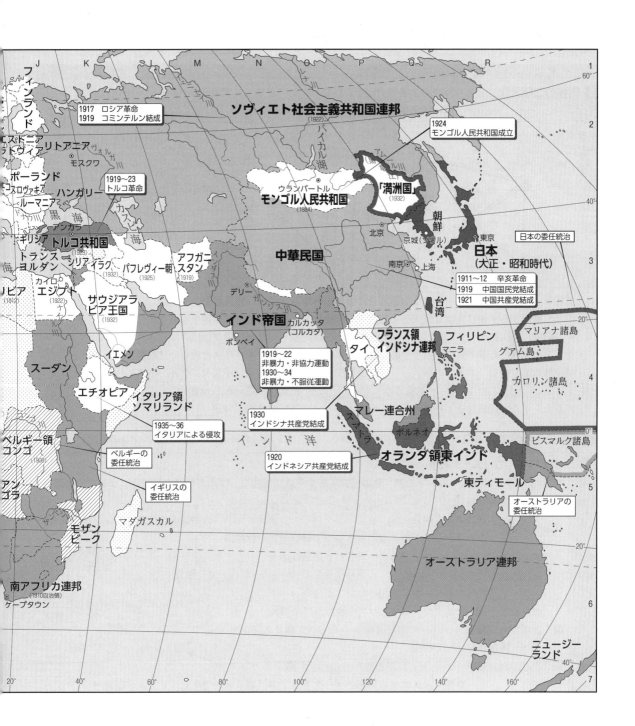

ソヴィエト社会主義共和国連邦
(1922)

1917　ロシア革命
1919　コミンテルン結成

1924
モンゴル人民共和国成立

フィンランド

エストニア
ラトヴィア　リトアニア
モスクワ

ポーランド
チェコスロヴァキア
ルーマニア
ハンガリー

黒海
アンカラ
ギリシア　トルコ共和国
(1923)
トランス　シリア　イラク
ヨルダン　　　(1932)

1919〜23
トルコ革命

パフレヴィー朝
(1925)

アフガニ
スタン
(1919)

ウランバートル
モンゴル人民共和国
(1924)

バイカル湖

「満洲国」
(1932)

朝鮮
京城(ソウル)

東京

日本
(大正・昭和時代)

日本の委任統治

リビア
(1912)
エジプト
(1922)

カイロ

サウジアラ
ビア王国
(1932)

イエメン

スーダン

エチオピア

イタリア領
ソマリランド

デリー
ガンジス川
インド帝国

ボンベイ

中華民国

北京

南京
上海

台湾

1911〜12　辛亥革命
1919　中国国民党結成
1921　中国共産党結成

カルカッタ
(コルカタ)

1919〜22
非暴力・非協力運動
1930〜34
非暴力・不服従運動

フランス領
インドシナ連邦
タイ

マニラ
フィリピン

マリアナ諸島

グアム島

カロリン諸島

1935〜36
イタリアによる侵攻

ベルギー領
コンゴ
(1908)

ベルギーの
委任統治

イギリスの
委任統治

1930
インドシナ共産党結成

マレー連合州
スマトラ

ボルネオ

1920
インドネシア共産党結成

インド洋

オランダ領東インド

ビスマルク諸島

アンゴラ

マダガスカル

モザン
ビーク

東ティモール

オーストラリアの
委任統治

南アフリカ連邦
(1910自治領)
ケープタウン

オーストラリア連邦

ニュージー
ランド

⑩ 第一次世界大戦とロシア革命

戦争はなぜおきるのか。勢力均衡，独裁者，兵器，経済力・欲求などの要素に留意し，考えながら学ぶ姿勢を身につけよう。

━━━━━━ **ポイント整理** ━━━━━━

1 列強の二極分化 〈ビスマルクによる勢力均衡の外交バランスが崩壊，緊張関係へ〉

前←1890年→後

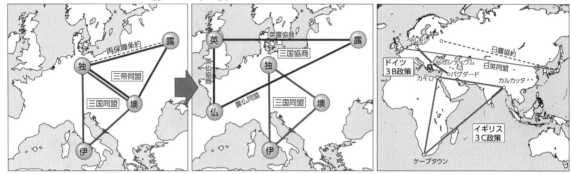

・1890年，ドイツで，ビスマルクを引退させた**ヴィルヘルム2世**が「**世界政策**」を開始。
　　⇨ 警戒するイギリスは「**光栄ある孤立**」を転換し，徐々にドイツ包囲網を形成
　その結果，英仏露の[1] 三国＿＿＿＿＿ ⇨ 独墺伊の**三国同盟** の対立構図が形成
・重工業化の進んだドイツは海軍を中心に急速な軍拡をおこない，イギリスと激しい建艦競争となった。
・植民地政策の対立：ドイツの[2]＿＿＿＿＿政策（**B**erlin—**B**yzantium（イスタンブルの旧名）—**B**aghdād）
　　　　　　　　　⇔ イギリスの[3]＿＿＿＿＿政策（**C**airo—**C**ape Town—**C**alcutta）
・バルカン半島の民族対立：独墺の[4] パン＝＿＿＿＿＿主義 ⇔ ロシアの[5] パン＝＿＿＿＿＿主義

2 バルカン半島での対立 〈多様な民族・宗教の混在，オスマン帝国の衰退，スラヴ・ゲルマンの進出〉

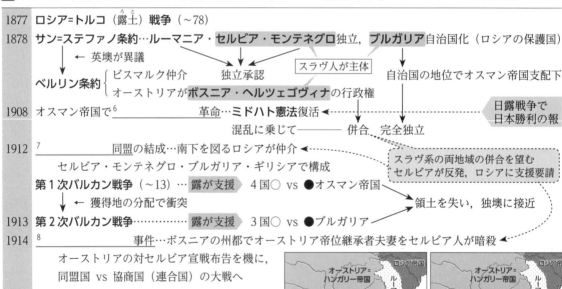

1877	ロシア＝トルコ（露土）戦争（〜78）
1878	サン＝ステファノ条約…ルーマニア・**セルビア・モンテネグロ**独立，**ブルガリア**自治国化（ロシアの保護国）

　　　↓ ← 英墺が異議　　　　　　　独立承認　　　スラヴ人が主体　　　自治国の地位でオスマン帝国支配下
ベルリン条約｛ ビスマルク仲介
　　　　　　　　 オーストリアが**ボスニア・ヘルツェゴヴィナ**の行政権

1908	オスマン帝国で[6]＿＿＿＿＿革命…ミドハト憲法復活 ◄┅┅

　　　　　　　　　　　　日露戦争で日本勝利の報
　　　　　　　　　混乱に乗じて───── 併合　完全独立

1912	[7]＿＿＿＿＿同盟の結成…南下を図るロシアが仲介 ◄

　　　　セルビア・モンテネグロ・ブルガリア・ギリシアで構成
　　　スラヴ系の両地域の併合を望むセルビアが反発，ロシアに支援要請
　　　第1次バルカン戦争（〜13）… 露が支援▷ 4国○ vs ●オスマン帝国
　　　　↓ ← 獲得地の分配で衝突　　　　　　　　領土を失い，独墺に接近

1913	**第2次バルカン戦争**………… 露が支援▷ 3国○ vs ●ブルガリア
1914	[8]＿＿＿＿＿事件…ボスニアの州都でオーストリア帝位継承者夫妻をセルビア人が暗殺 ◄

　　　オーストリアの対セルビア宣戦布告を機に，
　　　同盟国 vs 協商国（連合国）の大戦へ

⬆防毒マスク

◀戦闘機（フランス）
⬇戦車（イギリス）
⬇潜水艦（ドイツ）

1878年　　1913年

3 第一次世界大戦の経過〈近代兵器の初投入で膨大な犠牲者。のちの教訓と，新たな火種と〉

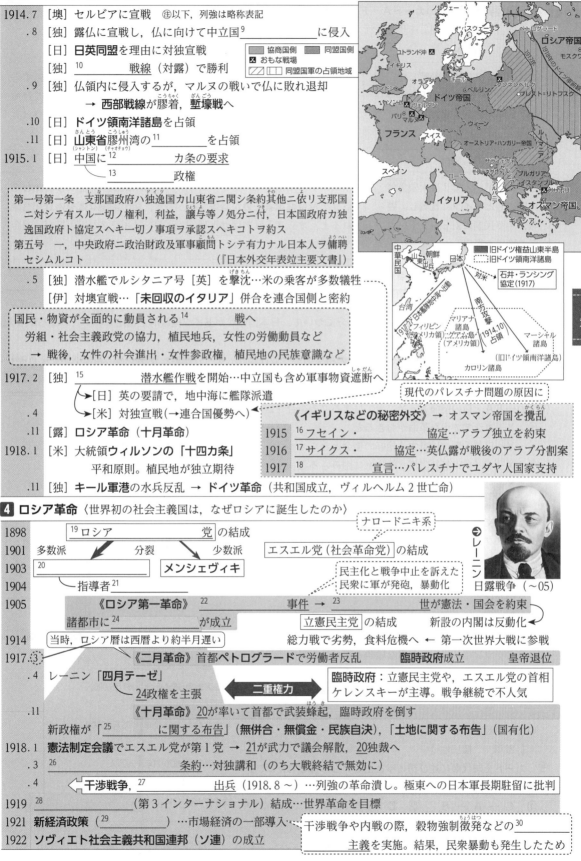

1914.7	[墺]	セルビアに宣戦　㊟以下，列強は略称表記
.8	[独]	露仏に宣戦し，仏に向けて中立国 9＿＿＿＿＿＿に侵入
	[日]	日英同盟を理由に対独宣戦
	[独]	10＿＿＿＿＿戦線（対露）で勝利
.9	[独]	仏領内に侵入するが，マルヌの戦いで仏に敗れ退却
		→ 西部戦線が膠着，塹壕戦へ
.10	[日]	ドイツ領南洋諸島を占領
.11	[日]	山東省膠州湾の 11＿＿＿＿＿を占領
1915.1	[日]	中国に 12＿＿＿＿＿カ条の要求
		└ 13＿＿＿＿＿政権

第一号第一条　支那国政府ハ独逸国カ山東省ニ関シ条約其他ニ依リ支那国
ニ対シテ有スルー切ノ権利，利益，譲与等ノ処分ニ付，日本国政府カ独
逸国政府ト協定スヘキ一切ノ事項ヲ承認スヘキコトヲ約ス
第五号　一，中央政府ニ政治財政及軍事顧問トシテ有力ナル日本人ヲ傭聘
セシムルコト　　　　　　　　　　　　　　　　　（『日本外交年表竝主要文書』）

.5	[独]	潜水艦でルシタニア号［英］を撃沈…米の乗客が多数犠牲
	[伊]	対墺宣戦…「未回収のイタリア」併合を連合国側と密約

国民・物資が全面的に動員される 14＿＿＿＿＿戦へ
労組・社会主義政党の協力，植民地兵，女性の労働動員など
→ 戦後，女性の社会進出・女性参政権，植民地の民族意識など

1917.2	[独]	15＿＿＿＿＿潜水艦作戦を開始…中立国も含め軍事物資遮断へ
	↳[日]	英の要請で，地中海に艦隊派遣
.4	↳[米]	対独宣戦（→連合国優勢へ）
.11	[露]	ロシア革命（十月革命）
1918.1	[米]	大統領ウィルソンの「十四カ条」
		平和原則。植民地が独立期待
.11	[独]	キール軍港の水兵反乱 → ドイツ革命（共和国成立，ヴィルヘルム2世亡命）

現代のパレスチナ問題の原因に

《イギリスなどの秘密外交》→ オスマン帝国を攪乱

1915	16 フセイン・＿＿＿＿＿協定…アラブ独立を約束
1916	17 サイクス・＿＿＿＿＿協定…英仏露が戦後のアラブ分割案
1917	18＿＿＿＿＿宣言…パレスチナでユダヤ人国家支持

4 ロシア革命〈世界初の社会主義国は，なぜロシアに誕生したのか〉

ナロードニキ系

1898	19 ロシア＿＿＿＿＿党の結成
1901	多数派　　分裂　　少数派　　エスエル党（社会革命党）の結成
1903	20＿＿＿＿＿　メンシェヴィキ
1904	指導者 21＿＿＿＿＿
1905	《ロシア第一革命》22＿＿＿＿＿事件 → 23＿＿＿＿＿世が憲法・国会を約束
	諸都市に 24＿＿＿＿＿が成立　　立憲民主党の結成　　新設の内閣は反動化
1914	当時，ロシア暦は西暦より約半月遅い　　総力戦で劣勢，食料危機へ ← 第一次世界大戦に参戦
1917.3	《二月革命》首都ペトログラードで労働者反乱　　臨時政府成立　　皇帝退位
.4	レーニン「四月テーゼ」
	└ 24政権を主張　　二重権力
.11	《十月革命》20が率いて首都で武装蜂起，臨時政府を倒す
	新政権が「25＿＿＿＿＿に関する布告」（無併合・無償金・民族自決），「土地に関する布告」（国有化）
1918.1	憲法制定会議でエスエル党が第1党 → 21が武力で議会解散，20独裁へ
.3	26＿＿＿＿＿条約…対独講和（のち大戦終結で無効に）
.4	←干渉戦争，27＿＿＿＿＿出兵（1918.8～）…列強の革命潰し。極東への日本軍長期駐留に批判
1919	28＿＿＿＿＿（第3インターナショナル）結成…世界革命を目標
1921	新経済政策（29＿＿＿＿＿）…市場経済の一部導入
1922	ソヴィエト社会主義共和国連邦（ソ連）の成立

日露戦争（～05）

民主化と戦争中止を訴えた
民衆に軍が発砲，暴動化

臨時政府：立憲民主党や，エスエル党の首相
ケレンスキーが主導。戦争継続で不人気

干渉戦争や内戦の際，穀物強制徴発などの 30＿＿＿＿＿
主義を実施。結果，民衆暴動も発生したため

レーニン

5章

■■■■■■■■■■■■■■■■■■■■■■■■■■■■■■■■■■ 問題演習 ■■■■■■■■■■■■■■■■■■■■■■■■■■■■■■

1 第一次世界大戦 次のカードA〜Fは，第一次世界大戦やそれに関連した出来事について調べてまとめたものである。カードの空欄に適語を入れ，下の問いに答えよ。

カードA	カードB	カードC
［　X　］，アメリカは参戦した。翌年，（①）大統領は「十四カ条」の平和原則を発表した。	イギリス・フランス・ロシアは（②）協定によって，オスマン帝国領に関する取り決めを行った。	水兵が（③）軍港で蜂起すると，革命運動が全国に広がった。皇帝は亡命し，ドイツは共和国になった。

カードD	カードE	カードF
日本は［　Y　］，第2次大隈重信内閣のもとドイツに宣戦し，翌年，中華民国に対し@二十一カ条の要求を提出した。	ボスニアの州都（④）でオーストリア帝位継承者夫妻が暗殺されると，オーストリアはセルビアに宣戦した。	（⑤）は三国同盟にもかかわらず，領土割譲などを含む秘密条約をイギリスなどと結び，連合国側で参戦した。

(1) 下線部@について，次の条文はその一部である。文中の空欄ア・イに適する語句を答えよ。

第一号　第一条　中国政府は，ドイツが（　ア　）省に関して条約その他によって中国に対して現在持っているすべての権利，利益，譲与などの処分について，日本国政府がドイツ国政府と協定する一切のことがらを承認することを約束する。
第二号　第一条　日中両国は旅順，大連の租借期限，並びに（　イ　）鉄道と安奉鉄道の租借期限をそれぞれさらに九十九年ずつ延長することを約束する。
（『日本外交年表竝主要文書』を現代語訳）

(2) カードA・Dの空欄X・Yに当てはまる文の組合せとして正しいものを次から選べ。
①　X―ロシアで十月革命がおきると
　　Y―日英同盟を破棄する絶好の機会ととらえ
②　X―ロシアで十月革命がおきると
　　Y―東アジアにおける勢力拡大をはかるため
③　X―ドイツが無制限潜水艦作戦に踏みきると
　　Y―日英同盟を破棄する絶好の機会ととらえ
④　X―ドイツが無制限潜水艦作戦に踏みきると
　　Y―東アジアにおける勢力拡大をはかるため

(3) 右の図は第一次世界大戦中にイギリスで作成されたポスターである。これに関して述べた次の文あ・いの正誤の組合せとして正しいものはどれか。

あ　ポスターに描かれているように，参戦国の女性たちは出兵した夫（男性）の帰国を，家で過ごして待っているしかなかった。
い　参戦国はこのようなポスターを作成し，男性らしさや愛国心を鼓舞して国民の動員につなげた。
①　あ　正　い　正　　②　あ　正　い　誤
③　あ　誤　い　正　　④　あ　誤　い　誤

(4) 右のグラフは19世紀のおもな戦争と第一次世界大戦の死者数を表したものである。他の戦争よりも第一次世界大戦の死者数が多いのは第一次世界大戦の特徴が関係している。第一次世界大戦の特徴について，次の語句を用いて説明せよ。

【　戦車　　植民地　】

(5) カードを時代順に並び替えると正しいものはどれか。次から2つ選べ。
①　C → A → B　　②　D → B → A
③　D → E → F　　④　E → C → B
⑤　E → F → C　　⑥　F → A → D

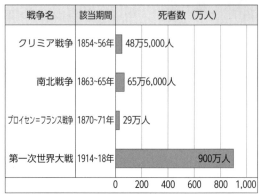

戦争名	該当期間	死者数（万人）
クリミア戦争	1854~56年	48万5,000人
南北戦争	1863~65年	65万6,000人
プロイセン=フランス戦争	1870~71年	29万人
第一次世界大戦	1914~18年	900万人

0　200　400　600　800　1,000
（『近代国際経済要覧』，『第一次世界大戦①』による）

2 ロシア革命　次の年表はロシア革命に関連するものである。空欄に適語を入れ，下の問いに答えよ。なお，年表の暦は西暦である。

1917年3月	ロシアの首都（①）で暴動がおこる	…………A
4月	@レーニンがスイスから帰国	
7月	臨時政府の首相に（②）が就任する	…………B
11月	ⓑボリシェヴィキが武装蜂起し，政権を獲得する	
1918年1月	レーニンが憲法制定会議を閉鎖する	
3月	首都をモスクワに移転する	…………C
8月	ⓒシベリア出兵が始まる（対ソ干渉戦争）	
1919年3月	（③）（第3インターナショナル）がモスクワで結成される	…D

(1)　下線部ⓐについて述べた次の文あ・いの正誤の組合せとして正しいものはどれか。

　　あ　彼は全ての権力をソヴィエトへ一本化することを主張した。

　　い　彼はロシア暦2月の革命により，臨時政府を倒した。

　　① あ 正 い 正　② あ 正 い 誤　③ あ 誤 い 正　④ あ 誤 い 誤

(2)　下線部ⓑについて述べた文として正しいものを次から選べ。

　　① この武装蜂起によってニコライ2世は退位し，ロマノフ朝が崩壊した。

　　② 新政権は「土地に関する布告」を発布し，地主による土地の私的所有を認めた。

　　③ 新政権は「平和に関する布告」を発布し，交戦国に対し賠償金を支払う代わりに講和を呼びかけた。

　　④ ボリシェヴィキはのちに共産党と改称した。

(3)　下線部ⓒについて，次の表は共同出兵した主な国々（アメリカ，イギリス，フランス，日本）の派兵人数と撤兵が完了した年をまとめたものである（ただし，樺太から撤兵した年は除いている）。日本に当てはまるものを①～④から選べ。また，その理由を説明せよ。

	派兵概数（1918年秋）（人）	撤兵が完了した年（年）
①	1,300	1920
②	7,000	1919
③	9,000	1920
④	72,400	1922

（『シベリア出兵』麻田雅文などを参考に作成）

(4)　ロシアがドイツとの間にブレスト=リトフスク条約を結んだのはいつか。年表中のA～Dから選べ。

(5)　対ソ干渉戦争とその後のロシアについて述べた次の文あ・いの正誤の組合せとして正しいものはどれか。

　　あ　新政権は対ソ干渉戦争を乗り切るために新経済政策（ネップ）を実施し，産業国有化の徹底と強制的な穀物の徴発をはかった。

　　い　1922年，ロシア・ウクライナ・ベラルーシなどのソヴィエト共和国は連合してソヴィエト社会主義共和国連邦を結成した。

　　① あ 正 い 正　② あ 正 い 誤　③ あ 誤 い 正　④ あ 誤 い 誤

1	①		②	③		④	
	⑤		(1)ア	イ		(2)	(3)
	(4)					(5)	

2	①		②	③		(1)	(2)
	(3)番号	理由				(4)	(5)

11 国際平和とアジア・アフリカの民族運動

第一次世界大戦は，世界に，平和志向と，民族運動のうねりを生み出した。

──── ポイント整理 ────

1 ヴェルサイユ体制〈おもにヨーロッパの戦後秩序。なぜ第二次世界大戦を防げなかったかを考えよう〉

(1) **指導理念**…米大統領[1]＿＿＿＿＿＿の「[2]＿＿カ条」

```
1．秘密外交の廃止
2．公海の自由
4．軍備の縮小              英仏など戦勝国が無視
5．植民地問題の公正な解決
10～13．中・東欧での[3]＿＿民族＿＿
14．国際平和機構の設立
```

↑ウィルソン

(2) **ドイツの処遇**
- 巨額賠償金…ドイツの歳入の約25倍
- 軍備制限，ラインラントの非武装
- 全植民地放棄，仏に**アルザス**と**ロレーヌ**割譲

(3) **国際連盟の設立**（1920）：本部ジュネーヴ［スイス］
- 当初の**常任理事国**…英・仏・伊・日
- 西アジアなどの[4]＿＿＿＿統治方式…実態は植民地 （議会が反対）
- 問題点…独・ソのほか，提唱国アメリカが非加盟 軍事制裁の不備。総会の全会一致制 （議決困難）

2 戦間期のヨーロッパ〈大戦の傷跡にどう対処したか〉

```
■イギリス…議会が善処の努力 → 民主化の模範に
・総力戦を支えた国民の政治的平等の実現へ
1918  第4回選挙法改正…[5]＿＿＿＿参政権の実現（30歳～）
1924  初の労働党内閣 ← 選挙権拡大で労働者票を獲得
1928  第5回選挙法改正…男女普通選挙の実現（21歳～）
・アイルランド問題…大戦で自治法(1914)の施行延期
      独立派が蜂起(1916)・独立宣言(1919)
1922  アイルランド自由国の承認，ただし自治領
・大戦で共に戦った植民地の発言力増大   独立派は不満
1931  ウェストミンスター憲章
      自治領は本国と対等なイギリス連邦を構成
```

```
■フランス…ドイツへの報復から，協調に転換
1923 [7]＿＿＿＿占領…ベルギーと。賠償遅延が口実
        ↓ ← 国の内外から非難
1925  撤兵 ← 受入れ  [米][9]＿＿案（賠償軽減，独へ資金提供）外相で
      外相ブリアンの活躍 → [10]＿＿条約（1925）…欧州7カ国集団安保
国務長官ケロッグ
［米］と協力して  [11]（パリ）＿＿条約（1928）…戦争放棄。当初15カ国（日本も）
```

```
■イタリア…「未回収のイタリア」は得たが，まだ領土に不満。さらに──
・戦後の経済危機が深刻 → 資本家や地主に対する大規模なスト，抗議活動で混乱
・[12]＿＿＿＿＿率いる[13]＿＿＿＿党が，社会主義を恐れる資本家・地主
  層の支持で台頭。ローマ進軍とよぶクーデタ(1922)を国王が支持，独裁化(1926)
```

```
■ドイツ…講和条件・巨額賠償金への不満
1918  労働者の評議会レーテが議会制を決議
1919   → [6]＿＿＿＿党中心の政権誕生
      共産党の蜂起を鎮圧後，ヴァイマル国民議会
      → ヴァイマル憲法の制定
            社会権の保障，男女普通選挙 etc.
1920  右派・軍部の蜂起鎮圧
      労働者が生産拒否で抵抗 → 極端なインフレ
      [8]＿＿＿＿首相──新紙幣で収拾
      [10]＿＿条約（1925）  大統領にヒンデンブルク
1926  国際連盟に常任理事国として加盟
```

```
資本援助
8億マルク → ドイツ
ドーズ案      賠償金の支払い
アメリカ       ↓
  ↑ 債務返済  イギリス
              フランス
```

3 東アジア〜南アジアの民族運動〈第一次世界大戦が発生の背景〉

(1) 民族運動高揚の背景

①大戦の際，列強が自治・独立の約束で植民地の協力を得た

②大戦中，列強の物資不足 → アジア諸国の工業が発達，労働者増加

③民族自決の提唱 → アジア・アフリカ地域が期待……

④ロシア革命 → 解放の実例。**コミンテルン**が世界に運動拡散

(2) 朝鮮・中国の民族運動とワシントン体制

1919　朝鮮で[14]　　　　独立運動…京城（現ソウル）の独立万歳のデモが全国へ波及。❶　朝鮮総督府が鎮圧

　　　→ 原敬内閣は武断政治から「文化政治」へ…憲兵廃止，朝鮮人の官吏登用，日本同化策　etc.

　　　　1910年代から，中国で[15]新　　　　運動（白話運動）…「民主と科学」を掲げ，儒教的差別などを批判

　　　　[16]陳　　　　，魯迅ら知識人が雑誌『新青年』で口語も用い，啓蒙活動 → 五・四運動の文化的背景

　　　中国で[17]　　　　運動…中国が求めた二十一カ条要求撤回・山東省権益返還がヴェルサイユ会議で否決

　　　　　　　　　→ 北京で条約抗議の学生デモ，全国波及 → 政府も調印拒否

1921
〜22

[18]　　　　　　会議…ヴェルサイユ体制の枠外のアジアで，アメリカに日本の行動抑制の意図

ワシントン体制

	条約名	加盟国	内　容
[19]	条約	米英日仏	太平洋の秩序。日英同盟協約の廃止
[20]	条約	米英日仏伊	主力艦保有量の制限。米5：英5：日3
[21]	条約	上記5国，蘭中ベルギー，ポルトガル	中国の主権尊重・門戸開放・機会均等山東省権益の返還

(3) 中国の統一

→蔣介石（チアンチエシ）　→毛沢東（マオツォトン）

← 国民革命軍の北伐路
← 日本軍の進路（山東出兵）

1928.6　張作霖爆殺事件

1927.4　上海クーデタ

1927.4　蔣介石が南京国民政府を樹立

1926.7　北伐開始

1919　孫文が[22]中国　　　　党を創設
（スンウェン）

1921　[16]らが[23]中国　　　　党を創設

1924　[24]第1次　　　　が成立

　　　「連ソ・容共・扶助工農」を掲げ，軍閥割拠の解消を企図

1926　孫文の後継者[25]　　　　が，広州から[26]北　　　　を開始
　　　　　　　　　　　　　　　　（ワンチョウ）

1927　上海クーデタ…共産党の行動に対し，25が弾圧へ

　　　25が南京に国民政府樹立
　　　（ナンキン）

　　　　　← 日本が**山東出兵**で妨害

1928　26軍が北京に入城

　　　脱出した満洲軍閥[27]　　　　は奉天郊外で関東軍が爆殺

　　　　→ 子の**張学良**が国民政府に合流（26完了）
　　　　　（チャンシュエリャン）

・英米は日本に対抗して国民政府を支援，関税自主権を回復
・共産党の**毛沢東**は，江西省で中華ソヴィエト共和国臨時政府を創設
　（マオツォトン）　　（チアンシー）

(4) 東南アジアの民族運動

→ホー=チ=ミン

■**ビルマ**…英領インドの一部
・1920年代から民族運動，自治が目標

1930　[28]　　　　党結成…独立運動の中心

1937　英領インドから分離

　　　以後，アウン=サンが独立を指導

■**タイ**…東南アジア唯一の独立国

1932　タイ立憲革命…立憲君主政へ

1939　国号をシャムからタイに改称

■**インドネシア**…蘭領東インド

1920　**インドネシア共産党**が結成

1926　共産党の武装蜂起（〜27），鎮圧され，強制解散

1927　[30]　　　　がインドネシア国民同盟を結成。翌年，[31]インドネシア　　　　党に発展

■**ベトナム**…仏領インドシナの一部

1930　[29]　　　　らがインドシナ**共産党**を結成し，独立運動を展開

■**フィリピン**…アメリカ領（1898〜）

1916　フィリピン自治法

1934　フィリピン独立準備法

　　　10年後の独立を約束

フィリピンはアメリカ経済にあまり利益を生まず，世界恐慌で逆に負担となった。

1935　独立準備政府が発足

5章

(5) インドの民族運動

・大戦では，イギリス軍に150万人超の兵士派遣 → 戦後の自治約束

・大戦中，**タタ**商会（貿易，綿織物，製鉄etc.）などの民族資本が成長，民族運動を支援

→ガンディー

1919	³²＿＿＿＿＿法の制定 令状や裁判なしでの逮捕・投獄（とうごく）を定め，弾圧（だんあつ）

サティヤーグラハとも

³³ 非暴力・＿＿＿＿＿運動という形の抵抗を
³⁴＿＿＿＿＿率いる**国民会議派**が開始

	インド統治法…自治ではなく，政治参加を認めたのみ
1927	憲法改革調査委員会を派遣 インド統治法検討。インド人委員なし
1929	

国民会議派ラホール大会…³⁵＿＿＿＿＿ら急進派が主導
完全独立（³⁶＿＿＿＿＿）を決議

1930	英印円卓会議（～32）…ロンドンに諸勢力招集，決裂

34が「塩の行進」の抵抗…英の専売に抗議

1935	新インド統治法…英人知事の下，州の自治承認。英領インドから英領ビルマを分割
1937	州選挙で国民会議派政権の州が多数誕生。ムスリム政権も
1940	ジンナー率いる全インド＝ムスリム連盟が，パキスタンの建設目標を決議

4 西アジアとアフリカの情勢 〈アラブは自立の，アフリカは目覚めの段階〉

(1) トルコ革命…アジアでは，日本に次いで西欧的近代化に成功

←ムスタファ＝ケマル

1919	ギリシアが，弱体化したオスマン帝国に侵攻（～22）
1920	³⁷＿＿＿＿＿条約…オスマン帝国の講和。領土の大幅喪失
	軍人³⁸＿＿＿＿＿が，³⁹＿＿＿＿＿（現首都）にトルコ大国民議会を招集，革命政権樹立
1922	ギリシアに勝利，小アジア（アナトリア）から駆逐 **スルタン制廃止**（オスマン帝国滅亡）

スンナ派最高位は政治がスルタン，宗教がカリフ

《トルコの近代化》

・**カリフ制廃止**やイスラーム教の非国教化による**政教分離** → ヨーロッパ的法体系へ

・国民主権，一夫一婦制，女性参政権などの女性解放，文字改革（ローマ字的新文字）

・殖産興業による民族資本の育成

1923	⁴⁰＿＿＿＿＿条約…37破棄，失地一部回復 トルコ共和国成立…大統領38 → のち，**アタテュルク**（父なるトルコ人）の称号

(2) アラブ地域…委任統治領：〔英〕イラク，トランスヨルダン，パレスチナ 〔仏〕シリア，レバノン

■**パレスチナ** アラブ系**パレスチナ人** vs **ユダヤ人**の紛争

・西欧やロシアの反ユダヤ主義から逃れ，ユダヤ国家復活をめざすシオニズムにより，ユダヤ人の来住が進む

cf. **バルフォア宣言とフセイン・マクマホン協定**の矛盾

■**イラク**

子

1921	イギリスがイラク王国を建国…初代国王ファイサル
1932	イラク王国独立（委任統治終了）

■**アラビア半島**

1932	⁴¹＿＿＿＿＿が中心となり，**ワッハーブ派**と協力し，**サウジアラビア王国**を建国

■**イラン**

1925	軍人⁴³＿＿＿＿＿がガージャール朝を倒し，⁴⁴＿＿＿＿＿朝を創始 → トルコに刺激され，西欧的近代化へ
1935	国号をペルシアからイランに改称

(3) アフリカ情勢

■**エジプト** イギリスの保護国（1914～）

・大戦後，⁴²＿＿＿＿＿党の独立運動 → 王国独立（1922）
だが，スエズ運河経営権など諸条件付き

■**その他**

・南アフリカに始まる人種差別撤廃（てっぱい）運動が，各地に伝播（でんぱ）
先住民民族会議（せんじゅうみん）（1912） → アフリカ民族会議（1923）

・北米やカリブ地域の知識人らがパン＝アフリカ主義運動
パン＝アフリカ会議（1900～）…自治さらに独立目標

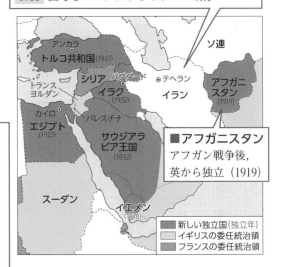

■**アフガニスタン**
アフガン戦争後，英から独立（1919）

新しい独立国（独立年）
イギリスの委任統治領
フランスの委任統治領

━━━━━━━━━━━━━━━━━━━━━━━━━ 問題演習 ━━━━━━━━━━━━━━━━━━━━━━━━━

1 **第一次世界大戦後の国際秩序**　次の会話文の空欄に適語を入れ，下の問いに答えよ。

先生：資料1の絵は1919年12月のイギリスの雑誌に掲載されたものです。
　　　絵の中の左上の看板には，ⓐ「この国際連盟の橋はアメリカ合衆
　　　国の大統領によって設計された」と書かれています。

資料1

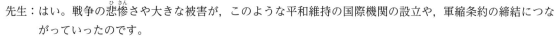

生徒：橋が完成していないように見えますが。

先生：そうです。ⓑこの絵は，当時の国際協調のようすをあらわしてい
　　　るのです。

生徒：1919年は，前年の11月にⓒ第一次世界大戦が終結して，1月に
　　　（①）で講和会議がひらかれ，6月に対ドイツの講和条約である
　　　（②）条約が締結された年ですよね。

先生：はい。戦争の悲惨さや大きな被害が，このような平和維持の国際機関の設立や，軍縮条約の締結につな
　　　がっていったのです。

生徒：日本も世界と協調して，海軍の軍備を制限する条約に参加していましたね。

先生：そのとおりです。日本は1922年に，ⓓ□□□・□□□・日本の海軍の主力艦の保有比率を5：5：3と定
　　　める条約を締結しました。しかし，日本は1936年末をもって，この条約を破棄する通告を行ったのです。

(1)　下線部ⓐについて，この大統領の名前を答えよ。

(2)　資料2は，下線部ⓐの大統領の提唱に影響を与えた声明である。資料2の名称を答えよ。

資料2　1917年11月に出された声明

> 　公正な，または民主的な講和は，戦争で疲れはてて苦しみぬいているすべての交戦諸国の労働者階級と勤労者
> 階級の圧倒的多数が待ちのぞんでいるものであり，ツァーリ君主制の打倒後にロシアの労働者と農民が最も
> きっぱりと根気よく要求してきたものであるが，政府がこのような講和とみなしているのは，無併合（すなわ
> ち，他国の土地を略奪することも，他の諸国民を強制的に統合することもない），無賠償の即時の講和であ
> る。ロシア政府はこのような講和を即時に締結することをすべての交戦諸国民に提議する。

(3)　下線部ⓑについて，この絵が風刺している内容として正しいものを選べ。

①　制裁は経済的なものが中心だった。　　②　常任理事国が拒否権を濫用している。

③　民族自決が部分的にしか実現していない。　④　アメリカが国際連盟に参加していない。

(4)　下線部ⓒについて，第一世
　　界大戦後の地図として正しいも
　　のを右の①・②から選べ。

(5)　下線部ⓓについて，

ⅰ　空欄に入る国名の組み合わ
　　せとして正しいものを記号で
　　答えよ。

①　イギリス・アメリカ

②　イギリス・ドイツ

③　アメリカ・中国

④　アメリカ・フランス

①

②

ⅱ　この比率を定めた条約を審議した国際会議名を答えよ。また，この会議では，②条約を中国が調印しな
　　かったことから中国問題が議題となった。中国が②条約を調印しなかった理由を説明せよ。

1	①		②		(1)		(2)	
(3)		(4)		(5) ⅰ		ⅱ 会議名		
理由								

2 **第一次世界大戦後のヨーロッパ**　次の文の空欄に適語を入れ，下の問いに答えよ。　　　〔20京都産業大囲：改〕

　　第一次世界大戦後，ヨーロッパ諸国は経済的打撃から回復できず，不況に苦しんだ。イギリスでは，アイルランドがイギリスからの独立を求め，（①）として自治領になった。フランスは敗戦国のドイツに対し賠償金支払いを厳しく要求し，　A　を強行した。しかし，<u>国際的非難を招き，ドイツとの和解に努めることとなった。</u>

　　ドイツでは民主的な（②）憲法が制定されたが，経済と政治は安定しなかった。そのため，（③）はレンテンマルクを発行した。ドイツは　B　資本による経済復興を目指したが，世界恐慌にみまわれた。イタリアは戦勝国であったが，領土拡大を実現できず，国民は政府への不信を強めた。その中で，（④）の率いるファシスト党が勢力を拡大した。

⑴　空欄A・Bに入れる語句として正しいものを，次の①〜④からそれぞれ選べ。
　A　①　ローマ進軍　　②　ラインラント進駐　　③　アルバニア併合　　④　ルール占領
　B　①　フランス　　　②　アメリカ　　　　　　③　ソ連　　　　　　　④　イギリス
⑵　下線部について対ドイツ強硬外交から国際協調外交に転換したフランスの外相の名前を答えよ。
⑶　右のグラフは，19世紀末から20世紀のイギリス・ロシア（ソ連の時期含む）・日本の就業者数に占める女性の割合を示している。
　ⅰ　日本は，20世紀を通じてほとんど変化がないが，イギリスでは，19世紀末から次第に女性の割合が高まるなど，国によって女性の社会進出の程度は異なる。グラフのア〜ウに当てはまる国名を答えよ。
　ⅱ　ロシアで女性の社会進出が進んだ背景と考えられるものを選べ。
　　①　奴隷解放宣言により自由な就業が可能になった。
　　②　人権宣言で私有財産が認められた。
　　③　農奴が解放され自作農が創出された。
　　④　五カ年計画による工業化で労働力が必要とされた。

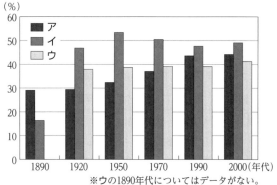

グラフ　就業者数に占める女性の割合

※ウの1890年代についてはデータがない。
（『マクミラン新編世界歴史統計Ⅰ』，国勢調査などによる）

3 **第一次世界大戦後のアジア**　次の文の空欄に適語を入れ，下の問いに答えよ。　　　〔20京都外国語大囲：改〕

　　第一次世界大戦の際，イギリスは戦後の　A　を約束してインドに戦争協力を求めた。戦後，イギリスは約束を守らなかった。これに対し，国民会議派の指導者（①）は，非暴力を掲げて抵抗運動を展開した。一方，全インド＝ムスリム連盟は，（②）の指導のもと，独自の利害を主張し，国民会議派と対立するようになった。

　　東南アジアでは，（③）を除くすべての地域が欧米諸国の植民地とされた。ベトナムでは，フランスによる植民地化が進み，1930年に（④）らによって設立されたインドシナ共産党がフランスに抵抗した。インドネシアでは，イスラーム同盟が民族運動を主導し，1927年には（⑤）の指導でインドネシア国民党が結成され，独立運動を進めた。

　　中国では，第一次世界大戦後，北京の学生を中心として　B　運動がおこった。この民族運動は全国的に広まり，中国政府はヴェルサイユ条約調印を拒否した。また，<u>ⓐ日本の支配下にあった朝鮮で独立運動がおこった</u>ため，日本は統治政策を文化政治に転換させた。

⑴　A・Bに入る語として正しいものを次からそれぞれ選べ。
　A　①　自治　　②　独立　　B　①　五・四　　②　三・一
⑵　下線部ⓐについて，次の**資料1〜3**は，朝鮮半島に関する歴史上の出来事について，その当時の人々が残した記録である。**資料1〜3**を年代の古いものから順に並べよ。（引用文には，省略したり，改めたりしたところがある。）〔21共テ本試囲〕

資料1　ある国との間で結ばれた条約

第一条　韓国皇帝陛下は韓国全部に関する一切の統治権を完全かつ永久に日本国皇帝陛下に譲与す。
第二条　日本国皇帝陛下は前条に掲げたる譲与を受諾し，かつ全然韓国を日本帝国に併合することを承諾す。

資料2　独立運動の際に発表された宣言書

> われらはここに我が朝鮮の独立国であることと朝鮮人の自主民であることを宣言する。これをもって世界万邦に告げ，人類平等の大義を克明にし，これをもって子孫万代におしえ，民族自存の正当なる権利を永遠に有らしめるものである。（中略）　　　　　　　　　　　　　　朝鮮建国4252年3月1日　朝鮮民族代表

資料3　愛国団体によって著された趣旨書

> 　国の独立はただ自強の如何にかかっている。我が韓はこれまで自強の術を講ぜず，人民は愚昧で，国力は衰え，遂に今日のように外国人の保護国となるような状況に至ったのは，自強の道に意を致さなかったためである。（中略）　　　　　　　　　　　　　　　　　　　　　　　　　　　　光武10年3月31日

4 第一次世界大戦後のトルコ　次の会話文の空欄に適語を入れ，下の問いに答えよ。

森村：トルコは，1923年10月29日が建国記念日で祝日だってね。オスマン帝国もその日に滅んだのかな？

角田：調べてみるとオスマン帝国の滅亡日は，定説がないみたいだね。

森村：第一次世界大戦後，オスマン帝国は，連合国軍やギリシア軍に占領されたけど，（①）が抵抗運動をまとめてアンカラに政府を樹立したのと関係するのかな。

角田：イスタンブルとアンカラのどちらの政府が連合国と交渉するのかが問題だったみたい。

森村：連合国は，ⓐ新しい講和条約の交渉に両方の政府を招待しているからもめそうだね。

角田：そこに関係している説が多いみたい。1922年でオスマン帝国が滅亡したと考えられているのは，連合国との交渉前にⓑアンカラの議会がオスマン政体の消滅を決議した日，ⓒイスタンブルのテヴィフク・パシャ内閣が総辞職した日，ⓓメフメト6世が亡命した日があるみたい。その時期以外だと1924年，ⓔムハンマドの後継者でイスラームの宗教的指導者の地位である（②）制が廃止された日という考えもあるみたい。

森村：色々な説があるから少なくとも，当時，滅亡日が認識されてなかったと言えそうだね。

(1)　下線部ⓐについて，この条約の名称を答えよ。また，この講和条約で定められたトルコの領土として正しいものを右のA～Dから選べ。

(2)　下線部ⓑ～ⓔについて，次の史料を根拠とすると，オスマン帝国が滅亡した日はいつだと考えられるか。ⓑ～ⓔから選べ。

 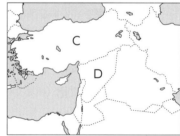

史料

> 　それゆえ，爾来，旧いオスマン帝国が歴史の彼方に消え去り，それに代わって国民的なトルコ国が新たに成立し，また，※パーディシャー位が廃され，その地位にトルコ大国民議会が取って代わったのである。すなわち，今日イスタンブルに存在している機関は，その存在を守るべき合法性並びに外国勢力及び国民からの支持を全く有しない，影のような存在である。
>
> ※パーディシャー位＝皇帝　　　　　　　　　　　粕谷元「オスマン帝国はいつ滅亡したのか」（一部改変）

2	①		②		③		④	
	(1)A	B	(2)					
	(3) i ア		イ		ウ		ii	
3	①		②		③		④	
	⑤		(1)A	B	(2)　→　→			
4	①		②		(1)条約		領土	(2)

大衆消費社会の到来と日本の社会運動 大衆社会はアメリカが先駆け。社会運動は
大戦後の欧米の運動・成果が日本に伝播

―――――――――――――――――― ポイント整理 ――――――――――――――――――

1 大衆消費社会アメリカの繁栄 〈大衆消費社会の到来の背景，特徴，問題点を意識しながら学ぼう〉

(1) 背景

◇**経済力**	・大戦の特需（とくじゅ）による経済成長，欧州の戦債（せんさい）引受け → **債務国**から[1] 債　　　国へ
◇**購買力**	・総力戦への協力の見返りで諸条件が向上…**女性参政権**（1920），労働条件，移民・黒人の職場進出
	・サラリーマンなど都市中間層の増加
◇**気　風**	・第2次産業革命からの流れの中で，才能や努力で成功できるとするアメリカン=ドリームの精神

(2) 大量生産方法の開発

[2]＿＿＿＿＿＿＿＿＿（のち自動車王の称）が，ベルトコンベアを用いた
組立ラインの生産方式を開発➡…短時間での大量生産，**低価格化**
→ フォーディズムとよばれ，他産業にも導入が進む

(3) 大量消費の実現

・信用販売（月賦）（げっぷ）の普及 → 中所得層も購入が可能に
・**広告**が消費意欲を刺激…新聞・雑誌・ラジオなどのメディアや
　　ポスター・ネオンサイン　etc.

←ベーブ=ルース

(4) 大衆文化の始まり

・均質な大衆が楽しめる娯楽としての大衆文化
・自動車・電気製品・メディアを取り入れたアメリカ的生活様式

社会を主導する階層　White,
Anglo-Saxon, Protestantの略

(5) 問題点…繁栄を享受（きょうじゅ）する保守層（WASPなどの中間層）が，差別・迫害を強める傾向

・人種主義結社**クー=クラックス=クラン**（KKK）➡による黒人や移民への差別・迫害
・[3]　　　　法（1919〜33）…移民系が多い酒造業への差別が背景。密造の横行を招き，廃止
・[4]　　　　法（1924）…排日移民法。東欧・南欧や，低賃金で働く日本の移民が主な対象

2 日本の大衆消費文化 〈娯楽文化は都市部のみ。一般の農漁村は旧来のまま〉

(1) 背景

①教育の普及…明治末期，義務教育就学率がほぼ100%
　　　　　中学校・女学校などへの進学者も増加

②都市化の進展

バス車掌，教員，
タイピストなど

⇨ サラリーマンや「[5]＿＿＿＿＿婦人」の増加
　映画館・デパート・遊園地などの施設

③工業や科学技術・衛生思想の発展・普及
　　ex.印刷技術‥‥‥‥‥‥‥‥‥‥

⇨ 大衆文化・消費
文化の普及

④マスメディアの発達…ラジオ。新聞・ポスター
　　　　　広告などによる宣伝

余暇の過ごし方（1923年大阪の研究）

男工（20〜30才）		女工（20〜30）		男工（30〜40）		俸給生活者	
散歩	192	洗濯	94	散歩	175	散歩	175
活動（映画）	64	家事手伝	70	家事手伝	120	読書	77
家事手伝	64	裁縫編物	60	社寺参拝	45	訪問	57
旅行	53	芝居	24	活動（映画）	33	旅行	50
読書	52	花見	14	子守	33	遠足	41
芝居	45	旅行	13	遠足	30	家事手伝	27
登山	43	生花	13	芝居	28	登山	18
遠足	39	活動（映画）	9	訪問	25	勉学	14
訪問	22	見物	9	花見	25	庭球	14
野球	22	読書	8	読書	23	芝居	14
職	16	休息	6			釣魚	11
調査人数 719		181		606		98	
回答総数 819		403		723		189	

（『20世紀の歴史9　大衆文化　上』）

(2) おもな文化事象

・文化住宅…都市近郊に，洋間やガラス戸を取り入れた和洋折衷（わようせっちゅう）住宅
・映画…1920年代から無声の活動写真，1930年代から音声のあるトーキー
　　　　アメリカ映画・日本の時代劇・ジャズ音楽・流行歌をも媒介
・雑誌…大衆雑誌『[6]＿＿＿＿＿＿』，女性雑誌『主婦之友』，総合雑誌『改造』
・書籍…文庫本，改造社『現代日本文学全集』に始まる1冊1円の[7]＿＿本
・新聞…明治から現代に続く新聞社など，発行部数が急増
　　　　大阪朝日新聞社（現朝日新聞社）の全国中等学校優勝野球大会（現全国高校野球）などイベント企画
・[8]＿＿＿＿放送…1925年開始。翌年，日本放送協会（NHK）を設立。第二次世界大戦後に本格的な普及
　　　　　ニュースのほか，大相撲・野球・新交響楽団（現NHK交響楽団）などを放送

❸ 大正前期の政治と大衆運動　〈何が大衆を動かしたか，に焦点をあてよう〉

政党の変遷	内閣（支持母体）		内　政　・　外　交　　　　　　　　　国際情勢
9 立憲 会	西園寺公望Ⅱ（9）	1912	明治天皇没→大正改元
立憲国民党			美濃部達吉『憲法講話』…11　　　　説・政党政治を唱える
	12 Ⅲ（藩閥系）		陸軍2個師団増設問題…軍が要求，財政難から西園寺が拒否 → 陸相辞任，軍部大臣現役武官制を盾に軍が後任拒否
12首相が結党を企図（結党前に病没）			13 第1次　　　運動…標語「閥族打破・憲政擁護」尾崎行雄（9）・犬養毅（立憲国民党）らを中心に，議員・実業家・民衆が参加。尾崎行雄が内閣弾劾演説 → 民衆の暴動も誘発，12内閣総辞職＝14　　政変
立憲同志会	山本権兵衛Ⅰ（海軍，9）	1913	
		1914	軍部大臣現役武官制の改正…現役規定を削除し，倒閣防止
			シーメンス事件…ドイツのシーメンス社から海軍高官へ贈賄
10 会	15 Ⅱ（立憲同志会）		ドイツに宣戦…日英同盟により　　　　第一次世界大戦勃発
		1915	中国の袁世凱政府へ二十一カ条の要求
		1916	吉野作造が『中央公論』に寄稿，16　　主義を唱える
	寺内正毅（藩閥系，陸軍）	1917	―――ロシア革命
		1918	シベリア出兵開始 → 兵糧米・買占めから米価高騰
⑱太線は政権担当			17　　…富山の漁村の"女一揆"を機に全国に暴動波及
	18（9）	1919	「平民宰相」の18を始め，閣僚のほとんどが9会員の，「本格的」政党内閣。選挙権拡大，交通網・高等教育・産業などを整備・推進　　第一次世界大戦終結 →ヴェルサイユ条約

5章

(1) 大戦中の19　　　　景気と米騒動

- 背景…第一次世界大戦の特需
  　　　　　輸出の余裕のない欧州との競合がない
- 特に，重化学工業・繊維業・造船業が活況
- 大幅な輸出超過。GNPが数年で約1.5倍
- 猪苗代発電所から東京へ，長距離送電に成功
- シベリア出兵も加わり，米など諸物価が高騰

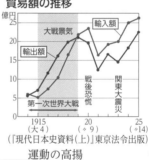

貿易額の推移

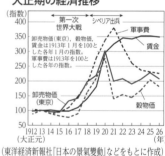

大正期の経済推移

（『現代日本史資料（上）』東京法令出版）

（東洋経済新報社「日本の景気変動」などをもとに作成）

(2) 大正デモクラシーの理論的根拠 → 20　　　　　運動の高揚

➡21　　　　　　『憲法講話』（1912）…天皇機関説，政党政治論を展開

> ……天皇は日本帝国の君主として，国家の凡ての権力の最高の源泉たり，日本帝国の最高機関たる地位に在ますのであります。…全内閣員が同一の政見を有すといふことは，政党の勢力の発達して居る国では畢竟同一の政党に属すといふことに帰するので，……内閣は議会の多数を占めて居る政党から組織せらるゝことに成るのは，免るべからざる自然の勢であります。…此の如き内閣を有する政体を議院内閣政治又は簡単に議院政治とも謂ひ，時としては又政党政治と謂ふのであります。

➡22　　　　　…総合雑誌『中央公論』に寄稿（1916）

> ……民主々義といへば，社会民主党などゝいふ場合に於けるが如く，「国家の主権は人民にあり」といふ危険なる学説と混同され易い。又平民主義といへば，平民と貴族とを対立せしめ，貴族を敵にして平民に味方するの意味に誤解せらるゝの恐れがある。…我々が視て以て憲政の根柢と為すところのものは，政治上一般民衆を重んじ，其間に貴賤上下の別を立てず，而かも国体の君主制たると共和制たるとを問はず，普く通用する所の主義たるが故に，民本主義といふ比較的新しい用語が一番適当であるかと思ふ。

- 22の影響で東京帝国大学の学生が新人会を結成，20へ。さらに22は知識人と啓蒙活動を展開

4 **社会運動の広がり** 〈いわゆる**大正デモクラシー**。「改造の時代」とも。普通選挙は諸運動の共通目標〉

(1) **社会運動高揚の背景**
- ・第一次世界大戦後の民主主義・平和主義の風潮…労働問題に対処する国際労働機関（ILO）が設立
- ・ロシア革命や米騒動の影響…大衆運動として
- ・大戦景気での物価高騰による生活難 → 農村は小作料も上昇

(2) **労働運動**
- ・日本労働総同盟の設立
  - 賃上げなどを求める[23] 労働　　　　　を指導
  - 八幡製鉄所争議など，争議件数が急増
- ・第1回メーデー（1920）…国際的な労働者の祭典

(3) **農民運動**
- ・小作料減免などを求める[24]　　　　　　の件数が急増
- ・農民運動を指導する[25] 日本　　　　　の結成（1922）

労働争議・小作争議の件数

（件）
各争議件数・労働組合数

3,500
3,000
2,500
2,000
1,500
1,000
500
0

小作争議件数
労働争議件数
労働組合数

1918 19 20 21 22 23 24 25 26 27 28 29 30 31 32（年）
（東京大学出版会『日本近代経済史要覧』をもとに作成）

(4) **女性運動**

1911	[26]　　　　　　❸らが『**青鞜**』を創刊，女性解放運動を始める
1920	[27]　　　　　協会…平塚・[28] 市川　　　　　らが組織。女性参政権が目標 → **治安警察法改正**で，政治集会参加は容認
1924	婦人参政権獲得期成同盟会に拡大改組
1931	→ 婦人公民権法案を衆議院可決・貴族院否決で，戦前は達せず

cf. 欧米の動向（19世紀半ば以降）
- ・女性の権利大会［米］（1848）を機に，英独などに運動拡大
- ・1904年，国際女性参政権同盟の設立
- ・総力戦だった大戦での女性の活躍が参政権獲得を促進
- ・参政権獲得は，ニュージーランド（1893），オーストラリア（1902），フィンランド（06），ソ英独米（17〜20）など

元始，女性は実に太陽であった。真正の人であった。今，女性は月である。他に依って生き，他の光によって輝く，病人のような蒼白い顔の月である。……私共は隠されて仕舞った我が太陽を今や取戻さねばならぬ。

(5) **部落解放運動**
- ・1922年，[29]　　　　　　社を結成，自ら部落差別の撤廃運動

全国に散在する吾が特殊部落民よ団結せよ。……人の世に熱あれ，人間に光あれ。

(6) **社会主義**…ロシア革命の影響大
- ・1922年，**日本共産党**の結成…非合法。コミンテルン日本支部

❸**全国水平社の荊冠旗**

5 **政党政治の実現** 〈衆議院第1党が組閣する「**憲政の常道**」。この慣行を"危険"視する勢力も残存〉

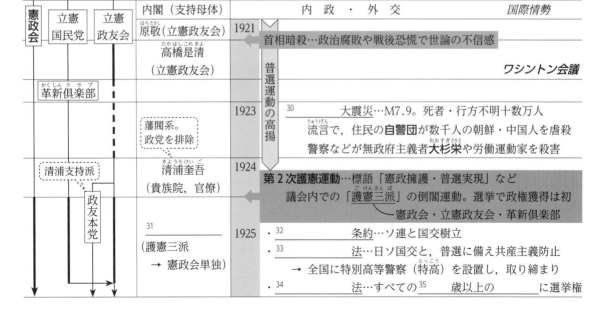

憲政会	立憲国民党	立憲政友会		内閣（支持母体）		内　政　・　外　交　　　　　　　　*国際情勢*
				原敬（立憲政友会）	1921	
				高橋是清（立憲政友会）		首相暗殺…政治腐敗や戦後恐慌で世論の不信感 *ワシントン会議*
	革新倶楽部					
				藩閥系。政党を排除	1923	[30]　　　　　大震災…M7.9。死者・行方不明十数万人 流言で，住民の**自警団**が数千人の朝鮮・中国人を虐殺 警察などが無政府主義者**大杉栄**や労働運動家を殺害
清浦支持派				清浦奎吾（貴族院，官僚）	1924	第2次護憲運動…標語「憲政擁護・普選実現」など 議会内での「護憲三派」の倒閣運動。選挙で政権獲得は初 憲政会・立憲政友会・革新倶楽部
		政友本党		[31]　　　　（護憲三派 → 憲政会単独）	1925	・[32]　　　　条約…ソ連と国交樹立 ・[33]　　　　法…日ソ国交と，普選に備え共産主義防止 　→ 全国に特別高等警察（特高）を設置し，取り締まり ・[34]　　　　法…すべての[35]　　　歳以上の　　　　に選挙権

（中央欄：普選運動の高揚）

┃┃┃┃┃┃┃┃┃┃┃┃┃┃┃┃┃┃┃┃┃┃┃┃┃┃┃┃┃┃┃┃┃┃ 問 題 演 習 ┃┃┃┃┃┃┃┃┃┃┃┃┃┃┃┃┃┃┃┃┃┃┃┃┃┃┃┃┃┃┃┃┃┃

1 大衆消費社会の到来　次の文の空欄に適語を入れ，下の問いに答えよ。　　　　　　［16立命館大①：改］

　　第一次世界大戦期の経済発展は，日本やアメリカ合衆国の社会と文化を大きく変化させた。大量生産・大量消費を特徴とした（①）が到来し，電化製品の利用は家事労働の時間を省略することが可能になったため，ⓐ生活にゆとりの時間が生まれることとなった。都市では鉄筋コンクリート造りのオフィスビルが出現し，（②）層と呼ばれる俸給生活者が多数出現した。こうしたなかで，日本では雑誌などのメディアが大きく発展し，（③）放送も開始され，いわゆるⓑ大衆文化が発展した。1919年に創刊された『改造』などのⓒ総合雑誌だけでなく，大日本雄弁会講談社が「日本一面白くて為になる」を目指して発行した『（④）』などの大衆雑誌が登場した。出版分野では改造社の『現代日本文学全集』などに代表される廉価な（⑤）が刊行され，昭和初期に⑤ブームが出現するなど出版の大衆化を招いた。

　　このような生活水準の向上により，ⓓ義務教育の就学率が上昇したことから，高等教育を受けようとする人々が増加した。政府はこの状況を受け，高等教育機関の拡充・再編に取り組むことになった。

(1)　右の**資料1・2**は，当時の実際の広告やカタログである。これらは人々の生活や経済活動に影響を与えた。その影響を説明した次の文の空欄にあてはまる言葉を答えよ。

> 都市部だけでなく　ア　にも同様の情報が伝わり，人々の　イ　を高め，　ウ　の拡大をもたらした。

資料1　　　　資料2

(2)　下線部ⓐについて，人々は時間の使い方が変化した。ゆとりの時間を何に利用したか説明せよ。

(3)　下線部ⓑについて，「大衆」という言葉は関東大震災前後から使われだしたと考えられているが，一体どのようにして生まれたのだろうか。以下の**資料3**から読み取り簡潔に説明せよ。

資料3　「『大衆』主義」『急進』1929年6月号

> 　　マッス（Mass）という言葉には，ひとつの大集団として見た国民の大多数，少数特権者に対する大多数民という意味がある。それには勿論，工場労働者，農民も，小商人も，安月給取りも一時的に含まれる。西洋人の社会主義の書物にはよくこの意味でマッスという言葉が使用される。然るに日本では，これにあたる適当な言葉が従来使用されていない。平民，民衆，労働者，下層階級，労働階級，等々の語はあっても，何れも適切にマッスの意味に当て嵌らない。そこで高畠さんは，かなり長い間色々と考えた末，遂に古書などに見える「大衆」という言葉を採用するに至ったのである。

(4)　下線部ⓒについて，大正期に新聞や総合雑誌が多く発行された背景として，あることの普及が大きく関わっていると考えられる。あることとは何か漢字2文字で答えよ。

(5)　下線部ⓓについて，義務教育の就学率の上昇は，人々の意識を大きく変化させたと考えられる。それを説明した次の文の空欄に当てはまる言葉を答えよ。

> 就学率の高まりは，（A）率を向上させ，日本（B）の一員であるという意識を形成させた。

1	①	②	③	④
⑤		(1)ア　　　　　　イ　　　　　　ウ		
(2)				
(3)				
(4)		(5)A　　　　　　　　B		

2 普通選挙運動　次の文の空欄に適語を入れ，下の問いに答えよ。

　日本でも，第一次世界大戦下の世界的な民主主義の潮流や，大戦景気などを背景に，大正デモクラシーとよばれる思想や運動が広がった。（①）が⒜民本主義を提唱して以来，普通選挙を求める動きが本格化した。普通選挙を要求する運動が活発化する中，（②）内閣は1919年に⒝衆議院議員選挙法を改正し，有権者の資格を直接国税3円以上に引き下げ，小選挙区制を導入した。

　（③）内閣により⒞1925年に普通選挙法が成立し，満25歳以上の男性に衆議院議員の選挙権が与えられた。その後1945年に制定された新選挙法で女性の参政権が初めて認められ，成人男女に選挙権が与えられるようになった。

(1)　下線部⒜について，「民本主義」は「民主主義」と異なる考え方であると主張された。その内容をまとめた次の文章の空欄Ⅰ・Ⅱにあてはまる内容を，簡潔に答えよ。

> 「民主主義」は（Ⅰ）という意味だとも考えられ，天皇主権の日本で使うには適切ではない。「民本主義」は，政治の目標は（Ⅱ）という意味を持ち，天皇主権と矛盾しない。

(2)　下線部⒝について，しおりさんとひろとさんは，**資料1・2**を見て議論している。次の会話文の空欄にあてはまる言葉を推測して答えよ。

しおり：**資料1・2**を見ると，1890年の総選挙の時は，有権者が人口の（ア）％程度しかいなかったと考えられるね。

ひろと：満（イ）歳以上の男性で国税を15円以上払える人は本当に一握りだったんだね。あれ？そもそも国税ってなんだろう？

しおり：この時の国税っていうのは，主に（ウ）を指しているって学校で習ったよ。

ひろと：へぇ。知らなかったよ。

しおり：今の有権者の資格とは大きく違っていたんだね。

ひろと：それから**資料1**を見ていて気づいたんだけど，ある年から有権者数が大きく変わることがあるね。

しおり：**資料2**にある選挙法改正による変化みたいだね。

ひろと：確かにそうだね。でも1904年の変化は違うんじゃない？

しおり：ちょうどその頃（エ）があったみたいだから，その影響かな。多くの犠牲者が出たみたいだし。

ひろと：昭和になってからは一気に有権者が増えているね。

しおり：でも，有権者数が増えたからといって，同じように（オ）も増えるとは限らないみたいだね。明治時代と比べて大正時代以降の選挙では，投票しなかった人の割合も増えてきているよ。

ひろと：現在はどうなんだろう。1945年以降の状況も調べてみようよ。

しおり：選挙は自分たちにも関係のあることだから，きちんと知ることが大事だね。

資料1　日本の有権者数と投票者数の推移

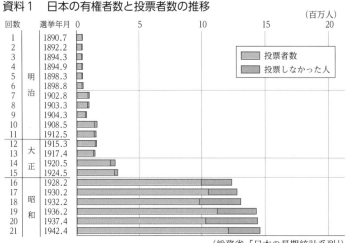

（総務省「日本の長期統計系列」）

資料2　衆議院議員選挙法の変遷

公布	1889 (明22)	1900 (明33)	1919 (大8)	1925 (大14)	1945 (昭20)	2015 (平27)
有権者の資格 / 年齢	満25歳以上	満25歳以上	満25歳以上	満25歳以上	満20歳以上	満18歳以上
性別	男	男	男	男	男女	男女
直接国税	15円以上	10円以上	3円以上	制限なし	制限なし	制限なし
有権者数(万人) / 全人口比(%)	45 / 1.1	98 / 2.2	307 / 5.5	1,241 / 20.8	3,688 / 50.4	10,620 / 84.8

(3) 下線部ⓒについて，**資料3**は同時期に制定されたある法律の風刺画である。**資料3**を見て議論する2人の会話文の空欄A〜Fにあてはまる語句を推測して答えよ。

しおり：この風刺画は口に戸を立てようとしている様子が描かれているよ。

ひろと：口の中に描かれているのは，　A　と　B　だね。どうして扉で口をふさごうとしているんだろう。

しおり：口をふさいでいるから　C　と，　B　の自由を抑え込もうとしているんじゃないかな。

ひろと：どうして，そんなことをする必要があったんだろう。

しおり：普通選挙法の成立で，　D　運動や　E　主義運動が活発になるのを政府は恐れたのだろうね。

ひろと：だから政府は同じ時に，新たな治安対策として　F　を制定したんだね。風刺画って面白いなぁ。他にもあるのかな。

資料3

（『時事新報』大正9年1月19日）

3 **女性解放運動の進展**　次の文の空欄に適語を入れ，下の問いに答えよ。　　〔19近畿大③：改〕

大正時代，日本では労働運動が活発になった。労働問題について協議する（①）（ILO）の設置などを通して労働条件の改善を目指す労働争議が多発した。他にも，地主と小作人との間の小作料や耕作権などの小作関係をめぐる（②）が多発し，1922年には（③）が結成された。社会的に差別されていた女性の解放をめざす運動は，1911年に平塚らいてうによって結成された文学者団体が発刊した雑誌『青鞜』に始まった。これは，大逆事件直後の時代閉塞をつきやぶる女性たちの自己表現であった。同年には，松井須磨子の主演によって，なに不自由のない家庭の妻ノラの家出を描いたイプセンの『人形の家』が上映された。これは，ⓐ女性が良妻賢母としてもっぱら家庭の中で生きることを強いられているという矛盾について，多くの女性に気づきを与えた。平塚らいてうと（④）らを中心に，1920年に（⑤）が結成され，参政権の要求など女性の地位を高める運動を進めた結果，1922年に（⑥）が改正され，女性による社会主義運動の機運も高まっていく。

(1) 下線部ⓐについて，女性に専業主婦となることが期待されたなかでも，男性と対等に仕事をこなした女性のことを何というか。

(2) **資料1**から，1917年に労働争議の発生件数が急増していることが読み取れる。どのような背景があるのか簡潔に説明せよ。

資料1　労働争議と参加人員

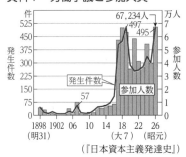

（『日本資本主義発達史』）

2	①		②		③	
(1) Ⅰ						
Ⅱ						
(2)ア	イ		ウ	エ		オ
(3)A			B		C	
D			E		F	

3	①		②		③		④
⑤			⑥		(1)		
(2)							

⑬ 世界恐慌とファシズムの台頭

第二次世界大戦に至る，恐慌後の大衆の心理と，それを各国の政権がどのように対処したかを，3つに大別して捉えよう。

―――――――――― ポイント整理 ――――――――――

1 世界恐慌の発生と資本主義諸国の対応〈条件の異なる欧米諸国の方策と，その長短を考えよう〉

1929 [米]「暗黒の木曜日」…世界金融の中心，**ニューヨーク**の[1]＿＿＿＿＿＿＿街の証券取引所で株価大暴落

→ アメリカ資本に依存して賠償を続けるドイツ，次に英仏へと恐慌が波及

> 共和党政権の下，大戦後の繁栄を謳歌した，株式への過剰投機や農業・鉱工業の生産過剰が背景。
> 大戦後の国際協調と軍縮の流れが世界的に定着しつつある矢先，恐慌が世界を一変させた…

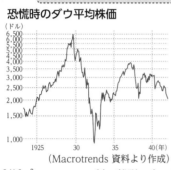
恐慌時のダウ平均株価
（Macrotrends 資料より作成）

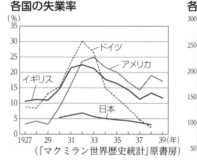
各国の失業率
（『マクミラン世界歴史統計』原書房）

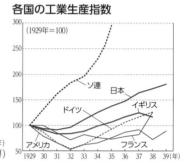
各国の工業生産指数

1931 [英][2]＿＿＿＿＿制の離脱…金の流出防止。政府が通貨量を調節する管理通貨制度へ ┐
1932 [英][3] イギリス連邦＿＿＿＿＿会議（**オタワ会議**）　　　　　　　　　　　　　　　│各国が追随

> 恐慌克服のため，連邦内を低関税（連邦外には高関税）とする特恵関税制度を
> 決定。[4]＿＿＿＿＿＿＿＿＿（ポンド）＝ブロックの形成（**ブロック経済**の先がけ）┘

1933 [米] 民主党の[5]＿＿＿＿＿＿＿＿＿＿＿＿➡が大統領に就任

ニューディール（新規まき直し）政策を開始…国の経済介入は画期的
　　　　・[6]＿＿＿＿法（AAA）…補償金と引き換えに生産制限
　　　　・[7]＿＿＿＿川流域開発公社（TVA）…失業者救済・電力開発・地域振興の多目的な公共事業
　　　　・[8]＿＿＿＿法（NIRA）…カルテル・団結権・団体交渉権を容認など
　　　　・ラテンアメリカ諸国に対して「[9]＿＿＿＿外交」を開始…市場拡大を企図
　　　　・ソ連を国家として承認

[6]は36年，[8]は35年に最高裁で違憲判決 → [6]は改正。[8]は廃止，35年に労働分野を[10]＿＿＿＿＿法で復活

> ニューディール政策が順調だったわけではないが，「炉辺談話」と名づけてラジオで国民に直接語りかけ，支持・信頼を維持した点も斬新

> 政府の経済介入を柱とする「ケインズ政策」は誰が最初か？
> 1932 [日] **高橋是清**蔵相が大規模な財政出動・公共事業を開始
> 　　　→ 列強中，最速で恐慌克服。「日本のケインズ」
> 1933 [米] [5]がニューディール政策を開始
> 1936 [英] ケインズ『雇用・利子および貨幣の一般理論』発表

ドル＝ブロック（アメリカ）
ドイツ支配下の為替管理地域
円ブロック
スターリング（ポンド）＝ブロック（イギリス）
帰属が変動・不明確な地域
フラン（金）＝ブロック（フランス）
（『世界歴史地図』朝日新聞社）

2 ソ連の社会主義〈他国と諸条件が相違〉

1922 [11]＿＿＿＿＿条約…独ソ国交成立 → 他国も追随

のち亡命先で暗殺
筆名で「鋼鉄の男」の意
⬇**スターリン**

1924 レーニン死去 → **一国社会主義論のスターリン**○ ⬅➡ ●世界革命論の[12]＿＿＿＿＿＿＿
1928 第1次[13]＿＿＿＿計画開始…急速な工業化のため，農村を**コルホーズ**（集団農場）・ソフホーズ（国営農場）に集団化して安価で穀物を強制供出
1933 （日独の国際連盟脱退表明 → ）アメリカが国家承認 → 翌1934年，国際連盟加盟
1934 反対派への「**粛清**」を開始…政敵のほか，集団化への抵抗農民を大量虐殺，飢饉で餓死
1936 **スターリン憲法**の制定…社会主義の勝利を宣言，独裁体制を築く

❸ ファシズム台頭の心理的構図〈ドイツ・イタリア・日本にあてはめてみよう。今後も発生の可能性…〉

不満　ヴェルサイユ体制…領土，賠償金，軍備制限
不況が生活圧迫…政治の無力

強力な主張　ヴェルサイユ体制の否定
他政党の価値否定 → 独裁へ
共産主義・ユダヤ人など，攻撃対象の明示

吸収・支持

怖れ　他の国・民族から，さらなる圧迫は…
（ロシア革命→）共産主義の拡大…資本主義や私有財産否定

吸収・支持

❹ イタリア・ドイツのファシズムと欧州情勢〈議会制にもかかわらず，なぜ独裁化できたのかに留意〉

ヒトラーの入党以前から反共産主義・反ユダヤの結社だった。

獄中で『わが闘争』を著す

↓ヒトラー

■**フランス**
反ファシズムの左派連合政権の²³＿＿＿＿＿＿内閣が成立
（1936）
労働政策が特徴だが，短命

■ドイツ

1920	¹⁴＿＿＿＿主義＿＿＿＿党（**ナチ党，ナチス**）結成
1923	ミュンヘン一揆…この失敗で，党首**ヒトラー**は議会主義に転換
1930	総選挙で第2党…共産党が伸長
1932	総選挙で第1党←巧みに利用…保守勢力が危機感
1933	ヒトラー内閣成立…保守的なヒンデンブルク大統領が組閣命令
	¹⁵＿＿＿＿事件を口実に共産党を結社禁止
	¹⁶＿＿＿＿法が成立…内閣に立法権委任 　これで過半数に
	ナチ党以外の政党禁止 ＝ 一党独裁化
	国際連盟脱退
1934	ヒンデンブルク死去 → ヒトラーが大統領権限も吸収，¹⁷＿＿＿＿の称
1935	**再軍備宣言**，徴兵制復活
1936	¹⁸＿＿＿＿進駐
	スペイン内戦に介入（～39）
1937	**日独伊三国防共協定**
1938	オーストリア併合
	²⁰＿＿＿＿会談…チェコの**ズデーテン地方**併合を英仏が容認
	英首相**チェンバレン**らの，この²¹＿＿＿＿政策は，のち強い批判
1939	**チェコスロヴァキア解体**…チェコを保護領，スロヴァキアを独立させ支配
	²²独ソ＿＿＿＿条約…世界が驚愕

世界恐慌

原語はフューラー

6章

軍需産業や公共事業（高速道路網**アウトバーン**，レジャー施設など）で失業解消，「（ドイツ）民族共同体」を唱え，絶大な支持。他方，反対派弾圧，¹⁹＿＿＿＿人迫害。

■ソ連
反共の独伊に対し，反ファシズムを唱えて対抗。その姿勢と，日独の国際連盟脱退を受けて，アメリカがソ連を国家承認し，その支持で**国連加盟**（1934）

■東欧・バルカン諸国
社会格差や少数民族問題などを抱え，議会政治が不安定。チェコスロヴァキアを除き，多くが独裁政権化

23の成立（1936）に対し²⁴＿＿＿＿＿＿将軍が保守勢力の支持で反乱（**スペイン内戦**）（～39）
内閣・ソ連● ⟷ ○将軍・独伊

■イタリア

1921	**ムッソリーニ**が率いる**ファシスト党**が成立
1922	武装党員と「²⁵ローマ＿＿＿＿」を実行，政権掌握 → 国王の支持で，段階的に一党独裁化（～26）
1924	**フィウメ**（イタリア東部に隣接）を併合
1926～27	**アルバニア**保護国化 → のち併合（1939）
1935	アフリカの²⁶＿＿＿＿に侵攻（翌年併合）
1936	スペイン内戦に介入（～39）
1937	国際連盟脱退

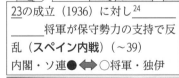

↑『**ゲルニカ**』（ピカソ）……ドイツのゲルニカ空爆に抗議

━━━━━━━━━━━━━━━━━━━━━━━━━━ 問題演習 ━━━━━━━━━━━━━━━━━━━━━━━━━

1 世界恐慌 次の文の空欄に適語を入れ，下の問いに答えよ。

第一次世界大戦後，アメリカでは大戦景気が訪れていた。しかし，1929年に世界経済・金融の中心地である
ニューヨークの（①）の株価暴落を機に@未曽有の不況に見舞われた。特に敗戦国である（②）の賠償金の支払
いは，アメリカに大きく依存していたため，全世界に大きな影響を与えることとなった。

このような経済状況を受けて，欧米諸国は為替レートの交換比率を対外的に引き下げ，ⓑ新たな経済圏を確立
した。その一方で，ⓒソ連は独自の政策を展開していたため，世界恐慌の影響を免れた。この一連の出来事によ
り，各国はこれまでの金本位制を廃止し，国の信用によって貨幣価値が決まる（③）を導入することとした。

(1) 下線部@について，次の各問いに答えよ。

ⅰ 資料1・2は，どちらも当時のアメリカ大統領がおこなった演説である。1929年を境に，それぞれの人物
の経済思想にはどのような違いが表れているか，説明せよ。

資料1　1928年の演説

> 政府の経済的活動を当然と考える自由主義は，誤った
> 自由主義である。自由主義は真の精神の力，つまり政治
> 的な自由を保持しようとするなら経済的自由を犠牲にし
> てはならないという認識，から出てくる力である。

資料2　1932年の演説

> 資源や工場を管理し，……生産と消費を調整し，富と
> 物資をより公平に分配し，現存する経済組織を人々のた
> めになるように適応させるといった地味な仕事に取り組
> まなければなりません。賢明な政府が必要とされる時代
> が到来したのです。

ⅱ 資料3は，資料2の演説をした人物がおこなっ
た政策の一環として制定された法律の一部である。
資料2の演説をした人物名と，この法律名の組合
せとして正しいものを，あとの①〜④から選べ。

　人物名　Ａ　フーヴァー　　Ｂ　ローズヴェルト

　法律名　Ｃ　ワグナー法　　Ｄ　全国産業復興法

　① Ａ─Ｃ　　② Ａ─Ｄ　　③ Ｂ─Ｃ　　④ Ｂ─Ｄ

資料3

> 第7条　被雇用者は団体交渉あるいはその他の相互扶助
> ないし保護の目的のために，労働者組織を結成し，そ
> れに加入し，あるいはそれを援助し，自ら選んだ代表
> 者を通して団体交渉を行う権利を有する。

（『世界史史料10　20世紀の歴史Ⅰ』岩波書店）

(2) 下線部ⓑについて，次の文はイギリスにおける経済政策の説明である。空欄Ｙとにあてはまる語句の組合
せとして正しいものを，あとの①〜④から選べ。

> イギリスは軍事費や社会保障費などを削減し，国の予算調整をおこなった。またイギリス連邦内に特恵関税を導入し，
> それ以外の国には高い関税を設ける　Ｙ　＝ブロックを構築した。これは産業を保護するために共通通貨を基軸とした
> 経済圏を確立したもので，外部からの影響を受けにくいため，アメリカやフランスでも経済のブロック化が進んだ。し
> かし，　Ｚ　との間で大きな経済摩擦が生じ，のちの第二次世界大戦の要因の一つとなった。

　Ｙ　あ　ドル　い　スターリング　　　Ｚ　う　産業を持つ国と持たない国　　え　植民地を持つ国と持たない国

　① Ｙ─あ　Ｚ─う　　② Ｙ─あ　Ｚ─え　　③ Ｙ─い　Ｚ─う　　④ Ｙ─い　Ｚ─え

(3) 下線部ⓒについて，資料4・5は当時のソ連の様子を示したものである。これらをふまえてソ連の政策につ
いて述べた文として適当でないものを選べ。

資料4　　　　　　　　　　　　　（『世界の歴史』より）

> この計画は，1928年からソ連を近代的工業国に変えてゆくことに目
> 標を置いており，そのために農業の集団化が強行された。そのため全
> 農業経営の5分の3と約1100万の農民が集団化の対象とされ，富農が
> 清算されることになった。
> 　農業集団化は，さらに1932年にコルホーズ（集団農場）とソフホー
> ズ（国営農場）の創設へと発展した。工業化の面ではウラル，シベリ
> ア，中アジアにおいて新しい炭鉱や鉱山が開発され，重工業の建設が
> 目指された。さらに生産の合理化のために産業コンビナートが設立さ
> れ，電化が推進され，石炭と石油が自給できるようになる。

資料5　ソ連の経済成長指数

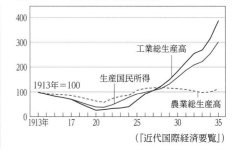

（『近代国際経済要覧』）

　① 農業集団化が進むことによって，多くの富裕層は農民を弾圧した。

　② コルホーズとソフホーズを創設したものの，農業総生産高を大きく伸ばすことはできなかった。

　③ 工業化として炭鉱や鉱山を開発し，軽工業に力を入れた。

　④ スターリンの経済政策により工業総生産高も向上し，それに伴って生産国民所得も上昇した。

2 ファシズムの台頭　「ファシズムによる影響」について，資料をもとに授業で探究をおこなった。次の会話文の空欄に適する語句を入れ，下の問いに答えよ。

先生　：第一次世界大戦後，（①）条約の内容に不満を募らせていたイタリアでは，ファシスト党が支配を確立させていきました。彼らは外交的にどのような政策をおこなっていましたか。

リナ　：ムッソリーニ政権は，バルカン半島の（②）を保護国とし，@アフリカへ進出して植民地を獲得しました。

カズヤ：ⓑドイツのナチ党も近隣の国々へ進軍し，武力で領土を拡大していきましたね。それにしても，なぜヒトラーは国民から支持されていたのでしょうか。

ミク　：ⓒドイツ国民を大切にしていたからではないでしょうか。その一方で，ⓓ権力をかざしてユダヤ人を迫害し，自分たちの体制に異議を唱える人々とは対立を深めていきましたよね。

先生　：そのとおりです。このような動きのなかでイタリアとドイツが手を組み，そこに日本も加わって（③）を結び，第二次世界大戦へと進んでいきます。

(1)　下線部@について，イタリアが1935年に侵略し，翌年に併合した国はどこか。

(2)　下線部ⓑについて，ドイツのおこなった対外政策（A～C）を古いものから年代順に正しく配列したものはどれか。次の①～⑥から選べ。　　　　　　　　　　　　　　　　　　　　　　　　〔18早稲田大圏：改〕

　　A　オーストリア併合　　B　ラインラント進駐　　C　ズデーテン地方併合

　　①　A→B→C　　②　A→C→B　　③　B→A→C　　④　B→C→A　　⑤　C→A→B　　⑥　C→B→A

(3)　下線部ⓒについて，次の資料1～3をもとに，ナチ党が国民から「支持」されていた理由を説明せよ。

資料1　ナチス期の主要経済指標

年	国民所得 (100万RM)	鉄鋼生産量 (1,000トン)	雇用数 (100万人)	失業者数 (100万人)
1928	75,373	14,476	18.4	1.4
1929	73,448	16,210	18.4	1.9
1930	68,524	11,511	−	−
1931	56,466	8,269	−	−
1932	45,175	5,747	12.9	5.6
1933	46,514	7,586	13.4	4.8
1934	52,765	11,886	15.5	2.7
1935	59,112	16,419	16.4	2.2
1936	65,849	19,175	17.6	1.6
1937	73,757	19,817	18.9	0.9
1938	82,098	22,656	20.1	0.4
1939	89,787	22,508	−	−

資料2　ナチ党の事業投資

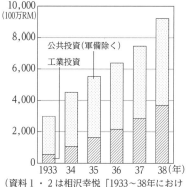

公共投資（軍備除く）
工業投資

（資料1・2は相沢幸悦「1933～38年におけるナチス期の経済構造」による）

資料3　ナチ体制下の民衆の生活

……ナチスは失業を解消してくれた。これは，街頭に放りだされていた人びとにとっては，とても重要なことであった。それから「歓喜力行団」の旅行があった。人びとは客船に乗ってマデイラ島やノルウェーのフィヨルドに旅行した。これはもうまったくすばらしいことだった。……ここには，ナチ党らしい雰囲気がほとんどないことに，気づかざるをえなかった。参加している女性は，まったく普通の人びとである。ここでは「ハイル・ヒトラー」など聞いたこともない。

（山本秀行『ナチズムの記憶』）

(4)　下線部ⓓについて，ヒトラーが首相就任と同年に制定した，内閣の絶対的権限を保障する法律名を答えよ。

(5)　次の文は右の有名な絵画について生徒が作成した解説である。空欄XとYにあてはまる語句の組合せとして正しいものを，あとの①～④から選べ。

　　人民戦線内閣に対するクーデタからはじまった内戦は，スペインの豊富な資源獲得を目的にドイツやイタリアも参戦した。保守勢力を率いる　X　将軍の味方についたドイツは無差別爆撃をおこなった。この絵は画家ピカソが爆撃で崩壊した町の様子を描いたものであり，作品は都市にちなんで　Y　と名づけられた。

　　X　あ　フランコ　い　ガリバルディ　　Y　う　リスボン　え　ゲルニカ

　　①　X—あ　Y—う　　②　X—あ　Y—え　　③　X—い　Y—う　　④　X—い　Y—え

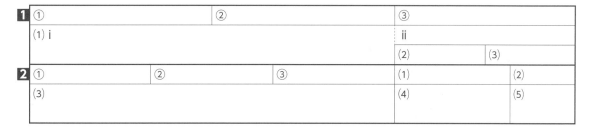

1	①		②		③		
	(1) i				ii		
					(2)		(3)

2	①		②		③		(1)		(2)
	(3)						(4)		(5)

14 満洲事変から日中戦争へ

日本がなぜ戦争に突き進んだか，原因を考えるには重要な節。
政治家・軍部・大衆・諸外国の意見のぶつかり合いに着目。

ポイント整理

1 第一次世界大戦後から恐慌の連続 〈大衆の不満や，軍部の台頭の 1 つの背景として考えよう〉

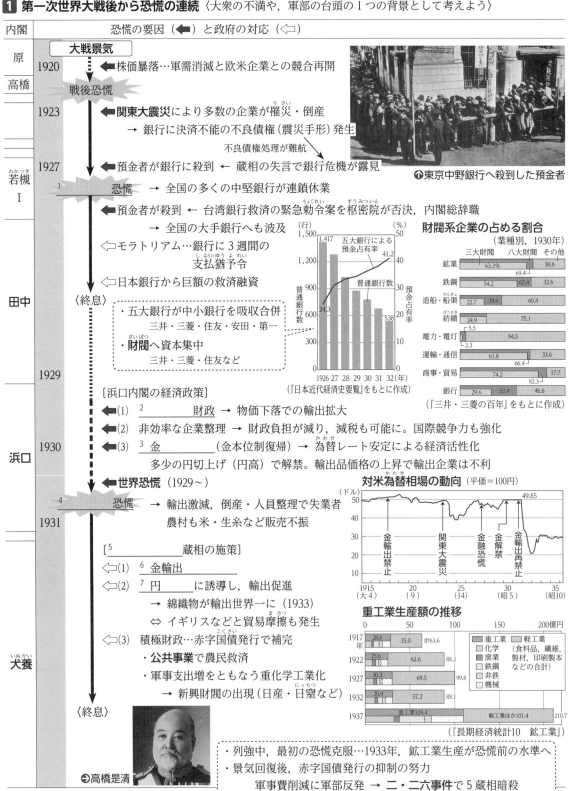

内閣	恐慌の要因（⬅）と政府の対応（⇦）

原
1920

　　大戦景気

⬅株価暴落…軍需消滅と欧米企業との競合再開

高橋

　戦後恐慌

1923

⬅**関東大震災**により多数の企業が罹災・倒産

　→ 銀行に決済不能の不良債権（震災手形）発生

　　　　不良債権処理が難航

若槻 I
1927

⬅預金者が銀行に殺到 ← 蔵相の失言で銀行危機が露見

　恐慌 → 全国の多くの中堅銀行が連鎖休業

⬆東京中野銀行へ殺到した預金者

⬅預金者が殺到 ← 台湾銀行救済の緊急勅令案を枢密院が否決，内閣総辞職

　→ 全国の大手銀行へも波及

⇦モラトリアム…銀行に 3 週間の支払猶予令

⇦日本銀行から巨額の救済融資

田中

〈終息〉

```
・五大銀行が中小銀行を吸収合併
　　三井・三菱・住友・安田・第一
・財閥へ資本集中
　　三井・三菱・住友など
```

財閥系企業の占める割合（業種別，1930年）

	三大財閥	八大財閥	その他
鉱業	63.3%	69.4	30.6
鉄鋼	54.2	67.4	32.6
造船・船渠	22.7	39.6	60.4
紡績	24.9	75.1	
電力・電灯	94.5	5.5 2.3	
運輸・通信	63.8	66.4	33.6
商事・貿易	74.2	82.3	17.7
銀行	29.6	53.4	46.6

（『三井・三菱の百年』をもとに作成）

（普通銀行数・預金占有率のグラフ）
1,417 ... 538　五大銀行による預金占有率 41.2／24.3
普通銀行数 普通銀行数 預金占有率
1926 27 28 29 30 31 32（年）
（『日本近代経済史要覧』をもとに作成）

1929

［浜口内閣の経済政策］

⬅(1) ² 　　　　財政 → 物価下落での輸出拡大

⬅(2) 非効率な企業整理 → 財政負担が減り，減税も可能に。国際競争力も強化

浜口
1930

⬅(3) ³ 金　　　　（金本位制復帰）→ 為替レート安定による経済活性化

　多少の円切上げ（円高）で解禁。輸出品価格の上昇で輸出企業は不利

⬅世界恐慌（1929～）

　恐慌 → 輸出激減，倒産・人員整理で失業者
　　　　農村も米・生糸など販売不振

1931

［⁵ 　　　　蔵相の施策］

⇦(1) ⁶ 金輸出

⇦(2) ⁷ 円　　　に誘導し，輸出促進

　→ 綿織物が輸出世界一に（1933）
　⇔ イギリスなどと貿易摩擦も発生

⇦(3) 積極財政…赤字国債発行で補完

　・**公共事業で農民救済**

　・軍事支出増をともなう重化学工業化
　　→ 新興財閥の出現（日産・日窒など）

犬養

〈終息〉

⬆高橋是清

対米為替相場の動向（平価＝100円）

（グラフ：ドル 10～50）
49.85
金輸出禁止／関東大震災／金融恐慌／金解禁／金輸出再禁止
1915（大4） 20（9） 25（14） 30（昭5） 35（昭10）

重工業生産額の推移

			億円
1917年	28.6　35.0	計63.6	
1922	25.6　62.6	88.2	
1927	30.3　69.5	99.8	
1932	30.9　57.2	88.1	
1937	重工業109.4　軽工業ほか101.4	210.7	

■重工業 □軽工業（食料品，繊維，製材，印刷製本などの合計）□化学 □窯業 ■鉄鋼 □非鉄 □機械

（『長期経済統計10　鉱工業』）

```
・列強中，最初の恐慌克服…1933年，鉱工業生産が恐慌前の水準へ
・景気回復後，赤字国債発行の抑制の努力
　軍事費削減に軍部反発 → 二・二六事件で ⁵ 蔵相暗殺
　農山漁村経済更生運動での「自力更生」，満洲移民の推進
```

2 政党政治の終焉と軍部の台頭〈恐慌で生じた不満から軍部がうごめき，政党政治・協調外交が挫折〉

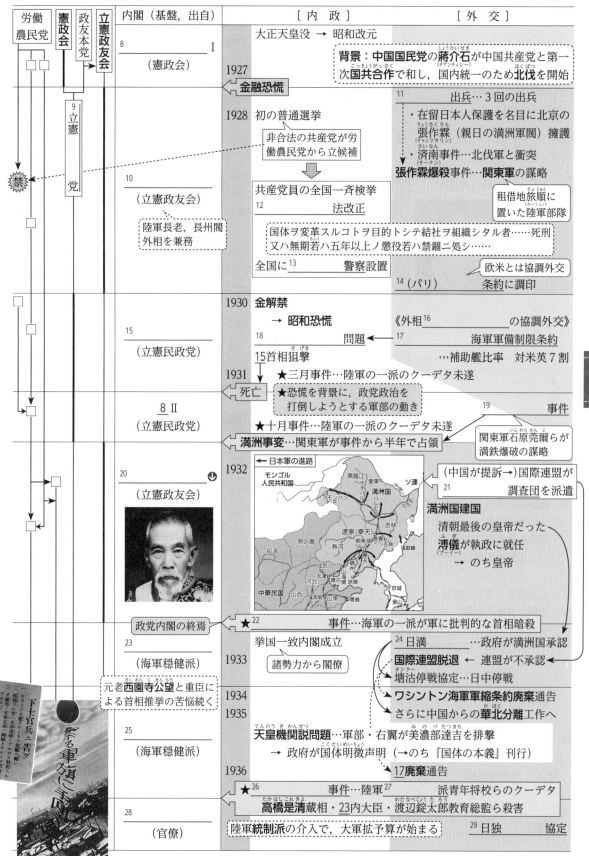

労働農民党	憲政会	政友本党	立憲政友会	内閣（基盤，出自）	〔内政〕	〔外交〕
				8 ＿＿＿＿ Ⅰ（憲政会）	大正天皇没 → 昭和改元 **背景：中国国民党**の蔣介石が中国共産党と第一次**国共合作**で和し，国内統一のため**北伐**を開始	

1927

◁ 金融恐慌

1928　初の普通選挙

> 非合法の共産党が労働農民党から立候補

⇓

共産党員の全国一斉検挙
12　＿＿＿＿法改正

国体ヲ変革スルコトヲ目的トシテ結社ヲ組織シタル者……死刑又ハ無期若ハ五年以上ノ懲役若ハ禁錮ニ処シ……

全国に 13 ＿＿＿＿警察設置

10 ＿＿＿＿（立憲政友会）

> 陸軍長老，長州閥外相を兼務

11　出兵…3回の出兵
・在留日本人保護を名目に北京の**張作霖**（親日の満洲軍閥）擁護
・済南事件…北伐軍と衝突
張作霖爆殺事件…**関東軍**の謀略

> 租借地旅順に置いた陸軍部隊

> 欧米とは協調外交

14（パリ）＿＿＿＿条約に調印

1930　**金解禁**
　→ **昭和恐慌**

18 ＿＿＿＿問題 ◀ 17 ＿＿＿＿海軍軍備制限条約
…補助艦比率　対米英7割

15＿＿＿＿（立憲民政党）

《外相16 ＿＿＿＿の協調外交》

15首相狙撃

1931

★三月事件…陸軍の一派のクーデタ未遂

◁ 死亡

★恐慌を背景に，政党政治を打倒しようとする軍部の動き

8 Ⅱ（立憲民政党）

★十月事件…陸軍の一派のクーデタ未遂

19 ＿＿＿＿事件
関東軍石原莞爾らが満鉄爆破の謀略

◁ **満洲事変**…関東軍が事件から半年で占領

20 ＿＿＿＿⬇（立憲政友会）

1932

◁ 日本軍の進路

（中国が提訴→）国際連盟が
21 ＿＿＿＿調査団を派遣

満洲国建国
清朝最後の皇帝だった**溥儀**が執政に就任
→ のち皇帝

| 政党内閣の終焉 | ★22 ＿＿＿＿事件…海軍の一派が軍に批判的な首相暗殺 |

23 ＿＿＿＿（海軍穏健派）

挙国一致内閣成立

> 諸勢力から閣僚

1933

24 日満 ＿＿＿＿…政府が満洲国承認
国際連盟脱退 ← 連盟が不承認 ←
塘沽停戦協定…日中停戦

> 元老西園寺公望と重臣による首相推挙の苦悩続く

1934

ワシントン海軍軍縮条約廃棄通告

1935

さらに中国からの**華北分離**工作へ

25 ＿＿＿＿（海軍穏健派）

天皇機関説問題…軍部・右翼が美濃部達吉を排撃
→ 政府が国体明徴声明（→のち『国体の本義』刊行）

1936

17 ＿＿＿＿廃棄通告

★26 ＿＿＿＿事件…陸軍27 ＿＿＿＿派青年将校らのクーデタ
高橋是清蔵相・23内大臣・渡辺錠太郎教育総監ら殺害

28 ＿＿＿＿（官僚）

陸軍統制派の介入で，大軍拡予算が始まる　29 日独 ＿＿＿＿協定

6章

3 **日中戦争**〈ドイツの動きに刺激された陸軍が，日本を日中戦争から徐々に大戦へ導く流れに留意〉

		内閣（出自）	［内　政］	［外　交］

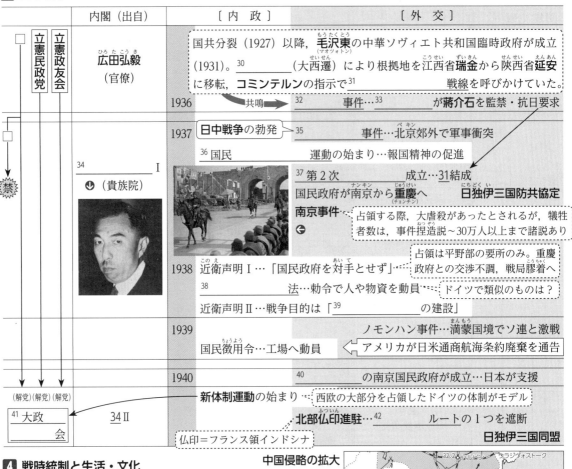

☐ 立憲民政党　立憲政友会

広田弘毅（官僚）

国共分裂（1927）以降，毛沢東（マオツォトン）の中華ソヴィエト共和国臨時政府が成立（1931）。30＿＿＿＿＿（大西遷）により根拠地を江西省瑞金（ずいきん）から陝西省延安（えんあん）に移転，コミンテルンの指示で31＿＿＿＿＿戦線を呼びかけていた。

1936　→共鳴→　32　　事件…33　　が蔣介石を監禁・抗日要求

☐

1937　日中戦争の勃発→35　　事件…北京（ペキン）郊外で軍事衝突

36 国民　　運動の始まり…報国精神の促進

34＿＿＿＿ I
（貴族院）

禁

37 第2次　　成立…31結成
国民政府が南京（ナンキン）から重慶（チョンチン）へ　　日独伊三国防共協定

南京事件…占領する際，大虐殺があったとされるが，犠牲者数（ぎせいしゃすう）は，事件捏造説（ねつぞうせつ）～30万人以上まで諸説あり

1938　近衛声明 I …「国民政府を対手（あいて）とせず」…占領は平野部の要所のみ。重慶政府との交渉不調，戦局膠着（こうちゃく）へ

38＿＿＿＿法…勅令で人や物資を動員…ドイツで類似のものは？

近衛声明 II …戦争目的は「39＿＿＿＿＿の建設」

1939　ノモンハン事件…満蒙国境でソ連と激戦
国民徴用令…工場へ動員　←アメリカが日米通商航海条約廃棄を通告

1940　40＿＿＿＿＿の南京国民政府が成立…日本が支援

（解党）（解党）（解党）
新体制運動の始まり…西欧の大部分を占領したドイツの体制がモデル

41 大政＿＿＿会　34 II
北部仏印進駐…42＿＿＿＿＿ルートの1つを遮断

仏印＝フランス領インドシナ　　日独伊三国同盟

---

4 **戦時統制と生活・文化**

〈戦時体制は，おもに非軍人の近衛内閣が構築〉

(1)　**戦時統制経済**…第1次近衛内閣が確立
- **企画院の設置**（1937）…物資動員計画の策定
- **国家総動員法**（1938）…議会を経ず勅令で運用
  国民徴用令のほか，価格・賃金・小作料などを統制
  →闇（やみ）価格が常態化
- 流通統制…生活必需品の43＿＿＿＿制，切符制，米の供出制

(2)　**思想・文化の統制**
- 植民地での44＿＿＿＿政策
  神社参拝・日本語の強制
  45＿＿＿＿＿…おもに朝鮮。　朝鮮は「姓」はあるが「氏」がなく，「氏」が主流の日本への同化が望まれた。
  氏名を日本風に改変
- 戦争文学の流行…戦争批判的な小説は発禁
  火野葦平（ひのあしへい）『麦と兵隊』

(3)　**新体制運動**…第2次近衛内閣
［政治］大政翼賛会…政党化に失敗，総動員の組織へ🔽
［教育］尋常小学校を46＿＿＿＿学校に改称（1941）
  国家主義教育。新体制運動の一環
  将来，国家を支える「少国民」として育成
［労働］47＿＿＿＿会…全国組織が，大日本47＿＿

中国侵略の拡大

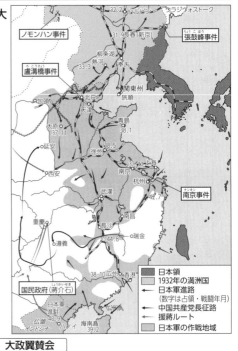

ノモンハン事件　張鼓峰（ちょうこほう）事件
盧溝橋（ろこうきょう）事件　南京事件
国民政府（蔣介石（しょうかいせき））

凡例：
■ 日本領
□ 1932年の満洲国
← 日本軍進路（数字は占領・戦闘年月）
← 中国共産党長征路
← 援蔣ルート
□ 日本軍の作戦地域

大政翼賛会
支部（各自治体）　大日本産業報国会
部落会　町内会　大日本婦人会　大日本青少年団
隣組（隣保班）

┃┃┃┃┃┃┃┃┃┃┃┃┃┃┃┃┃┃┃┃┃┃┃┃┃┃┃┃┃┃┃┃┃ 問題演習 ┃┃┃┃┃┃┃┃┃┃┃┃┃┃┃┃┃┃┃┃┃┃┃┃┃┃┃┃┃┃┃┃┃

1 日本の大陸進出　次の文の空欄に適語を入れ，下の問いに答えよ。

　1920年代後半，中国では（①）率いる国民政府が国内の統一をめざし北伐（ほくばつ）を進めていた。これに対して，恐慌下にある日本は，日露戦争後に獲得した（②）鉄道などの利権を維持・拡大しようとした。

　日本の（③）内閣は，北伐軍から居留民を保護する名目で，1927年から３次にわたる（④）を行った。より強硬な姿勢の関東軍は，満洲を直接掌握しようとし，1928年に満洲の軍閥の（⑤）を爆殺する事件をおこした。そして1931年９月，関東軍は②鉄道の線路を爆破する ☐X☐ 事件をおこし，これを中国側の仕業として軍事行動を始め，満洲全域を占領した。1945年まで続く「十五年戦争」の始まりである。日本の政府やメディアは「戦争」という語を避けて「満洲事変」とよんだ。関東軍は，1932年に清朝の最後の皇帝（⑥）を元首（執政）とし⒜満洲国を建国させた。これに対して⒝国際連盟はリットン調査団を派遣した。

　満洲事変停戦後も関東軍は，満洲に移住した日本人の安全と資源を確保するために華北を国民政府の支配から切り離そうとした。国民政府の①は，毛沢東（もうたくとう）率いる（⑦）と対立していたが，1936年の ☐Y☐ 事件の結果，抗日のために提携した。1937年７月，北京（ペキン）郊外で日中両軍が衝突する ☐Z☐ 事件がおき，日中戦争に発展した。同年中に日本軍は国民政府の首都（⑧）を占領したが，①は重慶（チョンチン）に政府を移して抗戦を続けた。日本の近衛文麿内閣は国民政府との対話を行わないと声明し，戦争は長期化した。そこで日本は，重慶から（⑨）を脱出させ⑧に親日政権を樹立した。また，アメリカ・イギリスが①を支援するルートを遮断するために1940年９月に（⑩）領インドシナ連邦北部へ進駐し，アメリカ・イギリスとの関係はいっそう悪化した。

(1)　空欄☐X☐～☐Z☐にあてはまる語句の組合せとして正しいものを選べ。

① X―西安　　Y―柳条湖　　Z―盧溝橋　　② X―西安　　Y―盧溝橋　　Z―柳条湖

③ X―柳条湖　Y―西安　　　Z―盧溝橋　　④ X―柳条湖　Y―盧溝橋　　Z―西安

⑤ X―盧溝橋　Y―西安　　　Z―柳条湖　　⑥ X―盧溝橋　Y―柳条湖　　Z―西安

(2)　下線部⒜について，次の**資料1・2**は満洲国のどのような性格を示すか。それぞれ①～④から選べ。

資料1　満洲国国歌の歌詞（中国語）と日本語訳

> 造成我国家／只有親愛並無怨仇／
> 人民三千万人民三千万／縦加十倍也得自由
> （ここに我が国家を建つ／ただ親愛があり怨みはない／
> 人民は三千万，人民は三千万／十倍に増えても自由を得るだろう）

資料2　満洲国建国を祝うポスター

（名古屋市博物館蔵）

① 関東軍が樹立した傀儡国家　　② 中国人を中心に建設した国家

③ 東洋の諸民族が共存する国家　④ 日本からの移住者が建設した国家

(3)　下線部⒝について，Ⅰ　**資料3**を参考に**資料4**の空欄A～Cに適語を推測して入れよ。

　　　Ⅱ　リットン調査団がまとめた報告書の内容を説明せよ。

資料3　松岡洋右（まつおかようすけ）の国際連盟総会における演説（1933年）（増田弘・佐藤晋『新版 日本外交史ハンドブック――解説と資料』より）

> 日本が過去に於（お）ても又将来に於ても，極東の平和及（および）秩序並（ならび）に進歩の柱石（ちゅうせき）たることは日本政府の堅き信念である。若し日本が満洲国の独立の維持を主張するとすれば，その現在の情勢では満洲国の独立のみが極東に於ける平和と秩序への唯一の保障を与えるものであるとの堅い信念によるものである。

資料4　報道機関の共同声明（『東京朝日新聞』1932年12月19日，意訳）

> 満洲の政治的安定は，極東の（A）を維持するための絶対条件である。そのため，（B）の独立とその健全なる発達とは，満洲を安定させるための唯一の道なのである。（中略）日本のみならず，真に世界の（A）を希求する文明諸国は，ひとしく（B）を（C）し，かつその成長に協力する義務があるといっても過言ではない。

1	①	②	③	④	⑤
	⑥	⑦	⑧	⑨	⑩
	(1)	(2) 1　　　　2		(3) Ⅰ A　　　　B　　　　C	
	Ⅱ				

2 日本国内の経済危機と軍部の台頭　次の文の空欄に適語を入れ，下の問いに答えよ。

　1920年代後半の日本では，大正デモクラシーを経て普通選挙法が制定され，政党政治（当時は「（①）」とよばれた）の確立が期待された。しかし，日本経済は1920年の恐慌や関東大震災による景気停滞から回復せず，1927年には銀行の危機的な経営状況が明らかになって銀行の営業が停止する　X　恐慌がおきた。田中義一（た な か ぎ いち）内閣はこの恐慌をしずめたが，中小銀行の多くが大銀行に整理・吸収され，三井・三菱などの（②）が成長した。また田中内閣は，初の普通選挙を行った際に活動しはじめた共産党をおそれ，（③）を改正し最高刑を死刑とした。

　次の浜口雄幸（はまぐち お さち）内閣は，貿易の活性化をはかるため，1930年1月に（④）を実施した。しかしこの政策により，前年にアメリカで始まっていた　Y　恐慌の影響を受けて企業の倒産が相次ぎ，失業者が増えたことで　Z　恐慌となった。また，浜口内閣は1930年にロンドン海軍軍備制限条約を締結したが，⒜これを海軍・右翼・野党の一部勢力が批判し，浜口首相が右翼の成年に狙撃されて退陣した。

　次の第2次若槻礼次郎（わかつきれい じ ろう）内閣は，1931年9月に始まった（⑤）に対応できず退陣し，（⑥）内閣が成立した。しかし，満洲国の承認に消極的な⑥首相は，1932年5月に海軍の青年将校により暗殺された。この（⑦）事件により「①」は終焉（しゅうえん）し，国民の期待を失った政党内閣にかわって軍部などから首相が任命されるようになった。海軍出身の斎藤実（さいとうまこと）・岡田啓介（おか だ けいすけ）内閣で大蔵大臣を務めた（⑧）は，④をやめて円安を利用した輸出を促進し，植民地の朝鮮や満洲国では重化学工業を振興した。この結果，日本は列強の中でもっとも早く　Y　恐慌から脱出した。

　日本国内では，天皇機関説に対して岡田内閣が国体明徴声明を出すなど，天皇の絶対性が強調されるようになった。1936年2月，天皇を中心とする国体を立て直そうと，陸軍の青年将校が⑧や斎藤実ら要人を暗殺し首都を占拠するクーデタをおこした。この（⑨）事件は失敗におわったが，こののち陸軍の発言力は強まった。

　1937年7月に日中戦争が始まると，近衛文麿（こ の え ふみまろ）首相は国民の戦争協力体制を整えた。1938年には，⒝議会にはからず政府が物資や労働力を動員できるようにする法律を成立させた。国民生活への統制は強まり，1940年には，旧政党や諸団体を集めて近衛文麿を総裁とする（⑩）が発足し，戦争協力体制の中心となった。1941年には，小学校が（⑪）と改められ，軍国主義的な教育がいっそう行われるようになった。

(1)　空欄X～Zにあてはまる言葉として適当なものをそれぞれ選べ。

　①　金融　　②　昭和　　③　戦後　　④　世界

(2)　下線部⒜について，浜口内閣はどのような批判を受けたか。「内閣」「統帥」という語句を用いて述べよ。

(3)　下線部⒝について，次の史料は，1938年3月に衆議院の特別委員会で近衛文麿首相が述べた言葉である。史料の下線部㋐～㋒が示す法律や戦争の名（現代の歴史用語）を答えよ。

> 「戦時にのみ適用される㋐この法律は，平時に適用される㋑『ナチス』の法律とは，本質において異なります。」
> 「㋒支那事変に直接これを用いるというのではないのでありまして，将来に万一起るべき戦争に対しての備えであります。」

(4)　次の写真A～Cを示す出来事の年代順に並べ替えよ。

A

証券取引所前に殺到する人々

B

（東京朝日新聞1936（昭和11）年2月27日朝刊2頁）
政府要人襲撃を報じる新聞記事

C

大根をかじる東北地方の欠食児童

3 国際協調体制の崩壊　次の文の空欄に適語を入れ，下の問いに答えよ。

　第一次世界大戦後の国際協調体制には日本も参加した。憲政会（立憲民政党）内閣の外務大臣の（①）は中国の関税自主権回復を支持するなど協調外交を進め，浜口雄幸内閣は1930年にロンドンで（②）条約に調印した。しかし恐慌下の日本では国際協調を非難する世論もあり，満洲事変を経て日本は国際的に孤立し始めた。1933年，

満洲国の建国をめぐる対立で，日本は世界から孤立しはじめた。

　そこで日本は，同年にドイツで政権を獲得した（③）率いるナチ党と提携関係を深めた。日独は，ソ連を中心とする（④）主義運動に対抗するため1937年にイタリアとともに（⑤）を結んだ。しかし，アメリカ・イギリスなどはこの動きに加わらず，日本の大陸への進出に対抗する点でソ連と一致していた。日中戦争中に日本軍の行動に国際社会の批判が強まる中で，アメリカは日本に対する経済制裁を始めた。日本国内では，日中戦争を終結させるためにドイツのような強力な体制をしこうという動きが生じ，（⑥）首相がこの新体制運動の中心となった。こうした中で⑥内閣は1940年に（⑦）を締結し，ファシズム諸国の軍事同盟が成立した。

(1)　下線部に関連する次の**史料**の空欄に当てはまる語句を，あとの①～⑤から選べ。

史料　昭和天皇がドイツとの同盟について思うことを述べた言葉（1940年9月）

　今回の日独軍事同盟協定については，成程（なるほど）いろいろ考えてみると，今日の場合已（や）むを得まいと思う。（a）に対してももう打つ手がないというならば致し方あるまい。しかしながら，万一（a）と事を構える場合には（b）はどうなるだろうか。よく自分は，（b）大学の図上作戦では，いつも対（a）戦争は負けるのが常である，ということを聞いたが，大丈夫だろうか。……自分はこの時局が誠に心配であるが，万一日本が敗戦国となった時には一体どうだろうか。かくの如き場合が到来した時には，総理も自分と労苦を共にしてくれるだろうか……

（工藤美知尋『苦悩する昭和天皇』）

①　アメリカ　　②　ドイツ　　③　ソ連　　④　陸軍　　⑤　海軍

(2)　「1930年代の日本はなぜ戦争への道を進んでしまったのか」というテーマで5人が会話をしている。それぞれの発言の根拠となると考えられる出来事をあとの①～⑦からそれぞれ選べ。（複数の場合もある）

Aさん：第一次世界大戦の反省から，世界では戦争をしない仕組みができていて，日本もその国際協調体制に加わっていたよね。それなのに，なぜ日本は戦争への道を歩んでしまったのだろう。

Bさん：私は日本の軍部という組織に注目したよ。組織の利益を守るために，軍部の仕事や予算を奪うような内閣の政策に，軍部は反対したんだ。それに軍部は，列強を相手とする戦争に勝って利益を得ることができたという成功体験があり，自信をもっていた。国民もそんな軍部を信じたんだと思うな。

Cさん：世界の動きも踏まえて考えたんだけど，日本がドイツと提携したことが決定的だと思う。日本は国際的に孤立しつつあったから，強国ドイツとの提携が日本の戦争をする選択を後押ししたんじゃないかな。それに，日本がドイツと提携したことで，アメリカの経済制裁がいっそう強まったよ。

Dさん：私は戦争に反対する立場の人々が気になったかな。当時の日本は，国家の政策に反対することが難しい社会になっていたんだよね。天皇中心の国体に反するような活動は弾圧されて，そのような学説があっても否定されたよ。マスメディアも日本軍の活躍を華々しく報じて，世論がつくられていたみたい。

Eさん：経済危機という背景も大事だと思う。戦争になってでも日本の利権を維持・拡大することは，当時の日本国民が普通の生活を送れない状況で，生きるために選択した道とも考えられるのではないかな。

①　統帥権干犯問題で内閣が非難された。　　②　治安維持法が改正され最高刑が死刑となった。
③　天皇機関説に対し内閣が国体明徴声明を出した。　　④　国際連盟が発足し日本も常任理事国となった。
⑤　日本から満洲国へ移民を送る政策が進められた。　　⑥　日独伊三国同盟が結ばれた。
⑦　日露戦争後に日本は植民地を獲得した。

2 ①	②	③	④
⑤	⑥	⑦	⑧
⑨	⑩	⑪	(1)X　　Y　　Z
(2)			
(3)⑦	⑦	⑦	(4)　　→　　　→
3 ①	②	③	④
⑤	⑥	⑦	
(1)a　　　b	(2)Aさん　　Bさん　　Cさん		Dさん　　Eさん

15 第二次世界大戦と太平洋戦争

広い国土・植民地を「持たざる国」が「持てる国」に戦いを挑んだ。戦争原因，異集団への抑圧，非人道性などを考えよう。

ポイント整理

1 ヨーロッパ戦線 〈ドイツとソ連が周辺国を侵略。アメリカは対ドイツでソ連と提携する戦略を選択〉

［米英仏など］		［1_____国陣営］	［ソ連］

1939　　独ソ不可侵条約

英仏が対独宣戦 ← ［独］2_____侵攻 〉　　　　　〈ポーランド・バルト3国**侵攻**

第二次世界大戦の開始。だが，ネヴィル=チェンバレン内閣は，最初は本格的な戦闘を控えていた。

〈フィンランド侵攻

国際連盟から除名

［英］主戦派3_____内閣成立　**1940**　［独］ノルウェー侵攻

〈［独］オランダ・ベルギー侵攻

［伊］参戦

［仏］パリ陥落，降伏　〈［独］フランス侵攻

　→中部4_____に親独政権

独伊がヨーロッパの大半を占領（～1941）
⇔ 残るはアメリカ支援のイギリスのみ
5_____という抵抗運動
6_____というゲリラ部隊

4のペタン内閣に対し，〈［独］ロンドン空襲開始
軍人ド=ゴールがロンドンに亡命政府

日独伊三国同盟

［米］7 武器_____法が成立　**1941**

ソ連は対独に集中 ← **日ソ中立条約**

［独］ソ連に侵攻 〉**独ソ戦**　〈→当初，ソ連軍は総崩れ

［米英］8_____憲章…戦後の平和原則　　独ソ戦の開始で，英ソ同盟など，米英ソが連携へ

［米］参戦 ← ─────［日］**太平洋戦争**の開始

日本の対米宣戦が，**孤立主義**の議会を参戦に向かわせた。　**1942**

9_____の戦い（～43）

1943

半年の激戦後，米製武器も得て，ソ連軍が勝利，優勢に転ず

連合国軍，シチリア上陸，反攻〉

逮捕されたムッソリーニを独軍が救出，しばらくイタリア北部を支配。その後発足した新政権が降伏，対独宣戦。　［伊］**ムッソリーニ失脚**　　　**コミンテルン解散**

［伊］無条件降伏　英米との協調のため

テヘラン会談…米英ソ

カイロ会談…米英中

連合軍，10_____上陸　**1944**　　ムッソリーニ処刑，ヒトラー自殺
　→ パリ解放

⤵アウシュヴィッツ強制収容所　**1945**　［独］無条件降伏 〈ソ連軍，ベルリン占領　ヤルタ会談…米英ソ

ヨーロッパ戦線
（1939～42年）

1940年以後の連合国
ソ連軍の侵攻（1939～40年）
中立諸国

1942.8～43.2
スターリングラードの戦い

大戦前のポーランド国境

1941年までの枢軸国
1942年7月までの枢軸軍の進撃
枢軸側の最大支配域（1942年）

(1) 民間人の犠牲

・**人種主義**のドイツは，11_____人を迫害
　12_____とよばれる劣悪な居住区に集住させ，
　アウシュヴィッツなどの**強制（絶滅）収容所**に送り込み，数百万人を虐殺（＝13_____）。

・ドイツは，東欧占領地で住民を強制連行・強制労働のほか，「絶滅戦争」「民族浄化」とよばれる集団虐殺を行った。

・ドイツ軍のロンドン空襲，連合軍のドレスデン空襲など，無差別空爆も行われた。

(2) 連合国首脳の会談

		大西洋上(1941.8)	14 　　　　(1943.11)	テヘラン(1943.11～12)	15 　　　　(1945.2)	ポツダム(1945.7～8)
出席者	米		16			20
	英			17		
	中		18			アトリー
	ソ				19	
内容		**大西洋憲章**の協議 戦後の平和構想	対日戦の方針	対独戦の方針 西部戦線の構築	対独戦後処理，国連設立 対日秘密協定	欧州の戦後処理 対日戦の終結策

2 アジア・太平洋の戦線〈日本はなぜ宣戦し，なぜ戦域を南方に拡げたか。対米の経済比較も大切〉

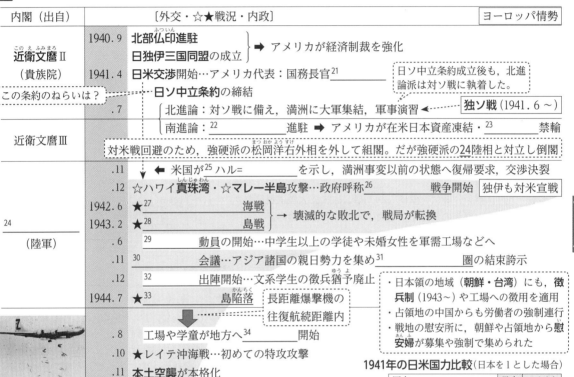

内閣（出自）		［外交・☆★戦況・内政］	ヨーロッパ情勢
近衛文麿Ⅱ （貴族院）	1940.9	北部仏印進駐 日独伊三国同盟の成立 ➡ アメリカが経済制裁を強化	
	1941.4	日米交渉開始…アメリカ代表：国務長官21	日ソ中立条約成立後も，北進論派は対ソ戦に執着した。
		日ソ中立条約の締結 この条約のねらいは？	
	.7	北進論：対ソ戦に備え，満洲に大軍集結，軍事演習 ◀ 独ソ戦（1941.6～）	
近衛文麿Ⅲ		南進論：22　　 進駐 ➡ アメリカが在米日本資産凍結・23　　　禁輸	
		対米戦回避のため，強硬派の松岡洋右外相を外して組閣。だが強硬派の24陸相と対立し倒閣	
24 （陸軍）	.11	← 米国が25 ハル＝　　　　を示し，満洲事変以前の状態へ復帰要求，交渉決裂	
	.12	☆ハワイ真珠湾・☆マレー半島攻撃…政府呼称26　　　 戦争開始 独伊も対米宣戦	
	1942.6	★27　　　海戦 → 壊滅的な敗北で，戦局が転換	
	1943.2	★28　　　島戦	
	.6	29　　動員の開始…中学生以上の学徒や未婚女性を軍需工場などへ	
	.11	30　　会議…アジア諸国の親日勢力を集め31　　　圏の結束誇示	
	.12	32　　出陣開始…文系学生の徴兵猶予廃止	
	1944.7	★33　　島陥落 長距離爆撃機の往復航続距離内	

- 日本領の地域（**朝鮮・台湾**）にも，**徴兵制**（1943～）や工場への徴用を適用
- 占領地の中国からも労働者の強制連行
- 戦地の慰安所に，朝鮮や占領地から**慰安婦**が募集や強制で集められた

	.8	工場や学童が地方へ34　　　開始
	.10	★レイテ沖海戦…初めての特攻攻撃
	.11	**本土空襲**が本格化
	1945.2	★硫黄島の戦い（～.3）
	.3	**東京大空襲**…爆撃機が焼夷弾投下
	.4	★35　　戦（～.6）…住民も含め約20万人死亡

（写真：米軍）

1941年の日米国力比較（日本を1とした場合）

国力	日本	アメリカ
人口（万人）※1940年	1	1.8
GNP（億円）	1	11.8
原油生産量（万バレル/日）	1	737.8
粗鋼生産量（万トン）	1	12.1
飛行機生産能力（機）	1	5.2

『日本の歴史⑳ アジア・太平洋戦争』などをもとに作成

	.8.6	★広島に原爆投下…年末までに約15万人死亡
	.8.8	ソ連が中立条約を破棄し対日宣戦・★　侵攻
		→ 中国残留日本人孤児や36　　　抑留の発生
	.8.9	★長崎に原爆投下
	.8.14	御前会議で天皇が「聖断」
		→ 37　　　宣言受諾
	.8.15	ラジオで終戦の「玉音放送」
	.9.2	降伏文書に調印

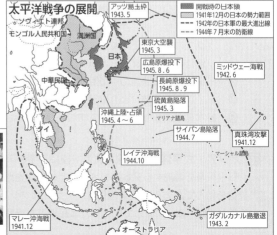

太平洋戦争の展開

開戦時の日本領
1941年12月の日本の勢力範囲
1942年の日本軍の最大進出線
1944年7月の防衛線

アッツ島玉砕 1943.5
ソヴィエト連邦
モンゴル人民共和国
満洲国
東京大空襲 1945.3
広島原爆投下 1945.8.6
長崎原爆投下 1945.8.9
硫黄島陥落 1945.3
ミッドウェー海戦 1942.6
中華民国
日本
沖縄上陸・占領 1945.4～6
マリアナ諸島
サイパン島陥落 1944.7
真珠湾攻撃 1941.12
タイ
レイテ沖海戦 1944.10
マーシャル諸島
フィリピン
マレー沖海戦 1941.12
ガダルカナル島撤退 1943.2
オーストラリア

================================= 問題演習 =================================

1 第二次世界大戦 次の文の空欄に適語を入れ，下の問いに答えよ。

　1939年9月，ドイツが隣国の（①）に侵攻し第二次世界大戦が始まった。大戦中ドイツの支配下におかれた①では，（②）に対する迫害が国家的，組織的に遂行された（ホロコースト）。ドイツ軍の攻勢により1940年6月にパリは占領され，（③）が降伏した。1941年半ばまでにドイツ・イタリアはヨーロッパの大半を支配下におさめた。ファシズム諸国の占領地域では（④）とよばれる抵抗運動がおこなわれた。

　ドイツと（⑤）条約を結んでいたソ連は，ドイツ軍の行動とともに1939年以降隣国のフィンランドやバルト3国に侵攻した。しかし，1941年6月にドイツは，⑤条約を破ってソ連への侵攻を開始した。ドイツ軍はたちまち首都モスクワに迫ったが攻勢は止まり，1942年に始まったスターリングラードの戦い以降ソ連軍が優勢となった。この第二次世界大戦におけるドイツとソ連の戦争は（⑥）とよばれる。

　アメリカは当初戦争に加わっていなかったが，1941年8月にアメリカの（⑦）大統領とイギリスの（⑧）首相は会談し，国際平和をうたう（⑨）を発表した。同年12月に日本がアメリカ・イギリスに宣戦しアジア太平洋戦争を始めたことで，第二次世界大戦の枢軸国対連合国の構図が形成された。アメリカ・イギリスは，1943年のカイロ会談に中国（国民政府）の（⑩）をまねき，日本の無条件降伏と植民地の返還を求めることで一致した。また，テヘラン会談ではソ連の（⑪）とともに対ドイツ作戦を決定し，1944年に連合軍はノルマンディー上陸作戦を行ってパリを解放した。1945年2月の（⑫）会談では，ソ連が日本に対して宣戦することと，戦後はソ連が樺太・千島を領有することを合意した。イタリアは既に降伏しており，同年5月にヒトラーは自殺，ドイツの首都ベルリンはソ連が占領した。最後に日本が，8月に無条件降伏を受け入れ，第二次世界大戦は終結した。

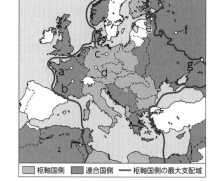

凡例：□ 枢軸国側　■ 連合国側　── 枢軸国側の最大支配域

(1) 下線部の4都市の位置を，地図中のa～gから選べ。

(2) 波線部について，アメリカ・イギリス・イタリア・ソ連・中国・ドイツ・日本の7ヵ国を，枢軸国と連合国にわけよ。

(3) 次の資料の空欄A～Cに当てはまる語句をあとの選択肢①～⑦からそれぞれ選べ。

> 　ドイツ本国への空襲は，……1942年2月以降，特にエッセン，ケルン等（A），ライン下流の工業都市に対する空爆を強化するにいたり，同年夏には空爆による月平均死者数が750名（それ以前は220名）に急増，43年には7000名にはねあがった。空襲の影響は，ナチ体制に対する国民の忠誠心を破壊する方向に作用したが，ヒトラーが公に姿をあらわすのをはばかるようになったのも心理的には容易に説明がつく。（B）敗北の報のショック以来，ヒトラーに対する批判の声は初めてあからさまになり，総統が人前に出れば，不満や怒りの表明の標的になることを恐れなければならなくなっていた。……ヒトラーにとっても喝采を得る機会の漸次喪失は，（C）に対する自らの権威が致命的に揺らぎだした兆候と映った。……彼と（C）の間で継続的にとり交わされたエネルギーこそ最大の強みであったものが，（B）後はほとんど経験されなくなったのである。（C）演説家としての役割が演じられなくなったときが，彼の支配の重大な曲がり角だったことは明白であろう。
>
> （芝健介『ヒトラー』より）

① スターリングラード　② ノルマンディー　③ ベルリン　④ ルール

⑤ 議会　⑥ 大衆　⑦ 労働者

(4) 右のグラフは，第二次世界大戦の兵士と民間人の戦死者数を示している。グラフについて正しく述べた文を2つ選べ。

① ソ連は戦勝国となったが戦死者数が最も多くなっている。

② イギリスは戦勝国の中でも戦死者数が最も少なくなっている。

③ ドイツ軍の攻勢により中国でも多数の戦死者が出たことがわかる。

④ 日本軍が占領した東南アジアでも多数の戦死者が出たことがわかる。

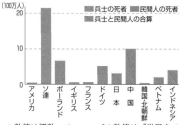

凡例：■ 兵士の死者　■ 民間人の死者　■ 兵士と民間人の合算

＊数値は概数。ヨーロッパの数値は『世界史アトラス』，アジアの数値は，『戦後政治史新版』による。

2 アジア・太平洋戦争 次の文の空欄に適語を入れ，下の問いに答えよ。

　日中戦争を継続する日本はアメリカとの関係を悪化させていた。日本は状況を打開するため，1941年4月に（①）条約を結んで北方の安全を確保し，7月にはフランス領インドシナ南部に進駐した。主な目的は（②）資源を得ることだが，これに対してアメリカは在米日本資産を凍結，対日②輸出を禁止した。近衛文麿内閣は，中国からの

撤兵を求めるアメリカとの交渉をまとめられず，対米強硬論を主張する陸軍と対立して退陣し，かわって陸軍大臣だった（③）が組閣した。日本は11月にアメリカが提示した「ハル=ノート」を最後通牒（つうちょう）とみなし開戦を決定した。12月8日にイギリス領（④）半島とハワイの（⑤）を奇襲攻撃し，アメリカ・イギリスとの戦争を始めた。

　日本はアジア・太平洋地域を広く支配下におさめたが，1942年のミッドウェー海戦以降はアメリカが攻勢となった。日本国内では生活必需品の配給制や（⑥）制がしかれ生活が切り詰められた。日本の植民地の（⑦）や台湾でも徴用や徴兵が行われ，占領地の中国人も含めて兵力や労働力として動員した。さらに，文系大学生の徴兵猶予（ゆうよ）を停止し兵士とする（⑧）や，学生・女性を軍需産業に動員する（⑨）が行われた。しかし戦局は悪化し続け，1944年7月に絶対国防圏とされた（⑩）島が陥落すると，日本本土への空襲が始まった。<u>日本の民間人の犠牲者のほとんどは1944年後半から終戦にかけての戦死者である。</u>

　1945年，ドイツが降伏した後の7月，連合国は日本に対して無条件降伏の要求と占領方針を示す（⑪）を発した。日本政府はこれを無視しソ連を仲介とする和平工作をねらったが，すでにソ連は（⑫）会談で対日参戦を連合国と取り決めていた。8月，日本の民間人に多大な犠牲者が出たことに加え，ソ連が①条約を破って日本へ侵攻したため，日本政府は⑪を受諾した。9月に日本が降伏文書に調印し，戦争は終結した。

(1) 上の文章が示す戦争には以下のⅠ～Ⅲの名称がある。それぞれの名称がもつ意図を，①～③から選べ。

名称　Ⅰ　太平洋戦争　　Ⅱ　アジア・太平洋戦争　　Ⅲ　大東亜戦争

意図　①　日本が占領した広大な地域が戦場となり犠牲者を出したことを示す意図
　　　②　この戦争がアメリカとの戦争であることを示す意図
　　　③　戦争の目的が日本を盟主とする新しい秩序を建設することであることを示す意図

(2) 下線部に関連する以下の出来事①～④を，起こった順に並び替えよ。

①　東京大空襲で約10万人が亡くなった。　　②　長崎に原子爆弾が投下され約7万人が亡くなった。
③　沖縄戦で約20万人が亡くなった。　　④　広島に原子爆弾が投下され約14万人が亡くなった。

(3) 史料1・2の空欄A～Dに適語を入れよ。また波線部が示す出来事が何かを答えよ。

史料1　昭和天皇の「玉音放送」（ぎょくおん）（現代語訳）

私は，帝国政府に，アメリカ・イギリス・中国・　A　に対し　B　を受諾することを通告させた。（中略）戦局は好転せず，世界情勢も私に味方しない。それだけでなく，<u>敵は新たに残虐なる爆弾を使用して繰り返し罪のない人々を殺傷し，被害の及んだ所ははかり知れない。</u>これが，私が帝国政府に　B　に応じさせるに至った理由である。

史料2　　B　（意訳）

六，私たちは，無責任な　C　主義が世界からなくなるまでは平和，安全，正義の新秩序をつくることはできないと主張しているので，日本国民を欺き彼らに世界征服をしようという過ちを犯させた権力，勢力は，永久に除去しないわけにはいかない。

十三，私たちは日本国政府が直ちに全日本国軍の　D　を宣言し，かつこの行動に伴う政府の誠意ある適切で充分な保障を提供することを要求する。これ以外の選択は，迅速かつ完全な壊滅だけである。

1 ①	②	③	④
⑤	⑥	⑦	⑧
⑨	⑩	⑪	⑫
(1)パリ　　モスクワ		スターリングラード　　ベルリン	
(2)枢軸国		連合国	
(3)A　　　　　B		C	(4)　　・
2 ①	②	③	④
⑤	⑥	⑦	⑧
⑨	⑩	⑪	⑫
(1)Ⅰ　　　　Ⅱ　　　　Ⅲ		(2)　　→　　→　　→	
(3)A　　　　　B		C	D
出来事			

6章

16 新たな国際秩序とアジア諸地域の独立

大戦の反省から新秩序と多数の独立国が誕生。
他方，一支配者の影響が全地球的な時代の開始。

ポイント整理
---

1 **国際社会の新たな骨組み**〈経済発展などのあらゆる国際組織の活動の根本的目標は，戦争の防止〉

(1) **理念の構築**──**大西洋憲章**⤵（ → モスクワ宣言1943 → 国際連合憲章1945.6 ）　　〔背景：大戦の教訓〕

(2) **具体化**
　①連合国は，
　　併合・賠償
　　金を求めず

> 一，両国ハ領土的其ノ他ノ増大ヲ求メス。
> 四，……戦勝国タルト敗戦国タルトヲ問ハスノ一切ノ国カ其ノ
> 　経済的繁栄ニ必要ナル世界ノ通商及原料ノ均等条件ニ於ケ
> 　ル利用ヲ享有スルコトヲ促進スルニ努ムヘシ。
> 五，両国ハ改善セラレタル労働基準，経済的向上及ヒ社会的
> 　安全ヲ一切ノ国ノ為ニ確保スル為，右一切ノ国ノ間ニ経済
> 　的分野ニ於テ完全ナル協力ヲ生セシメンコトヲ欲ス。
> 八，……一層広汎ニシテ永久的ナル一般的安全保障制度ノ確
> 　立……平和ヲ愛好スル国民ノ為ニ圧倒的軍備負担ヲ軽減ス
> 　ヘキ他ノ一切ノ実行可能ノ措置ヲ援助シ及助長スヘシ。
> （『日本外交年表並主要文書』）

・第一次世界大戦の
　戦後処理の過酷さ

・**ブロック経済化**が
　国際的対立を助長

・**国際連盟**の決定の
　実効力の弱さ

　②**国際連合**の権限強化…本部は¹＿＿＿＿＿＿＿［米］（←国際連盟はジュネーヴ［スイス］）
　　・²＿＿＿＿＿＿理事会の設置…**常任理事国**（米ソ英仏中）と非常任理事国（総会が選出）で構成
　　　　　　　　　　常任理事国は³＿＿＿＿権をもち，１国でも拒否すると決定できない。
　　・**総会**…多数決で表決（←国際連盟は全会一致で表決のため，決定不能が多かった）
　　・その他…国際司法裁判所，国際労働機関（ILO）など各種分野の専門機関　etc.
　③⁴＿＿＿＿＿＿＿体制…**自由貿易**の原則（→戦争原因となる経済対立の防止）
　　・金ドル本位制…金との交換を保証された⁵＿＿＿＿通貨**ドル**と，各国通貨の交換比率（為替レート）を設定
　　・⁶＿＿＿＿基金（⁷＿＿＿＿＿）…収支の悪化した国への融資などにより，為替相場の安定をはかる
　　・⁸＿＿＿＿＿銀行（**IBRD**）…通称世界銀行。戦後復興や途上国の発展のための融資
　　・⁹＿＿＿及び＿＿＿に関する一般協定（**GATT**）…関税など貿易上の障壁の撤廃をめざす

2 **冷戦年表Ⅰ**──**冷戦の始まり**〈ソ連による共産圏拡張を，米などが防ぐかたちで始まった〉

【西側陣営】		【東側陣営】
アメリカ・西欧など＝資本主義・自由主義	⇔	ソ連・東欧など＝社会主義（共産主義）
	1945	ソ連が東欧を次々に共産化し，「衛星国」化を開始

⤵¹⁰＿＿＿＿＿前首相［英］がフルトン［米］で演説　1946

> バルト海のシュチェチンからアドリア海のトリ
> エステまで…¹¹＿＿＿＿＿＿がおろされた

複数の労働者政党を徐々
に共産党に一本化工作

共産党情報局。東欧と
仏伊の共産党が参加

←スターリン

| ［米］¹²＿＿＿＝ドクトリン | 1947 | |
| ［米］¹³＿＿＿＝プラン発表 | | ¹⁴＿＿＿＿＿を結成 |

> 13の受入れ拒否を東欧諸国に求めたが，チェコス
> ロヴァキアのベネシュ大統領が受入れを決めたた
> め，失脚に追い込んだ。

←トルーマン大統領［米］は**「封じ込
め」政策**を宣言（この時点が**冷戦開始**）。
この後，ギリシアの内戦に介入して共産
化を防いだ。また，荒廃と社会格差が共
産化を招くと考え，欧州経済復興援助計
画を発表した。

1948　**チェコスロヴァキア＝クーデタ**

ユーゴスラヴィアを14が除名
　指導者¹⁵＿＿＿＿＿によるソ連批判が原因

西側占領地での通貨改革に対しソ連が西ベ
ルリンへの交通遮断。西側は物資を空輸

¹⁶ベルリン＿＿＿（～1949）

1949　経済相互援助会議（COMECON）結成

ドイツ連邦共和国（西ドイツ）←ドイツの東西分立（～1990）➡**ドイツ民主共和国（東ドイツ）** ➲

③ 東アジアの動き〈ヨーロッパの冷戦はColdだったが，その影響が及んだ東アジアではHotとなった〉

|〔中　国〕|〔朝鮮半島〕|

1945　　　　　　　　　　　　　　　　[17] 北緯　　　度線を境に北をソ連，南をアメリカが占領

1946 国共内戦の本格化

1948
> 当初はアメリカが支援する**中国国民党**の**国民政府**が優勢だったが，**中国共産党**が小作料引下げや地主弾圧による土地分配などの土地改革により農民層に支持を広げ，国民党の腐敗などのプロパガンダも奏功し，形勢が逆転

朝鮮が南北に分立
〔南〕[18]　　　大統領の[19]　　　国（**韓国**）
〔北〕[20]　　　首相の
[21]　　　　　　　　共和国（北朝鮮）

1949 **中華人民共和国**の建国…**毛沢東**主席，**周恩来**首相
（もうたくとう）（マオツォトン）（しゅうおんらい）（チョウエンライ）

縦：中華人民共和国建国宣言

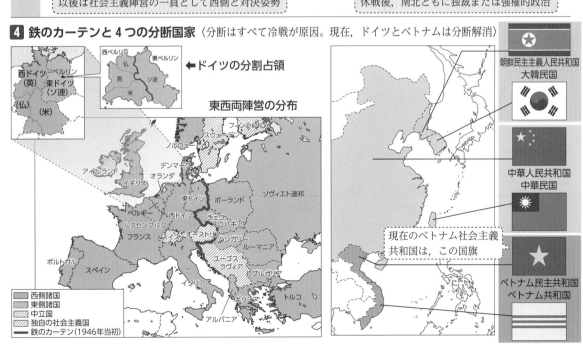

→ 国民政府は**台湾**で**中華民国**政府を維持

> イギリスの**労働党**政権は，中華民国政府との関係も維持しつつ，中華人民共和国を承認。他の西側諸国は中国の代表は中華民国とする立場をとった。

朝鮮戦争の経過

❶1950.6.25 ❷1950.9.15 ❸1950.10.25

1950 [22] 中ソ　　　　条約を締結
> 安保理で北朝鮮の侵攻を侵略と断定し，国連軍の出動を決定。ソ連は，中華人民共和国を中国代表とするよう，欠席戦術をとり，安保理で拒否権を行使できなかった。国連軍は名目的で，実際は米軍主体の多国籍軍。

朝鮮戦争の勃発
北朝鮮が韓国に侵攻…中ソの支援
→ 南端の釜山（プサン）に迫る

国連軍が中西部に上陸，中国国境近くまで反攻

中国が[23]　　　軍を投入 → 現国境（軍事境界線）付近で戦線膠着（こうちゃく）

1953 第1次五カ年計画
> 朝鮮戦争の結果，西側諸国との経済関係が絶たれ，以後は社会主義陣営の一員として西側と対決姿勢

休戦協定
> 現在も「休戦」であり，戦争終結ではない。休戦後，南北ともに独裁または強権的政治

④ 鉄のカーテンと4つの分断国家〈分断はすべて冷戦が原因。現在，ドイツとベトナムは分断解消〉

←ドイツの分割占領

東西両陣営の分布

現在のベトナム社会主義共和国は，この国旗

朝鮮民主主義人民共和国／大韓民国
中華人民共和国／中華民国
ベトナム民主共和国／ベトナム共和国

凡例：西側諸国／東側諸国／中立国／独自の社会主義国／鉄のカーテン（1946年当初）

7章

5 東南アジアの独立〈ただちに独立できた国と，冷戦の影響で長い戦いが必要だった国と〉

● ビルマ（現ミャンマー）旧英領

独立指導者アウン=サンの暗殺後—

1948	ビルマ連邦が独立
1962	クーデタで軍事政権へ
	社会主義を志向

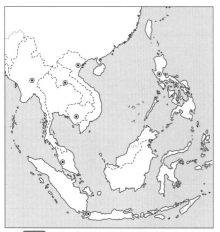

作業 国（●）と地図上の首都（◉）を線で
結ぼう。

● ベトナム 旧仏領インドシナ

指導者 24＿＿＿＿＿＿＿＿がベトナム独立同盟（ベトミン）
を組織し，独立運動

1945	25 ベトナム＿＿＿＿共和国の独立宣言…〔以後，中国・ソ連が支援〕
1946	26＿＿＿＿戦争…独立を認めないフランスとの独立戦争
1949	フランスがベトナム国を発足…阮朝最後の皇帝バオダイを擁立
1954	ディエンビエンフーの戦い…仏軍が敗北
	→ 27＿＿＿＿＿＿＿休戦協定…仏軍撤退。だが南北分断

◁ アメリカが東南アジア条約機構（SEATO）を結成
英・仏・フィリピン・タイなど8カ国で共産圏の拡大防止

1955	ベトナム国からベトナム共和国へ…ゴ=ディン=ジエムを米国が支援

● ラオス 旧仏領インドシナ…独立（1953）。まもなく内戦勃発
● カンボジア 旧仏領インドシナ…独立（1953）。シハヌーク国王
● フィリピン 旧米領…日本から解放後，米国が再占領 → 独立（1946）
● マレー半島 旧英領

1957	マラヤ連邦が独立 → マレーシア成立（1963）
1965	シンガポールがマレーシアから分離独立

● インドネシア 旧蘭領

1945	指導者 28＿＿＿＿＿が独立宣言 → オランダからの独立戦争
1949	国連の調停で，オランダが独立承認

6 西アジア・南アジアの独立

〈共通するのはイスラーム系の動向〉

世界のユダヤ人人口　ユダヤ人のパレスチナ移住

（『ミリオーネ全世界事典 第6巻 アジアⅠ』学習研究社により作成）

[上]サフランはヒンドゥー
教，[下]緑はイスラーム
教，[中]白は融和，中心
の法輪は仏教を示す。憲法
にはカースト差別禁止条項

■ **パレスチナ，イスラエル**

・長い歴史上の差別に加えドイツの虐殺もあり，原
　住地でユダヤ国家建設をめざす 29＿＿＿＿＿
　により，移住が急増。
・委任統治のイギリスが国連に解決付託（ふたく）

1947	国連総会でパレスチナ分割案を採択❼
1948	イスラエル建国宣言
	30 第1次＿＿＿＿戦争（パレスチナ戦争）
	アラブ諸国が敗北。多数のパレスチナ難民発生

・以後も戦争が繰り返され，問題は深刻化（→P.124）

■ **イラン** 31＿＿＿＿＿＿＿朝（1925〜）

1941	親独の初代国王レザー=シャー退位…英ソが圧力
1951	国際石油資本の支配に対する民衆の抗議運動
	→ 32＿＿＿＿＿＿＿首相が石油国有化（しょうあく）
1953	33＿＿＿＿世が実権掌握，親米路線へ

■ **インド** 旧英領　この段階は自治領扱い

1947	インド独立法…インド連邦とパキスタンに分離

・独立の際，ガンディーは統一インドを，全インド
　=ムスリム連盟の指導者ジンナーはパキスタンの
　分離を主張。インドの初代首相は 34＿＿＿＿＿
・ヒンドゥー教徒はインド，ムスリムはパキスタン
　へ移動しようと大混乱。難民も発生

1948	両教徒の融和を説くガンディー暗殺
1950	インド連邦共和国成立…憲法制定，完全独立

■ **セイロン** 旧英領…自治領として独立（1948）
仏教徒のシンハラ人が優遇，ヒンドゥー教徒のタミ
ル人は抑圧（よくあつ）

|||||||||| 問題演習 ||||||||||

1 **新たな国際秩序と冷戦の始まり**　次の文の空欄に適語を入れ，下の問いに答えよ。　　　［17東洋大学🔲：改］

　第二次世界大戦を通じて経済力を高めたアメリカは，自らが主導する新しい国際秩序の構築に取り組んだ。

　1946年6月に（①）会議で国際連合憲章が採択され，国際平和機構として国際連合が発足した。先の大戦で国際連盟が枢軸国の軍事行動を抑制できなかったことから，主要国間の協調が重視され，総会に優越する（②）が設けられ，ⓐ常任理事国に（③）が与えられた。ⓑ新しい国際経済秩序もアメリカ主導で形成された。この新しい国際経済秩序は（④）体制と呼ばれる。

　その一方，ⓒ東欧地域において親ソ政権が成立するなど，共産主義勢力の拡大を警戒したアメリカは，ⓓ対ソ・対共産主義封じ込め政策を開始した。このようにヨーロッパでは東西の対立が激しくなり，ⓔ冷戦と呼ばれる緊張状態に進んだ。その象徴とも言えるのが，ⓕ1949年の東西ドイツの分立である。

(1)　下線部ⓐについて，現在の常任理事国の5大国をすべて答えよ。

(2)　下線部ⓑについて，国際経済秩序の中で，1945年に創設された機関をローマ字で2つ答えよ。

(3)　下線部ⓒについて，独自の社会主義路線を採用し，コミンフォルムから除名された国名と指導者名を答えよ。

(4)　下線部ⓓについて，次の演説をおこなった大統領として正しいものをあとから選べ。

資料1　アメリカ大統領の演説（1947年3月12日）　　　　　（佐々木雄太『国際政治史』名古屋大学出版会）

> 　私は，武装した少数派もしくは国外からの圧力によって計画された破壊活動に抵抗している自由な諸国民を援助することが，合衆国の政策でなければならないと信じる。もしギリシャが武装した少数派の支配に陥るならば，その隣国であるトルコへの影響は緊急かつ重大なものであろう。混乱と無秩序は，中東全体に波及するであろう。さらに，独立国家としてのギリシャが消滅するならば，戦争の損害を回復しつつ自国の自由と独立の維持のために大きな困難と闘っているヨーロッパ諸国に，深刻な影響を与えるであろう。

　　①　フランクリン＝ローズヴェルト　　②　マーシャル　　③　トルーマン　　④　チャーチル

(5)　下線部ⓔについて，「冷戦」は，「実際には戦争が起こらなかった」という見方を含む用語だが，この見方を**否定する**資料として適切なものはどれか。［21共テサンプル問題：改］

　　①　第二次世界大戦後に国家が関与した武力紛争による地域別の死者数

　　②　第二次世界大戦後にアメリカがヨーロッパに経済支援した金額

　　③　チャーチルが社会主義陣営を「鉄のカーテンがおろされている」と批判した演説

　　④　米ソが保有する核兵器数と核実験数の推移

資料2　「自由への跳躍」

©Peter.Leibing, Hamburg

(6)　下線部ⓕについて，**資料2**は，ベルリンの壁建設中の1961年に　ア　の警備隊員が　イ　へ亡命しようとしている写真である。空欄　ア　と　イ　に入る語と，冷戦の対立を示した図の組合せとして正しいものはどれか。　　　　［21共テサンプル問題：改］

対立を表した図（■■■　と　□□□　に分かれて対立）

Ⅰ

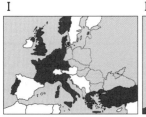

Ⅱ

　　①　ア：ドイツ連邦共和国　イ：東ベルリン　図：Ⅱ
　　②　ア：ドイツ連邦共和国　イ：西ベルリン　図：Ⅰ
　　③　ア：ドイツ民主共和国　イ：東ベルリン　図：Ⅱ
　　④　ア：ドイツ民主共和国　イ：西ベルリン　図：Ⅰ

1	①	②	③		④	
(1)	・	・	・	・	(2)	・
(3)国名		指導者名		(4)	(5)	(6)

2 **アジア諸地域の独立**　次の文の空欄に適語を入れ，下の問いに答えよ。〔16慶應義塾大□：改，16國學院大□：改〕

　第二次世界大戦後，<u>ⓐ各国は国民国家の建設に一斉に動き出した</u>。<u>ⓑ中国</u>は，戦勝国として高い地位を得た。朝鮮半島では，南側では（①）を大統領とする大韓民国が誕生し，北側では，（②）を首相とする朝鮮民主主義人民共和国が成立した。ベトナムでは，1945年，<u>ⓒ抗日運動指導者の（③）が，独立を宣言した</u>。宗主国は，この独立を認めず，<u>ⓓインドシナ戦争</u>が発生した。1945年，インドネシアは独立を宣言したが，再植民地をねらう（④）と戦争が続き，4年後に独立が認められた。ビルマは，1948年に指導者（⑤）の交渉によって共和国として独立したが，　ア　した。マレー半島では，マレー人・中国人・　イ　から結成された連盟党が総選挙の勝利を背景に，1957年に（⑥）が独立した。カンボジアは，王位についた（⑦）が大戦後に独立運動を展開し，1953年に独立した。

(1)　空欄　ア　と　イ　に入れる語句として正しいものをそれぞれ一つ選べ。
　　ア　①　軍部のクーデタで軍事政権が成立した　　②　旧宗主国が元君主を擁立し王政が成立した
　　イ　①　アラブ人　　②　インド人　　③　イギリス人

(2)　下線部ⓐについて，下の**資料1・2**は，1944年にイギリスからの独立をめぐって植民地の政治家がやりとりした手紙の一部である。**資料1・2**の人物として正しいものをそれぞれ選べ。
　　①　非暴力・非服従運動の中心的人物　　　②　アラビア文字からローマ文字への改革を行った人物
　　③　タバコ＝ボイコット運動に影響を与えた人物　　④　独立後，初代総督となった人物

資料1

> 改宗者集団とその子孫が元の民族とは別の民族を主張するということは，史上類例を見ないことです。もしインドがイスラム教の到来以前に一つの民族であったのなら，そのうちの極めて大きな集団が改宗したからといっても，なお一つの民族でありつづけるはずです。

資料2

> 私たちは，ムスリムとヒンドゥーは民族のいかなる定義づけからしても二つの主要な民族である，と考えております。……要するに私たちは人生と生活に独自の様相をもっております。

(3)　**資料3**は，**資料1・2**の争点となった資料である。**資料3**は，**資料1・2**どちらの立場のものか答えよ。また，そのように判断した理由を説明せよ。

資料3　1940年ラホール決議

> インドの西北部と東部のようにムスリムが多数を占める地帯は，まとまって「独立した諸国家」（Independent States）をつくるべきであり，その構成諸単位は自治権と主権をもつものとする。……

(4)　**資料3**の～～線部について，現在，この2地域はそれぞれ別の国となっている。国名を答えよ。

(5)　下線部ⓑについて，次の**資料4〜7**を古い順に並べ替えよ。

資料4　蔣介石の演説

> われわれにとって台湾は共産主義に反対し，ロシアに抵抗するための実力であるのみならず，われわれが自力で再生するための基礎でもある。

資料5　蔣介石の演説　　　　　（竹内実，21世紀中国総研編『「必読」日中国交文献集』）

> われわれの抗戦は，今日，ここに勝利しました。「正義は必ず強権に勝る」との真理はその最後の証明をえました。これはまた，われわれ国民革命の歴史的使命が成功したことをあらわしてもおります。暗黒と絶望の時期にあったわが中国の八年にわたる奮闘の信念は，今日，ようやく実現されました。

資料6　中国共産党が出した綱領　　　　　（竹内実，21世紀中国総研編『「必読」日中国交文献集』）

> 国共両党の徹底した協力の基礎のうえに全国各党各派各界各軍の抗日民族統一戦線を樹立し，抗日戦争を指導し，誠をもって団結し，ともに国難に赴こう。

資料7　第一次近衛声明 _{このえ}　　　　　　　　　　　　　　　　　　　　　　　　　　　（『日本外交年表竝主要文書』）

帝国政府ハ南京攻略後尚ホ支那国民政府ノ反省ニ最後ノ機会ヲ与フルタメ今日ニ及ヘリ。然ルニ国民政府ハ帝国ノ真意ヲ解セス漫リニ抗戦ヲ策シ，内民人塗炭ノ苦ミヲ察セス外東亜全局ノ和平ヲ顧ミル所ナシ。仍テ帝国政府ハ爾後国民政府ヲ対手トセス，帝国ト真ニ提携スルニ足ル新興支那政権ノ成立発展ヲ期待シ，是ト両国国交ヲ調整シテ更生新支那ノ建設ニ協力セントス。

(6)　下線部ⓒについて，この宣言では，宗主国の歴史的文章を参照して独立を正当化している。参照されたと考えられる文章を選べ。

① 諸民族の自由な発展と，人間による人間の搾取の体制とを同居させることによって，民族性の問題を解決しようとした資本主義世界の数十年にわたる試みは，無駄に終わった。

② 人は，自由かつ権利において平等なものとして出生し，かつ生存する。

③ 広く会議を興し_{おこ}，万機公論に決すべし_{ばんきこうろん}

④ ……そしていかなる政治の形態といえども，もしこれらの目的を毀損するものとなった場合には，人民はそれを改廃し，……新たな政府を組織する権利を有することを信ずる。_{きそん}

(7)　下線部ⓓについて，この戦争の出来事について述べた次のA～Dを，古い順に並べ替えよ。

A　宗主国の支援の下，バオダイを元首とする国が成立した。

B　休戦協定が成立し北緯17度線が南北の境界となった。

C　アメリカの支援の下，ゴ=ディン=ジエム政権が成立した。

D　宗主国がディエンビエンフーの戦いに敗れた。

3 **イスラエルの成立**　次の文の空欄に適語を入れ，下の問いに答えよ。　　　　　　　　〔17関西大皿：改〕

ガザ地区は，（①）とともにパレスチナ自治政府を構成している。パレスチナ地方の南西部に位置し，西端は（②）半島北部とつながる。1947年，国際連合は，ⓐパレスチナ分割決議を行う。しかし，アラブ諸国はこの決議を拒否した。ⓑイスラエル建国を目指すユダヤ人は，分割線をさらに越える姿勢を取り，1948年5月，（③）による委任統治の終結予定日にイスラエル国家の独立を宣言した。周辺アラブ諸国はイスラエル国家への攻撃を開始した。

(1)　下線部ⓐについて，右の地図からパレスチナ分割決議案を選べ。

(2)　下線部ⓑについて，イスラエル建国を目指すユダヤ人の意見を肯定する文章として最も適切なものを選べ。

① 対オスマン帝国反乱を条件に，独立国家支持を約束した文章

② 列強でオスマン帝国領分割を定めた秘密協定

③ 第一次世界大戦の財政援助を条件に国家建設を支持する文章

④ 列強がアフリカでの植民地分割について定めた文章

①

②

③

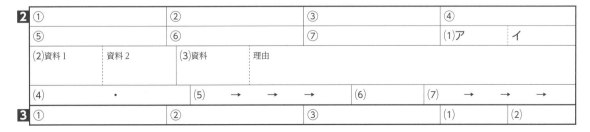

2	①		②		③		④	
	⑤		⑥		⑦		(1)ア	イ
	(2)資料1	資料2	(3)資料	理由				
	(4)　　　　・		(5)　→　→　→		(6)	(7)　→　→　→		
3	①		②		③		(1)	(2)

（7章）

17 占領下の日本の改革と独立回復

占領体制のもと，戦後改革の5つの柱（五大改革）を覚えることが第一歩。それがなぜ変容したか，背景を知ろう。

━ ポイント整理 ━

1 占領と改革〈占領体制，五大改革指令〉

(1) 占領の機構と方式

・軍政ではなく，日本政府を残したまま，指令・勧告をおこなう[1]_____統治

・事実上，アメリカの単独占領

・占領軍への批判報道禁止

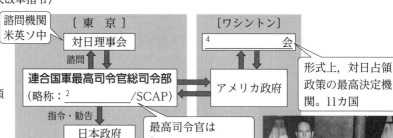

[東　京]

諮問機関 米英ソ中 → 対日理事会

諮問 ↓

連合国軍最高司令官総司令部（略称：[2]_____/SCAP）

指令・勧告 ↓

日本政府

最高司令官は[3]_____

[ワシントン]

[4]_____会

↕ アメリカ政府

形式上，対日占領政策の最高決定機関。11カ国

(2) 改革の経過

内閣（基盤）		できごと（　　　は占領政策）
東久邇宮稔彦（皇族）	1945	降伏文書調印 軍隊解体。戦犯容疑者の逮捕指令 昭和天皇がマッカーサーを訪問・会談➡ 人権指令…治安維持法・特高警察の廃止，政治犯釈放 → 実行できず内閣総辞職

[5]_____（日本進歩党系）

[7]_____指令

❶女性の解放 ❷労働組合結成 ❸教育民主化 ❹経済民主化 ❺圧政的制度撤廃

女性参政権の実現 選挙権満20歳以上

神道との政教分離 → 神道指令 → 新選挙法

労働組合法

修身・日本歴史・地理の授業停止

[13]_____解体

[14]_____改革

治安維持法廃止 特高警察の廃止 政治犯釈放etc.

1946 天皇の「人間宣言」

[8]_____追放令

政官財界などから軍国主義者を排除

女性議員39名 → 総選挙

アメリカから教育使節団を招く

資産の凍結

［第1次］未実施 不十分な計画で，GHQが拒否

[9]_____裁判開始

労組の全国組織成立

労働関係調整法 争議の調整方法

教職追放 軍国主義者対象

教育の理念：義務教育9年 男女共学etc.

［第2次］（～1950）自作農創設特別措置法により寄生地主制を解体

→財閥・持株会社の株式公売

[6]_____ I（日本自由党）

1947 日本国憲法公布（翌5/3施行）

[10]二・一_____中止命令

[12]_____法 学校教育法

地方自治法 [11]_____法 労働条件の基準

六三三四制など組織規定

[15]_____法…独占形態の禁止

片山哲（社会党など）

刑法・民法の改正 労働省

[16]_____法…巨大企業分割

芦田均（民主党など）

1948 公務員の争議権禁止 昭和電工事件…政官への贈収賄 → 総辞職

教育委員公選制 （冷戦で不徹底）

[6] II

極東国際軍事裁判判決…戦争企画者である[17]A級_____のうち東条英機ら7名絞首刑

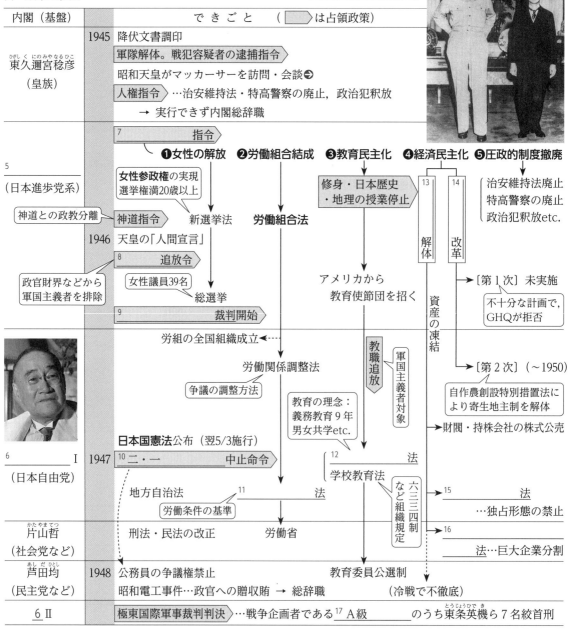

2 日本国憲法の成立 〈制定形式は"大日本帝国憲法改正"〉

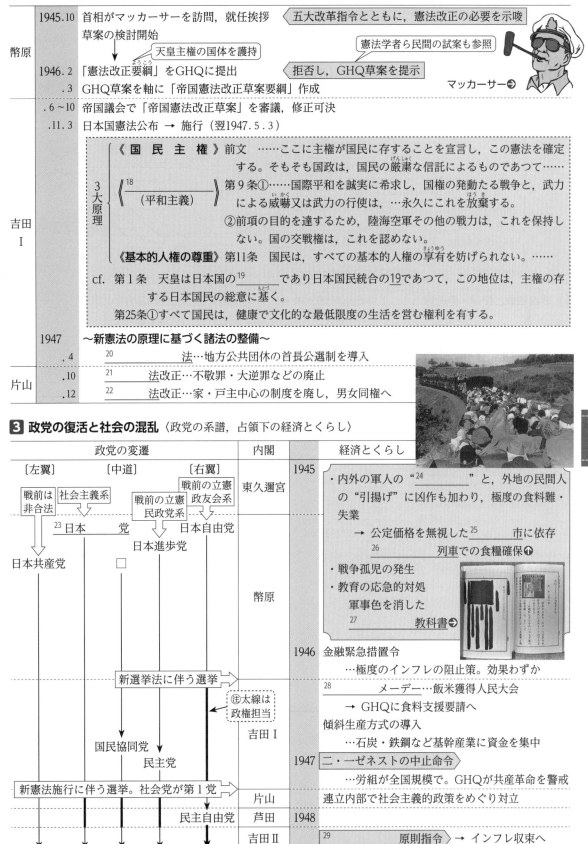

幣原	1945.10	首相がマッカーサーを訪問，就任挨拶 〈五大改革指令とともに，憲法改正の必要を示唆〉
		草案の検討開始 【天皇主権の国体を護持】 【憲法学者ら民間の試案も参照】
	1946.2	「憲法改正要綱（ようこう）」をGHQに提出 〈拒否し，GHQ草案を提示〉
	.3	GHQ草案を軸に「帝国憲法改正草案要綱」作成

マッカーサー➡

吉田Ⅰ	.6〜10	帝国議会で「帝国憲法改正草案」を審議，修正可決
	.11.3	日本国憲法公布 → 施行（翌1947.5.3）

3大原理

《国 民 主 権》前文　……ここに主権が国民に存することを宣言し，この憲法を確定する。そもそも国政は，国民の厳粛な信託によるものであつて……

《18＿＿＿＿（平和主義）》第9条①……国際平和を誠実に希求し，国権の発動たる戦争と，武力による威嚇又は武力の行使は，…永久にこれを放棄（ほうき）する。
②前項の目的を達するため，陸海空軍その他の戦力は，これを保持しない。国の交戦権は，これを認めない。

《基本的人権の尊重（きそんちょう）》第11条　国民は，すべての基本的人権の享有を妨げられない。……

cf. 第1条　天皇は日本国の[19]＿＿＿＿であり日本国民統合の[19]であつて，この地位は，主権の存する日本国民の総意（そうい）に基く。
第25条①すべて国民は，健康で文化的な最低限度の生活を営む権利を有する。

片山	1947	〜新憲法の原理に基づく諸法の整備〜
	.4	[20]＿＿＿＿＿法…地方公共団体の首長公選制を導入
	.10	[21]＿＿＿＿＿法改正…不敬罪・大逆罪などの廃止
	.12	[22]＿＿＿＿＿法改正…家・戸主中心の制度を廃し，男女同権へ

3 政党の復活と社会の混乱 〈政党の系譜，占領下の経済とくらし〉

政党の変遷			内閣	経済とくらし
〔左翼〕	〔中道〕	〔右翼〕		

戦前は非合法　社会主義系　戦前の立憲民政党系　戦前の立憲政友会系

東久邇宮 — 1945
・内外の軍人の"[24]＿＿＿＿"と，外地の民間人の"引揚げ"に凶作も加わり，極度の食料難・失業
　→ 公定価格を無視した[25]＿＿＿＿市に依存
[26]＿＿＿＿列車での食糧確保↑

[23]日本＿＿＿党　日本自由党
日本進歩党
日本共産党　□

幣原
・戦争孤児の発生
・教育の応急的対処
　軍事色を消した[27]＿＿＿＿教科書➡

1946　金融緊急措置令
　…極度のインフレの阻止策。効果わずか

新選挙法に伴う選挙

注：太線は政権担当

[28]＿＿＿＿メーデー…飯米獲得人民大会
　→ GHQに食料支援要請へ
傾斜生産方式の導入
　…石炭・鉄鋼など基幹産業に資金を集中

国民協同党
民主党

吉田Ⅰ

1947　二・一ゼネストの中止命令〉
　…労組が全国規模で。GHQが共産革命を警戒

新憲法施行に伴う選挙。社会党が第1党

片山　連立内部で社会主義的政策をめぐり対立

民主自由党　芦田　1948

吉田Ⅱ　[29]＿＿＿＿原則指令〉 → インフレ収束へ

7章

④ 冷戦の開始と占領政策の転換 〈"戦えない国"から，西側陣営の"防壁"としての自立へ〉

1948	[背景] 冷戦の本格化……①ソ連が東欧を"衛星国化" ②中国の内戦で共産党が国民党に対し優勢へ

ロイヤル陸軍長官［米］の演説（1948） （『昭和財政史』）

　その後新しい情勢が，世界の政治及び経済に，国防問題に，また人道上の考慮に生じた。……われわれは，自立すると同時に，今後極東に生ずべき他の全体主義的戦争の脅威に対する制止役として役立つほど充分に強くかつ充分に安定した自足的民主政治を日本に建設するという，同様に確固たる目的を固守するものである。

経済安定九原則指令 …占領政策を経済復興優先に転換

均衡予算・徴税強化など九原則

GHQの招きで銀行頭取が来日

1949	指令の具体化：[30]＝ライン

①国債禁止の[31]予算とする緊縮財政

②＄1 ＝ ¥[32]の[33]レート

デフレ不況を招き，失業・人員整理が急増

松川事件（福島）など，国鉄関連の3事件が発生。労組に嫌疑

戦後のインフレーション

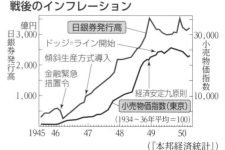

（『本邦経済統計』）

⑤ 朝鮮戦争と安保・自衛隊 〈もう1つの占領政策の転換——西側陣営に所属し，防衛力を保持〉

1950	朝鮮戦争勃発 — 前年の**中華人民共和国**建国に刺激され，北朝鮮が韓国に侵攻

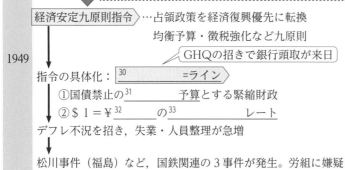

[34]…共産主義者の職場追放

⇦公職追放の解除，戦犯服役者の釈放始まる

[35]景気の始まり…米軍の"朝鮮特需"による

朝鮮半島出動の占領軍に代わる治安維持部隊として[36]を創設

1951	[37]平和条約

・全連合国との[38]講和論を排し，西側陣営との

[39]講和論で締結（→党論2分で社会党が分裂）

[40]条約…平和条約と同日。米軍残留へ

1952	[41]協定…駐留軍の処遇などの細目 [42]に改組
1954	[43]協定（日米相互防衛援助協定など）

中国は両政府とも招かず，ソ連は参加し調印拒否
→ アジア諸国の賠償も含め，個別交渉へ

…経済援助の見返りに防衛力増強義務 ➡ **自衛隊**…陸海空

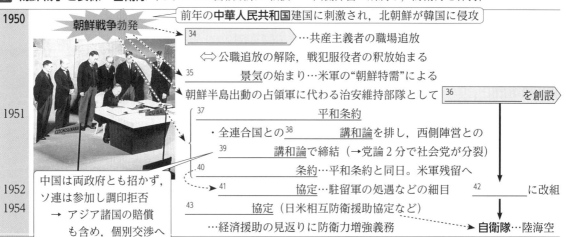

サンフランシスコ平和条約（抜粋） （『日本外交主要文書・年表』）

第1条(a)　日本国と各連合国との間の戦争状態は，第23条の定めるところによりこの条約が日本国と当該連合国との間に効力を生ずる日に終了する。

第2条(a)　日本国は，朝鮮の独立を承認して，（済州島，巨文島及び鬱陵島を含む）朝鮮に対するすべての権利・権原及び請求権を放棄する。

(b)　日本国は，台湾及び澎湖諸島に対するすべての権利，権原及び請求権を放棄する。

(c)　日本国は，千島列島並びに日本国が1905年9月5日のポーツマス条約の結果として主権を獲得した樺太の一部及びこれに近接する諸島に対するすべての権利，権原及び請求権を放棄する。……

第3条　日本国は，北緯29度以南の南西諸島……を合衆国を唯一の施政権者とする信託統治制度の下におくこととする国際連合に対する合衆国のいかなる提案にも同意する。

第6条(a)　連合国のすべての占領軍は，日本国から撤退しなければならない。但し，協定に基く，又はその結果としての外国軍隊の……駐とん又は駐留を妨げるものではない。……

他に，連合国側の賠償請求権放棄，東京裁判の受諾

⑥ 占領期の世相と文化

アメリカ的な生活・文化の流入　ex.ジャズ風の流行歌「東京ブギウギ」（笠置シヅ子）

思想・言論の自由 → タブー視された分野の復活も　ex.マルクス主義の流行，戦争体験の文学

国際的な評価 → 戦後の混乱期に明るい話題　ex.湯川秀樹が日本初のノーベル賞

━━━━━━━━━━━━━━━━━━━━ 問題演習 ━━━━━━━━━━━━━━━━━━━━

1 日本国憲法の制定　次の会話文の空欄に適語を入れ，下の問いに答えよ。

教師：今日の授業では，戦前の大日本帝国憲法と戦後の日本国憲法の内容を比較しようと思います。前回の授業では日本国憲法制定までの道のりをグループごとにまとめる活動をしましたね。今川さん，全グループを代表して，できあがったまとめを読み上げてください。

今川：はい。「1945年10月に⒜連合国軍最高司令官総司令部（GHQ）は，⒝日本政府に憲法改正を示唆した。示唆に応じて政府は憲法案を作成したが，これをGHQは内容不十分として拒否し，自ら改正草案を作成して，これを日本政府に提示した。このGHQ案をもとに若干の修正加筆を加えたのち，1946年10月に⒞帝国議会で審議され，可決成立したのが，日本国憲法である。」これでいいですか。

教師：ありがとうございます。それでは今日もグループに分かれて，両憲法の内容を比較してください。グループAは「人権」，グループBは「議会」，グループCは「天皇」をキーワードにしてみましょう。

（時間が経って）

教師：それでは各グループ，発表してください。

烏丸：グループAのキーワードは「人権」ですが，日本国憲法では，基本的人権としてさまざまな人権が保障されていますが，大日本帝国憲法では，「（①）ノ範囲内」という制限を設けていました。このような制限は日本国憲法にはありません。

教師：ありがとうございます。そうですね。そもそも大日本帝国憲法では，日本国民は天皇に仕えるという意味の言葉で表現されています。それではグループB，お願いします。

竹田：はい。日本国憲法の第41条で，国会は「国権の（②）」，「国の唯一の（③）」と書かれていますが，大日本帝国憲法の第5条では「天皇ハ（④）ノ協賛ヲ以テ立法権ヲ行フ」とあるように，④は現在の国会のように立法権を単独で持っていたとはいえません。ここが大きな違いではないでしょうか。

教師：ありがとうございました。やはり天皇がどのような存在として規定されているかが，⒟二つの憲法の相違点のポイントになりそうですね。それではグループC，発表をお願いします。……

⑴　下線部⒜について，1945年から1951年までの最高司令官は誰か。

⑵　下線部⒝について，あとの問いに答えよ。
　ⅰ　このときの内閣総理大臣は誰か。
　ⅱ　ⅰは，GHQから五大改革も指令された。その五つをすべて挙げよ。

⑶　下線部⒞について，このときの内閣総理大臣は誰か。

⑷　下線部⒟について，大日本帝国憲法と日本国憲法とを比較し，天皇の地位がどのように変わったのか，80字以内で説明せよ。　　〔13中央大囲〕

⑸　授業後，丹波さんと田辺さんは自身で問いを設定し，探究活動をするなかで，丹波さんは**資料1**を，田辺さんは**資料2**を入手した。この二人が資料をもとに探究する問いとして，最もふさわしいと考えられるものをそれぞれ選べ。

　①　日本国憲法がどのように海外で評価されているか
　②　終戦後に天皇は日本国民の目にどう映ったか
　③　日本国憲法がどのように国民に普及していったか
　④　明治時代の私擬憲法がどのように日本国憲法に影響を与えたか

資料1

資料2

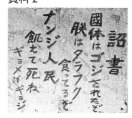

7章

1	①		②		③		④		⑴	
⑵ ⅰ			ⅱ						⑶	
⑷									⑸丹波さん	
									田辺さん	

2 戦後日本の民主化政策 次の文に関連する下の問いに答えよ。 〔19北海道大①，20東京女子大①：改〕

敗戦後の日本は，アメリカ軍を主力とする連合国軍によって占領され，ⓐGHQが日本政府に指令・勧告を出す統治がしかれた。当初，アメリカの占領政策の軸は，民主化とⓑ非軍事化にあった。ⓒ治安維持法・特別高等警察の廃止や政治犯の釈放などを内容とする覚書が出されたほか，五大改革指令が出され，財閥解体・労働改革・農地改革が実行されていくこととなった。

財閥解体では，持株会社整理委員会が，財閥家族などの所有する株式の譲渡を受けて，これを一般に売り出すとともに株式所有による財閥の企業支配を終焉させた。財閥企業である三井物産，三菱商事が解体され，多数の企業が誕生することになった。また，ⓓ1947年に制定された法律により，財閥以外の一般企業についても，各産業部門ごとに市場占有率が一定以上の企業が分割されることとなり，同年にはⓔ持株会社やカルテル・トラストの結成を禁止する法律も定められた。

労働改革では，いわゆるⓕ労働三法が制定され，厚生省から分離して労働省が新設された。労働者には団結権・団体交渉権・ⓖ争議権が与えられた。

ⓗ農地改革では，日本政府が準備した第一次農地改革案が不徹底であるとし，対日理事会において，原案が審議され，これに近いかたちで第二次農地改革が実行された。

こうした民主化・非軍事化の諸改革は，ⓘ言論・学問・文化・教育の領域にも大きな影響を与え，雑誌の復刊・創刊が相次いだ。

ⓙアメリカの対日占領政策は，冷戦が本格化するのにともない，民主化・非軍事化にむけた改革から，経済復興へと方針を転換した。さらに朝鮮戦争がはじまり，在日米軍が国連軍の主力として出動すると，アメリカは日本に対して，ⓚ占領当初の民主化・非軍事化とは異なる方向性を持つ指令を発した。そして，日本を西側陣営に早期に編入すべく，占領の終結が目指されたのである。翌1951年にはⓛ平和条約が結ばれ，同時に，ⓜ独立後もアメリカ軍の日本駐留と基地の使用が継続する体制がつくられた。

(1) 下線部ⓐについて，こうした占領統治の方法を何というか。

(2) 下線部ⓑに関するあとの問いに答えよ。

   ⅰ 1946年から48年まで開かれた，日本の戦争犯罪人に対する裁判は何か。

   ⅱ 1946年からおこなわれた，戦争協力者の政界・官界・財界・言論界からの追放を何というか。

(3) 下線部ⓒについて，この覚書の名称は何か。

(4) 下線部ⓓについて，この法律の名称は何か。

(5) 下線部ⓔについて，この法律の名称は何か。

(6) 下線部ⓕについて，三法をすべて答えよ。

(7) 下線部ⓖについて，1948年に公布された政令201号によって争議権を失ったのは，どういった労働者か。

(8) 下線部ⓗに関連して，グラフは，1941年と1949年の自作地と小作地の割合を示したものである。空欄⑦・⑦にあてはまる語句をａ・ｂから，グラフから読み取れる事柄をｃ・ｄから選び，最も適する組合せをあとの①～④から選べ。

   ａ ⑦—自作地 ⑦—小作地　　ｂ ⑦—小作地 ⑦—自作地

   ｃ 地主の所有する土地面積が減り，農地改革は効果があった。

   ｄ 地主の所有する土地面積に変化はなく，農地改革の効果は薄かった。

   ① ａ・ｃ　　② ａ・ｄ　　③ ｂ・ｃ　　④ ｂ・ｄ

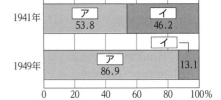

グラフ　自作地と小作地の割合

1941年	⑦ 53.8　　⑦ 46.2
1949年	⑦ 86.9　　⑦ 13.1

0　20　40　60　80　100%

（『現代日本経済史』より）

(9) 下線部ⓘについて，占領期の言論・学問・文化・教育について述べた文として適当でないものを，次から2つ選べ。

   ① 新聞・雑誌などでは，占領政策に対する批判が自由におこなえた。

   ② あらゆる分野の科学者の代表機関として，日本学術会議が発足した。

   ③ アメリカ映画やジャズ音楽が，日本国内でも人気を博した。

   ④ 湯川秀樹が，日本人としてはじめてノーベル化学賞を受賞した。

   ⑤ 有形・無形の文化財を保護することを目的に，文化財保護法が制定された。

   ⑥ 教育基本法や学校教育法などの教育法規が制定された。

(10)　下線部ⓙについて，政策の変換の背景には冷戦の激化をもたらした東アジア情勢の変化があった。1948年，1949年における東アジア情勢の変化について80字以内で説明せよ。

(11)　下線部ⓚについて，あとの問いに答えよ。

　ⅰ　この方向性のなかで設置された，日本の治安維持を目的とした部隊は何か。

　ⅱ　この方向性のなかでおこなわれたレッド＝パージで，公職や企業から追放されたのはどのような人々か。

(12)　下線部ⓛについて，1951年締結の平和条約に関するあとの問いに答えよ。

　ⅰ　平和条約の名称は何か。

　ⅱ　平和条約に調印した日本の首相は誰か。

　ⅲ　平和条約に関する説明として適当でないものを次から選べ。

　　①　この条約の締結のあり方をめぐって，日本社会党が分裂した。

　　②　この条約は，中国・ソ連を含む全交戦国との間で結ばれた。

　　③　この条約で，日本は独立国として主権が認められた。

　　④　この条約では，日本の与えた戦争被害の補償について課題が残った。

　ⅳ　表は，平和条約を含む日本の戦後補償とドイツの戦後補償を比較したものである。両国の違いを述べたあとの文の空欄Ⓐ・Ⓑに入る語を答えよ。

表　戦後補償の国際比較

ドイツ	日　本
●イスラエルとの補償協定（1952）：35億マルク 　ナチスの迫害を受けたユダヤ人 ●包括協定（1959，91〜93，95，97）：28億マルク 　ナチス被害を受けた各対象国国民 ●連邦補償法（1956）：796億マルク 　ナチスによる被害者でドイツ第三帝国領域に居住していた者。国籍不問 ●連邦返還法（1967）：40億マルク 　ナチスに強制収用された動産と不動産等物的損害についての補償 ●補償年金法（1992）：10億マルク 　旧東ドイツのファシズム抵抗者，その犠牲者に対する年金継続，旧東ドイツにおけるナチス迫害の犠牲者への補償	●（　ⅰ　）（1951） ●賠償額等の具体的取り決めは日本に占領されたアジア諸国と日本との個別協定（二国間協定）に委ねる ●賠償請求権を放棄する代わりに無償経済協力を行う形（準賠償）が多い。その後の日本のODA開発援助と日本企業進出の背景となる ●日本政府は，日本国籍をもたない元植民地の軍人・軍属，慰安婦などの犠牲者個人への補償，日本国内の空襲犠牲者への補償などは実施していない

> ドイツは　Ⓐ　を中心とした賠償をおこなうのに対し，日本は　Ⓑ　に対する賠償が中心となっている。

(13)　下線部ⓜの体制に関するあとの問いに答えよ。

　ⅰ　この体制を定めた条約の一つで，下線部ⓛの調印と同日に調印された条約は何か。

　ⅱ　下線部ⓛおよびⅰと同日に締結された，アメリカ軍の日本駐留に関する細目を定める協定は何か。

2

(1)		(2) ⅰ		ⅱ		(3)	
(4)		(5)		(6)	・		・
(7)		(8)		(9)	・		
(10)							
(11) ⅰ			ⅱ				
(12) ⅰ			ⅱ		ⅲ	ⅳ A	B
(13) ⅰ			ⅱ				

（7章）

探究型演習Ⅱ 国際秩序の変化や大衆化と現代的な諸課題

1 母国を離れる人々（統合・分化） 次は，歴史総合の授業で出された「移民の送り出しと受け入れについて調べる」という課題に取り組んでいる生徒の会話である。会話文を読んで，下の問いに答えよ。

藤野：この間，授業で少し移民について学習したけど，難民というのもニュースで聞いたことがあるよ。

川島：「移民」と「難民」って今まで同じだと思っていたけど，何が違うんだろう。

山崎：本で調べてみると，　ア　は，移住の理由や法的地位に関係なく定住国を変更した人々という定義に対して，　イ　は迫害や紛争，暴力の蔓延（まんえん）などにより出身国を逃れた人々と書いてあるよ。

川島：そんな違いがあったんだね。全然知らなかったよ。

藤野：日本の歴史にも，明治時代以降日本人がアメリカのハワイや西海岸などに渡った記録があるよ。ⓐ1908年からは，ブラジルにも渡っているね。でも，どうしてブラジルに渡ったんだろう。

山崎：逆に，日本に入ってきた人たちもいるんだよね。

藤野：違う言語の人たちと生活するって大変だと思うな。考えたくないけれどⓑ差別とかきっとあったよね。

川島：ⓒアメリカでは1924年の移民法で，日本移民を禁止にしたこともあったみたいだよ。

山崎：日本は，歴史の中でアメリカから排斥（はいせき）されたりもしたんだね。

藤野：日本も200年近く前には「鎖国」なんて呼ばれる時代もあったけど，今では移民を受け入れたりしているね。

山崎：そういえば，前に引っ越したときに気になったんだけど，ⓓ自治体のゴミ出しルールの説明書に，日本語だけでなくて，様々な言語での説明があったんだ。やっぱりこれって移民とも関係あるのかな。

川島：前にニュースで見たけど，外国人比率が2割近くもある群馬県大泉町では，多文化共生に向けた取り組みをしているそうだよ。様々な背景をもつ人たちを尊重しながら，みんなが暮らしやすい環境を作っていくことが必要だね。

(1) 　ア　，　イ　に当てはまる言葉をそれぞれ漢字2文字で答えよ。

(2) 下線部ⓐについて，藤野さんは**資料Ⅰ**と**資料Ⅱ**を見てあることを推測し，自分なりに**ノート**にまとめることにした。**ノート**の空欄にあてはまる言葉を書け。

資料Ⅰ　ブラジルへの日本移民数の推移

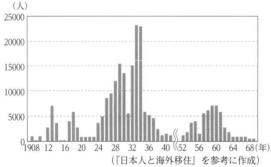

（『日本人と海外移住』を参考に作成）

資料Ⅱ　移民募集ポスター

ノート

> 1 わかったこと
> ・1920年代から1930年代頃ブラジルへの移民が特に多い。
> 2 この頃の日本
> ・1920年代は第一次世界大戦後の戦後恐慌や1923年に起こった　ウ　，1929年には　エ　が始まった。
> ・1930年代は昭和恐慌や1931年に　オ　が勃発した。
> 3 推測できること
> ・国内での　カ　が移民を送り出す要因になっている。
> ・資料Ⅱから移住先では　キ　の仕事に従事することが読み取れる。

(3)　下線部ⓑについて，アメリカでは第一次世界大戦中に南部から北部へ黒人の居住が進んだが，これに対し白人による人種差別団体も生まれた。この団体は何か。

(4)　下線部ⓒについて，このことから，この法律は何と呼ばれているか。

(5)　川島さんは調べていくうちに，ある国際会議が移民に関係していたことを知り，その内容を次のメモにまとめた。メモ中の空欄に当てはまる内容をそれぞれ選択肢から選び，記号で答えよ。

メモ

第一次世界大戦後の国際秩序についての話し合いが行われた ク で，日本が ケ 撤廃案を提起した。

〈日本の全権が ク で提案した背景〉	〈当時の日本政府の意図〉
戦争というのは， ケ や宗教が関係している。世界 コ の実現のためには原因を取り除く必要がある。	サ に対する人種的偏見のために シ が不利に陥ることのないようにする。

ク　① ワシントン会議　② ヤルタ会談　③ パリ講和会議　④ ミュンヘン会談
ケ　① 人種差別　　　　② 独裁政権　　③ 民族対立　　　④ 資源の奪い合い
コ　① 平等　　　　　　② 平和　　　　③ 調和　　　　　④ 自由
サ　① 白色人種　　　　② 黒色人種　　③ 黒褐色人種　　④ 黄色人種
シ　① 日本　　　　　　② アメリカ　　③ フランス　　　④ イタリア

(6)　下線部ⓒについて，山崎さんは自治体のゴミ出しルールについて調べたところ，資料Ⅲを見つけた。次の会話文を読んであとの問いに答えよ。

山崎：資料Ⅲを見つけたよ。よく見ると， A で書かれているね。

川島：どうして， A で情報発信しているのかな。

藤野：静岡県浜松市は外国人が多く住む B で有名みたい。愛知県豊田市や豊橋市なども有名だね。製造業が盛んな地域に多いんだ。

山崎： C 化で第二次産業の比重が増したことも近代の歴史において重要なポイントだと言えそうだね。

ⅰ　会話文中の A ・ B に当てはまる組合せとして適当なものを選べ。
　　① A—ポルトガル語　　B—コリアタウン
　　② A—ポルトガル語　　B—ブラジリアンタウン
　　③ A—英語　　　　　　B—コリアタウン
　　④ A—英語　　　　　　B—ブラジリアンタウン

ⅱ　C に当てはまる語を漢字2文字で答えよ。

資料Ⅲ　浜松市のゴミ出しルール

(7)　藤野さんと川島さんは移民について調べていくにつれて，外国から日本に来て生活する人たちには言語の違いによって様々な困難があることを知った。どのような困難が考えられるか，自分の身に置き換えて述べよ。

1	(1)ア		イ			(2)ウ	
	エ		オ			カ	
	キ		(3)			(4)	
	(5)ク	ケ	コ	サ	シ	(6)ⅰ	ⅱ
	(7)						

2 **女性の地位の変化（平等・格差）**　自由研究に取り組んでいる生徒の会話文A・Bを読んで各問いに答えよ。

A　松山さんと菊池さんは自由研究のお題について相談しながら，テレビで特集を組まれていたオリンピックについて会話している。

菊池：課題のテーマがなかなか決まらないなあ…。

松山：テレビでオリンピックの特集をやっているね。何かヒントがあるかもしれないよ。

菊池：オリンピックは基本的に4年周期で開催されているけど，開催されていない年もあるんだね。

松山：1916年は ア ，1940年と1944年は イ の影響で中止されてしまったみたい。こんなところにも戦争の影響があったんだね。

菊池：中止は悲しいなあ。いつも楽しみにしているし。

松山：女性選手も活躍していてかっこいいよね。私も昔はオリンピックに憧れてたな。テニス習ってたから！

菊池：今でこそ，女子選手が多く出場しているけど，昔は日本の女性は参加できなかったみたいだね。

松山：そうなんだね。でも確かに， X だって女性には最初はなかったって習ったよね。

菊池：女性の権利はどうやって変わっていったんだろう？女性の社会進出について興味出てきたな。一緒に博物館に行って調べてみようか。

(1)　会話文中の空欄ア・イにあてはまる語句を答えよ。

(2)　以下の**資料Ⅰ・Ⅱ**は，テレビで紹介されていたオリンピックにまつわる資料である。

ⅰ　**資料Ⅱ**の空欄ウ・エにあてはまる語句を答えよ。

ⅱ　**資料Ⅰ・Ⅱ**をふまえ，男女格差はどのように変化しているか説明せよ。

資料Ⅰ　日本のオリンピック出場女子選手の割合

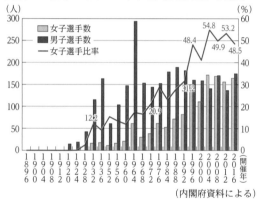

（内閣府資料による）

資料Ⅱ　オリンピック憲章（2021年版）

> 6　このオリンピック憲章の定める権利および自由は人種，肌の色，ウ，性的指向，言語，宗教，政治的またはその他の意見，国あるいは社会的な出身，財産，出自やその他の身分などの理由による，いかなる種類の エ も受けることなく，確実に享受されなければならない。

B　松山さんと菊池さんは博物館に行き，女性の社会進出に関する資料について会話している。

菊池：資料がたくさんあるね。

松山：ねえ，**資料Ⅲ**を見て。ⓐ女性の服装が明らかに変化しているね。

菊池：本当だね。でもどうしてこんなに変化したんだろう。

松山：ⓑ第一次世界大戦の際のポスターの展示も行われているよ。

菊池：なんだか力強さを感じるね。

松山：**資料Ⅳ**は X 獲得運動の様子だね。

菊池：女性の X 獲得運動は，各国で行われていたみたいだね。そのことをふまえると男性と同じ地位ではなかったと思うな。

松山：たくさんの苦労があって今の女性たちがいるんだね。

菊池：女性の X 獲得は，ⓒ多くの欧米の国では20世紀前半に実現したみたいだね。

松山：日本ではどうだったのかな。ⓓ日本の女性の社会進出についても調べてみようよ。

資料Ⅲ　女性の服装の変化

第一次世界大戦前　　1920年代　　1930年代

資料Ⅳ　女性のデモ行進

(3) 下線部ⓐについて，服装が変化した理由として考えられるものを選べ。

① 女性はスカートではなく男性を尊重するためにズボンを履くように命令されたから。

② 女性たちの意識が家での家事労働から外での活躍を求めていったから。

③ 1930年代は，世界恐慌によりスカートの生産が出来なくなったから。

④ 当時のハリウッド映画のスターたちの影響をうけたから。

(4) 下線部ⓑについて，第一次世界大戦の際のポスターの展示では**資料Ⅴ・Ⅵ**が展示されていた。資料を比較して気づいたことを**メモ**にまとめた。空欄にあてはまる言葉を，**オ**はあとの選択肢から，**カ・キ**は漢字3文字で答えよ。

資料Ⅴ

資料Ⅵ

メモ

> 資料Ⅴ・Ⅵを比較すると，女性の社会進出について**オ**と考えられる。第一次世界大戦では国をあげての**カ**となり，国家も女性の動員を求め**キ**として期待したためである。

① どちらも肯定的であった

② どちらも否定的であった

③ 一方では肯定的であったが，もう一方では否定的であった

(5) 下線部ⓒについて，**資料Ⅳ**を参考に，**X**に入る言葉を答えよ。

(6) 下線部ⓓについて，**資料Ⅶ**と**資料Ⅷ**を見つけた。資料を見て，各問いに答えよ。

ⅰ なぜ欧米諸国では日本よりも早く**X**が実現可能だったのか。これまでの問いを参考に説明せよ。

ⅱ **資料Ⅶ・Ⅷ**を参考に，女性の社会進出に関して今日における日本の課題は何だと考えられるか述べよ。

資料Ⅶ　女性　X　の実現国

年	実現国
1893	ニュージーランド
1902	オーストラリア
1906	フィンランド
1913	ノルウェー
1915	デンマーク
1917	オランダ・メキシコ
1918	イギリス（30歳以上）・ソ連・オーストリア
1919	ドイツ
1920	アメリカ・インド
1921	スウェーデン
1928	イギリス（男女平等）
1934	トルコ
1944	フランス
1945	日本・イタリア

資料Ⅷ　諸外国の国会議員に占める女性の割合の推移

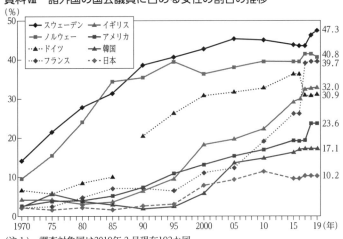

(注1) 調査対象国は2019年2月現在193か国。
(注2) 一院制又は下院における女性議員割合。　（内閣府男女共同参画局資料）

2

(1)ア		イ	(2)ⅰ ウ		エ
ⅱ					

(3)		(4)オ	カ	キ	(5)

(6) ⅰ

ⅱ

20世紀後半の世界

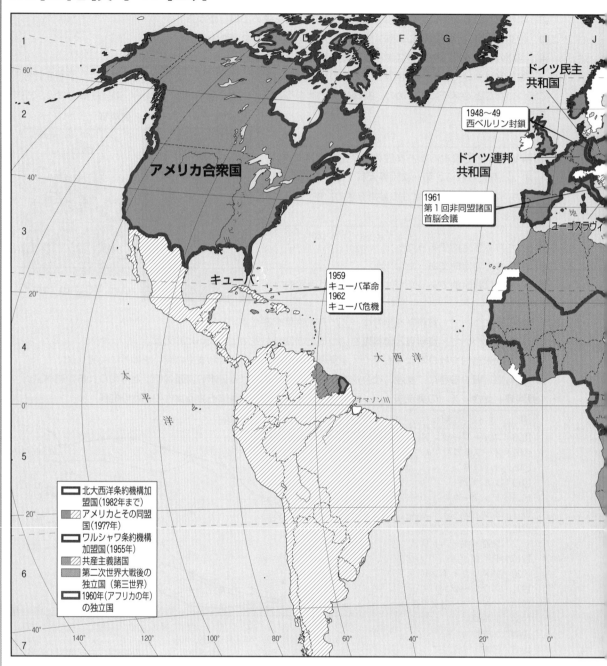

ドイツ民主
共和国

1948〜49
西ベルリン封鎖

ドイツ連邦
共和国

1961
第1回非同盟諸国
首脳会議

ユーゴスラヴィ

アメリカ合衆国

キューバ

1959
キューバ革命
1962
キューバ危機

大 西 洋

アマゾン川

太

平

洋

北大西洋条約機構加
盟国（1982年まで）

アメリカとその同盟
国（1977年）

ワルシャワ条約機構
加盟国（1955年）

共産主義諸国

第二次世界大戦後の
独立国（第三世界）

1960年（アフリカの年）
の独立国

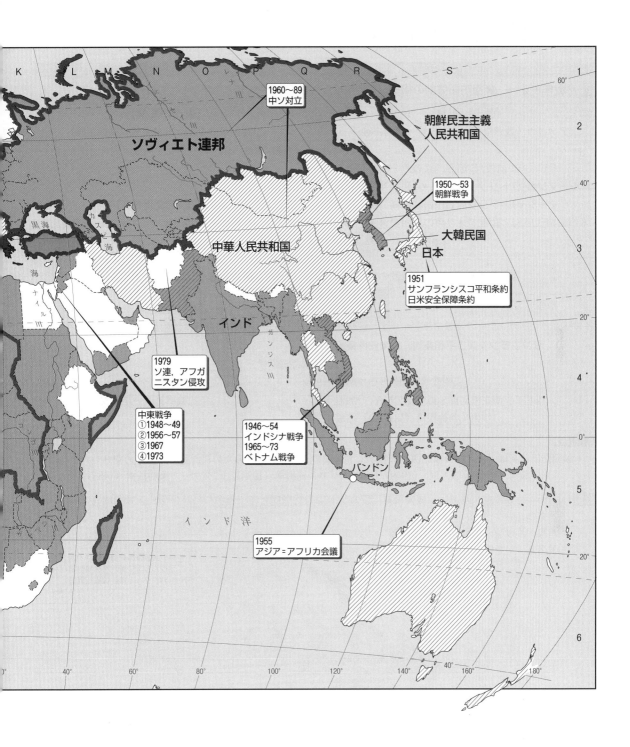

ソヴィエト連邦

朝鮮民主主義
人民共和国

1960〜89
中ソ対立

1950〜53
朝鮮戦争

中華人民共和国

大韓民国

日本

1951
サンフランシスコ平和条約
日米安全保障条約

インド

1979
ソ連，アフガ
ニスタン侵攻

中東戦争
①1948〜49
②1956〜57
③1967
④1973

1946〜54
インドシナ戦争
1965〜73
ベトナム戦争

バンドン

インド洋

1955
アジア＝アフリカ会議

黒海

ナイル川

ガンジス川

18 冷戦と平和共存

西側陣営と東側陣営の間の緊張関係を，集団防衛体制と核開発の2つの面から把握し，「雪どけ」への背景を理解する。

ポイント整理

1 冷戦年表Ⅱ——集団防衛体制の構築〈既習事項も含め，時系列で流れを把握して位置づけ〉

【西側陣営】 アメリカ・西欧など＝資本主義・自由主義	⟷	【東側陣営】 ソ連・東欧など＝社会主義（共産主義）
	1945	ソ連が東欧占領地の共産化を開始（通称「衛星国」）
チャーチル前首相[英]が「鉄のカーテン」演説	1946	
トルーマン=ドクトリン…「封じ込め」政策≒**冷戦開始**	1947	
マーシャル=プラン発表…西欧の経済復興援助		**コミンフォルム**（国際共産党情報局）結成
米州機構（OAS）…南北アメリカの集団安保 ◄———	1948	チェコスロヴァキア=クーデタ…共産化→東側が結束
危機感	**ベルリン封鎖**（～1949） **朝鮮の南北分立**	
1 _____ 条約機構結成…北米・西欧の集団安保	1949	**経済相互援助会議**（COMECON）結成
略称 2 [_____]	**ドイツの東西分立**（～1990）	
	刺激	**中華人民共和国建国**
アメリカでマッカーシーの「赤狩り」◄——— **朝鮮戦争**（1950～53）		**中ソ友好同盟相互援助条約**
サンフランシスコ平和条約，日米安保条約	1951	
	1953	ソ連の 3 _____ 死去
4 _____ 条約機構（SEATO）結成	1954	
西ドイツが主権回復・再軍備・NATO加盟	1955	5 _____ 条約機構結成…集団安保
6 _____（中東）条約機構（METO）結成 危機感		

《着眼点》
・集団防衛体制は，アメリカなど西側陣営が，共産圏の「封じ込め」のために，世界に張りめぐらせた。
　米州機構（1948），NATO（1949），東南アジア条約機構（1954），バグダード条約機構（1955）etc.

作業（1）1955年時点の北大西洋条約機構を青，ワルシャワ条約機構を赤で着色し，バグダード条約機構の加盟国を囲もう。
　（2）首都ベルリン，ワルシャワ，バグダード，モスクワの位置を示そう。
　（3）国名A～Hを書きこもう。

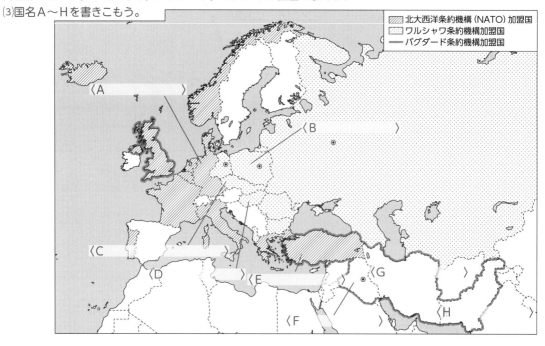

凡例：
⫽⫽ 北大西洋条約機構（NATO）加盟国
▦ ワルシャワ条約機構加盟国
— バグダード条約機構加盟国

② 冷戦年表Ⅲ──核開発競争と「雪どけ」〈おもて向きの「雪どけ」の傍らで核開発・軍拡は進んでいた〉

【西 側 陣 営】	⟷	【東 側 陣 営】
アメリカ, 原爆開発➡広島・長崎に投下	1945	
	1949	ソ連, 原爆開発

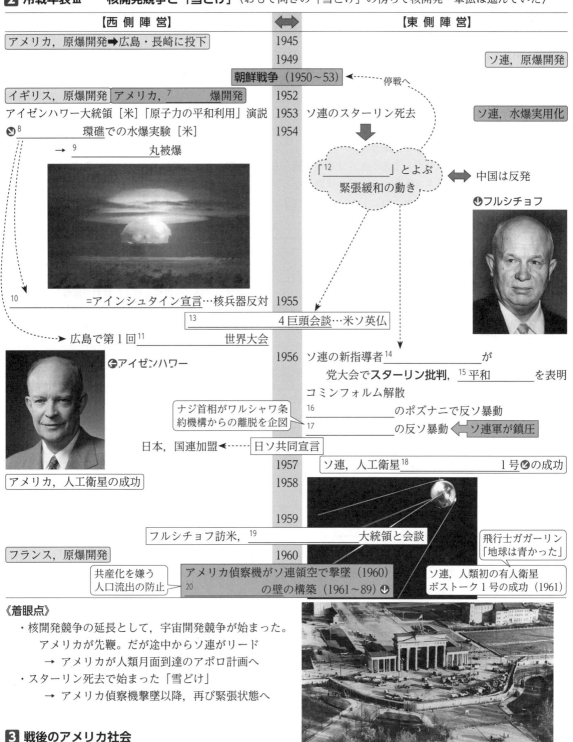

朝鮮戦争（1950〜53） ┈┈◀ 停戦へ

イギリス, 原爆開発 ｜ アメリカ, 7[　　]爆開発　　1952

アイゼンハワー大統領［米］「原子力の平和利用」演説　1953　ソ連のスターリン死去　　ソ連, 水爆実用化

🅢8[　　]　環礁での水爆実験［米］　1954

→ 9[　　]　丸被爆

「12[　　　　　]」とよぶ　⟷　中国は反発
緊張緩和の動き

🔵フルシチョフ

10[　　]　＝アインシュタイン宣言…核兵器反対　1955

| 13[　　] | 4巨頭会談…米ソ英仏 |

┈┈► 広島で第1回11[　　]　世界大会

1956　ソ連の新指導者14[　　　　　　　]が
党大会で**スターリン批判**, 15平和[　　　　]を表明
コミンフォルム解散

🔵アイゼンハワー

ナジ首相がワルシャワ条
約機構からの離脱を企図 ├ 16[　　　　　　]のポズナニで反ソ暴動
17[　　　　　]の反ソ暴動 ◀ ソ連軍が鎮圧

日本, 国連加盟 ◀┈┈ 日ソ共同宣言

1957　ソ連, 人工衛星18[　　　　　]1号🔵の成功

アメリカ, 人工衛星の成功　1958

1959

フルシチョフ訪米, 19[　　　　　]大統領と会談

飛行士ガガーリン
「地球は青かった」

フランス, 原爆開発　1960

ソ連, 人類初の有人衛星
ボストーク1号の成功（1961）

共産化を嫌う
人口流出の防止 ├ アメリカ偵察機がソ連領空で撃墜（1960）
20[　　]　の壁の構築（1961〜89）🔵

《着眼点》
・核開発競争の延長として, 宇宙開発競争が始まった。
　　アメリカが先鞭。だが途中からソ連がリード
　　　→ アメリカが人類月面到達のアポロ計画へ
・スターリン死去で始まった「雪どけ」
　　　→ アメリカ偵察機撃墜以降, 再び緊張状態へ

③ 戦後のアメリカ社会

・2度の世界大戦の需要 → 抜きんでた経済大国へ
　　　→ 肥大化した軍需産業の残存
　　　　　　軍部・産業などが一体化した「軍産複合体」の存在
・戦後も, 原子力・航空機・コンピュータなど, 戦争に関連する
　部門の技術革新により経済成長 → 大衆消費社会が本格化
・世界的な人権擁護の世論 → 人種差別撤廃の公民権運動の萌芽

1 **冷戦の構造**　「冷戦に突入した責任はどの国にあるのか」について、授業で複数の資料をもとに議論した。次の会話文を読み、下の問いに答えよ。

先生：第二次世界大戦の終結後、アメリカとソ連は互いを仮想敵国として位置づけ、ⓐ世界各国で集団防衛体制を構築しました。まずは**資料1**を読んでみましょう。**資料1**の演説者は、ソ連が要求していることは何であると主張していますか。

佐野：**資料1**は、イギリスのチャーチルによるミズーリ州での演説です。彼は［　　X　　］と主張しています。

先生：そうですね。では続けて**資料2**も確認してみましょう。アメリカの方針は、ソ連に対してどのような姿勢で臨んでいるといえるでしょうか。

木内：佐野さんの読み取りをふまえると、ソ連の脅威から世界を守ろうとしているように思います。

里見：ここまでの議論をふまえると、冷戦の状態になる背景には［　　Y　　］が挙げられると思いました。

先生：簡潔にまとめられていますね。しかし、ⓒ**資料3**を見ると少し見方が変わるかもしれません。

資料1　イギリスのチャーチルによる「鉄のカーテン」演説（1946年3月5日）

> バルト海のシュテティンからアドリア海のトリエステまで、ヨーロッパ大陸をまたぐ鉄のカーテンが降りてしまった。その線の向こう側に、中・東欧の古き諸国の首都が並んでいる。……すべての有名な諸都市、……その周辺の人々は、私がソヴェトの圏域と呼ばねばならないものの中に位置し、……何らかのかたちで、ソヴェトの影響力に従属しているばかりか、……モスクワのコントロールの下にあるのだ。……共産党は……自らの規模を越えた権力を確保し、あらゆる場所で全体主義的なコントロールを手に入れようとしている。　＊ソヴェト＝ソヴィエト　（『世界史史料11』岩波書店）

資料2　トルーマン・ドクトリン（1947年3月12日）

> 国家が抑圧を受けず平和に発展する環境を整えるため、アメリカ合衆国は国際連合の誕生で指導的役割を果たしてきた。国連は、すべての加盟国が永続的な自由と独立を享受できるようになるために考案された。しかし、自由な国民に全体主義体制を押しつけようとする好戦的な動きは収まらない。自由な国民がこれに対抗して自由な制度や国家の独立を維持できるよう我々が積極的に支援しないかぎり、大切な目的は達成されない。……この重大な時期にギリシャとトルコを支援しなければ、東側にも西側にも影響は広くおよぶだろう。　（『マーシャル・プラン　新秩序の誕生』みすず書房）

資料3　商務長官ヘンリー・A・ウォーレスがトルーマン大統領に宛てた手紙（1946年7月23日）

> わが国では、ロシアの安全保障地帯の拡大に反対の声があるが、東欧や中東への彼らの拡大は、本土から数千マイルも離れたグリーンランドや沖縄にわが国がもっている空軍基地に比べたら、軍事的にはわずかな変更でしかない。……わが国が東欧に民主主義を確立しようとすると、ロシア人には、非友好的な隣国によって包囲するものと見えるのだ。……たとえ宥和的だと言われようとも、ロシアの安全に配慮しなければならないのである。
> （「立命館国際研究」異端の副大統領ヘンリー・A・ウォーレス：ポスト冷戦時代の視点から）

(1)　下線部ⓐについて、1955年までに発足した世界各国の諸同盟として**適当でないもの**を選べ。

　　① 北大西洋条約機構　　② 米州機構　　③ 東南アジア条約機構　　④ アフリカ統一機構

(2)　**資料1**を読み、空欄Ⓧにあてはまる文として適切なものを選べ。

　　① ソ連が東ヨーロッパ諸国の一部を影響下におき、民主主義を確立しようとしている

　　② ソ連が西ヨーロッパ諸国を相手に戦争を起こそうとしている

　　③ 東ヨーロッパ諸国の一部がソ連を中心とするワルシャワ条約機構へ加盟している

　　④ 東ヨーロッパ諸国の一部はソ連の影響下にあり、今後も拡大していく可能性がある

(3)　里見さんは、冷戦の状態になる背景をどのように整理したと考えられるか。会話文をふまえ、アメリカとソ連の立場を「資本主義」「社会主義」の語句と関連づけ、空欄Ⓨにあてはまるように説明せよ。

(4)　里見さんは、先生から提示された下線部ⓒを読み解くために、ヘンリー・A・ウォーレスについて調べたところ、**資料3**をトルーマン大統領に送った後、商務長官の職を解任されていたことを知った。そこで**資料1〜3**を再度読むと里見さんには2つの**疑問a・b**が浮かんだ。里見さんが**疑問a・b**をもった**理由**として適切なものは①・②のどちらか、それぞれ選べ。

　　疑問　a　アメリカはなぜソ連の影響力が東欧に拡大することを危険視したのか。

　　　　　b　ソ連にとってアメリカの行動はどのように捉えられていたのか。

　　理由　①　**資料1〜3**は、いずれも西側諸国の資料であり、東側諸国の資料ではないため。

　　　　　②　**資料3**のようにソ連への敵視について否定的意見があったにも関わらず、**資料2**の演説をしたため。

2 米ソ関係の変化と核開発　年表の空欄に適語を入れ，下の問いに答えよ。

年表

年	出　来　事
1949	ソ連が⒜原子爆弾の開発に成功する
1952	イギリスが原子爆弾の開発に成功する アメリカが水素爆弾実験に成功する
1953	ソ連が水素爆弾実験に成功する／（①）が死去する
1954	アメリカが⒝太平洋上で実施した核実験により日本の漁船が被爆する
1955	ジュネーヴでソ連，アメリカ，フランス，イギリスの代表者が会談をおこなう
1957	ソ連が⒞人工衛星の打ち上げに成功する
1959	ソ連の（②）がアメリカを訪問する
1960	アメリカの偵察機がソ連領内で撃墜される
1961	東ドイツ政府により（③）が築かれる

資料1　1960年代までの世界終末時計の推移

（原子力科学者会報ウェブサイトより作成）

(1)　下線部⒜について，**資料1**の世界終末時計とは，核戦争などによる人類の滅亡を午前0時として，午前0時に至るまでの残り時間を示したものである。

　ⅰ　1953年までに世界終末時計の残り時間が短くなっていった理由を，**年表**をもとに簡潔に説明せよ。

　ⅱ　1953年と1960年の世界終末時計を比較して1960年の方が残り時間が長くなった理由を，**年表**中1959年までの出来事をもとに簡潔に説明せよ。

(2)　あとの**説明**は，1950年代のアメリカについて，**資料2・3**から読み取れることを述べた文である。空欄Ⅹ・Ⅻにあてはまる語句の組合せとして正しいものを①〜④から選べ。

資料2

A 1950 Herblock Cartoon, ⓒThe Herb Block Foundation

資料3　マッカーシー上院議員の演説（1950年2月9日）

> ……かつて我が国の著名な歴史家が述べたように，「偉大な民主主義国家が崩壊するのは，外からの敵によってではなく，内からの敵によるのであります」。……
> 　　　　　　　　　　　　　　　　　（『世界史史料11』岩波書店）

説明

> **資料2**中の「RED」とは　Ⅹ　のことであり，**資料3**中の「内からの敵」はアメリカ政府内に　Ⅹ　を支持する人がいる可能性を示唆している。このような　Ⅹ　への反発は　Ⅻ　と呼ばれる。

　①　Ⅹ　民主主義　Ⅻ　公民権運動　　②　Ⅹ　民主主義　Ⅻ　赤狩り

　③　Ⅹ　共産主義　Ⅻ　赤狩り　　④　Ⅹ　共産主義　Ⅻ　公民権運動

(3)　下線部⒝について，核実験がおこなわれ，現在は世界遺産に登録されているこの場所の名称を答えよ。

(4)　下線部⒞について，この人工衛星の名称を答えよ。

1	(1)		(2)		(3)			
	(4) a		b					
2	①			②			③	
	(1) ⅰ							
	ⅱ							
	(2)		(3)			(4)		

19 西ヨーロッパの経済復興と第三世界の連携

現在のEUや発展途上国の成果や問題点の出発点と位置づけ，考察しよう。

ポイント整理

1 戦後の西ヨーロッパ〈荒廃（こうはい）からの復興と政治体制〉

作業 1 例にならい，各国の説明文と地図中の首都の位置を線で結ぼう（枠上の●と首都の◉を結ぶ）。

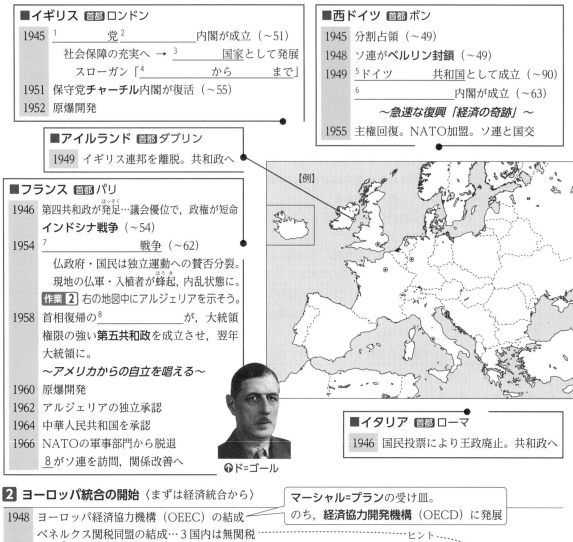

■イギリス 首都 ロンドン

1945	¹_____党²_____内閣が成立（～51）
	社会保障の充実へ → ³_____国家として発展
	スローガン「⁴_____から_____まで」
1951	保守党**チャーチル**内閣が復活（～55）
1952	原爆開発

■西ドイツ 首都 ボン

1945	分割占領（～49）
1948	ソ連が**ベルリン封鎖**（～49）
1949	⁵ドイツ_____共和国として成立（～90）
	⁶_____内閣が成立（～63）
	～急速な復興「経済の奇跡」～
1955	主権回復。NATO加盟。ソ連と国交

■アイルランド 首都 ダブリン

| 1949 | イギリス連邦を離脱。共和政へ |

■フランス 首都 パリ

1946	第四共和政が発足（ほっそく）…議会優位で，政権が短命
	インドシナ戦争（～54）
1954	⁷_____戦争（～62）
	仏政府・国民は独立運動への賛否分裂。
	現地の仏軍・入植者が蜂起（ほうき），内乱状態に。
	作業 2 右の地図中にアルジェリアを示そう。
1958	首相復帰の⁸_____が，大統領権限の強い**第五共和政**を成立させ，翌年大統領に。
	～アメリカからの自立を唱える～
1960	原爆開発
1962	アルジェリアの独立承認
1964	中華人民共和国を承認
1966	NATOの軍事部門から脱退
	8がソ連を訪問，関係改善へ

⬆ド=ゴール

■イタリア 首都 ローマ

| 1946 | 国民投票により王政廃止。共和政へ |

2 ヨーロッパ統合の開始〈まずは経済統合から〉

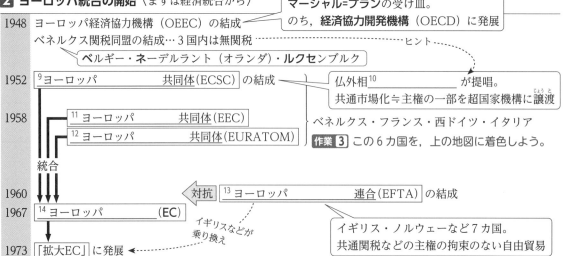

1948	ヨーロッパ経済協力機構（OEEC）の結成 ── **マーシャル=プラン**の受け皿。のち，**経済協力開発機構**（OECD）に発展
	ベネルクス関税同盟の結成…3国内は無関税 ┈┈ ヒント
	ベルギー・ネーデルラント（オランダ）・ルクセンブルク
1952	⁹ヨーロッパ_____共同体（ECSC）の結成 ── 仏外相¹⁰_____が提唱。共通市場化≒主権の一部を超国家機構に譲渡（じょうと）
1958	¹¹ヨーロッパ_____共同体（EEC）
	¹²ヨーロッパ_____共同体（EURATOM）
	ベネルクス・フランス・西ドイツ・イタリア
	作業 3 この6カ国を，上の地図に着色しよう。
	統合
1960	対抗 ¹³ヨーロッパ_____連合（EFTA）の結成
1967	¹⁴ヨーロッパ_____（EC）
	イギリスなどが乗り換え
	イギリス・ノルウェーなど7カ国。共通関税などの主権の拘束のない自由貿易
1973	「拡大EC」に発展

3 第三世界（第三勢力）の形成〈米ソの冷戦から距離をおく姿勢〉

1954	コロンボ会議…15_____［印］ら5首脳が第三世界を構想
	15・16_____［中］会談…17平和_____原則を発表
1955	インドネシアで18_____会議
	開催地名から**バンドン会議**とも。19平和_____原則
1961	20第1回_____首脳会議
	ユーゴスラヴィアの21_____大統領らが提唱
	首都22_____で。以後，3年ごとに開催

〈A〉〈B〉〈C〉〈D〉〈E〉〈F〉

◑周恩来

◑ネルー

4 インド・パキスタン・中国の国境紛争 ── 第三世界の内紛

1947	インド（23_____教など）と24_____（イスラーム教）に分離独立
	→ **カシミール**の帰属で対立し，25第1次_____（インド＝パキスタン）戦争（～48）
1959	チベット動乱…中国の軍事制圧（1951）に対する民衆蜂起。指導者ダライ＝ラマ14世は
	↓影響　　　インドに亡命政府
1962	**中印国境紛争**の発生…カシミールで
1965	第2次印パ戦争
1971	東パキスタンが独立運動
	↓←インドが支援し，第3次印パ戦争
	国名26_____として独立

作業 4 上の地図に，次の位置を示そう。

［都市］コロンボ，バンドン
［ 国 ］インドネシア，パキスタン
　　　　バングラデシュ
［地方］カシミール

◑スカルノ大統領
（インドネシア）

5 アフリカ諸国の独立〈第三世界の形成を追い風として〉

作業 5 以下の年表中の5カ国を，右の地図に着色しながら学習しよう。

1951	リビア独立
1956	モロッコ・チュニジアなどが独立
1957	27_____独立…初のアフリカ人国家。指導者28_____
1960	「**アフリカの年**」…17カ国が一斉に独立
1962	アルジェリア独立…民族解放戦線（FLN）がアルジェリア戦争を経て闘争
1963	アフリカ諸国首脳会議で，29アフリカ_____（OAU）を結成

《**問題点**》・旧宗主国（そうしゅ）が強く介入する傾向

　　　　　・部族対立から内戦・クーデタが多発…30_____動乱，ナイジェリア　など

　　　　　・戦前からのモノカルチャー経済への依存…コーヒー・カカオ　など

▦第二次世界大戦前の独立国

▤1960年（アフリカの年）の独立国

6 エジプトの台頭と中東戦争〈現在に続くパレスチナ問題の始まり〉

◑ナセル

1945	31アラブ_____結成…**アラブ民族主義**を底流とした協力機構。エジプトが主導
1948	イスラエル建国　→　32第1次_____戦争（～49）…アラブ諸国敗北
1952	**エジプト革命**…軍人33_____らが王政廃止，農地改革
1956	**スエズ運河の国有化宣言**　→　第2次中東戦争…vs権益国の英仏とイスラエル
1967	第3次中東戦争…"6日戦争"でイスラエル領が倍増。33の威信低下
1969	34パレスチナ_____機構（略称35_____）の議長に36_____就任
1970	37_____ダム完成。33死去

世界が非難
→3国撤兵

武装闘争を指導

7 ラテンアメリカの動向〈冷戦下，親米vs左翼政権。米国の支援で民政移管も〉

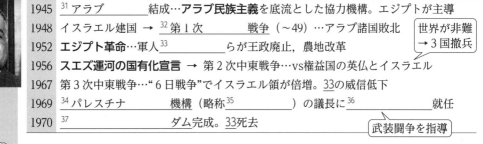

［　**キューバ**　］	バティスタ政権（1952～）➡**キューバ革命**・38_____政権（1959～）
［　**ニカラグア**　］	ニカラグア革命・内戦へ（1979～）➡内戦終結・親米政権（1990～）
［　**グアテマラ**　］	左翼政権（1951～）➡親米軍事政権（1954～）➡民政移管（1986～）
［**アルゼンチン**］	ペロン政権（1946～）➡軍事政権（1955～）など➡民政移管（1983～）

8章

━━━━━━━━━━━━━━━━━━━━━━━━━━ 問題演習 ━━━━━━━━━━━━━━━━━━━━━━━━━━

1 ヨーロッパの統合　次の文は，ヨーロッパの統合について学習する授業中の先生と生徒の会話である。会話文の空欄に適語を入れ，下の問いに答えよ。

先　生：第二次世界大戦後に見られたヨーロッパ統合の動きについて学習します。1950年代から60年代に結成された共同体をあげてください。

ケ　イ：ⓐヨーロッパ石炭鉄鋼共同体（ECSC）があります。ⓑフランスの外務大臣（①）の提案で結成されました。

リョウ：ⓒイギリスを中心にヨーロッパ（②）連合（EFTA）も結成されました。

ち　か：イギリスはヨーロッパ共同体（EC）にも加盟しましたよね。

先　生：そうです。イギリスは　A　。

ケ　イ：他にはヨーロッパ（③）共同体（EURATOM）があります。③開発を共同で進めました。

リョウ：同じ年にヨーロッパ経済共同体（EEC）も発足しています。

先　生：これらは，　B　。

(1)　下線部ⓐについて，この共同体を結成した6カ国の位置を示した地図として正しいものはどれか。

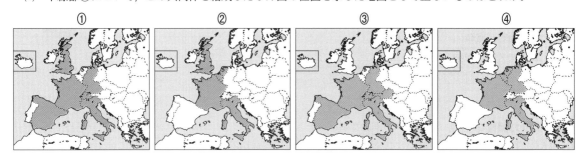

(2)　下線部ⓑで1959年に大統領に就任したド=ゴールについて述べた文として適当でないものはどれか。

① 第四共和政を成立させた。　　　② アルジェリアの独立を承認した。

③ 原子爆弾の開発を成功させた。　　④ NATOの軍事部門から離脱した。

(3)　下線部ⓒについて述べた次の文あ・いの正誤の組合せとして正しいものはどれか。

あ　労働党を率いるアデナウアーが1945年の総選挙で勝利し，社会福祉体制を整備した。

い　エールは1949年にイギリス連邦を正式に離脱し，共和政のアイルランドとなった。

① あ：正　い：正　　② あ：正　い：誤　　③ あ：誤　い：正　　④ あ：誤　い：誤

(4)　空欄A・Bにあてはまる文の組合せとして正しいものはどれか。

① A：EFTAに加盟したまま，ノルウェー・フィンランドとともに加盟しました
　　B：米ソの経済が戦争で疲弊した隙に，西欧経済の繁栄を継続させる意図がありました

② A：EFTAに加盟したまま，ノルウェー・フィンランドとともに加盟しました
　　B：戦争をしない仕組みづくりとして，地域統合を進めた面がありました

③ A：EFTAを脱退し，アイルランド・デンマークとともに加盟しました
　　B：米ソの経済が戦争で疲弊した隙に，西欧経済の繁栄を継続させる意図がありました

④ A：EFTAを脱退し，アイルランド・デンマークとともに加盟しました
　　B：戦争をしない仕組みづくりとして，地域統合を進めた面がありました

(5)　会話文に出てくる共同体について，結成された順に正しく並べられているものはどれか。

① ECSC→EFTA→EC→EURATOM　　② ECSC→EURATOM→EFTA→EC

③ EURATOM→ECSC→EC→EFTA　　④ ECSC→EC→EFTA→EURATOM

2 **第三世界の連携**　次の文の空欄に適語を入れ，下の問いに答えよ。　　　　　　　〔16国士舘大⊠：改〕

　アジア・アフリカ諸国は，東西両陣営の対立に巻き込まれることを嫌い，第三勢力を形成しようとした。1954年にはインドのネルー首相と中国の（①）首相とが会談して「平和五原則」を発表し，翌年には⒜アジア=アフリカ会議が開催された。1961年には⒝第1回非同盟諸国首脳会議が開催され，　　A　　。

　大戦後のアフリカでは，1953年にエジプトで王政が打倒され，共和国が成立した。共和国は近代化を進めるためアスワン=ハイダムの建設をめざし，その建設資金を得るために（②）運河を国有化した。これに対して，　　B　　。サハラ砂漠以南では，1957年に⒞ガーナが自力独立の共和国として最初に独立した。翌年ギニアが独立した。

　ラテンアメリカ世界では戦後もアメリカ合衆国の影響力が強く，1947年，米州相互援助条約が調印され，翌年（③）が発足した。しかし，⒟アルゼンチンでは1946年以降反米的な国家社会主義的政策が実施され，その他の国でも反米的民族運動や革命運動が展開された。キューバでは1959年に革命が起こり，親米的な（④）政権が倒された。その後アメリカ合衆国はキューバと断交し，革命政権の打倒にも失敗すると，キューバはソ連寄りの姿勢を明らかにしていく。

(1)　下線部⒜について述べた次の文あ・いの正誤の組合せとして正しいものはどれか。

　　あ　この会議はティトー大統領らが呼びかけ，ベオグラードで開催された。

　　い　平和五原則を発展させ，平和十原則が打ち出された。

　　①　あ：正　い：正　　②　あ：正　い：誤　　③　あ：誤　い：正　　④　あ：誤　い：誤

(2)　下線部⒝について，この会議の参加国として**適当でないもの**はどれか。

　　①　インドネシア　　②　エジプト　　③　日本　　④　ユーゴスラヴィア

(3)　下線部⒞について，次の文章はガーナの独立式典で行われた演説の内容である。この演説を行った指導者名を答えよ。また，1960年と1963年に見られたこの演説に沿った出来事について簡潔に説明せよ。

　ついに戦いは終わった。こうしてガーナは，諸国の愛する国は，永久に自由になった。しかし，われわれは，アフリカの他の国々を解放する戦いにふたたび身を捧げる。われわれの独立は，それがアフリカ大陸の完全解放に結びつかないかぎり意味をなさないからだ。

(4)　下線部⒟について述べた次の文あ・いの正誤の組合せとして正しいものはどれか。

　　あ　アルゼンチンでは1946年にカストロが大統領となり，反米的なナショナリズムを掲げた。

　　い　グアテマラでは1951年に左翼政権が誕生し，アメリカの支援を受けた軍部クーデタを退けた。

　　①　あ：正　い：正　　②　あ：正　い：誤　　③　あ：誤　い：正　　④　あ：誤　い：誤

(5)　空欄Ａ・Ｂにあてはまる文の組合せとして正しいものはどれか。

　　①　Ａ：平和共存や植民地主義の打破などが宣言された

　　　　Ｂ：イギリス・フランスとイスラエルは共同出兵して，第2次中東戦争が始まった

　　②　Ａ：平和共存や植民地主義の打破などが宣言された

　　　　Ｂ：イスラエル軍がエジプト軍を奇襲し，第3次中東戦争が勃発した

　　③　Ａ：各国ではソ連の後押しをうけた共産党主導の改革が実行された

　　　　Ｂ：イギリス・フランスとイスラエルは共同出兵して，第2次中東戦争が始まった

　　④　Ａ：各国ではソ連の後押しをうけた共産党主導の改革が実行された

　　　　Ｂ：イスラエル軍がエジプト軍を奇襲し，第3次中東戦争が勃発した

8章

1	①		②		③		(1)	
	(2)		(3)		(4)		(5)	

2	①		②		③		④		(1)	(2)
	(3)指導者名		説明						(4)	(5)

20 55年体制の成立と日本の高度経済成長

政権の安定化に伴い，外交では戦後処理が進み，国内では高度経済成長へ。

ポイント整理

1 55年体制と基本的な外交体制の確立〈自社対決の構図の固定化，国際社会への復帰〉

政党の変遷	内 閣	年代・できごと
		1950　朝鮮戦争勃発
	吉田茂 Ⅱ～Ⅴ	1951　サンフランシスコ平和条約，日米安保条約 　　　→ 講和方式を巡り，_1_　　　　党分裂
		1952　血のメーデー事件（皇居前広場事件） 　　　→ 破壊活動防止法…過激な社会運動を抑止

所感派／日本共産党／国際派／日本社会党／左派／右派／□／自由党／□／□／日本民主党

公職追放解除で復帰した4・8ら，反吉田勢力が結集

民主化・非軍事化からの政策転換を，野党などは"逆コース"と批判。_2_ 米軍　　　反対闘争も始まる

1954　ビキニ環礁での水爆実験で第五福竜丸が被爆

（再統一）

_3_　　　　党

1955　　→ 第1回原水爆禁止世界大会

社会党再統一 ← 鳩山内閣の改憲・再軍備方針に危機感

⇕

保守合同…左翼政権を危惧する財界・米国の働きかけ
　　　→ 日本民主党と自由党が合併

以後，_3_政権に社会党が対抗する構造が長く続く　＝_5_　　　　体制

4

1956　_6_ 日ソ　　　…「自主外交」を唱え，首相が訪ソ。
　　　　　　　　　　　国交回復。北方領土問題は未解決
　　　　　⇓
　　　_7_　　　　　　加盟…ソ連が反対せず

石橋湛山（いしばしたんざん）

民主社会党

1960　_9_ 日米　　　　　　及び安全保障条約（**新安保条約**）
　　　日本での共同防衛など，より対等な立場に改定。
　　　衆議院で，_3_単独の強行採決 → 自然成立

⇕

革新勢力・全学連（全日本学生自治会総連合）・一般市民など大群衆が国会周辺で抗議デモ　_10_　　　　闘争

8

㊟ 以下，「ソ連」と略記

日ソ共同宣言

一，日本国とソヴィエト社会主義共和国連邦との間の戦争状態は，この宣言が効力を生ずる日に終了し，両国の間に平和及び友好善隣関係が回復される。

四，ソ連は，国際連合への加入に関する日本国の申請を支持するものとする。

九，……ソ連は歯舞群島および色丹島を日本国に引き渡すことに同意する。ただし，これらの諸島は日本国とソ連との間の平和条約が締結された後に，現実に引き渡されるものとする。

宣言・条約のポイントを読み取ろう。

日米相互協力及び安全保障条約

第四条　締約国は，この条約の実施に関して随時協議し，また，日本国の安全又は極東における国際の平和及び安全に対する脅威が生じたときはいつでも，いずれか一方の締約国の要請により協議する。

第五条　各締約国は，日本国の施政の下にある領域における，いずれか一方に対する武力攻撃が，自国の平和及び安全を危うくするものであることを認め，自国の憲法上の規定及び手続に従って共通の危険に対処するように行動することを宣言する。

第六条　日本国の安全に寄与し，並びに極東における国際の平和及び安全の維持に寄与するため，アメリカ合衆国は，その陸軍，空軍及び海軍が日本国において施設及び区域を使用することを許される。

2 経済成長政策と外交面の戦後処理 〈11内閣は経済，16・20内閣は外交に成果〉

[内閣]

11

16

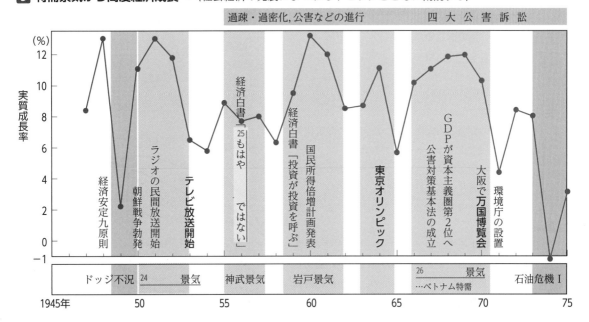

20

高度経済成長政策の推進

> 「寛容と忍耐」を唱え，国民の関心を経済にそらす

1960　「12 国民　　　　　計画」発表

　　　…10年間で倍増を企図 → 予想より早い成長。**資本主義圏第2位のGNPへ**（1968）

> 国民総生産。当時の一国の経済力の指標

1961　農業基本法…農業近代化を企図

1962　13　　　貿易…「政経分離」方針。日中準政府間貿易開始

国際的な開放経済体制へ

1963　14　　　　　の自由化…GATT11条国へ移行

1964　為替の自由化…IMF8条国へ移行

　　　資本の自由化…15　　　　　（経済協力開発機構）加盟

> } 途上国としての便宜措置の廃止
> 先進国入りを意味

外交面の戦後処理

1965　17 日韓　　　条約…10年越しで難航した補償交渉を，朴正煕政権と決着

> 第二条　千九百十年八月二十二日以前に大日本帝国と大韓帝国との間で締結されたすべての条約及び協定は，もはや無効であることが確認される。
> 第三条　大韓民国政府は，国際連合総会決議第百九十五号（Ⅲ）に明らかにされているとおりの朝鮮にある唯一の合法的な政府であることが確認される。

1968　**小笠原返還**…返還の際，首相が18　　　　　　を表明 → のちノーベル平和賞受賞

1972　19　　　　　返還…1960年代の祖国復帰運動が結実

「21 日本　　　　　」政策……新幹線・高速道路網による全国連結・開発計画

1972　22 日中　　　　　…ニクソン大統領［米］の訪中をみて，首相が訪中，国交正常化

　　　→ 台湾と断交。翌73年，日台交流民間協定を結び，民間交流を維持

> ……日本側は中華人民共和国政府が提起した「復交三原則」を十分理解する立場に立って国交正常化の実現をはかるという見解を再確認する。……
> 二，日本国政府は，中華人民共和国政府が中国の唯一の合法政府であることを承認する。
> 三，中華人民共和国政府は，台湾が中華人民共和国の領土の不可分の一部であることを重ねて表明する。日本国政府はこの中華人民共和国政府の立場を十分理解し，……

1973　23 第1次　　　　　　　の波及…原油暴騰で「狂乱物価」状態へ。21は失速

1974　　　→ 戦後初の経済のマイナス成長

8章

3 特需景気から高度経済成長へ 〈社会経済の発展にまつわるトピックとともに概観する〉

4 高度経済成長のメカニズム〈高度成長の要因が，その後の日本の社会構造のもととなった〉

(1) **条件的要因**
- ＄1＝¥360の割安な固定為替相場 → 輸出産業の成長
- 防衛費の支出が少ない

(2) **アメリカから 27 技術 の成果を導入 → 28 投資ブーム**
- 生産過程のほか，流通・販売の手順，品質・労務管理なども改良導入
  → 「日本的経営」の確立…終身雇用，年功賃金，労使協調
- 大企業の設備投資が成長を牽引…「投資が投資を呼ぶ」

(3) **安価な資源供給**
- 石炭から安価な 29 ＿＿＿＿＿への「エネルギー革命」⬀

(4) **国内消費市場の拡大**
- 農業所得の上昇 ← 池田内閣の農業基本法（1961）
  農業の近代化…化学肥料・農薬・機械化など
  農協の運動による生産者米価引上げ
- 労働者の賃金上昇
  労働力不足 → 中卒の若者は「金の卵」，農村から集団就職列車⬀
  「春闘」方式の賃上げ闘争…総評が主導

右上のエネルギー構成表：

年					
1950(昭25)	石炭・亜炭 58.4%	石油 7.1	天然ガス 11.5	水力 23.0	その他 1.1
1970(昭45)	19.9%	71.9	1.2	原子力 0.3 その他 2.7	5.6
1990(平2)	16.8%	56.0	10.7	9.6	4.2 2.7
2004(平16)	21.8%	46.3	14.7	10.9	3.6 2.7

（『日本国勢図会』）

(%) 賃上げ率
（労働政策研究・研修機構資料より作成）

5 社会の変貌とひずみ〈高度成長の光と影〉

(1) **産業構造の高度化**…第2次・第3次産業人口の増加➡
  → 太平洋ベルト地帯に工業地帯が集積
  人口集中による 30 ＿＿＿＿化，住宅団地の造成，31 ＿＿＿＿家族化

(2) **公害問題の発生**…交通渋滞，大気汚染，水質汚濁 etc.
  → 四大公害訴訟で住民勝訴…32 ＿＿＿＿病，四日市ぜん
    そく，イタイイタイ病，新潟32
  33 ＿＿＿＿自治体の増加…東京都などで革新系の首長・与党が福祉推進
  対策：34 公害＿＿＿＿法（1967），35 ＿＿＿＿庁新設（1971）

(3) **交通の発達**…高速交通網，ジェット機の就航
  東海道新幹線（1964）
  名神高速道路（1965）
  東名高速道路（1969）

(4) 36 ＿＿＿＿財の普及⬀
  「37 三種の＿＿＿＿」⬀
  ⬇
  「3C（新三種の神器）」

(5) **生活様式の変容**
  外食産業の発達 ← 肉類・パンなど食の洋風化
  余暇利用の文化，マスメディアの発達
    レジャー，アニメ，ポピュラー音楽の流行
  高等教育の普及…高校進学率82%（1970）
  39 ＿＿＿＿意識…中間層だと意識する国民が8〜9割

(6) **農漁村の衰退**
  人口流出による 40 ＿＿＿＿化
  兼業農家の増加…妻と老夫婦の「三ちゃん農業」
  食生活の変化と生産力上昇のため，米が供給過剰
    → 作付制限をする減反政策（1970〜）

産業別人口構成表：

(年)	第1次産業	第2次産業	第3次産業
1920	53.8%	20.5%	23.7%
1940	44.3	26.0	29.0
1960	32.7	29.1	38.2
1980	10.9	33.6	55.4
2000	5.0	29.5	64.3

（「国勢調査」資料より作成）

⬇電気冷蔵庫
➡白黒テレビ
⬇電気洗濯機

〈1960年代〉
「三種の神器」
白黒テレビ
38 電気＿＿＿＿機
電気冷蔵庫

〈1970年代〉
「3C（新三種の神器）」
カラーテレビ
カー(自動車)
クーラー(エアコン)

(%) 普及率の推移
白黒テレビ／電気洗濯機／電気冷蔵庫／カラーテレビ／自動車／ルームエアコン
（『広告景気年表』）

■■■ 問 題 演 習 ■■

1 55年体制の成立　次の会話文の空欄に適語を入れ，下の問いに答えよ。

先生：今日は1955年に成立した政治体制について学習します。事前に調べてきたことを発表してください。

山本：サンフランシスコ平和条約で主権を回復した後，吉田茂内閣は1952年の血のメーデー事件をきっかけに（①）を制定しました。また，1954年，ⓐ日本政府はアメリカから兵器や経済支援を受ける見返りとして防衛力強化を約束し，同年には陸・海・空の3軍からなる（②）も発足しました。一方，政界では戦前からの有力な政治家で吉田茂のライバルと見なされていた鳩山一郎や岸信介らが公職追放を解除され，国会議員として復帰しました。

大塚：彼らは自由党を離党して，新たに鳩山を総裁とする（③）を結成し，吉田内閣を総辞職に追い込んで鳩山一郎内閣を発足させました。

先生：鳩山内閣発足後の政治はどのように推移しましたか。

前川：鳩山内閣は憲法改正や防衛力の増強に積極的な姿勢を見せたため，サンフランシスコ平和条約や日米安全保障条約への対応をめぐって左派と右派に分かれていた日本社会党が1955年10月に統一し，衆参両院でⓑ憲法改正を阻止するために必要な議席数を確保しました。

田辺：社会党の再統一に対抗し，自由党と③も合流することになり，同年11月，戦後最大の保守政党となる自由民主党（自民党）が結成され，初代総裁には鳩山一郎が選出されました。こうして，保守勢力の自民党と（④）勢力の社会党が対抗する55年体制と呼ばれる政治体制が成立しました。

先生：ありがとうございました。では，ⓒ55年体制の成立後に日本の政治はどのように推移していったのか，資料も参考にしながら考察してみましょう。

資料　55年体制下の衆議院議席数

選挙実施年	自民党	社会党	民社党	共産党	公明党	総定数
1955㊟	299	154	―	―	―	467
1958	287	166	―	1	―	467
1960	296	145	17	3	―	467
1963	283	144	23	5	―	467
1967	277	140	30	5	25	486
1969	288	90	31	14	47	486
1972	271	118	19	38	29	491

㊟55年体制成立時の議席数。（『自民党―政権党の38年』より作成）

(1)　下線部ⓐについて，1954年に日米の政府間で結ばれた協定を何というか。

(2)　下線部ⓑについて，このとき社会党が確保した議席は総定数のうち，どの程度か。分数で答えよ。

(3)　下線部ⓒについて，資料をもとに55年体制下の日本の政治について考察した次のX・Yについて，その正誤の組合せとして正しいものはどれか。

　　X　自民党は1955年以降，6割以上の議席数を維持して政治を独占し，1972年までの間に政権交代は起こらなかった。

　　Y　1960年以降，社会党以外の政党が選挙のたびに議席数を増やし，野党勢の多党化が進んだ。

　　① X　正　　　Y　正　　　② X　正　　　Y　誤
　　③ X　誤　　　Y　正　　　④ X　誤　　　Y　誤

1	①	②	③	④
	(1)		(2)	(3)

2 戦後日本と国際社会 資料1〜5を読み，空欄に適語を入れ，下の問いに答えよ。

資料1

> 一、日本国とソヴィエト社会主義共和国連邦との間の戦争状態は，この宣言が効力を生ずる日に終了し，両国の間に平和及び友好善隣（ぜんりん）関係が回復される。
>
> 四、ソヴィエト社会主義共和国連邦は，（①）への加入に関する日本国の申請を支持するものとする。
>
> 　ソヴィエト社会主義共和国連邦は日本国の要望にこたえ，かつ日本国の利益を考慮して，（②）群島および（③）島を日本国に引き渡すことに同意する。ただし，⒜これらの諸島は日本国とソヴィエト社会主義共和国連邦との間の平和条約が締結された後に，現実に引き渡されるものとする。

資料2

> 第5条　各締約国は，日本の施政の下にある領域における，いずれか一方に対する武力攻撃が，自国の平和及び安全を危うくするものであることを認め，自国の憲法上の規定及び手続に従って共通の危険に対処するように行動することを宣言する。
>
> 第6条　⒝日本国の安全に寄与し，並びに極東における国際の平和及び安全の維持に寄与するため，アメリカ合衆国は，その陸軍，空軍及び海軍が日本国において施設及び区域を使用することを許される。

資料3

> 第2条　⒞1910年8月22日以前に大日本帝国と大韓帝国（だいかん）との間で締結されたすべての条約及び協定は，もはや無効であることが確認される。
>
> 第3条　大韓民国政府は，（①）総会決議第195号（Ⅲ）に明らかにされているとおりの⒟朝鮮にある唯一の合法的な政府であることが確認される。

資料4

> 第1条　1　アメリカ合衆国は，2に定義する琉球諸島（りゅうきゅう）及び大東諸島（だいとう）に関し，1951年9月8日に（④）市で署名された日本国との平和条約第三条の規定に基づくすべての権利及び利益を，この協定の効力発生の日から日本国のために放棄する。……
>
> 第3条　1　日本国は，1960年1月19日にワシントンで署名された日本国とアメリカ合衆国との間の相互協力及び安全保障条約及びこれに関する取極（とりきめ）に従い，この協定の効力発生の日にアメリカ合衆国に対し琉球諸島及び大東諸島における施設及び区域の使用を許す。

資料5

> 　日本側は，過去において日本国が戦争を通じて中国国民に重大な損害を与えたことについての責任を痛感し，深く反省する。また⒠日本側は中華人民共和国政府が提起した「復交三原則」を十分理解する立場に立って国交正常化の実現をはかるという見解を再確認する。中国側は，これを歓迎するものである。……

(1) 資料1から資料5の条約・協定名を答えよ。

(2) 下線部⒜について，日本とロシア（旧ソ連）間に現在も横たわる領土問題は何か。

(3) 下線部⒝について，この交換公文に基づき，日米両政府間でおこなわれるとされるものは何か。

(4) 下線部⒞について，この年月日に調印された条約は何か。

(5) 下線部⒟について，これを認めたことで国交樹立が著しく困難になった国はどこか。

(6) 下線部⒠について，「復交三原則」とは①中華人民共和国政府が中国唯一の合法的な政府である，② X は中華人民共和国の一部である，③日本と X が結んだ条約は無効である，という考えである。 X はどこか。

3 日本の高度経済成長　次のメモは，雄太さんが日本の高度経済成長に関する学習内容を整理したものである。
これを読み，空欄に適語を入れ，下の問いに答えよ。

【高度経済成長のはじまり】
・1950年に（①）が始まるとアメリカ軍の特需が発生した。
・1956年度『経済白書』では，ⓐ日本経済が戦後復興を終え，成長軌道に乗ったことを指摘している。

【高度経済成長はどのようにして実現されたのか】
・（②）内閣は「国民所得倍増計画」を閣議決定するなど，政府が経済成長を後押しした。
・「投資が投資を呼ぶ」といわれた民間企業の（③）が活発におこなわれた。
・日本の産業構造は高度化し，1950年代半ば～1960年代には（④）から（⑤）へエネルギーの転換が進んだ。
・自由貿易体制のもとで輸出が拡大し，ⓑ1964年には先進国の仲間入りを果たした。
・所得を増加させた国民は豊かな生活を求め，ⓒ消費を拡大させた。

【高度経済成長により日本の社会はどのように変化したのか】
・1964年の（⑥）や1970年の大阪万博など，国際的なイベントが開催された。
・高速道路やⓓ鉄道の整備が進んだ。
・ⓔ日本人の食生活は大きく変化した。
・大都市圏に人口が集中して（⑦）化が進み，農村・山村・漁村では人口が流出して（⑧）化が進んだ。
・経済成長を優先させたため，ⓕ公害問題が深刻化した。

---

(1)　下線部ⓐについて，この出来事を象徴する言葉を答えよ。
(2)　下線部ⓑについて，1964年に日本が加盟した国際機関を答えよ。
(3)　下線部ⓒについて，1960年代までに普及した「三種の神器」と称された家電製品を3つ答えよ。
(4)　下線部ⓓについて，1964年に東京・新大阪間に開通した高速鉄道は何か。
(5)　下線部ⓔについて，日本人の食生活にはどのような変化が見られたか。「洋風化」「減反政策」という語句を用いて説明せよ。
(6)　下線部ⓕについて，1960～70年代の公害問題をめぐる記述として**適当でないもの**を選べ。
　①　四大公害訴訟では被害にあった住民側（原告側）がいずれも勝訴した。
　②　東京都など大都市部では革新系の首長が当選し，福祉政策を推進した。
　③　環境悪化よりも経済成長を優先したため，政府の対応は遅れた。
　④　公害対策基本法が制定され，1971年には環境省が設置された。

8章

2 ①		②	③	④	
(1)資料1		資料2		資料3	
資料4		資料5			
(2)		(3)		(4)	
(5)		(6)			
3 ①		②	③	④	
⑤		⑥	⑦	⑧	
(1)			(2)		
(3)	・		・	(4)	
(5)					(6)

キューバ危機と冷戦構造のゆらぎ キューバ危機を機に，東西両陣営が体制の在り方を模索。特に，米中ソの勢力バランスの"三角関係"に留意。

━━━━━━━━━━━━━ ポイント整理 ━━━━━━━━━━━━━

1 冷戦年表Ⅳ──冷戦構造のゆらぎ 〈キューバ危機，東方外交，ブレジネフ体制，ベトナム戦争，文化大革命〉

【西側陣営】	⟷	【東側陣営】

1958 「¹_____」政策始まる…中国で農工業の増産運動

1959 **キューバ革命**…指導者 ²_____

フランス，原爆開発(1960)

ベルリンの壁の構築(1961〜89)

──教訓…→ **キューバ危機**(1962)

³ 部分的_____条約(PTBT)(1963)

米英ソ。大気圏内外と水中を禁止 フランス・中国は反発

ケネディ大統領暗殺 1963

1964 フルシチョフ→ブレジネフ政権へ 中国，原爆開発

ベトナム戦争(1965〜73)

1966 中国で「⁴ プロレタリア_____革命」開始(〜1976)

──経済悪化── 1967 中国，水爆開発

米英ソ ⁵ 核_____条約(NPT)(1968)

ソ連軍など**ワルシャワ条約**機構軍が弾圧

1968 「⁶_____の春」←

西独で⁷_____政権成立…⁸_____外交の推進 1969 ⁹ 中ソ_____紛争が激化

ニクソン=ショック｛**訪中発表**──支持──→ ／ ドル=ショック ソ連が譲歩 1971 **中華人民共和国に国連代表権**(⇔中華民国が脱退)

¹⁰_____大統領が訪中(1972)

¹¹第1次_____交渉(SALTⅠ)妥結[米ソ](1972)

ベトナム(パリ)和平協定(1973)

→**東西ドイツの国連加盟**(1973)

当時は中立だが親ソ傾向(現在は親米) **インド，原爆開発**

1974

《着眼点》・キューバ危機の経験から，核戦争の危険を認識 → 3 や 5 に結実
・外交バランスの変化…〔1960年代〕米ソの冷戦 & 中ソ対立(中ソ論争から 9 へ)
　　　　　　　　　　〔1970年代〕米中和解(10 訪中) → 米ソの関係改善(11 の妥結など)

2 キューバ危機 〈なぜ危機となり，米ソがどう対処したか〉

←ケネディ

フルシチョフ→

1952 親米 ¹²_____独裁政権が成立…アメリカ資本が社会経済を支配
　　〜カストロが蜂起失敗，メキシコ亡命。盟友 ¹³_____と親交〜

裕福な農園主の家庭で育った弁護士カストロは，貧困農民のため，アメリカ資本の農場を接収

1959 **キューバ革命成功**
　　農地改革…土地国有化，農業集団化 ⇔ **アメリカが敵対視**

この間，アメリカの革命妨害に対して，アメリカ資本を国有化し，ソ連・東欧に接近・国交を結び，社会主義宣言

1962 **ソ連のミサイル基地を建設**
　　→ **キューバ危機**…¹⁴_____大統領[米]が海上封鎖
　　→ ¹⁵_____[ソ]が譲歩，ミサイル基地撤去

カストロが核攻撃を求めたが，米ソ首脳は冷静に判断。危機後，米ソ首脳間に直通電話(¹⁶_____)を開設

2015 アメリカと国交回復
2016 カストロ死去

←カストロ(左)・ゲバラ(右)

ワシントン
シンシナティ・ 大西洋
アメリカ
・ダラス ・アトランタ
ミサイルの推定射程距離(約1900km)
ニューオーリンズ
メキシコ
メキシコ湾 ハバナ
キューバ ドミニカ共和国
ハイチ プエルトリコ
太平洋 カリブ海

3 キューバ危機後の緊張緩和 (17 _____) 〈核兵器の制限，東方外交の一方で，ソ連は体制維持派の政権へ〉

1962	キューバ危機
1963	→部分的核実験禁止条約（PTBT）
	→米ソ首脳間に緊急通話回線（ホットライン）開設
1966	→ド=ゴール[仏]がNATO軍を離脱。訪ソ・関係改善
1968	核拡散防止条約（NPT）
1969	社会民主党のブラント連立政権成立…東方外交
1970	19 _____ =西ドイツ武力不行使条約（モスクワ条約） 20 _____ と国交…オーデル=ナイセ線を国境
1972	第1次戦略兵器制限条約（SALT Ⅰ）…ニクソン訪ソ 東西ドイツ基本条約…互いに国家として承認
1973	東西ドイツが同時に 21 _____
1975	全欧安全保障協力会議…米ソなど35カ国

外交などの改革に反発する党内保守派が，農業政策の失敗を機に追い込む。生涯，軟禁状態

1964	フルシチョフ失脚，ブレジネフ政権成立
1968	「プラハの春」…指導者 18 _____ の改革 市場経済導入・言論自由化など

ソ連軍などワルシャワ条約機構軍が弾圧

《着眼点》
・ソ連のブレジネフは，社会主義陣営全体の利益の為の介入を正当化するブレジネフ=ドクトリン（制限主権論）を唱えた。
・戦後の西ドイツは，東ドイツを承認する国とは国交は結ばなかった。
・大戦でのソ連の拡張の結果，ドイツ=ポーランド国境がオーデル川・ナイセ川とされて東プロイセンがポーランドの中に含まれた。オーデル=ナイセ線を認めることは東プロイセンの放棄を意味し，国内の反対が強かった。

4 中ソ対立と中国の混乱 〈社会主義の路線論争〉

フルシチョフのスターリン批判…中ソ対立の契機

「大躍進」政策の開始…指導者 22 _____ による
農工業増産の強国化運動
23 _____ 社に組織…農村集団化
原始的製鉄，土木への大量動員
→ 天災の際，数千万人餓死

↑毛沢東

↓

22が国家主席辞任。現実主義の 24 _____ に交代
24が 25 _____ とともに政治の主導権掌握
→ 市場経済の要素を加え，生産回復へ

↓

プロレタリア文化大革命の開始…22が権力奪還へ
26 _____ 兵とよぶ青少年を大量動員
『27 毛沢東 _____ 』を手に，個人崇拝へ
旧制度的・資本主義的な要素の排撃で混乱
24・25ら実権派（走資派）は失脚

中ソ国境紛争…武力衝突発生 ⇒

ニクソン大統領が訪中(1972) ⇐

22が死去 → 文革推進の「四人組」逮捕

5 ベトナム戦争とアメリカの動揺 〈民衆運動の高揚〉

1954	連邦最高裁が，学校での黒人隔離に違憲判決
1955	バス=ボイコット運動 → バス内の隔離に違憲判決
1956	↓
	～ 28 _____ 牧師らの 29 _____ 運動が活発化～

I have a dream that one day this nation will rise up and live out the true meaning of its creed: "We hold these truths to be self-evident, that all men are created equal."

これ以降，大戦後のベビーブーマーを中心に，反差別・反戦などを掲げ，独自のライフスタイル・音楽などが広まり，30 _____ 文化（カウンターカルチャー）といわれた。

1959	
1963	31 _____ 大行進…28「私には夢がある」
1964	**公民権法**が成立…人種差別撤廃
1965	32 _____ 大統領の「偉大な社会」計画…福祉など
1966	ベトナム戦争（北爆開始）…共産圏拡大の防止 北ベトナムと 33 南ベトナム _____ 戦線が抵抗
	経済悪化　～反戦運動の拡大～
1969	↓
1971	ドル=ショック
1973	34 ベトナム _____ 協定
1976	**ベトナム社会主義共和国**が成立（←1975 **南ベトナム**を併合）

8章

1 キューバ危機と核軍縮 次の文の空欄に適語を入れ，下の問いに答えよ。

　ⓐキューバ革命後，米ソ関係は悪化した。キューバはソ連に接近し，アメリカに対抗して核武装することを望み，ソ連はそれに応えて1962年にキューバにミサイル基地の建設を開始した。これによってⓑ一触即発の状態となったが，ソ連がキューバのミサイル基地を撤去し，アメリカがキューバへの侵攻を中止することで衝突は回避された。これ以後，米ソ首脳の意思疎通を円滑にするために，ⓒ両者を直結する電話が敷設された。

　一方ⓓヨーロッパでは（①）をめざす動きが活発化した。例えば西ドイツで外務大臣となった（②）はⓔ「東方外交」を掲げて，ヨーロッパ諸国との国交樹立を推進した。1969年に首相になると，1972年，2つのドイツ国家は互いを国家として承認し，1973年には□□□が実現した。

　また同時期，1964年には中国が5番目の核保有国となり，核開発競争を止めようとする時流が出てきた。1963年には（③）が調印され，1968年にⓕアメリカとソ連がイギリスとともに，（④）の作成国となると，署名国は世界中に広がった。

(1) 下線部ⓐⓓについて，i 革命後の当時，政権を率いていた人物，ii フランスで対ソ外交を展開した人物は誰か。それぞれあてはまるものを選べ。

　① ブレジネフ　　② カストロ　　③ ドレフュス　　④ ド=ゴール

(2) 下線部ⓑについて，下の**資料**が表している当時の情勢について説明せよ。ただし，A・Bの人物名と，人物が持っているものを明記すること。

資料

(まんが現代史──アメリカが戦争をやめない理由，
山井教雄，2009年，講談社現代新書)

(3) 下線部ⓒについて，この電話を何というか。

(4) 下線部ⓔについて，「東方外交」とは何かを説明せよ。ただし，「東方」とはどの地域・国を指しているか，この外交の目的は何かを明記すること。

(5) 下線部ⓕについて，1972年にモスクワで調印され，弾道ミサイルの保有量を現状を上限とした協定を何というか，次の選択肢から選べ。

　① SALT I　　② SALT II　　③ START I　　④ START II

(6) 空欄□にあてはまる内容を15字程度で答えよ。

2 ベトナム戦争と冷戦構造の動揺 次の会話文は，授業でベトナム戦争について調べている生徒の会話である。空欄に適語を入れ，下の問いに答えよ。

美晴：ベトナム戦争の背景には，ⓐ北部の（①）（北ベトナム）と，南部の（②）（南ベトナム）との対立があったみたいだね。

菜摘：つまり，もとは内戦から始まった戦争ということ？

千明：うん。1960年に南ベトナムでは，北ベトナムと結びついた反政府組織である（③）が結成されて内戦が始まったよ。

美晴：どうして「ベトナム内戦」ではなく「ベトナム戦争」なんだろう。

菜摘：えっと，この本には，「アメリカ大統領の（④）は，1965年，北ベトナムに対して（⑤）を開始し，ⓑベトナムへの軍事介入を本格化した」と書いてあるけど…。なぜアメリカが軍事介入をしたんだろう。

千明：冷戦ということも関係あるのかな。ベトナムとアメリカの関係について，詳しく調べてみようか。

美晴：そうだね。それと，同じ時期にⓒ世界で何が起きていたかも知りたいな。

(1) 下線部ⓐについて，次の各問いに答えよ。

　i　ベトナム戦争以前，北ベトナムの独立を認めないフランスとの間に起こった戦争は何か。

　ii　ベトナム戦争で，北ベトナムと南ベトナムはそれぞれどの国の支援を受けていたか，すべて答えよ。

(2)　下線部ⓑについて，次の各問いに答えよ。
　ⅰ　アメリカは密林でのゲリラ戦に対して，どのような軍事行動を行ったか。
　ⅱ　資料1を参考に，ベトナム戦争やアメリカの軍事介入に対し，人々はどのように反応したかを説明せよ。

資料1

> 　言いたいことは，ただ1つです。——「ベトナムに平和を！」この声は私たちだけのものではなく，人類の声であり，それに「世界に，すみやかに，着実にひろがってゆく」と，私たちが書いてから1ヶ月……。いま，私たちは，同じ日，同じ時刻に4ヵ国合同デモに立ち上がる。アメリカ，イギリス，ガーナ，そして，私たち日本。……私たちは普通の市民です。ベトナムの平和を願うすべての「ふつうの市民」が，国籍・民族・信条の別をこえて，このデモに参加できます。……　　　　　　　（「ベ平連の呼びかけ」『日本史史料現代』）

(3)　下線部ⓒについて，次の各問いに答えよ。
　ⅰ　資料2は，アメリカで起こったある運動の指導者による演説の一部である。この人物とは誰か。また，空欄Ａに適語を入れよ（漢字3字）。

資料2

> 　……　Ａ　運動に献身する人々に対して，「あなたはいつになったら満足するのか」と聞く人たちもいる。われわれは，黒人が警察の言語に絶する恐ろしい残虐行為の犠牲者である限りは，決して満足することはできない。……われわれは，われわれの子どもたちが，「白人専用」という標識によって，人格をはぎとられ尊厳を奪われている限り，決して満足することはできない。ミシシッピ州の黒人が投票できず，ニューヨーク州の黒人が投票に値する対象はないと考えている限り，われわれは決して満足することはできない。……　　　　　（アメリカ大使館資料より作成）

　ⅱ　1968年，チェコスロヴァキアでは，ドプチェクが共産党の指導者となり，改革運動が盛り上がった。この出来事を何というか。
　ⅲ　冷戦中の中国について述べた文として，**適当でないもの**を選べ。　　　　　　　　〔21中央大囲：改〕
　　① 鄧小平は文化大革命終了後に実権を握り，一連の経済改革を進めた。
　　② 毛沢東は初代主席として中華人民共和国の成立を宣言し，北京を首都とした。
　　③ 劉少奇は大躍進政策の失敗後に国家主席となったが，プロレタリア大革命後に失脚した。
　　④ 周恩来はインドのネルー首相と対談して相互不可侵や内政不干渉などの平和十原則を発表した。

8章

1	①	②	③	④
(1) ⅰ　　　ⅱ		(2)		
(3)		(4)		
(5)　　　(6)				

2	①	②	③	④
⑤	(1) ⅰ	ⅱ 北ベトナム	南ベトナム	
(2) ⅰ		ⅱ		
(3) ⅰ 人物　　　A		ⅱ	ⅲ	

22 石油危機とアジア経済の発展

戦後の経済は，世界各地の歴史的事象が多様に絡み合って複雑な変化をする傾向が強まることを実感しよう。

─────── ポイント整理 ───────

1 ニクソン大統領の政策転換 〈世界経済は，アメリカ一極集中からアメリカ・西欧・日本の三極構造へ〉

〔背景〕 アメリカ経済の悪化…次の原因により金保有量が減り，世界経済の基盤の1_____本位制が動揺

(1) ベトナム戦争の長期化 　　(2) 西欧などへの経済援助

⇩ 対策 ⇩

2つの 政策転換	1971	① 大統領が中国訪問計画を発表 　→ 翌年訪中，関係改善	② 大統領が1（ドルと金との交換）の停止などの 　新経済政策を発表 ＝ 2_____＝ショック

⇩　　　　　　　⇩

〔結果・影響〕	1971	中華人民共和国に国連代表権交代	1973	ドルと各国通貨との交換比率が随時変動する
	1973	ベトナム（パリ）和平協定。米軍撤退		3_____制に移行
	1975	ベトナム戦争終結		＝ 4_____体制の崩壊

↓ニクソン訪中（1972）

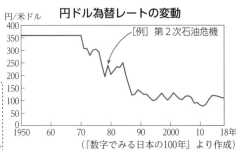

作業 例にならい，右図に「ドル＝ショック」，「プラザ合意」を書き込もう。

ニクソンはベトナムとの仲介を期待し，同時に中ソの接近の防止も狙った。
訪問計画は外交責任者のアメリカ国務長官さえ知らず，犬猿の仲とされた両首脳の和解は，ソ連・西側諸国ばかりか，米中の国内にも衝撃だった。

円ドル為替レートの変動

円/米ドル
[例] 第2次石油危機

（『数字でみる日本の100年』より作成）

2 石油危機とその背景 〈遠い過去の歴史的事象が，現代の新たな事象を引き起こす典型例〉

第1次中東戦争（パレスチナ戦争）

国連の分割決議案（1947年）による
■ アラブ人地区
□ ユダヤ人地区
1949 戦争終結時のイスラエル

1947	国連総会で5_____分割案が採択
1948	→ イスラエル建国 → 6 第1次_____戦争（～49）…アラブ諸国敗北
1956	エジプトがスエズ運河の国有化宣言…アスワン＝ハイダム建設資金を得る目的
	→ 第2次中東戦争（～57）…エジプト vs 英仏（運河権益国）・イスラエル
1967	第3次中東戦争…イスラエルが圧倒し，シナイ半島［エジプト領］などを占領
1973	7 第_____次中東戦争…エジプトとシリアが失地奪還のためイスラエルを攻撃，敗北
	→ 第1次石油危機…8 アラブ_____機構（OAPEC）が石油戦略

アラブ諸国が親イスラエル国への禁輸を宣言。日本は交渉の末，除外されたが，価格は約4倍に上昇。国内ではトイレットペーパーなどの買占め騒動が発生。

1979	9_____（＝イスラーム）革命により同国の輸出停止 → 第2次石油危機
	エジプト＝イスラエル平和条約…アメリカの仲介。シナイ半島返還を確約

《着眼点》 エジプトとイスラエルの和解も加わり，その後，イスラエル vs アラブから vs パレスチナへと，対立構図が転換。

第3次中東戦争後（1967）

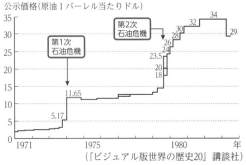

□ イスラエル占領地

原油価格の推移

公示価格（原油1バーレル当たりドル）

第1次石油危機
5.17
11.65

第2次石油危機
18
20
23.5
24
26
28
30
32
34
29

（『ビジュアル版世界の歴史20』講談社）

↓トイレットペーパーの買い占め（日本）

3 石油危機後の世界経済〈世界の様々な事象との因果関係に着目し，日本などの現状を理解しよう〉

1973 **第1次石油危機**…アラブ石油輸出国機構（**OAPEC**）など中東の産油国が「**石油戦略**」を発動し，親イスラエル国（欧米先進国など）への禁輸や，原油価格を約4倍に引上げ

> 戦後の資本主義圏の経済成長は，安価な原油が前提であり，産油国の石油戦略はその経済に大打撃。
> → 不況とインフレが同時進行する[10]＿＿＿＿＿フレーションが続き，企業倒産・人員削減 etc.
> 「狂乱物価」の日本も高度経済成長が終焉。戦後初の経済のマイナス成長（1974）

1975 第1回[11]＿＿＿＿＿会議（**サミット**）…6カ国が石油危機後の経済対策を協議。以後，毎年開催

> ～量よりも質を重視する経済への転換～
> ・[12]＿＿＿エネルギー化の推進
> ・[13]＿＿＿力発電など，代替エネルギーの開発
> ・産業の高度化…重化学工業から，コンピュータなどハイテク・情報産業への転換
> ・日本は，12・ハイテク化や，[14]＿＿＿経営とよぶ経営のスリム化を進め，不況を脱出

石油危機後，日本は産業用ロボットによるオートメーション化が進んだ。

1979 **第2次石油危機**…イランの原油生産中断と，**石油輸出国機構**（[15]＿＿＿＿＿）の原油価格引上げが原因

> ～不況の長期化に対し，福祉国家の非効率性を批判する経済思想が台頭～
> [16]＿＿＿＿主義…**規制緩和・民営化**・福祉抑制など，自由競争を生かした「[17]＿＿＿な政府」
> ［英］[18]＿＿＿＿政権
> ［米］[19]＿＿＿＿政権
> ［日］[20]＿＿＿＿政権
>
> > 「戦後政治の総決算」を掲げ，**行財政改革**を推進
> > ・**三公社の民営化**
> >   電電公社 → NTT
> >   専売公社 → JT
> >   国鉄 → [21]＿＿＿
> > ・他に，規制緩和，社会保障抑制 etc.

サッチャー　レーガン　中曽根

⬆第9回サミット（アメリカ・1983）

ソ連軍が[22]＿＿＿＿＿に侵攻⬅➡西側陣営はソ連に対抗，「**新冷戦**」に突入

> アメリカでは──
> 　　新自由主義の大型減税。軍事支出が増大 → 財政赤字へ ┐「[23]＿＿＿の赤字」
> 対策　高金利政策によるドル高 → 輸出減少 → 貿易赤字へ ┘

1985 [24]＿＿＿＿合意…ニューヨークのプラザホテルで先進5カ国財務相・中央銀行総裁会議（G5）を開き，為替レートのドル安調整に合意。日銀は急激な円高を防ぐ際，ドル買いの市場介入

1986 ［日本］[25]＿＿＿不況（～87）…日本は円高で輸出産業が苦境 → 生産拠点を海外移転し，デメリット回避
日銀は景気対策として，公定歩合（こうていぶあい）を超低金利（ちょうていきんり）に引下げ

> ～1980年代，日本は12・14が進み，自動車・ハイテク製品の輸出が順調で，先進国内で最も経済成長率の高い「[26]＿＿＿成長」が続き，「**経済大国**」とされた～
>
> 対米の大幅な貿易黒字となり，[27]貿易＿＿＿が発生
>
> | 対 策 |
>
> ①農産物の市場開放…牛肉・オレンジ（1988），米（1993）etc.
> ②北米等へ工場進出…現地労働者を雇用し，生産・販売 → 貿易黒字減少，失業者救済の効果
> ③黒字資金を[28]＿＿＿＿（**政府開発援助**）として途上国に還流 → 供与額が世界一（1990年代）

日本の貿易収支

(兆円)
(『数字でみる日本の100年』より作成)
1964　70　80　90（年）
対米貿易
対世界貿易
黒字
赤字

［日本］[29]＿＿＿経済（～91）…低金利下，日銀のドル買いで増えた通貨で，株式と不動産への投機（とうき）盛ん

⬇⬅公定歩合引上げなどの金融引締め，土地投機の抑制

1991 ［日本］[29]崩壊 → 平成不況に始まる「失われた●年」とよばれる長期不況へ

8章

「売るならアメリカで作れ」と，全米
自動車労組がジャパン=バッシング

自動車の対米輸出と日系メーカーの現地生産の推移

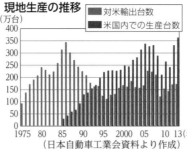

（万台）
■対米輸出台数
■米国内での生産台数
（日本自動車工業会資料より作成）

ODA実績の推移（支出純額ベース）

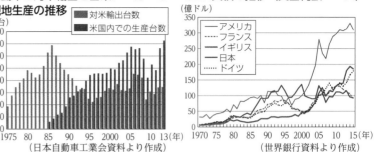

（億ドル）
アメリカ
フランス
イギリス
日本
ドイツ
（世界銀行資料より作成）

《着眼点》
- 原油埋蔵量の多いソ連の経済圏は石油危機による原油価格高騰で利益
  - → 逆に，省エネ・ハイテク化などの経済構造の刷新から取り残され，非効率な経済が継続
- 非産油国の途上国は，原油価格高騰が経済開発の足かせとなり，先進国からの累積債務（るいせきさいむ）が膨張

4 アジア諸地域の経済発展（1960〜1970年代）〈日本をモデルに，日米など西側諸国との経済提携〉

- 1960年代後半以降，独裁的な統制下で経済発展をはかる[30]_____とよばれる政治体制がみられた。
  - ex. 韓国：[31]_____政権，フィリピン：[32]_____政権，インドネシア：[33]_____政権
- 輸出志向型工業化に成功し，経済成長をとげた国・地域は[34]_____地域（[35]_____）とよばれ，そのうち，[36]_____・[37]_____・[38]_____・[39]_____をアジアNIES（ニーズ）とよぶ。
- 1967年，5カ国が[40]東南アジア_____（[41]_____）を結成し，地域協力を推進（現在10カ国）。
  プラザ合意以降，円高の日本から直接投資（生産拠点の移転）が急増した東南アジア・中国の発展が加速。

■中国 首都北京

| 1976 | 周恩来（しゅうおんらい）・毛沢東（もうたくとう）死去により，文化大革命が終了 |
| 1978 | → 復権した[42]_____が最高指導者に。 |

「[43]四つの_____化」を掲げた[44]_____政策へ
└ 農業・工業・国防・科学技術

日中平和友好条約を締結

| 1979 | → 日本からODA支援開始 |

↑鄧小平（とうしょうへい）

■韓国 首都ソウル

→朴正煕（ぼくせいき／パクチョンヒ）

| 1961 | クーデタにより，**朴正煕政権**が成立 |
| 1965 | **日韓基本条約**…国交正常化。経済援助を協定 |

〜ベトナム特需や，ベトナム派兵の見返りでの
アメリカの外資導入も加え，経済成長に成功〜

■台湾 中核都市：台北（タイペイ）

〜国民党の[45]_____父子のもと，
アメリカの経済支援も得て経済成長〜

■タイ 首都バンコク

〜戦前から東南アジア唯一の独立
国。立憲君主政。軍事政権と民
政が時折交替。教育水準が高く，
西側諸国と提携して経済成長〜

■フィリピン 首都マニラ

| 1965 | マルコス政権が成立 |

〜アメリカの外資導入で経済開発〜

→マルコス

■マレーシア 首都クアラルンプール

〜マレー人中心の国民統合を推進。日本
や韓国をモデルに，マハティール首相
（1981〜2003）が経済開発〜

東・東南アジア各国のGDP（名目）の推移

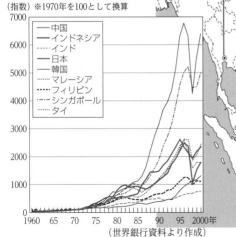

（指数）※1970年を100として換算
中国
インドネシア
インド
日本
韓国
マレーシア
フィリピン
シンガポール
タイ
（世界銀行資料より作成）

■シンガポール 首都シンガポール

| 1965 | 華人（かじん）を中心にマレーシアから独立 |

〜リー=クアンユー首相（〜1990）の指導下，
東南アジア経済の中心都市に成長〜

←スハルト

■インドネシア 首都ジャカルタ → ヌサンタラ（2024〜）

| 1965 | 九・三〇事件 → **スカルノ**失脚。共産党が非合法化 |
| 1968 | **スハルト**政権（〜1998）…西側諸国と提携し，経済開発 |

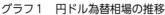
問 題 演 習

1 石油危機とその影響　次の会話文を読み，下の問いに答えよ。
[18共テ試行匣：改]

先生：今日は，第二次世界大戦後の動向を，経済資料から検証してみましょう。グラフ1・2に共通する特徴を挙げてください。

グラフ1　円ドル為替相場の推移

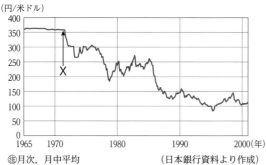

㊟月次，月中平均　　　　　　　　（日本銀行資料より作成）

グラフ2　国際原油価格の推移（1バレル当たり）

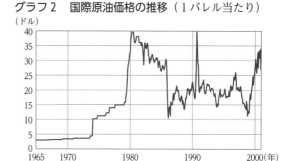

㊟月次，月中平均　　　　　　　（Macrotrends 資料より作成）

生徒：両方とも，1970年頃までは値がほとんど動いていません。グラフ1については，　ア　からだと思います。グラフ2については，　イ　からだと思います。

先生：その通りです。しかし，グラフ1については，ⓐ矢印Xの時期のアメリカ合衆国大統領がとった政策によって，状況が大きく変化しています。

生徒：グラフ2でも，ⓑ1970年から数年して，価格の変動が始まります。

先生：よく気がつきましたね。グラフ2のその後の価格変動は，中東地域の革命や戦争が関係しています。

(1)　空欄アとイにあてはまる文を書け。ただし，アについては「交換比率」，イについては「国際石油資本」という語句を必ず用いること。

(2)　下線部ⓐについて，このときのアメリカ大統領は誰か。

(3)　下線部ⓑについて，健太さんは第一次石油危機について授業で学んだ内容を項目ごとに整理し，表にまとめた。これを見てあとの問いに答えよ。

　i　空欄ウにまとめるべき内容を，「マイナス成長」という語句を用いて書け。

　ii　空欄エにまとめるべき内容を，「省エネルギー」という語句を用いて書け。

【原因】　第4次中東戦争が起こると，石油価格が急上昇した。	
【出来事】 ・第1次石油危機が発生した。	【日本の動き】 ・　ウ
【結果】 　西側諸国の動き 　　・中東諸国の安価な石油に頼っていたため，経済が混乱した。 　　・第1次石油危機を経て，経済運営の効率化が求められるようになった。 　　・　エ 　東側諸国の動き 　　・産油国だったソ連は原油価格の高騰により大きな利益を得た。 　　・ソ連からエネルギーを供給されていた東ヨーロッパ諸国も石油危機の影響は小さかった。 　　・ソ連や東ヨーロッパ諸国の産業構造は大きく変化することはなかった。	

8章

1	(1)ア	
	イ	(2)
	(3) i	
	ii	

2 **アジア諸地域の経済発展**　次は，アジアの経済発展に関する授業の振り返りをしている場面である。会話文の空欄に適語を入れ，下の問いに答えよ。

先生：ⓐ1970年代以降，アジアには，工業化を実現して，高い経済成長率を達成した国があらわれました。それらの国では，開発独裁という政治体制がみられましたが，どのような体制だったでしょうか。

ミキ：開発独裁のもとでは，基本的人権を抑圧し，経済的な発展を優先する政策が進められました。賃金水準を低くおさえ，外国企業を誘致し，外資を利用することで工業製品を生産して先進国に輸出しました。

先生：開発独裁の政権が経済成長を達成できた理由は他に考えられますか。

ユウ：開発独裁の政権は，東西冷戦の下，　Ａ　の姿勢を明らかにすることで，　Ｂ　からだと思います。

先生：そうですね。他の国ではどのような動きがみられましたか。

ミキ：大韓民国では，1960年に李承晩大統領が失脚すると，1961年に軍事クーデタで実権を握った（①）が大統領に就任しました。彼は1965年の（②）で日本と国交を樹立して，日本からの経済援助を得たり，アメリカとの関係を強化して外資の導入を進めました。韓国の経済発展は「漢江の奇跡」と呼ばれています。

ユウ：ⓑ東南アジアでも同様の政権がみられました。1965年にⓒマレーシアからシンガポールが分離・独立し，（③）首相の下，工業化が進められました。また，インドネシアでは1965年にスカルノが失脚，軍部を指導した（④）が独裁権力を樹立しました。

先生：よく理解できていますね。では，中国の動向はどうでしょうか。

ミキ：プロレタリア文化大革命を主導した毛沢東が亡くなると，1978年に（⑤）が最高権力者となりました。彼はⓓ「四つの現代化」を打ち出し，（⑥）路線を推進していきました。

(1)　下線部ⓐについて，1970～80年代にかけて，輸出指向型工業化を実現し，高い経済成長率を示した韓国・台湾・香港・シンガポールを総称して何というか。

(2)　空欄ＡとＢにあてはまる語句と説明の組合せとして正しいものを次の①～④から選べ。

　　Ａ　a　反共　　　　　　Ｂ　Ｘ　国際社会から幅広い支援を得ることができた
　　　　b　平和共存　　　　　　Ｙ　アメリカなど西側諸国からの経済援助を受けることができた
　　①　a－Ｘ　　②　a－Ｙ　　③　b－Ｘ　　④　b－Ｙ

(3)　下線部ⓑについて，1967年，マレーシア・タイ・フィリピン・インドネシア・シンガポールの5カ国が地域協力を進める目的で結成したものは何か。

(4)　下線部ⓒについて，1981年に首相となり，日本や韓国を手本とした経済政策を推進したのは誰か。

(5)　下線部ⓓについて，「四つの現代化」の内容をすべて答えよ。

3 **日本の経済大国化**　次の文の空欄に適語を入れ，下の問いに答えよ。　　　　　　〔20津田塾大⑤：改〕

　　第二次世界大戦後の世界は，米ドルを基軸通貨とする固定相場制のもとで国際貿易の安定，経済の発展を目指した。その中でⓐ日本は1949年に対ドル単一為替レートを設定し，これは1952年に日本が（①）に加盟する際，固定レートとされた。続いて日本は1955年に（②）に加盟し，さらに，1963年には⑪11条国へと移行した。また1964年には①8条国へと移行し，為替と資本の自由化をおこなった。

　　日本経済は1950年代半ばより高度成長期に入った。1960年代後半から1970年にかけて続いた好景気は，建国神話にちなみ「（③）景気」と呼ばれる。また安定した国際通貨体制のもとで日本からの輸出は増加し，1960年代後半以降，大幅な貿易黒字を記録した。他方アメリカの国際収支は悪化し，ドルへの信頼も揺らいだ。ⓑ1971年にアメリカはドルと金の交換停止を含む新経済政策を発表した。当初日本は固定相場の維持を追求したが，西欧諸国の変動相場制への移行に追随し，こののち基調として円高が進むこととなった。1971年末には主要国間での通貨調整により，1ドル＝308円の固定相場制復活が図られたが，結局1973年には変動相場制に移行した。

　　世界経済は二度の石油危機に見舞われ深刻な打撃を受けた。日本経済も混乱したが何とか乗り切り，この頃から企業はⓒ減量経営を進めるようになった。日本は「経済大国」となり，ⓓ1989年には発展途上国に対する（④）の給与額も世界最大となった。また日本の貿易収支の黒字も拡大し，特にアメリカとのあいだで（⑤）が激化した。ⓔアメリカは自動車などの輸出自主規制や農産物の輸入自由化を求めた。日本政府は1988年に牛肉・（⑥）の輸入自由化を，また1993年には（⑦）市場の部分開放を決めたが，アメリカの対日批判は止まなかった。

　　ⓕ1980年代前半，ドル相場は高めに推移していた。1985年の先進5カ国大蔵（財務）大臣・中央銀行総裁会議

ではアメリカの国際収支不均衡に対処するため，(g)ドル高を是正するよう介入することが合意された（プラザ合意）。すると(h)急激な円高が進み，日本経済は不況に見舞われた。しかしその後，内需によって景気が回復し，さらに土地や株式の価格暴騰をともなって，のちに「(⑧) 経済」と呼ばれる事態に至った。

(1)　下線部ⓐについて，このとき1ドルは何円と設定されたか。

(2)　下線部ⓑについて，これにより崩壊した国際通貨体制を何というか。

(3)　下線部ⓒについて，減量経営とはどのような経営か，具体的に説明せよ。

(4)　下線部ⓓについて，1980年代の西側諸国では新自由主義的な政策が見られた。1982年に成立した中曽根康弘内閣の政策として正しいものを選べ。

　①　高い経済成長率のもと，国民所得倍増計画を閣議決定した。

　②　鉄鋼・石炭など基幹産業に集中的に資金を配分する傾斜生産方式を導入した。

　③　「戦後政治の総決算」を掲げて行財政改革を進め，国営企業の民営化を断行した。

　④　財政健全化を目指して大型間接税を導入した。

(5)　下線部ⓔについて，下の写真のようなアメリカ人による日本車の破壊行為はなぜ起こったか。次の文の空欄 A ・ B に適する語句の組合せとして正しいものを，あとの①～④から選べ。

　　アメリカへの日本車輸出が進んだことで A し，B の雇用に悪影響が及んだため。

　①　A　アメリカ車の売上げが低迷　B　都市部の中間層

　②　A　アメリカ車の売上げが低迷　B　生産工場の従業員

　③　A　証券取引所の株価が暴落　B　生産工場の従業員

　④　A　証券取引所の株価が暴落　B　都市部の中間層

(6)　下線部ⓕについて，このときレーガン政権は「強いアメリカ」路線のもと，経済政策をおこなったが，結果「双子の赤字」が蓄積した。「双子」が指す赤字を二つ答えよ。

(7)　下線部ⓖについて，このときどのような為替介入がおこなわれたか。下の文の空欄A～Cに適する語句の組合せとして正しいものを，次の①～⑥から選べ。

　　円とマルクの価値を A させるため，円とマルクを B ，ドルを C ，為替介入がおこなわれた。

　①　A　上昇　B　買い　C　売る　　②　A　上昇　B　売り　C　買う

　③　A　上昇　B　買い　C　買う　　④　A　下落　B　売り　C　買う

　⑤　A　下落　B　買い　C　売る　　⑥　A　下落　B　売り　C　売る

(8)　下線部ⓗについて，円高が進んだ結果，日本経済にどのような影響があったと考えられるか，説明せよ。

2

①	②	③	④
⑤	⑥	(1)	(2)
(3)		(4)	(5)

3

①	②	③	④
⑤	⑥	⑦	⑧
(1)	(2)		
(3)			
(4)　(5)	(6)	・	(7)
(8)			

23 冷戦終結，ソ連崩壊，そしてグローバル化

冷戦終結の光と陰：経済のグローバル化が進んだが，地域紛争が始まる。

---ポイント整理---

1 冷戦年表Ⅴ——新冷戦から冷戦終結へ 〈社会主義の欠陥によるソ連の行き詰まりが背景〉

【西側陣営】	⟷	【東側陣営】

1979 ソ連が[1]＿＿＿＿＿＿＿に軍事介入…親ソ政権を樹立

西側諸国がモスクワ＝オリンピック（1980）をボイコット

米中などが支援するイスラーム主義ゲリラの抵抗により泥沼化。ソ連の軍事費が増大

[2]＿＿＿＿＿＿政権が成立［米］ **1981**
「強いアメリカ」でソ連に対決

米ソ戦略兵器削減交渉の開始（START）（1982～）　新冷戦（第2次冷戦）のため交渉難航

[3]＿＿＿＿＿＿構想（SDI）を発表 **1983**

ソ連圏がロサンゼルス＝オリンピック（1984）をボイコット

軍事衛星を配備し，レーザーなどで核ミサイルを迎撃する構想。同名の映画に擬して「スターウォーズ」計画ともいわれた。
のち，ソ連の外交姿勢の転換をみて，計画中止。

1985 改革志向の[4]＿＿＿＿＿＿政権が成立［ソ］
・「[5]＿＿＿＿＿＿」とよぶ再建政策に着手。他にも——
　「[6]＿＿＿＿＿＿（情報公開）」で言論自由化も進め，「[7]＿＿＿＿
　外交」を掲げて，西側諸国との関係改善や東欧諸国の主権尊重を推進
・独立採算制など，国営企業にも資本主義的施策を導入（1987～）
　　→ 保守派の抵抗や旧流通経路の機能不全により，経済が混乱
・自由化 → 諸政治グループ・共和国・民族の自立傾向・紛争増加

1986 [8]＿＿＿＿＿＿原子力発電所事故➡

事故発生後，体制硬直化のため初動が遅れたうえ，当初は隠蔽しようとしたが，放射能が北欧・西欧に広がり，露見。「グラスノスチ」の試練であった。今も原発の半径30km以内が居住禁止で，約350km以内の多くの地域の農畜産業禁止が続く。

⬆[9]＿＿＿＿＿＿条約（1987）　従来の軍備制限を超え，大戦後で初の軍縮

1989 アフガニスタンから撤兵完了 ← 巨額な軍事費が経済混迷に拍車
東欧革命始まる ← ソ連の自由化と[7]の影響
　［ポーランド］　労組「[10]＿＿＿＿」指導者[11]＿＿＿＿＿＿の非共産党政権へ
　［東ドイツ］　➡ベルリンの壁の崩壊
　［チェコスロヴァキア］「プラハの春」の**ドプチェク**復権
　［ルーマニア］　独裁者チャウシェスク大統領を民衆が処刑

[12]＿＿＿＿会談（**1989**）…[13]＿＿＿＿＿＿大統領（父）［米］と
[4]が**冷戦終結**宣言

1990 共産党独裁から複数政党制・大統領制へ → [4]が初代大統領
[14]＿＿＿＿＿＿3国が独立宣言…リトアニア，エストニア，ラトヴィア

東西ドイツ統一（1990）

1991 ソ連のロシア共和国で急進改革派[15]＿＿＿＿＿＿政権が成立し，対立へ

戦略兵器削減条約Ⅰ（START Ⅰ）（1991）　対決
保守派のクーデタが失敗 → 共産党解散
[16]＿＿＿＿＿＿共同体（CIS）の創設 ＝ **ソ連解体**

当初はロシア・ウクライナ・ベラルーシ3カ国。現在11カ国だが，形骸化

《着眼点》
・当時のアメリカの平和外交をあなどり，ソ連がアフガニスタン侵攻。だが新冷戦を招き，軍事費で経済混迷。アメリカも「双子の赤字」に。
・ゴルバチョフの改革を西側諸国は歓迎したが，ソ連国内では急激な改革に反発する政治勢力が増大していった。

ゴルバチョフ　レーガン

2 地域紛争の顕在化（けんざい）〈新冷戦から冷戦終結が進行する一方で，米ソの傘下を外れた地域紛争が発生する傾向〉

(1) イラン=イスラーム革命（イラン革命）➡ イラン=イラク戦争 ➡ 湾岸戦争　の経過

1953	モサッデグ首相の失脚により，国王 17 _____ 世が実権，次第に独裁化
1963	17 が改革開始…欧米的近代化。土地改革・女性解放・教育振興など国際石油資本と提携，アメリカの経済支援

➡ホメイニ

民衆・18 _____ 派指導者らがインフレ・貧富差拡大・女性解放などに対して抗議運動。
→ 指導者 19 _____ は国外追放（以後，亡命先からイラン反体制派を指揮）

1979 17 が国外脱出。19 が帰国し，**イラン=イスラーム共和国**が成立（イラン=イスラーム革命）
学生らがアメリカ大使館を占拠，大使館員を人質に（～1980）
　　→ アメリカと関係悪化

第2次石油危機

1980 20 _____ 戦争の勃発…イラクの 21 _____ 大統領❹が革命の混乱に乗じて油田を狙う。
　　　　　　　アメリカ・アラブ諸国などが支援 → イラクの軍事力強大化

1988 20 の停戦…イランの強い抵抗で決着せず

1990 イラクが 22 _____ に侵攻し占領…油田獲得が目的
　　　国連の安保理が，イラクへの武力行使の容認決議

1991 23 _____ 戦争…アメリカを中心とした 24 _____ 軍が
　　　　22 を解放。日本は戦費負担（せんぴ）

領土回復後，22 はアメリカの新聞に，派兵した国々への感謝広告を出したが，外交官のミスで，戦費を負担した日本を失念。衝撃を受けた日本は，翌1992年，PKO協力法を成立させ，自衛隊の海外派遣を可能にした。

作業(1)右の地図の①～⑤の国名と⑥の湾名を答えよう。
(2)首都テヘラン，バグダードの位置を書き込もう。

(2) ユーゴスラヴィア紛争（ユーゴ内戦）

1945 ユーゴスラヴィア連邦共和国成立…指導者 25 _____ ➡

地理的要因から多民族が混在。「七つの国境，六つの共和国，五つの民族，四つの言語，三つの宗教，二つの文字，一つの国家」といわれた。「一つの国家」は 25 の力量に負うところが多い。

1980 25 死去
1990 26 _____ でミロシェヴィチ政権成立
1991 スロヴェニアとクロアティアが独立宣言
　　　マケドニア独立　　　　　　　　介入
1992 27 _____ =ヘルツェゴヴィナが独立宣言
1997 セルビア領内の 28 _____ 紛争
1999 → **NATO**軍が空爆。コソヴォからセルビア勢力を排除

独立に反対するミロシェヴィチが連邦軍（セルビア軍）で介入，内戦へ。推計20万人超の死者と200万人超の難民が発生。2001年，ミロシェヴィチは逮捕され，国連の国際戦犯法廷でジェノサイド等の罪で審理中に獄死

2006 モンテネグロ独立
2008 コソヴォ独立　　　　　　　　29 _____ の実用化が要因

3 経済のグローバル化〈冷戦終結により，東西両陣営の国境を越えた情報・人・モノの移動が進展〉

・30 _____ 条約により，ECが 31 ヨーロッパ _____（32 _____）に発展（1993）…単一通貨 33 _____
　　→ 東欧諸国も 32 に加盟（2008～）…併せてNATOへの加盟が進み，ロシアが反発
　他にも，北米3カ国の 34 北米 _____（NAFTA）(1994) などが成立。また，**アジア太平洋経済協力（APEC）**も
　自由貿易協定の検討を進めた → のち**環太平洋パートナーシップ協定**（35 _____）(2018) として成立（日本も加盟）
・世界規模の枠組みは，従来の**関税と貿易に関する一般協定（GATT）**から，36 _____（WTO）に発展・移行

9章

||||||||||||||||||||||||||||||||||||||||||||||||||| 問題演習 |||||||||||||||||||||||||||||||||||||||||||||||||||

1 冷戦の終結と国際情勢の変化　次の文の空欄に適語を入れ，下の問いに答えよ。

　1979年，ソ連は（①）に軍事介入を行い，これによって⒜「新冷戦（第2次冷戦）」の時代に突入した。こうした中，ソ連では1985年に⒝ゴルバチョフが新書記長に選出された。この時すでにソ連経済は厳しい状態であったが，さらに1986年に（②）原子力発電所（現ウクライナ）で爆発事故が起こり，これに追い打ちをかけた。この状況をふまえ，ゴルバチョフは「新思考外交」を掲げて米ソ関係の改善に取り組み，アメリカ大統領レーガンと会談を重ねた。1987年には（③）全廃条約に調印し，翌年にはアフガニスタンからのソ連軍の撤退を決定，さらに⒞東欧に対する政策も転換したことで，各国では革命運動が広まった。例えば，ルーマニアでは⒟改革に抵抗した大統領が処刑された。そしてついに，レーガンの後継者ブッシュ（第41代）大統領と冷戦の終結を宣言した。続いて1990年10月には，東西ドイツが統一された。一方，冷戦の枠組みを超えるような動きは，その終結以前から現れ始めており，イランでは宗教学者の（④）が帰国して，1979年に（⑤）共和国を成立させた。その頃イラクで軍事独裁政権を築いていた（⑥）は，1980年にイランに戦争をしかけ，イラン=イラク戦争が始まった。さらにこの停戦から2年後の1990年，今度は隣国のクウェートに戦争をしかけたが，1991年1月，⒠多国籍軍がイラクを攻撃して，短期間でクウェートを解放した。

(1)　下線部⒜について，この時代に関する記述として正しいものはどれか。　　　　　　　　　　[22中央大囲：改]

　　①　日本とアメリカ合衆国は，オリンピックのモスクワ大会をボイコットした。
　　②　カーター米大統領は，「強いアメリカ」の復活を掲げて軍事力強化に乗り出した。
　　③　サッチャー英首相は，新自由主義の影響を受け，イギリス福祉国家路線を強化した。
　　④　カーター米大統領は，戦略防衛構想（SDI）を発表した。

(2)　下線部⒝について，次の**資料**はゴルバチョフの演説である。資料の解釈や背景として正しいものはどれか。

資料

> ……過去3回の五カ年計画で，国民所得の伸びは2倍以上減少した。……製品の大部分の質は現代の要求を満たしておらず，生産におけるアンバランスも先鋭化している。
>
> 　われわれがペレストロイカをどのように考えているか，もう一度いう必要があるだろう。ペレストロイカは，停滞のプロセスを断固として克服し，ブレーキのメカニズムを打破し，ソビエトの社会，経済加速化の確実で有効なメカニズムを創設することである。　　　　　　　　（『ゴルバチョフ演説集』読売新聞社）

　　①　ゴルバチョフは，ペレストロイカを通じてソ連の伝統的な社会の再建を図ろうとした。
　　②　ゴルバチョフは，改革を推進することで経済加速化を試みた。
　　③　ゴルバチョフは，五カ年計画を通じて国民所得を倍以上にし，生活の豊かさを国民にもたらした。
　　④　ゴルバチョフは，ペレストロイカにブレーキをかけ，経済の安定を図ろうとしていた。

(3)　下線部⒞について，ヨーロッパの社会主義諸国の体制は，1980年代には揺らぎはじめ，実際に国家体制が大きく変わった国もあった。戦後のソ連による東欧支配の体制がどのように変化したのか，簡潔に説明せよ。ただし，次の2語を必ず使うこと。　**【「連帯」　ソ連】**　　　　　　　　[22名古屋大囲：改]

(4)　下線部⒟について，この人物は誰か。

(5)　下線部⒠について，この戦争を何というか。

2 ソ連崩壊と経済のグローバル化　次の会話文は，地域統合の進展とその影響について調べた生徒たちの会話である。会話文の空欄に適語を入れ，下の問いに答えよ。

一花：インターネットの実用化でグローバル化が後押しされたけど，それ以外に背景はないかな。

仁奈：国を超えた統合の進展も関係しているんじゃないかな。

美緒：そうだね。例えば，1993年に⒜ヨーロッパで⒝EU（ヨーロッパ連合）が発足したよね。

一花：なるほど。翌年にはアメリカ・カナダ・メキシコのあいだで，（①）が発効したみたい。

美緒：世界規模の枠組みとしては，何か変化はなかったかなあ。

仁奈：そういえば，（②）の発足は1995年だったね。

(1)　下線部ⓐに関して，あとの問いに答えよ。

　ⅰ　ソ連のロシア共和国で，急進的な改革を推進した大統領は誰か。

　ⅱ　ロシア・ウクライナ・ベラルーシの３共和国が創設に合意してソ連崩壊につながった共同体を何というか。

　ⅲ　ゴルバチョフが実施した政策として**適当でないもの**はどれか。２つ選べ。　　　　　　　　　　［22中央大⽂：改］

　　　①　グラスノスチ　　　　②　「偉大な社会」計画　　　③　中距離核戦力（INF）全廃条約

　　　④　大統領制の創設　　　⑤　コミンフォルム解散

　ⅳ　ユーゴスラヴィア連邦の解体に関して述べた下の文a・bについて，その正誤の組合せとして正しいもの
　　はどれか。

　　　a　スロヴェニア・クロアティアが独立を宣言すると，ユーゴスラヴィアで内戦が始まった。

　　　b　コソヴォ紛争では，NATO軍がクロアティアに空爆をおこなった。

　　　①　a　正　b　正　　②　a　正　b　誤　　③　a　誤　b　正　　④　a　誤　b　誤

(2)　下線部ⓑについて，EUはEEC（欧州経済共同体）やEC（欧州共同体）が発展的に解消する形で成立してきた。EECに関する**資料1**とEUに関する**資料2**を読み，EECとEUの違いを説明せよ。その際，それぞれの機構の目的にふれること。

資料1　欧州経済共同体（ヨーロッパ経済共同体）設立条約（1957年）

> 第3条　前条項の目標のために，共同体は，本条約が規定する条件およびその進度に従い，以下の活動を行う。
>
> 　a　加盟国間の商品の輸出入に関する関税及び数量制限，ならびにこれらと同等の効力を有する他のすべての措置の撤廃。
>
> 　b　第三国に対する共通関税および共通通商政策の策定。
>
> 　c　加盟国間での人，サーヴィス，資本の自由移動に対する障害の除去。
>
> 　d　農業分野における共通政策の創設。
>
> 　e　運輸分野における共通政策の創設。
>
> 　f　共同市場における競争のゆがみのない体制の確立。（後略）　　　　　　　　　　（『世界史史料11』）

資料2　マーストリヒト条約（1992年）

> 第B条
>
> 連合は以下の目標を設定する。
>
> （a）域内国境のない領域の設置，及び経済・通貨統合の創設をとおして経済的・社会的発展を促進すること。
>
> （b）共通の外交・安全保障政策の実行をとおして国際舞台での主体性を主張すること。
>
> （c）連合市民権の導入をとおして構成国国民の権利・利益の保護を強化すること。
>
> （d）司法・内務協力を発展させること。
>
> （e）共同体の蓄積された成果の維持・発展と，これに基づく政策や協力方法を見直すこと。
>
> 　　　　　　　　　　（『解説条約集』などによる）

9章

1 ①	②	③	④
⑤	⑥	(1)	(2)
(3)			
(4)	(5)		

2 ①		②	
(1) ⅰ	ⅱ	ⅲ　・	ⅳ
(2)			

24 途上国の民主化と地域紛争の激化

従来，文明の先進地域に偏って歴史が論じられてきたが，グローバル化した現在，地球全体の視座が不可欠。

━━━ ポイント整理 ━━━

1 ラテンアメリカ〈軍事政権から民政移管へ〉

・冷戦終結後，アメリカ共和党政権の介入が重なり，反米感情が高まる傾向

作業 各国の説明文と，首都を線で結ぼう。(枠上の●と首都の◉を結ぶ。)

後継の政権下で，数百万人の難民発生中

■2 _____ 首都 カラカス
| 1999 | チャベス政権が成立…反米的社会主義 |

■3 _____ 首都 ブラジリア
| 1955 | 親米軍事政権が成立 |
| 1985 | 民政移管 |

■1 _____ 首都 サンティアゴ
1970	アジェンデ政権が成立
	公選による世界初の社会主義政権
1973	クーデタでピノチェト軍事政権が成立
1990	ピノチェト退陣，民政移管

■4 _____ 首都 ブエノスアイレス
| 1982 | フォークランド戦争…軍事政権が同名の英領諸島を占領。英軍に敗北 |
| 1983 | 敗戦で軍部衰退。以後，民政が継続 |

2 南アジア・東南アジア・東アジア〈民主化を進める国々，独裁を維持する国々〉

■中国
1977	鄧小平が最高指導者に復活…改革開放政策で経済成長
1979	米中国交正常化。中越戦争でポル=ポト政権擁護
1989	5_____ 事件…民主化運動を弾圧，独裁堅持へ
1997	イギリスが6_____ 返還…「7_____ 制度」の約束
2013	習近平政権成立…ウイグル人や，香港民主派を弾圧 ◀---無視

◀天安門事件

武力弾圧

■北朝鮮
・建国者金日成の死去（1994）後，政権は世襲され，10_____・金正恩と続く

■韓国
・朴正熙暗殺（1979）後も，民主化を求める光州事件弾圧を経て，軍人の政権が継続
　～その間，中ソと国交樹立（1990，92），北朝鮮と国連同時加盟（1991）～
・1993年以降は文民政権
　11_____ 政権…北朝鮮と融和政策

■台湾
・蔣父子の死後，国民党12_____ が民主化…議会・総統の公選制 etc.
　→ 陳水扁ら民進党政権も誕生

■フィリピン
| 1986 | 民衆運動によりマルコス亡命。アキノ政権が民主化へ |

■インド
・大戦後，国民会議派が長期政権。その後，時折，人民党と政権交代
・1990年代以降，経済自由化で発展

■8 _____ …旧国名：ビルマ
1962	軍事政権が成立…社会主義路線
2016	アウン=サン=スー=チーが率いる民政移管
2021	クーデタで軍政復活，民主化運動を弾圧

海に逃れ，「ボート=ピープル」とよばれた

■ベトナム
1975	ベトナム戦争終結 → 大量の難民発生
1986	「13_____（刷新）」開始…市場経済へ
	→ 外国資本進出，順調な経済成長

■9 _____
1970	クーデタ勃発，内戦へ
1976	毛沢東主義のポル=ポト政権が成立…反対派大虐殺
1991	パリ和平協定で内戦終結 → 国連暫定統治
1993	→ カンボジア王国が成立…シハヌーク国王

軍事介入し，新政権擁立

■インドネシア
| 1997 | アジア通貨危機を機に民主化運動 |
| | → スハルト政権崩壊（1998），民政移管 |

3 中東（西アジア）〈イスラーム原理主義勢力に着目〉

1987　パレスチナ民衆の抵抗[14]＿＿＿＿＿＿＿＿が始まる

1988　PLO（パレスチナ解放機構）が独立宣言

1993　[15]パレスチナ＿＿＿＿＿協定（[16]＿＿＿＿＿合意）

ノルウェーとクリントン大統領［米］が仲介
イスラエルとPLOが互いに存在を承認◑

オスロ合意（1993年）

> これに続く具体化交渉が難航・決裂。その後，イスラエルは強硬派の政権が続き，入植地を拡大，分離壁➡を建設。PLO内でも急進派ハマースが優勢となり，対決姿勢。

2001　アメリカで[21]＿＿＿＿＿テロ事件（9.11事件）◗

⇩　イスラーム過激派アル＝カーイダによるテロ

[22]＿＿＿＿＿戦争

ブッシュ（子）政権［米］がNATOなどと共同で，
同過激派を匿う[23]＿＿＿＿＿政権を打倒

2003　[24]＿＿＿＿＿戦争…ブッシュ政権がフセイン政権を打倒

大量破壊兵器の保有が理由（のち非保有が判明）

→　イラク国内での内戦を誘発

2011　「[25]＿＿＿＿＿」とよばれる反独裁の民衆運動が拡大

[26]＿＿＿＿＿で始まり，エジプト・リビアでも政権崩壊

[27]＿＿＿＿＿に波及，内戦へ…過激派「イスラム国」（[28]＿＿＿＿＿）も参戦

→　数百万人のシリア難民がトルコ・EU諸国に流入

4 アフリカ

人種・民族・部族・宗教など，今も多数の紛争が続く。（主なものを記載）

■スーダン
・北部アラブ系イスラーム vs 南部黒人系キリスト教徒の内戦（1988～2011）
　2011年，南部が南スーダンとして分離独立し，終結。
・ダルフール紛争（特に2000年代に激化）…西部の同名の地方で。アラブ vs 非アラブ
・南スーダンでの内戦（2013～）…南スーダン独立後，政治勢力間が抗争

■コンゴ
第1次内戦（1996～97）
　ルワンダ内戦が飛び火
第2次内戦（1998～2002）
　再発。以後も不安定

■ソマリア
内戦（1991～）…多数の政治集団が泥沼の抗争。
武力容認の国連PKOも攻撃され撤退

■[29]＿＿＿＿＿
内戦（1990～94）…民族間の対立。約100日で
国民の1～2割の虐殺も。

■南アフリカ
・黒人は戦前から居住地が隔離され，戦後も人種間の結婚禁止などの[30]＿＿＿＿＿政策が継続
　⇔ アフリカ民族会議（ANC）の抵抗，国際的批判
1991　デクラーク政権（白人政権）が差別諸法を廃止
1994　平等な総選挙で黒人の[31]＿＿＿＿＿大統領誕生

⬆デクラークとマンデラ

9章

5 国際社会の中の日本〈冷戦終結・地域紛争多発・経済グローバル化のなかで，日本は経済停滞・福祉後退〉

内閣（主な与党）		政　治　・　経　済	外交関連
竹下　登　（自）	1988	³² 　　　事件…自民党・官僚が絡む贈収賄	
	1989	昭和天皇死去，元号「平成」	**ベルリンの壁崩壊，冷戦終結**
	1991	**バブル経済崩壊**	**湾岸戦争**
宮沢喜一　（自）	1992	PKO協力法 → 自衛隊のカンボジア派遣	
		ODA大綱を決定…環境保護・非軍事・民主化・人権などの条件	
	1993	自民党で汚職事件が続発	
		→ 政治改革をめぐり党分裂	

地価と株価の動き

ピーク時，日本列島の地価総額はアメリカ全土の約3倍とされた。

（『経済白書』1993）

33 （非自民8党派）
非自民8党派連立内閣成立 ＝ 55年体制崩壊
- 日本社会党，公明党
- 新生党（羽田ら）
- 日本新党（細川代表）
- 新党さきがけ　　他3党派

1994

³⁴ 小選挙区　　　制
政治資金規正法改正…献金の制約　　汚職防止
政党助成法…活動費を国費助成

羽田　孜（7党派）		社会党の連立離脱で退陣	
村山富市　（社自）	1995	社会党は連立に際し，自民党に迫られ，安保・自衛隊容認に路線転換	支持者離れを招き，社会党は急速に衰退
		阪神・淡路大震災，地下鉄サリン事件，高速増殖炉「もんじゅ」事故	
		「村山談話」…戦後50年に際し，戦争反省 ⇔ 沖縄基地反対運動	冷戦終結・地域紛争の増加が背景
橋本龍太郎（自社）	1996	・バブル崩壊後，平成不況に始まる「³⁵ 　　　20年」へ🔻	日米安保共同宣言
		規制緩和で対処…独禁法改正（1997）で持株会社解禁 etc.	↓
	1997	金融危機（1997〜）…金融ビッグバンやアジア通貨危機が影響	改定ガイドライン
		産業空洞化の進行…円高が続き，生産拠点が海外移転	
		・外圧…コメの部分開放（1999）。大規模小売店舗法（大店法）廃止	
36 Ⅰ～Ⅲ（自公）	2001	特措法で自衛隊派遣　後方支援	**アフガニスタン戦争** ← **同時多発テロ**
	2003	復興支援	**イラク戦争**

構造改革…³⁷ 　　　主義政策の推進
↓・郵政民営化（2005）など，特殊法人の民営化，公共サービスの削減
格差社会へ
・地域格差…過密・過疎の悪化 …… 新語「限界集落」「シャッター通り」
・所得格差🔽…大企業の収益増 ⇔ 非正規雇用者の拡大 etc.

| | 2008 | アメリカ大手リーマン＝ブラザーズの経営破綻による世界への影響は，石油危機に匹敵 | ³⁸ 　　＝ショック |
| **39 （民）** | 2009 | 政権交代 | |

G7の平均賃金の推移

⁴⁰ 　　　党中心に連立

リーマン＝ショックを除けば，日本はプラス成長だが，なぜ賃金が伸びないか，考えてみよう。近年，「失われた30年」とも言われはじめている。

	2011	⁴¹ 　　　大震災，⁴² 東京電力　　　原発事故	
安倍晋三Ⅱ～Ⅳ（自公）	2012	「戦後レジームからの脱却」，第9条改憲を唱える	
	2015	安全保障関連法案の強行採決…集団的自衛権容認に転換	
	2022		ロシアがウクライナに侵攻

（OECD資料より作成）

|||||||| 問題演習 ||||||||

1 開発途上国の民主化と独裁政権の崩壊　次の文の空欄に適語を入れ，下の問いに答えよ。　〔20明治大囮：改〕

　ⓐアジア・アフリカ・ラテンアメリカなどの第三世界では，1960年代頃から（①）体制が現れ，軍事力を背景とした強権的支配のもとで，政治運動や社会運動をしながら自国経済の近代化を強行していくことになる。①体制をとる国々には，先進国からの（②）を制限したうえで工業化を図る保護主義的な政策をとる国が多かった。ⓑ一党独裁下の台湾，1961年の軍事クーデタにより実権を握った軍人の（③）（のちに大統領）によるⓒ強権体制下の韓国，（④）による軍事政権下のインドネシアなどのように，自由主義的な（⑤）志向型の工業化政策に転換することで経済を成長させることに成功した国もあった。

　ラテンアメリカ・アフリカでは，1973年のクーデタにより政権を握った（⑥）将軍による独裁政権下のチリのように，低賃金を維持して外国企業を誘致し，⑤志向型の工業化政策を採用して成功した国もあったが，多くの国は②代替工業化政策を維持しており，（⑦）後には累積債務により経済を悪化させていった。

　西側諸国が人権を重視した外交を行うようになり，こうした①体制をとる国々への国際的な圧力が強まっていくと，1980年代から1990年代にかけてこれらの国々は（⑧）が決定された。

(1)　下線部ⓐについて，2010年末，北アフリカのチュニジアで発生した反政府デモに端を発し，中東・北アフリカ諸国で「アラブの春」といわれる民主化運動が急速に広まった。こうした運動を促進した背景としてあるものの普及が挙げられるが，それは何か答えよ。

(2)　下線部ⓑについて，蔣介石の息子である蔣経国の死後に民主化を推進したのは誰か。

(3)　下線部ⓒについて，1980年に民主化を求める市民と軍隊との武力衝突が起こった。この事件は何か。

(4)　次の資料を読み，それぞれどこの国の出来事か答えよ。

資料1

この国は南アメリカに属している。
1955年，軍事クーデタでペロン政権打倒。
1982年，フォークランド諸島の領有をめぐりイギリスとのフォークランド戦争が発生（敗北）。

資料2

この国は東南アジアに属している。
1965年から20年にわたってマルコス大統領の独裁が続いていたが，アキノが中心となり反マルコス運動が高まった。1986年マルコスは追放された。

資料3

この国は東南アジアに属している。
1962年，ネ＝ウィン将軍によるクーデタで軍事独裁政権が成立，2016年まで続いた。アウン＝サン＝スー＝チーは1988年から，民主化運動の中心的存在である。

資料4

この国は東アジアに属している。
1948年，金日成は国家の成立とともに内閣首相に就任。息子の金正日が病死したあとはその子の金正恩へと最高指導者の地位を受け継いだ。国際社会での孤立を深めている。

(5)　1989年6月4日，中国では自由と民主化を求めて天安門広場に集まった学生・市民を武力で弾圧し，多数の犠牲者が出た。この事件は何か。

1	①	②	③	④
	⑤	⑥	⑦	⑧
	(1)		(2)	(3)
	(4)資料1	資料2	資料3	資料4
	(5)			

2 **地域紛争**　次の文の空欄に適語を入れ，下の問いに答えよ。　　　　　　　〔19，20東海大囲：改〕

　第二次世界大戦後，（①）の委任統治が終了するパレスチナでは，それまで居住していた（②）と，ヨーロッパからの移民を中心とする（③）がそれぞれに独立国家建設を目指したため，紛争が深刻となった。国連はパレスチナ分割案を決議したが，アラブ側が分割を不当として拒絶し，①は紛争を解決せずに一方的に撤退した。そのため，ユダヤ国家として（④）の建国が宣言され，近隣のアラブ諸国との間に戦争が起こった。軍事的に優位な④は，この戦争後に国連決議の割り当て以上に大きな領土を獲得した。パレスチナの人びとは祖国を失い，多くの人びとが難民として近隣のアラブ諸国に流入した。④がガザ地区と（⑤）川西岸の占領地を併合する姿勢を見せたため，（⑥）（PLO）は武力闘争による祖国解放を目指すようになった。パレスチナの人びとは石を投げて抵抗する（⑦）を起こした。1993年，④の首相（⑧）とPLOのアラファト議長は話し合いによる解決を目指し，相互承認とパレスチナ人の暫定自治政府の樹立で合意した（（⑨））。しかし，1995年のユダヤ急進派による⑧首相暗殺，2000年以降の④保守派によるパレスチナへの挑発的行為と，それに対するパレスチナ側の自爆テロ攻撃など，両者の不安定な関係が続いている。

　また，20世紀はじめまでにエチオピア帝国とリベリア共和国をのぞいてアフリカは列強の植民地に分割された。これらのアフリカ諸国の大半が独立するのは第二次世界大戦後である。アフリカでは独立後の現在でもヨーロッパの植民地支配に由来する問題に苦しめられている地域が多い。それらの課題解決のために，アフリカの人々自身が主体的に努力し続ける様子に注目していくことも必要である。

(1)　アフリカの国々は独立後も内戦などに苦しめられている。激しい内乱が起こる背景を説明せよ。

(2)　地域紛争は，冷戦終結後に多く発生している。その理由を簡潔に説明せよ。

(3)　世界では地域紛争が相次いでいる。次の**資料Ⅰ～Ⅲ**を読み，それぞれの地域紛争名の組合せとして適切なものをあとの①～④から選べ。

資料Ⅰ

> 2003年，イラクが大量破壊兵器を保有しているとされ，アメリカがイギリスとともに侵攻しフセイン政権を打倒した。クルド人とイラク人，イスラム教のシーア派とスンナ派の間で内戦が発生し「IS（イスラム国）」の台頭を招いた。

資料Ⅱ

> イラン=イラク戦争で多額の負債を抱えたイラクは，1990年油田獲得のためクウェートに侵攻した。翌年，アメリカを中心とした多国籍軍によって敗北した。

資料Ⅲ

> アフリカの旧宗主国ベルギーに優遇されていた，少数部族ツチ族と多数部族フツ族とが対立した紛争。1990年代前半に内戦が勃発した。

　①　Ⅰ―イラク戦争　　Ⅱ―湾岸戦争　　Ⅲ―ユーゴスラヴィア紛争
　②　Ⅰ―イラク戦争　　Ⅱ―湾岸戦争　　Ⅲ―ルワンダ内戦
　③　Ⅰ―湾岸戦争　　Ⅱ―イラク戦争　　Ⅲ―ユーゴスラヴィア紛争
　④　Ⅰ―湾岸戦争　　Ⅱ―イラク戦争　　Ⅲ―ルワンダ内戦

3 **政治の転換期と21世紀の日本**　康介さんたちのクラスは平成以降の日本についての調べ学習を行い，班ごとに発表を行った。その時に作成した次の発表資料を見て，空欄に適語を入れ，下の問いに答えよ。

A班

ⓐドル安・円高により日本経済の（①）現象が始まった。1990年前半に①がはじけ平成不況となった。雇用情勢は人手過剰に転じ，氷河期と呼ばれる状態を迎え，2000年代には失業率が5％の大台を突破した。

B班

1992年，宮沢喜一内閣のもとで（②）（PKO）協力法が成立し，自衛隊の（③）が可能となった。初めて派遣された国は（④）で，2003年には人道的な国際救援活動のためイラクに派遣されている。

C班

1993年に宮沢内閣不信任案が提出され（⑤）は衆議院での議席が過半数を割り，ⓑ連立政権が誕生した。1994年には（⑥）の村山富市を首相とする連立政権が成立し，（⑦）を合憲とするなど従来の政策を大きく転換させた。1996年には⑤総裁の橋本龍太郎が政権を引き継いだ。

D班

戦後50年の節目となる1995年には，阪神淡路大震災が起こった。同年3月にはⓒオウム真理教による無差別テロ事件が発生した。2011年の（⑧）では，巨大津波の発生が被害を拡大させた。また，東京電力福島第一原発では，炉心溶融事故が発生，多量の放射性物質が放出した。

(1)　発表資料をもとに，各班の発表テーマと考えられるものを次の選択肢からそれぞれ選べ。
　　① 日本の国際貢献　　② バブル経済の崩壊　　③ 民主党の政権交代　　④ 安全保障関連法
　　⑤ 55年体制の崩壊　　⑥ 平成の事件・災害　　⑦ 新自由主義政策の推進　　⑧ 沖縄基地反対運動

(2)　下線部ⓐについて，以下の空欄ア～エにあてはまる内容として適切なものを，次の選択肢からそれぞれ選べ。

ドル安・円高とは，アメリカのドルに対して円の価値が上がることであり，円に対してドルの価値が下がることでもある。円高のメリットは ア であり，デメリットは イ である。逆に円安のメリットは ウ であり，デメリットは エ である。

　　① 外国で日本の製品が売れやすくなること
　　② 外国の製品が安く買えたり，海外旅行に安く行けたりすること
　　③ 輸出製品が高くなり，売れづらくなること
　　④ 輸入のコストが上がり，輸入産業が落ち込みやすいこと

(3)　下線部ⓑについて，「連立政権」の内閣総理大臣と所属する党の正しい組み合わせを選べ。
　　① 細川護熙—新生党　　② 羽田孜—社会党　　③ 細川護熙—日本新党　　④ 羽田孜—日本新党

(4)　下線部ⓒについて，この新興宗教団体が起こした事件を何というか。

2

①	②	③
④	⑤	⑥
⑦	⑧	⑨

(1)		
(2)		
(3)		

3

①	②	③	④
⑤	⑥	⑦	⑧
(1)A班	B班	C班	D班
(2)ア	イ	ウ	エ
(3)	(4)		

25 国際社会と日本の諸課題

米ソ冷戦は終結したが，文明の進歩によってもたらされたグローバル化が新たな問題を発生させた。さらに，新たな構図の冷戦の気配も…。

━━ ポイント整理 ━━

1 現代世界の諸課題〈すべての国はすべての国の影響を受ける〉

(1) グローバル化の背景

①新自由主義の台頭

┌─────────────────────────┐
│ 国際分業が普及。組立てなど単純労働の分野は， │
│ 人件費の安い新興国に生産拠点を移し，効率化 │
└─────────────────────────┘

| 高度経済成長…安価な資源が前提 |
| → 福祉国家の理想を追求 |

石油危機 →

| 1 _____ 主義…競争の原理が復活 |
| 資源高騰を経済効率でカバー | ?

②経済統合など各種の国際的連携が進展

〔背景〕・EU（ヨーロッパ連合）の発展例　・冷戦終結による旧両陣営の交流　・経済効率の重視 etc.
〔例〕・EUの拡大…EC（ヨーロッパ共同体）を発展させ，EU発足：14カ国（1993）→ 27カ国（2020）
　　・主要国首脳会議（2 _____ ）7カ国（G7）→ 世界金融危機後，3 G_____ での開催も（2008〜）
　　・関係国の「関税及び貿易に関する一般協定」（GATT）→ 国際組織の世界貿易機関（4 _____ ）（1995）

③インターネットの実用化 → 5 _____ 技術（ICT）革命

パソコン・携帯電話・スマホの普及 → インターネット利用者の増加➡
全地球的・リアルタイム・大量の情報の流通 → 企業活動の利便
人工知能（6 _____ ），仮想現実（VR）の世界，仮想通貨の開発

国民総所得とインターネット普及率

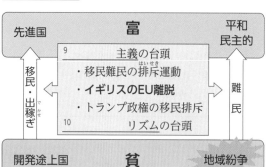

（世界銀行，ITU資料）

(2) グローバル化の負の側面

①望ましくない事象も，地球規模・大量・急速に進行

資源・エネルギー消費，環境破壊，感染症流行，個人情報漏れ・悪用，
サイバー攻撃，フェイクニュース，資金洗浄（マネー・ロンダリング），
富裕層による租税回避地（タックス・ヘイブン）の悪用　　etc.

②一国の経済危機が，急速に世界に連鎖

・7 _____ ＝ショック［米］（2008）…住宅バブルの崩壊 → リーマン＝ブラザーズ破綻 → 世界金融危機
・ユーロ危機（2010）…ギリシャの巨額財政赤字の発覚が発端。数カ国の赤字も重なり，ユーロ下落など動揺

③8 _____ 経済の拡大…新自由主義など効率化の帰結

	富	平和
先進国		民主的
移民・出稼ぎ	9 _____ 主義の台頭 ・移民難民の排斥運動 ・**イギリスのEU離脱** ・トランプ政権の移民排斥 10 _____ リズムの台頭	難民
開発途上国	貧	地域紛争

問題群としての地球環境問題

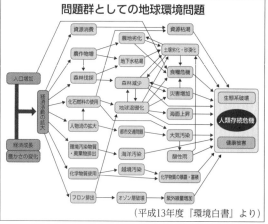

（平成13年度『環境白書』より）

(3) 人権問題

人種・民族・女性への差別
LGBTQへの人権侵害……

Lesbian
Gay
Bisexual
Transgender
Queer, Questioning

(4) 自然環境問題➡

1972	国連人間環境会議…初めて地球環境問題を提起
1992	国連環境開発会議（環境サミット）
	気候変動枠組条約 → 締約国会議（COP）で検討
1997	COP3：**京都議定書**…先進国に温室効果ガス削減義務
2015	COP21：11 _____ 協定…途上国も削減努力へ
	国連で12 _____ 可能な開発目標（13 _____ ）を採択➡

2 現代日本の諸課題〈未来をふまえて生き方を考えよう〉

(1) 人口減少社会の到来➡

- 総人口は，2008年の1億2,808万人をピークとして，予測より早く減少中。
- 14 _____ 化の現状 〔1人の女性が生涯に生む子供数〕

  少子化…指標となる合計特殊出生率2.07が
  　　　　日本の人口維持には必要

  高齢化…平均寿命（日本が世界一）だけで
  　　　　なく，少子化が高齢化率を加速

- 14の問題点

  家族や地域社会の機能が衰退

  労働人口の減少 → 経済成長を阻害

  税収等の減少 → 行政・社会保障の縮小

〔少子化・高齢化が顕著な国はどこか。また，日本ではどんな地域が顕著なのか，その原因も調べてみよう。〕

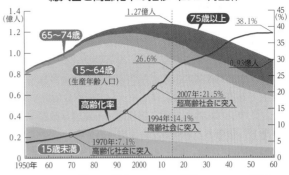

総人口と高齢化率の推移（2017年推計）

人口ピラミッド
産業の発展に伴い，富士山型から釣鐘型・壺型へ

（国立社会保障・人口問題研究所資料などによる）

(2) 原子力発電と自然災害

- 原子力発電推進の背景　〔四大公害訴訟を列挙してみよう。〕

  高度経済成長期の公害問題

  第1次15 _____ 後の原油高騰 ⎱ 原発重視へ転換（1974）
  日本は資源が乏しい　　　　　 ⎰

- **東日本大震災**での東京電力16 _____ 原発事故（2011）

  ⬇ → 数十万人が避難，居住不能地が発生。原発の安全性に懸念

- 17 _____ エネルギーの開発へ…18 _____ ，風力　etc.

- 大地震，豪雨災害の発生

  2017年以降は，毎年のように，西日本中心に豪雨災害

1995	阪神淡路大震災
	高速増殖炉「もんじゅ」事故（福井）
1999	東海村臨界事故…作業員被爆死
2011	東日本大震災，16
2016	熊本地震
2018	西日本豪雨，北海道胆振東部地震

（朝日新聞2011年11月11日）

日本の自然災害発生件数

被害額

（2019『中小企業白書』より）

(3) 現在の日本とこれからの日本——さまざまな分野での日本の国際順位をみて，日本の姿を考えよう。

〔日本はGDP世界3位だが，個々の国民の豊かさを示すわけではない。女性への不平等な姿勢，経済効率の悪さ，所得格差の大きさが窺える。〕

順位／調査国数	比較項目（調査団体，発表年）備考
35/196	1人当たりGDP（IMF, 2022）
56/149	幸福度（国連，2021）
2/188	政府債務残高対GDP比（IMF, 2021）
23/38	労働生産性（OECD, 2021）主要国worst 1
22/35	平均年収（OECD, 2020）
3/31	国会議員報酬（LOVEMONEY.COM[英], 2020）
11/40	国際観光客到着数（国連，2019）
78/112	英語力（Education First［スイス]，2021）
2/194	自然災害による5年平均死亡率（WHO, 2016）
191/208	合計特殊出生率（世界銀行，2020）
120/156	ジェンダー（世界経済フォーラム［スイス]，2021）
27/27	途上国支援（NPO世界開発センター[米]，2015）
?/世界	難民受入れ（国連，2018）主要国で最下位水準
5/142	軍事力（Global Firepower[米]，2022）
12/163	世界平和度指数（経済平和協会［英]，2021）

- 日本経済は，欧米との関係の中で成長してきたが，近年は中国・インド・東南アジアなどの新興国との関係が強まっている。

- 日本文化をPRし，「観光立国」を模索中。訪日観光客（インバウンド）は増加傾向 ⇔ 語学（会話）軽視の学校教育

- 少子高齢化や海外移住日本人の漸増で日本人労働力が減少へ

  ⇔ 外国人労働者が増加

- 途上国では，地域紛争や貧困・難民など，課題が山積

  ⇔ 日本の支援は消極的

- 唯一の原爆被爆国であり，平和主義の憲法の理念を前提に，国際社会の平和と安全への貢献を模索することが求められている。

在留外国人（登録外国人）数と海外在留邦人数

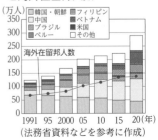

海外在留邦人数

韓国・朝鮮　フィリピン
中国　ベトナム
ブラジル　米国
ペルー　その他

（法務省資料などを参考に作成）

10章

━━━━━━━━━━━━━━━━━━━━━━━━━━━━━━━━ 問題演習 ━━━━━━━━━━━━━━━━━━━━━━━━━━━━━━━━

1 現代世界の諸課題　次の文の空欄に適語を入れ，下の問いに答えよ。

　20世紀後半の石油危機は先進諸国に大きな打撃を与え，イギリスの（①）政権やアメリカの（②）政権に代表されるように，規制緩和や財政支出削減を進める（③）主義が台頭することとなった。世界では急速な経済のグローバル化が推進される一方，2008年の（④）を代表とする世界的な金融危機も生じている。そして2016年，トランプが当選を果たした⒜米国大統領選挙とともに世界を驚かせたのが，国民投票によるイギリスのEU離脱の選択である。その背景には⒝ギリシアの財政危機や⒞難民・移民問題に揺れるEUそのものへの疑問・不満があった。トランプのみならず，排他的・不寛容な政策・主張をもつ指導者やその候補者はいまやEU諸国でも存在感を増し，世界の至る所で⒟自国第一のナショナリズムと民族・宗教を異にする者どうしの軋轢が強まっている。2022年のロシアの（⑤）侵攻は，このような国際的対立状況を示すものである。自然環境問題に関しても，解決のために1992年にはブラジルの（⑥）で国連環境開発会議（地球サミット）が開催されたが，⒠環境保全を進める先進国と経済開発を優先する開発途上国との間で利害が対立している。このような国際的な対立状況の流れが行き着く先は大きな衝撃（世界大戦）であることを20世紀の歴史は教えているが，一方で寛容を説くだけの人道主義だけでは現存する問題を何一つ解決・解消できないのも事実である。二つの世界大戦の反省のうえに立って実現された国際社会だが，その危機は世界全体の危機でもあるという認識が必要なのかもしれない。

(1)　下線部⒜について，2016年5月に現職としては初めて，被爆地である広島を訪問した米国大統領は誰か。

(2)　下線部⒝について，次のア～エはEU諸国の経済に関わる出来事をまとめたメモである。メモに記載されている出来事を古いものから年代順に正しく配列したものを，次の①～⑧から選べ。　　［18共テ試行 政経：改］

ア
イギリスは，国民投票によって，EUから離脱を決めた。

イ
ギリシアは，巨額の財政赤字を隠していたことが発覚して国債発行が困難となり，経済危機に陥った。

ウ
単一通貨ユーロの紙幣・硬貨の使用が開始された。

エ
ユーロ圏の金融政策を担う中央銀行として，欧州中央銀行（ECB）が設立された。

①　ア→イ→ウ→エ　　②　ア→エ→イ→ウ　　③　イ→ア→エ→ウ　　④　イ→ウ→ア→エ
⑤　ウ→イ→エ→ア　　⑥　ウ→エ→ア→イ　　⑦　エ→ア→イ→ウ　　⑧　エ→ウ→イ→ア

(3)　下線部⒞について，移民・難民の受け入れが問題になるのはなぜか，簡潔に説明せよ。

(4)　下線部⒟について，外国人や移民労働者の排斥を訴える排外主義政策などに代表される，利益に直結しそうなわかりやすい政策で大衆支持を集めようとする主義・主張を何と呼ぶか。

(5)　下線部⒠について，2015年に締結されたパリ協定は，温室効果ガスの削減目標の目標値および削減の基準となる年の設定を各締約国に委ねている。次の資料は5つの国の温室効果ガスの排出量をまとめたものである。資料から読み取れることとして最も適当なものを，次から選べ。

資料　温室効果ガスの排出量
（二酸化炭素換算値・百万トン）

	1990年	2000年	2005年	2013年
カナダ	545	712	747	721
ドイツ	1,273	1,022	993	923
日本	1,204	1,289	1,289	1,343
イギリス	813	724	698	572
ロシア	3,087	1,420	1,435	1,423

（国立環境研究所による）

①　いずれの国も1990年比で20％の削減目標を設定したと仮定した場合，2013年の排出量が目標を達成したことになる国はロシアのみである。

②　いずれの国も2000年比で20％の削減目標を設定したと仮定した場合，2013年の排出量が目標を達成したことになる国はドイツである。

③　1990年と2000年の排出量を比較した場合，ドイツの排出量の減少率はイギリスよりも大きく，カナダの排出量の増加率は日本よりも大きい。

④　2005年と2013年の排出量を比較した場合，減少量が最も大きい国はドイツであり，増加量が最も大きい国は日本である。

2 現代日本の諸課題　「現代日本の課題とこれからの日本」というテーマについて，資料をもとに授業で探究した。次の会話文の空欄に適語を入れ，下の問いに答えよ。

先生：現代の日本の抱える課題について話しあってみましょう。

大塚：日本は現在，合計特殊出生率が低下するとともに高齢人口比率が増加していて，いわゆる（①）化が急速に進んでいるね。年少人口の減少と高齢者人口の増大は@大きな問題を生じさせるよ。

塩野：2011年の（②）による東京電力福島第一原子力発電所の事故は，ⓑ原子力発電への向き合い方を考えさせられたね。

小坂：②以降は2016年の（③）地震や2018年の広島・岡山・愛媛県を中心とした西日本豪雨など，自然災害への向き合い方や対策などが模索されているね。

大塚：日本国内の問題だけでなく，韓国や中国との近隣諸国とのⓒ歴史認識問題も国際社会における日本の抱える問題と言えそうだよ。在日外国人に対するヘイト・スピーチも話題にあがっていたし。

塩野：在日外国人だけでなく，同性愛者・両性愛者・トランスジェンダーなどの（④）と呼ばれる人々の権利問題も国家として考えていかなければいけない課題だよね。

先生：ⓓ人類の歴史では，これまで多くの人々が社会的抑圧や社会問題に立ち向かってきました。これからの日本の社会を考える上で，私たちが歴史から学べることは沢山あります。

(1)　下線部@について，年少人口減少と高齢者人口増大はどのような問題を生じさせるか，簡潔に説明せよ。

(2)　下線部ⓑについて，原子力や火力に代わる新たなエネルギー利用のあり方に関する記述ア～エについて，正しいものの組合せを，次の①～⑥から選べ。

　ア　地熱は，自然環境の中にあって繰り返し利用できるエネルギーではあるが，どんな場所でもそれを活用した発電が可能というわけではない。

　イ　風力発電は，風のエネルギーで発電機を回して電力を得るものであり，日本でも実用化が始まっている。

　ウ　太陽光発電は，どんな場所でも発電できるだけでなく，一つの施設で大規模エネルギーを供給できる点が特徴である。

　エ　バイオマスは，捨てられていた廃熱を暖房などの熱源に用いて，エネルギー利用を効率化する技術である。

　①　ア・イ　　②　ア・ウ　　③　ア・エ　　④　イ・ウ　　⑤　イ・エ　　⑥　ウ・エ

(3)　下線部ⓒについて，資料は2006年に内閣府によって実施された日中関係の意識調査（「日中関係に存在している具体的な問題は何だと思いますか」）の日本国民の回答である。資料から読み取れることとして適当でないものはどれか。

　①　30％以上の人々が国民間の相互理解が不足していると回答しているため，両国による対話が欠かせないことがわかる。

　②　半数以上の人々が，過去をめぐる問題が日中関係に存在していると考えており，両国の歴史への向き合い方が重要になる。

　③　経済問題や海洋権益の問題は，どちらも25％以上の人々が指摘しており，今後の日本の経済政策とともに考える必要がある。

　④　安全保障上の問題は，20％を下回っているとはいえ，東アジア地域全体をめぐる問題として考えなければならない。

資料　日中関係の意識調査

項目	割合(%)
歴史認識など過去をめぐる問題	58.9
両国の国民間における相互理解の不足	32.1
国際政治における両国の政策の不一致	30.2
海洋における権益の問題	28.7
経済問題	26.6
軍事力など安全保障上の問題	20.5
来日中国人の犯罪の問題	18.4
台湾をめぐる問題	10.7
特に問題はない	1.1
その他	0.5
わからない	9.7

（外務省ホームページより作成）

(4)　下線部ⓓについて，近代以降の歴史のなかで，当時の社会的抑圧の状況や社会問題の解決のために尽力した人物を一人挙げ，どのような問題を解決しようとしたか，説明せよ。

10章

1

①	②	③	④
⑤	⑥	(1)	(2)
(3)			
(4)		(5)	

2

①	②	③	④
(1)			
(2)	(3)	(4)人物	
問題			

1 感染症と近現代の歴史 次は「感染症は近現代の歴史にどのような影響を与えてきたのか」という問いについて探究した授業の会話文である。会話文を読み，下の問いに答えよ。

先生：感染症は人類の歴史に大きな影響を及ぼすことがありました。感染症をめぐる問題として，どのような事例がありましたか。それぞれ調べてきたことを教えてください。

一郎：16世紀に本格化した「世界の一体化」の結果，アメリカ大陸の社会は大きく変質しました。ヨーロッパ人がアメリカ大陸にもち込んだとされる感染症は，⒜先住民の人口を激減させる一因になりました。この感染症の正体は天然痘ではないかといわれています。

悠里：いち早く近代工業社会を形成した西ヨーロッパ諸国でも感染症が猛威を振るうことがあったそうです。産業革命にともなって人口が集中した都市部ではコレラが蔓延するようになりました。また，コレラは何度も世界的な流行が起きたそうです。

幸樹：もともとインド亜大陸（インド半島）の風土病だったコレラが世界的に流行するようになるのは，⒝18世紀末にインドがイギリスの支配下に入ったあとからです。1817年から世界的流行が始まり，7度もパンデミックを引き起こしています。1840年から始まった3回目の世界的流行の波は幕末の日本にも押し寄せ，江戸だけでも約3万人が犠牲になりました。

悠里：浄化されたきれいな水がコレラ予防につながることが知られるようになると，西洋各国では上下水道の整備が進められるようになりました。コレラの流行は人々の衛生意識を向上させることにもつながった側面もあるのかもしれません。

達也：19世紀後半から近代化を進めた日本では，明治時代になって⒞殖産興業と富国強兵を進めたことで，結核が流行するようになりました。感染の温床となったのは紡績工場と軍隊だったようです。「国民病」「亡国病」とまで呼ばれ，1935年から終戦まで死因の一位となっていました。

朝美：大きなパンデミックを引き起こしたといえば，20世紀初頭の第一次世界大戦期に世界的な流行があった「スペイン風邪」，つまりインフルエンザが有名です。

一郎：1918年の大戦末期には前線の兵士たちが次々とスペイン風邪に感染して戦争の継続が難しくなり，第一次世界大戦の終結を早めたのではないか，という評価もあります。

朝美：⒟スペイン風邪は日本にも押し寄せ，多くの感染者や死亡者を出しました。歴史上の著名人も次々に感染したようで，⒠1918年に首相となった原敬も感染していたことが彼の日記から読み取れます。

悠里：感染症の脅威に人類はどのように立ち向かっていけばよいのでしょうか。

一郎：国際社会が協力して感染症の撲滅に成功したこともあります。例えば，1958年に世界保健機関（WHO）総会で⒡ソ連の提案した世界天然痘根絶計画が可決され，世界的に天然痘のワクチン接種が進められました。天然痘の感染者は減少の一途をたどり，⒢1980年にWHOが天然痘根絶宣言を出しました。

朝美：米ソ両国が激しく対立した⒣冷戦時代に国際社会が協力して天然痘の撲滅に成功したなんて，すごい話ですね。⒤今後の感染症対策のヒントになるかもしれませんね。

⑴ 下線部⒜について，激減した労働力を補うためにヨーロッパがアフリカ大陸からアメリカ大陸へ送りこんだものは何か。

⑵ 下線部⒝について，インドは第二次世界大戦後にイギリスから独立したが，その際，ヒンドゥー教徒とイスラーム教徒で分離独立した。このとき，独立した国は，インドとどこか。

⑶ 下線部⒞について，明治政府が進めた殖産興業に関する記述X～Zの正誤の組合せとして正しいものを①～④のうちから1つ選び，記号で答えよ。

X 警察や地方行政，殖産興業を所管する内務省が設置され，初代内務卿には伊藤博文が就任した。

Y 明治政府は欧米の技術を導入するために，お雇い外国人を採用した。

Z イギリスの近代紡績業の技術を取り入れた富岡製糸場が開設された。

① X 正 Y 正 Z 誤 ② X 正 Y 誤 Z 正 ③ X 正 Y 誤 Z 誤
④ X 誤 Y 正 Z 誤 ⑤ X 誤 Y 誤 Z 正 ⑥ X 誤 Y 正 Z 正

(4) 下線部⓪について，**資料1**はスペイン風邪流行下の日本で作成されたポスターである。当時の日本ではどのような感染症対策が推奨されていたと考えられるか。このポスターを参考に説明せよ。

(5) 下線部⑥について，原敬が組閣した内閣の特色を「政党内閣」という語句を用いて説明せよ。

(6) 下線部①について，**資料2**は当時のソ連最高指導者が1956年に行った演説である。この演説を行った指導者の名前と演説内容から読み取れることの組合せをあとの①〜④から選べ。

資料1

（内務省衛生局『流行性感冒』）

資料2

> スターリンは集団的な指導や集団的な活動にはまったく我慢がならず，気まぐれと専横な性格ゆえに，自分に反対する人々だけでなく自分の方針に反していると思われた人々に対しても，無作法な暴力を行使した。彼は，説得や説明，人々とともにおこなう面倒な活動を通じてではなく，自分の方針を無理強いし自分の意見に無条件に服従することを求めるやり方で活動した。これに抵抗したり，自らの見解やその正しさを示そうとしたりした人々は，指導者集団から排除されて，精神的および肉体的に抹殺される運命に陥った。　　　　（『世界史史料11』岩波書店より）

人物　a　フルシチョフ　　　　　b　ブレジネフ
内容　X　人々はスターリンの思想・信条に服従することを強制された。
　　　Y　スターリン時代の共産党は集団指導体制だった。

①　a—X　　②　a—Y　　③　b—X　　④　b—Y

(7) 下線部⑧について，同時期に世界で起こっていた事柄について，ふさわしいものを選べ。

①　アメリカなどの支援を受け，イラクがイランに戦争をしかけた。

②　アフリカ諸国首脳会議が開催され，アフリカ諸国の連帯が目指されることとなった。

③　韓国の李承晩大統領が失脚し，軍事クーデタによって，朴正熙が大統領となった。

④　「所得倍増計画」を打ち出した日本では，高度経済成長期を迎えた。

(8) 下線部⓱について，冷戦時代に起こった事柄について述べた次の文Ⅰ〜Ⅲについて，古いものから年代順に正しく配列したものはどれか。

Ⅰ　ベトナム戦争でのアメリカの行いに対して，世界各地で反戦運動が起こった。

Ⅱ　キューバでは政権が変わったことにより，親米的な姿勢から社会主義的な姿勢に変わった。

Ⅲ　アメリカからの再軍備増強要請が強まり，日本に自衛隊が発足した。

①　Ⅰ—Ⅱ—Ⅲ　　②　Ⅰ—Ⅲ—Ⅱ　　③　Ⅱ—Ⅰ—Ⅲ
④　Ⅱ—Ⅲ—Ⅰ　　⑤　Ⅲ—Ⅰ—Ⅱ　　⑥　Ⅲ—Ⅱ—Ⅰ

(9) 下線部①について，歴史のなかで感染症が世界的な広がりを見せた背景には人々のどのような行動があったと考えられるか。会話文の内容を参考に説明せよ。

1 (1)	(2)	(3)
(4)		
(5)		
(6)	(7)	(8)
(9)		

2 **地域統合とグローバル化**　次は，歴史総合の授業で「地域統合とグローバル化はどのように進められてきたのか」という問いについて探究した授業の会話文である。会話文を読み，下の問いに答えよ。

先生：「グローバル化」とは一般的に，国境を越えて政治や社会経済活動が展開されていくことを指します。現代においてグローバル化はどのように進められてきたでしょうか。授業を振り返りながら考えてみましょう。

亮太：グローバル化の先がけとして，ⓐ地域間の統合が挙げられるのではないでしょうか。現代でも進められている地域間の統合は，その地域に限定されたグローバル化という見方ができます。最も地域統合が進んだのは，やはりヨーロッパでしょうか。

剛志：ヨーロッパは第二次世界大戦の終結から3年後のⓑ1948年にフランス外務大臣が提唱したプランに基づき，1952年に石炭・鉄鋼業の共同管理を目的とした国際機関が発足しました。これを嚆矢として1958年にヨーロッパ経済共同体（EEC）とヨーロッパ原子力共同体（EURATOM）が発足し，1967年には3つの機関が統合されてヨーロッパ共同体（EC）となりました。

璃子：ⓒECは発足後も拡大を続け，冷戦終結後の1993年，ヨーロッパ連合（EU）へ発展しました。EUは広大な市場をもち，1999年には共通通貨ユーロの流通が開始されました。

先生：冷戦の終結後，経済の分野を中心に急速なグローバル化が進みましたが，その前提となったのは，地域ごとに進められた従来の国境を越える統合の進展にあるでしょう。ヨーロッパ以外の地域統合にはどんなものがあるでしょうか。

亮太：1967年に発足したⓓ東南アジア諸国連合（ASEAN）があります。ASEANは反共的な軍事同盟として結成されましたが，現在では経済協力を進める組織となっているようです。

璃子：世界の各地域で自由貿易圏の整備も進んでいます。1989年に発足したⓔアジア太平洋経済協力（APEC）や，1995年に関税及び貿易に関する一般協定（GATT）から発展した世界貿易機関（WTO）では自由貿易の実現に向けて加盟国間で協議が続けられています。

先生：しかし，ⓕグローバル化が進んだことによる様々な課題も生じました。複雑化する国際社会の諸問題にどのように立ち向かっていくのか，私たち1人ひとりが真剣に考え続けることが必要でしょう。

⑴　下線部ⓐについて，亮太さんは第一次世界大戦の終結から間もない1923年に，**資料1**が提唱されていたことを知った。

資料1　クーデンホーフ゠カレルギー『パン・ヨーロッパ』（1923年）

> 政治的概念としてのヨーロッパは，アイスランドを取り入れた大陸ヨーロッパの総括的な民主主義国家を包含する。……私はこの政治的概念としてのヨーロッパを，その地理的なものと区別するために，パン・ヨーロッパと名づける。……パン・ヨーロッパは，*¹26の比較的大なる国家と*²5の小領域より成る。
> *¹ドイツ，フランス，イタリア，ポーランド，スペイン，ルーマニア，チェコスロヴァキア，ユーゴスラヴィア，ハンガリー，ベルギー，オランダ，オーストリア，ポルトガル，スウェーデン，ギリシア，ブルガリア，スイス，フィンランド，デンマーク，ノルウェー，リトアニア，ラトビア，エストニア，アルバニア，ルクセンブルク，アイスランド　*²ダンチヒ，モナコ，サンマリノ，リヒテンシュタイン，アンドラ　　　　　　　　　　（『クーデンホーフ・カレルギー全集1』）

ⅰ　資料1・2を参考に「パン・ヨーロッパ」に含まれていないヨーロッパの大国を2つあげよ。

ⅱ　2つの大国が含まれない理由を「植民地」「社会主義」という語句を用いて説明せよ。

資料2　パン・ヨーロッパと世界の地図

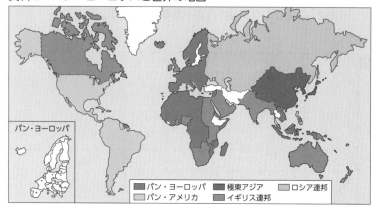

(2)　下線部ⓑについて，石炭・鉄鋼の共同管理を提唱したフランスの外務大臣は誰か。

(3)　下線部ⓒについて，ヨーロッパ連合を発足させるために1992年に調印された条約は何か。

(4)　下線部ⓓについて，東南アジア諸国連合（ASEAN）の原加盟国ではない国を記号で1つ選べ。

　　① マレーシア　　② タイ　　③ ベトナム　　④ インドネシア

(5)　下線部ⓔについて，璃子さんはAPECの目標として掲げられた資料3を見つけた。APECが目指している貿易体制はどのようなものか，資料3から読み取れる内容を説明したX・Yの正誤の組合せとして正しいものを記号で1つ選べ。

資料3　ボゴール宣言（1994年）

> 4．21世紀を控え，APECは，平等なパートナーシップ，責任の共有，相互の尊敬，共通の関心及び共通の利益に基づき，以下の点につきAPECが主導していくことを目的として，アジア太平洋地域における経済協力を強化する必要がある。
> 　開放的な多角的貿易体制の強化。
> 　アジア太平洋における貿易及び投資の自由化の促進。
> 　アジア太平洋における開発協力の強化。
> 5．我々の市場推進型の経済成長の基盤は，開放的な多角的貿易体制にあり，……我々は，世界貿易機構（WTO）の成功裡の発足を呼びかける。すべてのAPEC経済によるWTOへの全面的かつ積極的な参加及び支持は，我々が多角的貿易体制の強化に向けて主導していく能力に係わる鍵である。……
> 6．アジア太平洋において貿易及び投資を拡大するとの我々の目的に関し，我々は，アジア太平洋における自由で開かれた貿易及び投資という長期的な目標を採択することに意見の一致を見た。……実施の速度については，APEC経済間の経済発展段階の違いを考慮に入れ，先進工業経済は遅くとも2010年までに，また，開発途上経済は遅くとも2020年までに自由で開かれた貿易及び投資という目標を達成する。……我々は，世界的な自由貿易を追求することから逸脱するような内向きの貿易ブロックの創設に対する強い反対を強調したい。
> 　　　　　　　　　　　　　　　　　　　　　　　　　　　　　　　　　（外務省ホームページによる）

　X　ブロック経済とは異なる開かれた貿易体制を作ることを目指している。

　Y　加盟国間の経済発展段階に関係なく，アジア太平洋地域の自由貿易を進めることを宣言している。

　　① X：正　Y：正　　② X：正　Y：誤　　③ X：誤　Y：正　　④ X：誤　Y：誤

(6)　下線部ⓕについて，剛志さんはグローバル化によって生じた事柄について，次のようにメモにまとめた。メモを参考に，「人やモノ」「経済」「情報」の視点から，グローバル化によって生じた問題点としてどのようなことが考えられるか，それぞれ説明しなさい。

メモ

グローバル化によって進んだこと	その影響で生じた問題の例
人やモノ，経済，情報などの移動が一層盛んになった。　⬌	・リーマン＝ショック　・サイバー攻撃　・テロ問題 ・フェイクニュース　・移民排斥運動　・ユーロ危機

2

(1) i	ii			
(2)		(3)	(4)	(5)
(6)人やモノ				
経済				
情報				

資料強化演習 ▶▶▶▶▶▶▶▶▶▶▶▶▶▶▶▶▶▶▶▶▶

1 学校教育の歴史　「歴史総合」の授業で，「学校教育の歴史」という主題を設定して，グループごとに資料をもとに探究している。次のⅠ・Ⅱを読んで，各問いに答えよ。

Ⅰ　このグループでは，「学校教育の目的とは何か」について資料を持ち寄って話しあっている。

ユキ：義務教育の歴史から考えてみたよ。義務教育が日本で始まったのは明治時代のことだね。近代化にともなって，新しい制度や技術を活用していくために，基本的な教育を広く普及する必要があったみたい。ⓐこの資料から，明治政府が身分に関係なくすべての人に教育を受けさせようとしたことがわかるよ。

ナオ：義務教育が始まると，子どもたちはどのように変わったんだろう？

ユキ：ⓑこの2つの資料を比較すると，義務教育により子どもたち皆が同じことを学ぶようになったとわかるね。同じ言語や歴史，道徳などを学ぶから，義務教育には国民を　Ａ　する役割もあるんだ。

カナ：教育を通して「日本国民」を育成するってことか。ⓒこの資料は，まさに日本のことを教えているみたい。

ナオ：これは，日清戦争後に日本が植民地とした　Ｘ　の小学校だよ。学校教育を通じて，植民地の人々にも大日本帝国の一員としての自覚を植えつけることが目指されたんだね。戦時期には　Ｂ　的な教育をさらに強化するために，小学校が　Ｙ　に改められたんだけど，それは植民地も巻き込んだんだ。

ユキ：教育の目的は，時代によって変わるんだね。では，現在の教育の目的は何だろう？

カナ：ⓓこの資料を見て。1947年にアメリカ使節団の勧告をもとに　Ｂ　的な教育が否定されて，　Ｃ　的な教育が定められたんだ。生徒会やホームルームもこの理念を実現するためにできたんだよ。

ナオ：そんな目的があったんだね。学校で勉強することも変化したのかな？

カナ：そうだね。例えば1958年の学習指導要領では，中学校に技術・家庭科という教科をつくるなど，国民の科学技術に関する教養を高めるよう改革をしているよ。国民の所得水準が急上昇する中で，義務教育を終えた子どもを高校へ進学させようとする家庭も増えて，ⓔこの資料のような光景も見られたんだ。

資料1

（国立教育政策研究所 教育図書館 貴重資料デジタルコレクション）

資料2

（Institute of Taiwan History, Academia Sinica）

資料3

資料4

（田原市博物館所蔵）

資料5

第一条　教育は，人格の完成をめざし，平和的な国家及び社会の形成者として，真理と正義を愛し，個人の価値をたっとび，勤労と責任を重んじ，自主的精神に充ちた心身ともに健康な国民の育成を期して行われなければならない。

資料6

……自今以後一般ノ人民華士族農工商及婦女子，必ス邑ニ不学ノ戸ナク，家ニ不学ノ人ナカラシメン事ヲ期ス。人ノ父兄タルモノ宜ク此意ヲ体認シ，其愛育ノ情ヲ厚クシ，其子弟ヲシテ必ス学ニ従事セシメサルヘカラサルモノナリ。

(1)　下線部ⓐ～ⓔが示す資料を，上の**資料1～6**からすべて選べ。

(2)　空欄Ａ～Ｃに当てはまる表現を語群から選べ。【 制限　統合　分化　国家主義　自由主義　民族主義 】

(3)　空欄Ｘ・Ｙに当てはまる語句を答えよ。

(4)　波線部の改革の理由として考えられることを，国際関係の視点，国内経済の視点から述べよ。

Ⅱ　「世界各国の給食」について探究しているグループの生徒と先生の会話文である。

先生：このグループでは「世界各国の給食」について探究していましたね。どのようなことがわかってきたかな？

ミク：イギリスの義務教育における給食の始まりは，1899～1902年の　A　がきっかけだったようです。この時，兵士の身体が兵役に耐えられるものでなかったのです。世界大戦の時代に給食は広まりましたが，20世紀後半の　B　首相の時代には給食の予算が削減されて，児童の健康が問題となったようです。

サナ：私が担当するアメリカでも，20世紀になってから各州で，栄養不足の児童のために給食が始まりました。1930年代前半には，　C　の一環として給食を利用し，雇用の促進と農産物の消費を図ったようです。しかし20世紀後半の　D　大統領の時代に，軍事費が増やされ給食の予算は削減されました。給食は安価でカロリーの高い食品となり，イギリスと同じように，児童の健康に影響したと考えられます。

先生：日本の給食の歴史については，どうですか？

トモ：この写真が，日本で初めての給食とされているものです。1889年に山形県の私立忠愛小学校で貧しい児童のために無料で用意されました。やはり給食は貧困対策のために始まるようです。

⬇佐伯矩

サナ：主食・主菜・副菜がそろっていて，児童の健康を維持できそうだね。

トモ：その後，自治体による本格的な給食は1919年に東京府で始まりました。「栄養学の父」とされる佐伯矩の提唱で，この写真のような栄養のバランスを考えた給食を小学校で実施しました。「栄養」という日本語も佐伯が作ったそうです。

先生：では，日本全国で給食が始まったのは，いつですか？

コウ：1932年に文部省が学校給食への助成を始めました。日本は前年に　E　が始まっている時代状況で，貧困対策というよりも，国民の体力を向上させるためだと文部省は強調しています。ところが，戦争が長期化した末の1940年代前半には，この写真のような給食になりました。

ミク：え！すいとんだけなんだ。アジア・太平洋戦争期の食料不足をよく表しているね。

コウ：敗戦後の日本はアメリカに占領されたため，給食はこの写真のようにアメリカの食文化の影響がみられます。この後，子どもたちの食生活を管理することは　F　主義的だと批判されることもあったようですが，グローバル化の進展とともに献立が豊かになっていきました。一方で，現在はほとんどなくなってしまった献立もあります。例えば，これはクジラの竜田揚げです。

トモ：クジラが給食に出ていたんだね！

(5)　空欄Ａ・Ｃ・Ｅ・Ｆに当てはまる語句を答えよ。

(6)　空欄Ｂ・Ｄに当てはまる人名を語群から選べ。また，この2人に共通する政策を①～④から選べ。

人名　【　アトリー　　サッチャー　　チャーチル　　トルーマン　　ニクソン　　レーガン　】

政策　①　福祉政策を削減し，経済への規制を強化する。　②　福祉政策を削減し，経済への規制を緩和する。
　　　③　福祉政策を拡充し，経済への規制を強化する。　④　福祉政策を拡充し，経済への規制を緩和する。

(7)　トモさんとコウさんが会話文のなかで提示した写真は，以下の写真①～④のいずれかである。①～④を年代順に並び替えよ。

① 　　② 　　③ 　　④

(独立行政法人日本スポーツ振興センター提供)

1	Ⅰ(1)a		b		c		d		e	
	(2)A		B		C		(3)X		Y	
	(4)国際関係									
	国内経済									
	Ⅱ(5)A		C		E		F			
	(6)人名B		D		政策		(7)	→	→	→

2 家族の歴史と私たち 「歴史総合」の授業で、「世界の家族の歴史」という主題を設定して資料をもとに探究した。次の文章Ⅰ～Ⅲを読み，下の問いに答えよ。

Ⅰ 会田さんのグループは，近代の妻と夫の関係を整理するために，**資料1～3**を用意した。

資料1　明治民法（1896年　一部改変）

> 749条　家族は戸主の意に反して住居を決定することはできない。
> 788条　妻は結婚により夫の家（家系を指す）に入る。
> 801条　夫は妻の財産を管理する。

資料3　フランス民法典（1804年）

> 213条　夫は妻を保護しなければならず，妻は夫に従順でなければならない。
> 214条　妻は夫と同居しかつ夫が居住すると判断した場所にはどこにでも夫について行かなければならない。
> 1421条　夫は，共同体の財産を単独で管理する。夫は，妻の同意なしに共同体の財産を売却し，譲渡し，抵当に入れることができる。
> 1428条　夫は，妻の個人財産すべてを管理する。夫は，妻の同意なしに妻の個人的な不動産を譲渡することはできない。

資料2　ドイツ民法典（1896年）

> 1363条　妻の（持参）財産は婚姻により夫の管理及び収益に服するものとする。妻が婚姻中に取得した財産もまた持参財産に属する。

(1) 会田さんは，**資料1～3**が成立する以前の各国の国内の動きを**カード1**にまとめた。空欄（①）～（③）に当てはまる語句を答えよ。

カード1

> **日本**：1867年に（①）の大号令を発して，徳川氏を除く新政府の樹立を宣言した。新政府は，欧米をモデルに近代国家の建設を進める一環でヨーロッパの法学者を招いて諸法典を編纂（へんさん）していった。
> **ドイツ**：ドイツ民法の編纂は，1870年代に入ってフランス民法典やプロイセン法を参照しつつ進められ，（②）の治世で完成した。
> **フランス**：ロベスピエールによる恐怖政治が倒され総裁政府が成立したが，（③）はクーデタで総裁政府を倒した。③は内政改革を断行しつつ，革命の成果を踏まえた民法を編纂していった。

(2) 飯山さんは，**資料1～3**から読み取れることをもとに共通点を考察し，**カード2**にまとめた。**カード2**中のアとイをまとめるのに参照したと考えられる資料の組合せを，それぞれ①～④から選べ。

カード2

> **共通点**
> ア　妻が個人で所有していた財産は夫が管理するよう決められた。
> イ　夫婦の住居は夫（戸主）が決定した。

① 資料1と資料2
② 資料1と資料3
③ 資料2と資料3
④ 3つの資料全て

(3) 上田さんが(1)(2)の探究を踏まえて考察した内容X・Yの正誤の組合せを選べ。

X　3つの国の民法から，妻と夫の関係は夫の権利が強いことが特徴であることがわかる。

Y　フランス民法典とドイツ民法典は，財産に関する条文において妻が夫の財産を管理する点で共通しており，フランス民法がドイツ民法に影響を与えていることがわかる。

① X：正　Y：正　　② X：正　Y：誤　　③ X：誤　Y：正　　④ X：誤　Y：誤

Ⅱ 遠田さんのグループは，家族の生活の変化を整理するために，**資料4・5**を用意し，2つの資料の読み解き方について先生と相談した。会話文の空欄に適語を入れ，下の問いに答えよ。

遠田：私たちの班では**資料4**と**資料5**を比較して，「ⓐ大衆社会の形成に伴い，国民の生活はより便利になった」と説明したいのですが，これは正しい解釈でしょうか。

先生：「国民の生活はより便利になった」と言える理由は何でしょうか。

栗山：比較すると（④）が新しく登場していることが根拠です。（⑤）の終結後，世界各地で④放送が開始され，人々の娯楽や情報収集の役割を担いました。

先生：着眼点は良いと思いますが，**資料4**と**資料5**を比較する時には注意が必要ですね。

木原：そうですね。**資料4**は　ア　，**資料5**は　イ　で，　ウ　に注意が必要です。

先生：ⓑ「国民の生活はより便利になった」という主張を裏づける資料は他にありませんか。

遠田：探してみます。

資料4　1870年頃のイギリスの家族の様子

資料5　1920年代のアメリカの家族の様子

『Early days of the radio:Family listening to the radio c.1920』

(4) 栗山さんは下線部ⓐに関して，1920年代から30年代の大衆社会の形成に関する出来事を調べ，**カード3**にまとめた。**カード3**に関する説明として適切なものを選べ。

　① Aに関して，日本では国民の生活に格差は見られず，国民は娯楽に興じた。

　② Bに関して，日本では1920年代に女性にも選挙権が与えられた。

　③ Cに関して，日本では大量生産・大量消費はみられなかった。

　④ A～Cに加えて，女性の服装が活動しやすいものへ変化したことが挙げられる。

カード3

大衆社会の形成に関係する出来事
A　電化製品が利用されるようになり，国民の生活にゆとりが生まれた。
B　これまで以上に国民が政治に関与するようになった。
C　国民は大量に生産された物を，大量に消費するようになった。

(5) 会話文中ア～ウに入る言葉として適切な組合せを選べ。

　① ア 写真資料　イ 絵画資料　ウ どちらも構図に作り手の意図が込められていること

　② ア 絵画資料　イ 写真資料　ウ どちらも後世の人によって作成されたものであること

　③ ア 写真資料　イ 絵画資料　ウ どちらも後世の人によって作成されたものであること

　④ ア 絵画資料　イ 写真資料　ウ どちらも構図に作り手の意図が込められていること

(6) 木原さんは下線部ⓑの指摘を踏まえ**資料6**を用意した。しかし，話し合いを進めると，木原さんと加山さんで**資料6**の解釈が異なった。それぞれの解釈とその理由の組合せとして考えられるものをすべて選べ。

解釈

　X　この絵に描かれた人々は生気に欠けているように見える

　Y　この絵に描かれた人々は大衆文化を楽しんでいるように見える

資料6　今日のアメリカ（1930年）

理由

　a　作者はこの絵を世界恐慌の影響を踏まえて描いたのではないか。

　b　作者はこの絵を第一次世界大戦後の好景気を踏まえて描いたのではないか。

　① X―a　　② X―b　　③ Y―a　　④ Y―b

2	I (1)①		②		③	
	(2)ア		イ		(3)	
	II ④	⑤		(4)	(5)	(6)

Ⅲ　古賀さんのグループでは，戦後から今日に至るまでの日本の家族にまつわる複数の統計データを調べ，**資料7・8**を用意した。

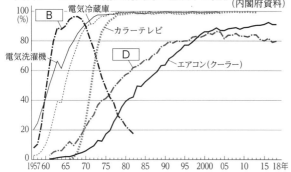

資料7　日本での耐久消費財の普及率の推移　　（内閣府資料）

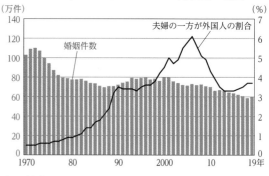

資料8　日本の婚姻総数に占める国際結婚の割合

(7)　古賀さんは，**資料7**から読み取れることを**カード4**にまとめた。**カード4**中の空欄に当てはまる語句を答えよ。

(8)　佐山さんは，**カード4**を踏まえて耐久消費財が普及した時期の日本の家族の様子を調べたところ，**資料9**のようなデータを発見した。佐山さんが**資料9**から読み取った内容と，生まれた仮説の組合せとして適切なものをあとの①〜④から選べ。

読み取った内容

X　平均世帯人員は年々減少している。

Y　世帯数は年々増加している。

仮説

a　平均世帯人員の減少には，三世代家族の増加が影響しているのではないか。

b　世帯数の増加には，核家族の増加が影響しているのではないか。

①　X—a　　②　X—b

③　Y—a　　④　Y—b

カード4

●高度経済成長期の前半は，│ A │と呼ばれる電気洗濯機・│ B │・電気冷蔵庫の普及が進んだ。

●第一次│ C │をきっかけとする不況によって高度経済成長期が終わっても，カラーテレビ・│ D │・エアコンの普及率は高いままであった。

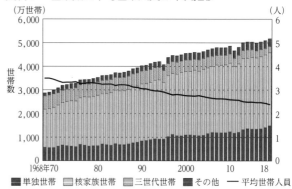

資料9　世帯数と平均世帯人員の年次推移

■単独世帯　■核家族世帯　■三世代世帯　■その他　―平均世帯人員

(9)　篠田さんは，**資料8・9**を組み合わせることで，戦後から今日に至るまでの日本の家族の特徴がさらに深まるのではないかと考えた。篠田さんの考察をメモした**カード5**の（ア）〜（ウ）の組合せをあとの①〜④から選べ。

カード5

資料8では，日本の婚姻件数は（ア　a減少　b増加）傾向にあり，2000年以降の国際結婚の割合は（イ　a5％　b3％）以上で推移していることが，**資料9**では，世帯数は増加しているものの，1世帯当たりの人数は減少していることが読み取れる。このことから，（ウ）。

①　ア—a　　イ—a　　ウ—外国から移住してきた1人世帯が増加していることも考慮する必要がある

②　ア—a　　イ—b　　ウ—家族形態の多様化は世帯構成に加えてグローバル化も考慮する必要がある

③　ア—b　　イ—a　　ウ—家族形態の多様化は世帯構成に加えてグローバル化も考慮する必要がある

④　ア—b　　イ—b　　ウ—外国から移住してきた1人世帯が増加していることも考慮する必要がある

2 Ⅲ(7)A	B	C
D	(8)	(9)

解答・解説　Winning COM.-PASS　**歴史総合の整理と演習2024**
ウィニング　コンパス

※解答について { ・解答として答えるべき事項は赤字で示した。
{ ・（　）は別解または別表記。〔　〕は省略可を示す。

諸地域の成り立ち

P.2・3
①東アジア
1　ゴビ砂漠
2　東シナ海
3　黄河
4　長江
5　ヒマラヤ山脈
6　北部
7　南部
8　仏教
9　儒教
10　道教
11　稲作
12　ヤマト政権
13　律令
14　武士
15　江戸幕府
16　唐
17　モンゴル帝国
18　新羅
19　朝鮮

P.4
②南アジア・東南アジア
1　インダス川
2　デカン高原
3　ガンジス川
4　セイロン島
5　インドシナ半島
6　インダス文明
7　ヒンドゥー教

P.5
③西アジア・エジプト
1　ナイル川
2　ユーフラテス川
3　アラビア半島
4　メソポタミア文明
5　ヤハウェ
6　アッラー
7　ムハンマド
8　コーラン
9　ムスリム

P.6・7
④ヨーロッパ
1　白夜
2　フィヨルド
3　アルプス山脈
4　地中海
5　バルカン半島
6　北大西洋海流
7　キリスト教
8　カトリック
9　プロテスタント
10　イスラーム
11　ポリス
12　共和政
13　神聖ローマ帝国
14　封建社会
15　十字軍
16　ルネサンス
17　宗教改革
18　イエズス会
19　大航海時代

+α 情報 **13世紀の世界**

　ユーラシア大陸のほとんどをモンゴル帝国が支配し，そのもとで草原の道・オアシスの道・海の道の交易が飛躍的に進展した。「モンゴル=ネットワーク」とよばれる。

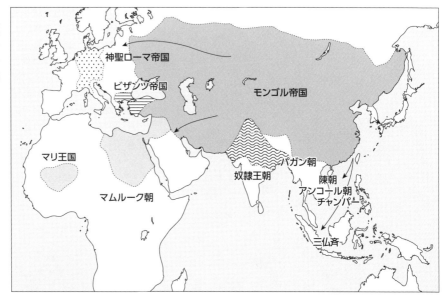

1 アジア諸地域の繁栄と日本

P.11～13

'''''''''' 問題演習 ''''''''''

1
(1)ア　③
　　イ　①
(2)　ウィーン
(3)　③
(4)　④
(5)　カピチュレーション

2
(1)　マラッカ
(2)　④
(3)　⑤

3
①　倭寇
②　康熙帝
③　広州
(1)ア　朝貢
　　イ　冊封
(2)　海禁〔政策〕
(3)　①
(4)　藩部
(5)A　茶，生糸，陶磁器，
　　絹織物
　　B　銀

4
①　徳川家康
②　武家諸法度
③　参勤交代
④　蔵屋敷
(1)　幕藩体制
(2)　③
(3)　②
(4)　③

【解説】

1(3)　ムガル帝国の皇帝3人について確認しておこう。初代皇帝のバーブルがムガル帝国を建国し，3代目のアクバルは中央集権を確立し，ヒンドゥー教との融和をはかった。6代目のアウラングゼーブは帝国の最大領域を獲得したが，イギリスやフランスの進出と対立がありしだいに弱体化していった。その中で非ムスリムへの人頭税（ジズヤ）を復活した。彼の死後，ムガル帝国は解体へと向かっていった。

(4)　ムガル帝国と同時期にイラン高原を拠点としていたのは④サファヴィー朝。首都イスファハーンは「世界の半分」と称されるほど繁栄した。①アユタヤ朝は14～18世紀に存在したタイ王朝。②ガージャール朝は18～20世紀にイランを中心としたイスラム王朝。③ササン朝は3～7世紀にメソポタミア・イランを中心に栄えた王朝である。

(5)　カピチュレーションとは，オスマン帝国がヨーロッパ諸国に居留・通商の自由を認めた特権のこと。オスマン帝国がフランスに認めたのが最初と言われている。

2(3)　港市国家について確認しておこう。港市を中心に建設された国家で，中継貿易や内陸からのモノの輸出によって繁栄した。例としてマラッカ王国や扶南，チャンパーなどが挙げられる。

3(3)　清の漢民族統治政策は懐柔政策と威圧政策の大きく2つに分けて整理してみよう。まず懐柔政策として科挙を重視して儒学の振興に力を入れた。また満漢併用制をとり，漢族も官職につけるようにした。威圧政策では，満洲族の風習である辮髪を漢民族に強制したり，反満・反清的な文章を書いた著者を罰したりした。

(5)　清の時代には国内産業の発展や国際貿易が活発になってきたことで経済が大きく成長していた。中でも陶磁器や生糸は世界商品としてアジアやヨーロッパに輸出され，その対価として銀が中国に流入した。

4(3)　②島原の乱の後，江戸幕府はキリスト教を布教するポルトガル船の来航を禁止した。布教を行わないオランダは，交易を許された。

(4)　江戸時代，琉球から江戸幕府に使節が派遣されていた。徳川将軍の代替わりごとに派遣されたのが慶賀使，琉球王の代替わりごとに派遣されたのが謝恩使である。ｃ通信使は，李氏朝鮮の国王から派遣された使節団で，朝鮮の特権的支配階層である両班がかぶる笠子帽がｅの絵図から読み取れる。

2 ヨーロッパの主権国家体制と海外進出

P.16・17
‖‖‖‖‖‖ 問題演習 ‖‖‖‖‖‖

1
(1) ①
(2) プロテスタント
(3) イエズス会
(4) マルコ=ポーロ
(5) ②
(6) i 大西洋三角貿易では，ヨーロッパからアフリカに武器や日用品などの製品を輸出し，黒人奴隷と交換してアメリカ大陸に連れていき，奴隷を労働力としてプランテーション農園で商品作物を生産して，ヨーロッパに輸出した。
ii アメリカ大陸やアフリカ大陸は，ヨーロッパにとっての商品作物や原材料の供給地およびヨーロッパ産品の市場としての役割を担うことになり，これらの地域がヨーロッパに従属する関係となったから。
(7) ③

2
(1)ア 共和政
イ 王政
ウ 立憲君主政
(2) 名誉革命
(3) C
(4) ①

【解説】
1(1) 16〜17世紀のヨーロッパで誕生した主権国家とは，明確な領域と独立した主権を持つ国家の形式のことであり，形式上は対等な立場で外交関係を結んだ。従来ヨーロッパでは，神聖ローマ帝国やローマ教皇のような領域を超越する普遍的な権力・権威が存在していた。しかし，そうした力が衰えたことで，独立の政治主体としての国家が成長し，中央集権化を進めた各国君主の権力が強まった。中国を中心に朝貢関係によって結ばれる東アジアの国際関係とも異なる，主権国家体制という新たな国際関係がヨーロッパに成立していった。
(2)(3) 宗教改革では，腐敗したローマ=カトリック教会への抗議からプロテスタント諸派が登場した。カトリック教会は現世の利益を追求し，聖職者の役割を重視していたが，プロテスタント諸派は聖職者に依らず，直接聖書に立ち返ることなどを説いた。プロテスタントによる批判を受けて，カトリック教会の側にも改革が起こった。ヨーロッパ以外の地域への布教と教育を強化するためにイエズス会が結成され，ヨーロッパ各国の海外進出と連動してラテンアメリカやアジア諸地域への布教が進んだ。
(5)(6) ヨーロッパ各国の海外進出は，世界各地に様々な影響をもたらした。ラテンアメリカ地域では，スペイン人が先住民の文明を征服した。その後入植によって大規模プランテーション農園が開発されると，ヨーロッパ市場向けのサトウキビやコーヒーなどの商品作物が栽培された。しかし苛酷な労働環境やヨーロッパ人の持ち込んだ伝染病などで先住民の人口が激減すると，それに代わる労働力として，アフリカから黒人奴隷が送り込まれた。ヨーロッパの海外進出はアフリカ大陸の社会も大きく変えることになった。さらに，ヨーロッパ・アメリカ間で様々な農作物が交換されたことで，ヨーロッパの人々の食生活も変化した。アメリカ大陸原産の農作物としては，ジャガイモ・トウモロコシ・トウガラシ・トマトなどが挙げられる。
2(1)(2) イギリスでは，早い段階で議会が発達し，17世紀には，議会と王が対立する状況が生まれた。ピューリタン革命によって王が処刑されたことで君主政が廃止され，法にもとづいて政治を行う共和政に移行した。しかし，クロムウェルの独裁により，彼の死後王政が復活した。復古王政が再び専制に陥ったため，議会の要請で新たな王がたてられ（名誉革命），憲法によって国王の権力を制限する立憲君主政が成立した。それぞれの国家体制については，名称とともにそのしくみを理解しておきたい。
(3) **資料A**は，議会の同意のない課税や不当な逮捕などに反対して議会が提出した「権利の請願」の一節である。**資料B**は，「大憲章」の一節である。課税などの王の権限を制限し，イギリスの立憲政治の基礎となった。名誉革命で成立した**資料C**の「権利の章典」では法律の制定・廃止について議会の承認を得る必要があることが確認されている。

3 産業革命とアメリカ独立革命・フランス革命

P.18・19

━━━ ポイント整理 ━━━

1 綿織物
2 大西洋三角貿易
3 農業革命
4 第2次囲い込み
5 ジョン=ケイ
6 飛び杼
7 動力革命
8 蒸気機関
9 ワット
10 交通革命
11 スティーヴンソン
12 産業資本家
13 機械打ちこわし運動
14 世界の工場
15 啓蒙思想
16 ロック
17 抵抗権
18 印紙税
19 代表なくして課税なし
20 ボストン茶会事件
21 大陸会議
22 トマス=ペイン
23 トマス=ジェファソン
24 パリ条約
25 ワシントン
26 ルイ16世
27 三部会
28 国民議会
29 立法議会
30 国民公会
31 対仏大同盟
32 ロベスピエール
33 ジャコバン(山岳)派
34 恐怖政治
35 総裁政府
36 統領政府
37 大陸封鎖令
38 ロシア
39 ライプツィヒの戦い
40 ワーテルローの戦い

P.20・21

▥▥▥ 問題演習 ▥▥▥

1
① 重商
② 毛織物
③ 綿花
④ 資本
(1)A ①・③
　　B ②
　　C ④
(2) i ②
　　ii 機械化が進むことによって，賃金が下がったり失業者が増えたりしたから。
(3) ②
(4) ①

資料5

ダーリントン／ストックトン／リヴァプール／マンチェスター／バーミンガム／ロンドン
━ 1836年までのおもな鉄道

2
① 七年
② 大陸会議
③ 人権宣言
(1) ②
(2) ボストン茶会事件
(3) ④
(4) i ここでの国民は第三身分を指し，共通の法律のもとで，国民議会に代表される協同体であると捉えられている。
　　ii ④
　　iii ③→②→①→④

【解説】

1(1) 17～18世紀の大西洋を舞台に行われた三角貿易では，西欧の武器を西アフリカへ持っていき，西アフリカの奴隷を北米南部へ連れていき，北米南部の地域から砂糖やタバコなどが西欧へ運ばれた。

(2) i ジェニー紡績機は1764年頃ハーグリーヴズが発明。一度に複数の糸を紡げたため紡績工程が格段に速まった。蒸気を動力に転換する蒸気機関は，1712年にニューコメンが発明。ワットの改良であらゆる機械に応用され，産業革命を起こした。1870年代からは電力や石油を動力源として重化学工業が発展し，第二次産業革命も起こった。ii 機械化が進むと，賃金低下や失業を恐れた手工業者や労働者の「機械打ちこわし運動」が起きた。特に1811～17年にイギリス中・北部で展開された運動は「ラダイト運動」と呼ばれた。

(3) ②資料2より女子の労働者は58.6％で全体の半数以上に達するが，その中での子どもの占める割合は4割未満であるため，半数以上に達していない。①は資料2，③は資料3，④は資料1から読み取ることができる。

(4) 蒸気機関車は1814年にスティーヴンソンによって改良され，1825年に貨車牽引のためストックトン─ダーリントン間で開通し，1830年に客車と貨物の両方を運ぶマンチェスター─リヴァプール鉄道が開通した。

2(1) 資料1はアメリカの独立宣言で，トマス=ジェファソンが中心となって起草し，1776年に採択された。イギリスの哲学者ロックの自然法思想に基づいて基本的人権について述べており，資料2のフランスの人権宣言にも影響を与えた。それに加えてフランス人権宣言では，所有権の保護なども規定されている。

(2) 1773年に制定された茶法に反対する急進派が，ボストン港に停泊した東インド会社船を襲撃し，積荷の茶箱を全て海に投げ棄てた事件。これによりイギリスと植民地の関係は悪化し，アメリカ独立革命の発端となった。

(3) ④合衆国憲法は1787年に制定された憲法で，1）各州に自治を認める連邦主義，2）基本的人権を尊重した人民主権，3）国家権力の集中を防ぐための三権分立の3つの特性がある。「中央集権制」が誤り。

(4) i 16世紀からフランス革命期までの政治社会体制をアンシャン=レジーム（旧制度）と呼ぶ。大きく三つの身分に分かれ，第一身分は聖職者，第二身分は貴族，第三身分は平民である。聖職者と貴族は特権が与えられていたため，旧制度を批判したシェイエスは，『第三身分とは何か』を発表し，第三身分は国の代表としての自覚をもち，国民議会と憲法制定に着手すべきと説いた。ii フランス革命によって王権を停止し共和政となると（①第一共和政），ロベスピエールらが主導権を握って反革命派を処刑していった（②恐怖政治）。ロベスピエールらの逮捕後に③総裁政府が成立したが政治は安定せず，ナポレオンが倒して④統領政府を樹立した。iii ナポレオンは皇帝になると大陸封鎖令（1806年）を発してイギリスとの通商を各国に禁じたが，それを破ったロシアに遠征した（1812年）。しかし，大敗するとライプツィヒの戦い（1813年）などの解放戦争により退位した。その後復位するものの，ワーテルローの戦い（1815年）に敗れ，流刑となった。

4 19世紀のヨーロッパ・アメリカ大陸

【解説】

1(1)　ウィーン会議ではフランス革命とナポレオン戦争による混乱を収拾するために，フランス代表の主張に基づき，革命以前の君主支配を復活させる正統主義と，軍事同盟による勢力均衡を基本原理とした体制がつくられた。多くの国で従来の王朝が復活したが，神聖ローマ帝国は再建されず，ナポレオンによる領域変更も一部追認された。保守的な性格が強く，自由主義とナショナリズムの諸勢力と敵対する体制であった。

(2)　ウィーン会議後，フランスでは王朝が復活していたが，王が議会を解散させたことに対して七月革命が勃発した。この革命では国民主権の原則のもと立憲君主政が確立された。

(3)(4)　ヨーロッパ各地で自由主義，ナショナリズムの運動が高揚した1848年の革命は，「諸国民の春」と称される。中でも最大の成果とされるフランスの二月革命は，パリの民衆蜂起により君主政が打倒され，男性普通選挙による第二共和政が成立した。この共和政のもと，選挙により大統領に選出され，のちに皇帝に即位したのがナポレオン1世の甥ルイ=ナポレオン（ナポレオン3世）である。ドラクロワが民衆側に共感して「民衆を導く自由の女神」を描いたのは1830年七月革命の時である。

2(1)　プロイセンの軍備強化と武力によるドイツ統一に尽力したビスマルクは，「鉄血演説」と呼ばれる①の演説が有名である。②孤立主義を表明したアメリカ大統領モンローによる教書，③ロシア皇帝アレクサンドル2世による農奴解放に関する演説である。

(2)　1864年，シュレスヴィヒ・ホルシュタイン両州の領有のため，プロイセンとオーストリアが結んでデンマークと戦った。この戦争での勝利後，今度は両州の管理をめぐって普墺戦争が勃発しプロイセンが勝利した。さらにドイツ統一の阻止を図ったナポレオン3世を南ドイツ諸国とともに普仏戦争で破り，占領下のヴェルサイユでドイツ帝国の建国が宣言された。

(3)　ベルリン条約は，ロシアが露土戦争に勝利した際にサン=ステファノ条約によって勢力を拡大したバルカン半島の国々についても力関係を再編成するものであった。サン=ステファノ条約は破棄され，ロシアはバルカン半島における権益の多くを手放し，資料にあるブルガリア・東ルメリアはオスマン帝国のスルタンの勢力下に，ルーマニアは独立が承認された。

3(2)　19世紀はじめのアメリカ=イギリス戦争の影響による北部の産業発展と，イギリスの綿工業の発達に伴う南部の綿花栽培の拡大を受け，アメリカ合衆国内部では南北の対立が深刻化していった。特に奴隷制をめぐる経済的，人道的な問題は激しい対立を引き起こした。奴隷反対派が結成した共和党からリンカンが大統領に選出されたことで南部諸州がアメリカ連合国として分離し，南北戦争が始まった。リンカンは住民や国際世論の支持を得るために開拓者優遇政策や奴隷解放宣言を発し，最終的に内戦は北部の勝利に終わった。

5 アジアの植民地化と中国・日本

P.28〜30

ポイント整理

1 東方問題
2 ムハンマド=アリー
3 タンジマート
4 ミドハト憲法
5 ミドハト=パシャ
6 アブデュル=ハミト2世
7 スエズ運河
8 ウラービー（オラービー）
9 ガージャール朝
10 タバコ=ボイコット運動
11 アフガーニー
12 ワッハーブ王国
13 プラッシーの戦い
14 藩王国
15 シパーヒー
16 モノカルチャー経済
17 アヘン
18 林則徐
19 南京条約
20 香港島
21 関税自主権
22 領事裁判権
23 太平天国
24 洪秀全
25 アロー戦争
26 北京条約
27 洋務運動
28 中体西用
29 郷勇
30 ラクスマン
31 異国船打払令
32 薪水給与令
33 阿部正弘
34 日米和親条約
35 蕃書調所
36 孝明天皇
37 ハリス
38 井伊直弼
39 日米修好通商条約
40 徳川家茂
41 徳川慶喜
42 安政の大獄
43 公武合体
44 禁門の変

P.31〜33

|||||||| 問題演習 ||||||||

1
① ムハンマド=アリー
② スエズ運河
③ エジプト人のためのエジプト
④ ウラービー（オラービー）
⑤ インド大反乱
⑥ 東インド会社
⑦ ヴィクトリア女王
⑧ インド帝国
(1) ②
(2) 1800年以降，インドから輸出される綿布は減少し，代わりにイギリスから東洋へ輸出される綿布が急激に増加した。

2
① 広州
② アロー戦争（第2次アヘン戦争）
③ 北京条約
④ 洪秀全
(1) ③
(2) 林則徐
(3) i 南京条約
 ii 香港〔島〕
(4) ア 関税自主権
 イ 領事裁判権
 ウ 最恵国待遇
　　　　　　（イウは順不同）
(5) ③

3 A① 日米和親条約
 ② ハリス
(1) ③
(2) ②
(3) ④
(4) ③

 B③ 井伊直弼
 ④ 安政の大獄
 ⑤ 坂本龍馬
 ⑥ 薩長同盟
(5) 公武合体
(6) 生麦事件
(7) 禁門の変
(8) ④

【解説】

1(1) ヨーロッパ勢力の拡大とともに変化するオスマン帝国とヨーロッパ諸国の力関係をおさえよう。オスマン帝国は1839年にタンジマートを開始し，近代化改革を進めた（④）が保守派の抵抗により挫折した。1853〜56年のクリミア戦争（③）では出費がかさみ，財政破綻状態に陥った。1876年に帝国最初の憲法となるミドハト憲法を発布し近代化を進めたが，アブデュルハミト2世が露土戦争勃発を口実に停止した（①）。その後，露土戦争に敗れ，オスマン帝国は領土を縮小していった。②アフガーニーはパン=イスラーム主義を唱えてイスラームの団結を訴えたイラン人である。

(2) イギリスの東洋への進出がインドの伝統産業を破壊したことをおさえる。グラフを見ると，1800年頃まではインド産の綿布が多くヨーロッパに輸出されており，イギリスから東洋への綿布輸出はほとんど見受けられない。しかし1820年以降は逆転し，1840年までにインドからヨーロッパへの綿布輸出はほとんど無くなっている。

2(4) アヘン戦争でイギリスに敗れた清は南京条約によって片務的な最恵国待遇を認めることになった。これによって清はアメリカとフランスに南京条約と同内容の不平等条約を結ばされることになった。

(5) ①④は1860年北京条約の内容。②は1875年樺太・千島交換条約の内容。イギリスとフランスが清に対しておこしたアロー戦争を利用してロシアは清への圧力を強めて1858年にアイグン条約を結んだ。この条約により黒竜江左岸をロシア領とし，ウスリー川以東を共同管理地とすることを定めた。

3 A(1) 江戸時代末期は西欧の進出にともない国内の変化を迫られた時期である。アメリカのペリーによる開国要求への対応を行った人物の一人が老中首座阿部正弘である。彼の担当中に日米和親条約を調印した。日米修好通商条約の調印時には政権担当者が井伊直弼に変わり，その後安政の五カ国条約と呼ばれる5つの修好通商条約を締結。国別ではアメリカ・オランダ・ロシア・イギリス・フランスの5か国であった。

(2) キーワードに着目して時系列を判断する。Ⅰロシアと和親条約を結んだのは，ペリー来航後，すぐのことである。Ⅱ戊辰戦争は大政奉還後の新政府と旧幕府軍との対立であり，Ⅲロッシュが徳川慶喜に幕府再建を提案するのはそれよりも前のこととなる。

(3) 日米修好通商条約では，箱館・神奈川・長崎・新潟・兵庫の開港，領事裁判権の設定などが規定された。Ⅰは日米和親条約の内容。

(4) この時期の世界情勢と日本の産業を照らし合わせて考えたい。国内の貿易の中心地は生糸産地の関東甲信地方を背後に持つ横浜であった。太平天国の乱や欧州での蚕の病気によって生糸が輸出された。アメリカは南北戦争の影響で国外に目を向けられず，イギリスが貿易の中心相手であった。

B(8) 生麦事件をきっかけとしてイギリスが薩摩藩へ砲撃し，市街のほとんどが焼失した。これ以降，薩摩藩は急速にイギリスとの関係を深めて軍隊の洋式化を進めていくことになる。

6 明治維新と立憲体制

P.34～36

ポイント整理

1 大政奉還
2 王政復古の大号令
3 鳥羽・伏見の戦い
4 戊辰戦争
5 五箇条の誓文
6 五榜の掲示
7 版籍奉還
8 知藩事
9 家禄
10 御親兵
11 廃藩置県
12 県令
13 解放令
14 学制
15 徴兵告諭
16 地租改正条例
17 征韓論
18 廃刀令
19 秩禄
20 金禄公債証書
21 内国勧業博覧会
22 新貨条例
23 富岡製糸場
24 開拓使
25 屯田兵制度
26 樺太・千島交換条約
27 北海道旧土人保護法
28 日清修好条規
29 琉球処分
30 江華島事件
31 民撰議院設立の建白書
32 立志社
33 愛国社
34 新聞紙条例
35 国会期成同盟
36 明治十四年の政変
37 国会開設の勅諭
38 立憲改進党
39 私擬憲法
40 秩父事件
41 保安条例
42 華族令
43 枢密院
44 ロエスレル
45 欽定憲法
46 統帥権
47 ボアソナード
48 民党

P.37～39

問題演習

1
① 戊辰戦争
② 西郷隆盛
(1) ①
(2) ⑤

2
(1) ③
(2) 大日本帝国憲法では，女性による皇位継承は認められていないが，日本帝国憲法では，皇族に男性がいない場合に天皇に最も血縁の近い女性には継承が認められている。

3
① 五箇条の誓文
② 岩倉具視
③ 五榜の掲示
④ 版籍奉還
⑤ 廃藩置県
⑥ 府知事
⑦ 県令（⑥⑦順不同）
⑧ 20
⑨ 徴兵令
⑩ 士族
⑪ 金禄公債証書
⑫ 3
⑬ 土地
⑭ 民撰議院設立の建白書
⑮ 板垣退助
⑯ 立志社
⑰ 愛国社
⑱ 自由党
⑲ 日朝修好条規（江華条約）
⑳ 領事裁判権
㉑ 征韓論
(1) 地券所有者個人が金納するようになった。
(2)ア　Ⅰ
　　イ　Ⅳ
　　ウ　Ⅲ
　　エ　Ⅱ
　　オ　Ⅴ
(3) a・c

【解説】

1(1)　福沢諭吉の著作物は，最も著名な『学問のすゝめ』以外に，欧米諸国の制度や文化を紹介する『西洋事情』や，古今東西の文明の発達を比較して論じた『文明論之概略』などがある。

(2)　Ⅰの国会開設の勅諭公布は1881年，立憲改進党結成は1882年である。Ⅱの秩父事件と加波山事件はともに1884年，Ⅲの讒謗律と新聞紙条例制定はともに1875年である。

2(1)　起草作業の助言はロエスレルなどのドイツ人が中心だったので，Ｘは誤り。

(2)　大日本帝国憲法（史料Ａ）では「皇男子孫之ヲ継承ス」とあるので，女性による皇位継承は認められていない。また，日本帝国憲法（史料Ｂ）では，「皇族中男無キトキハ皇族中当世ノ国帝ニ最近ノ女ヲシテ帝位ヲ襲受セシム」とあり，1）皇族に男性がいないという条件の下で，2）天皇に最も血縁の近い女性に皇位継承が認められている。両資料に触れ，史料Ｂに関する1）2）の2点が記されていればよい。

3(1)　地租改正前の納税は，本百姓と呼ばれる年貢負担者が村単位で現物を納めていたのに対し，改正後は地券に記され，地券を交付された土地の所有者が，土地の価格に応じて金納することとなった。1）地券所有者または，土地所有者が，2）金納することの2点が記されていればよい。

(2)　ア王政復古の大号令は，討幕派が起こしたクーデタで発せられた明治天皇による勅令であり，徳川慶喜の官職と土地の返上が求められた。そのため，これを不満とする旧幕府派と新政府派による戊辰戦争が起こった。よって，戊辰戦争より前のⅠとなる。イ開拓使官有物払下げ事件は，開拓使長官黒田清隆が，官営工場や鉱山を法外な条件で，関係者へ払い下げようとして中止となった事件で，大きな政府批判を呼んだ。これを受け，政府は民意を煽ったとして参議大隈重信を罷免したため（明治十四年の政変），明治十四年の政変の直前のⅣとなる。ウ江華島事件は，日朝修好条規（史料Ｆ）締結の契機となった日本軍と朝鮮軍との武力衝突であるから，史料Ｆ締結より前のⅢとなる。エ西郷隆盛らの下野は，明治六年の政変を指すが，これにより西郷は決起し，西南戦争を起こすこととなり，また，同時に下野した板垣退助は愛国公党を組織して民撰議院設立の建白書（史料Ｅ）を提出するから，西南戦争および史料Ｅ提出より前のⅡとなる。オ保安条例公布は，三大事件建白運動の高まりに対し，政府が運動を弾圧するために行ったことなので，三大事件建白書提出の直後であるⅤとなる。

(3)　日露国境については，1854年の日露和親条約で取り決めた国境②から，樺太・千島交換条約で①に変更された。また，史料Ｇで但馬守／右京亮が「樺太では，かえって日本の古風が存続している」と指摘しており，日本側はアイヌの文化を日本の文化に取り込もうとしているのでdは誤り。

7 日清戦争と日本の産業革命

P.40・41

――― ポイント整理 ―――

1 壬午軍乱
2 閔妃
3 甲申事変
4 金玉均
5 脱亜論
6 天津条約
7 大阪事件
8 甲午農民戦争
9 下関条約
10 陸奥宗光
11 李鴻章
12 遼東半島
13 高宗
14 台湾総督府
15 領事裁判権
16 関税自主権
17 井上馨
18 鹿鳴館
19 憲政党
20 第1次大隈重信内閣
21 第2次山県有朋内閣
22 治安警察法
23 軍部大臣現役武官制
24 立憲政友会
25 元老
26 生糸
27 座繰製糸
28 器械製糸
29 寄生地主
30 綿糸
31 渋沢栄一
32 大阪紡績会社
33 日本鉄道会社
34 鉄道国有法
35 足尾銅山鉱毒事件
36 田中正造
37 日本郵船会社
38 豊田佐吉
39 労働組合期成会
40 金本位制
41 治安警察法
42 八幡製鉄所
43 幸徳秋水
44 大逆事件
45 工場法

P.42・43

▒▒▒▒▒▒▒▒ 問題演習 ▒▒▒▒▒▒▒▒

1
① 日朝修好条規（江華条約）
② 壬午軍乱(壬午事変)
③ 金玉均
④ 天津条約
⑤ 台湾総督府
(1) 甲申事変(甲申政変)
(2) ③
(3) 甲午農民戦争（東学の乱）
(4) ②
(5) ③・④

2
① 日本銀行
② 学校令
(1) 企業勃興
(2) ②
(3) 日清戦争に勝利したことで得た巨額の賠償金を資金にしたため。
(4) ④
(5) 欧米の多くの国で女性に選挙権が与えられたのは20世紀以降のことであり、事実と異なる。

【解説】

1(2) 天津条約を締結して撤兵したため直ちに衝突することは回避されたが、日清両国は軍備拡張を進めていった。山県有朋は、日本の勢力範囲を「主権線」と「利益線」という言葉で表現し、軍拡の必要性を訴えた。資料1では、主権線を守るために利益線（＝朝鮮）を保護する必要があると主張されている。この利益線は、後に満洲まで拡大した。

(4) Ｙ日英通商航海条約によって領事裁判権の撤廃に成功したが、関税自主権の回復には至らなかった。

(5) 選択肢は、いずれも下関条約で締結された内容である。③日本の賠償金の使い道は海軍拡張費が高い割合を占めており（資料4）、日本の主力艦の調達は主にイギリスが中心である（資料2）。一方で清国は、イギリスから高い年利で多額の借款を受けて（資料3）日本に賠償金を支払っていた。つまり、日本への賠償金の支払いは、イギリスにとって資金の循環が促される構図となっている。④資料5から、下関条約で清国が開市・開港を認めた都市は、いずれもイギリスの勢力下であり、結果的に有利だと言える。

2(2) Ｘ鉄道業（グラフ1参照）については、企業勃興の影響を受けて民営鉄道が官営鉄道を上回っていたが、1906年の鉄道国有法の施行を受け、翌年から逆転した。Ｙ繊維産業（グラフ2参照）では、製糸業（生糸の生産）と紡績業（綿糸の生産）があり、製糸業では、1909年に中国を抜いて世界最大の輸出国になった。また、紡績業では、1890年に綿糸の生産高が輸入高を上回り、1897年には輸出高が輸入高を上回った。

(4) 高島炭鉱での鉱夫の虐待や、足尾銅山ではストライキが発生するなど、重工業でも労働者の反発があった。

(5) 世界的に女性の参政権が与えられるようになったのは、第一次世界大戦後である。日本の義務教育普及の要因は、1900年に義務教育の授業料が廃止されたことなどが挙げられる。

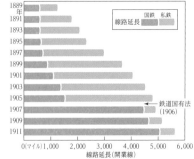

+α 情報 グラフ1 鉄道営業距離

0(マイル)1,000 2,000 3,000 4,000 5,000 6,000
線路延長(開業線)

国鉄 私鉄
線路延長

鉄道国有法(1906)

（『日本経済統計総覧』朝日新聞社をもとに作成）

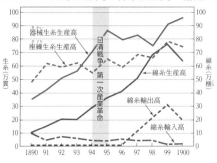

グラフ2 生糸生産高と綿糸生産高・輸出入

器械生糸生産高
座繰生糸生産高
日清戦争
第一次産業革命
綿糸生産高
綿糸輸出高
綿糸輸入高

生糸(万貫)
綿糸(万梱)

1890 91 92 93 94 95 96 97 98 99 1900

（『日本の歴史』小学館）

8 帝国主義と列強の対立

P.44・45

── ポイント整理 ──

1 ダーウィン
2 進化論
3 石油
4 電力
5 独占**資本**
6 移民
7 ヴィルヘルム2世
8 世界**政策**
9 ロシア社会民主労働党
10 アメリカ=スペイン戦争
11 門戸開放宣言
12 リヴィングストン
13 ベルリン（=コンゴ）会議
14 アフリカ縦断**政策**
15 セシル=ローズ
16 アフリカ横断**政策**
17 ファショダ**事件**
18 南アフリカ**戦争**
19 ブール人
20 英仏**協商**
21 露仏**同盟**
22 英露**協商**
23 モロッコ
24 エチオピア
25 アボリジニ
26 マオリ
27 フィリピン

P.45 **作業 解答**

②アルジェリア
⑨モロッコ
④チュニジア
⑩リビア
③エジプト
⑦ジブチ
⑧ファショダ
⑪エチオピア
⑫リベリア
⑤コンゴ
⑥ローデシア
①ケープ植民地

P.46・47

‖‖‖‖‖‖‖ 問題演習 ‖‖‖‖‖‖‖

1
① リヴィングストン
② カイロ
③ アルジェリア
④ ファショダ
⑤ ビスマルク
⑥ 英仏協商
⑦ エチオピア
⑧ リビア
(1)A　1
　　B　2
(2)〔セシル=〕ローズ
(3)ベルギー
(4)③

2
① 再保障条約
② 露仏同盟
③ 三国協商
④ イタリア
(1)記号　②
　理由　資料5では，1880年以降のドイツの工業生産指数は上昇しており，そのことからドイツの工業力の伸展を読み取ることができるため。
(2)ヴィルヘルム2世
(3)④
(4)ドイツの「世界政策」（3B政策）は，ケープタウン・カイロ・カルカッタを結ぶイギリスの3C政策の妨げになる恐れがあったため。

【解説】

1(1)　資本主義経済では，大きな資本を持つ大企業により中小企業は吸収されていくこととなり，その結果，市場の集中と独占が進む。19世紀後半に形成されたこのような大資本家を「独占資本」と呼び，同業種の企業が価格協定を結ぶカルテルや同業種の企業が合併するトラスト，株式買収によって異業種の企業を併合するコンツェルンなどの形態がある。

(3)　ベルギー国王レオポルド2世は，1878年アメリカ人記者スタンリーを派遣し，コンゴを領有するに至った。しかしアフリカ進出を進めるイギリス・フランスとの対立が生じた結果，ベルリン会議が開催され，コンゴ自由国の領有が認められることとなった。ビスマルクが主導したベルリン会議では，列強によるアフリカ分割の原則として，1）最初に占領した国がその地域の領有権を持つという先占権，2）その地域の領有権は，軍事的な統治による実効支配が行われている必要があること，の2点が定められた。

(4)　①は資料2のケープ植民地首相セシル=ローズの談話，②は資料4のフランスの思想家ゴビノーの人種不平等論，④は資料1のフランス首相フェリーの演説について述べている。これら資料から分かるように，ヨーロッパのアフリカ植民地支配の背景には，白人の優越と有色人種の劣等を基礎とする人種差別思想があった。この思想は，イギリスでは「白人の責務」，フランスでは「文明化の使命」などアフリカ支配を正当化する思想として流布していた。これらの思想はダーウィンの進化論を人間に当てはめて人種の優劣を論じる社会進化論の影響を受けている。ヨーロッパによるアフリカ分割のなか，エチオピアとリベリアは独立を維持した。エチオピアの独立はアドワの戦いにおけるイタリア軍の撃退を背景とする。一方，リベリアは，アメリカの解放奴隷たちが建国した国であり，アフリカ最初の独立国家とされている。

2(1)　資料5をみると1880年以降のアメリカとドイツの工業生産指数が大きく上昇していることがわかる。この背景には，石油と電力を主とする第2次産業革命がある。アメリカ・ドイツの台頭とともに，イギリス・フランスの相対的な工業生産の低下を読み取ることができる。

(3)　ロシアはフランスからの借款をもとにシベリア鉄道を建設し，オホーツク海への南下政策を開始する。このことはロシアの進出に危機感を抱いた日本との軋轢を生み出すこととなり，日露戦争（1904〜1905年）の勃発に結実することとなる。

(4)　3B政策とは，ベルリン・ビザンティウム（イスタンブル）・バグダードを結ぶドイツの帝国主義政策である。中東への進出はイギリスのアフリカ〜インドへの帝国主義政策（3C政策）の妨げになるもので，これが遠因となり第一次世界大戦をもたらすことになる。

9 日露戦争とその影響

P.48・49

――― ポイント整理 ―――

1 租借
2 門戸開放
3 戊戌の変法
4 光緒帝
5 康有為
6 戊戌の政変
7 西太后
8 義和団**戦争（事件）**
9 扶清滅洋
10 北京議定書
11 内村鑑三
12 日英同盟
13 ポーツマス条約
14 大連
15 関東州
16 日比谷焼打ち事件
17 旅順
18 関東都督府
19 南満洲鉄道**株式会社**
20 日露協約
21 日韓協約
22 統監**府**
23 ハーグ密使事件
24 義兵**運動**
25 安重根
26 朝鮮総督府
27 土地調査**事業**
28 辛亥革命
29 孫文
30 中国同盟**会**
31 三民**主義**
32 光緒**新政**
33 武昌
34 袁世凱
35 宣統帝
36 国民党
37 軍閥
38 インド**国民会議**
39 ベンガル分割**令**
40 スワデーシ
41 スワラージ
42 全インド=ムスリム連盟
43 青年トルコ**革命**
44 立憲**革命**
45 サレカット=イスラム
46 ドンズー**(東遊)運動**

P.49 **作業**解答

第1次日韓協約…ⓓ
第2次日韓協約…ⓑ
第3次日韓協約…ⓐ
韓国併合条約…ⓒ

P.50・51

|||||||||| 問題演習 ||||||||||

1
① アヘン戦争
② 日清戦争
③ 門戸開放
④ 機会均等
　　　　　（③④順不同）
⑤ 北京議定書（辛丑和約）
(1) ②
(2) ④
(3) ①

2
① 満洲
② 日英同盟
③ セオドア=ローズヴェルト
④ ポーツマス条約
⑤ 樺太
(1) 日本海海戦
(2) 小村寿太郎
(3) ウ→ア→イ→エ
(4) 南満洲鉄道株式会社（満鉄）
(5) 日比谷焼打ち事件
(6) ②
(7) イ・エ・オ

【解説】

1(1) 日清戦争から20世紀初頭にかけて列強諸国の中国進出について整理しておく必要がある。特に東アジアの伝統的な華夷秩序が崩壊したことで西欧列強は東アジアに進出できるようになった。またこの時期は列強のアジアへの帝国主義的進出が急速に進むとともに中国もその例外にならずに分割の対象となっていた。中国に進出していた国とその地域は、長江流域にイギリス、山東地方にドイツ、満洲にロシア、雲南地方にフランスとなっている。日本が朝鮮半島に進出したことにより、日本とロシアの間で満洲地方をめぐり衝突の機運が高まったのである。

(2) 清王朝の近代化の試みは、列強国の中国進出に対して、列強によって中国が分割されて滅びるのではないかという危機感から始まった。清末の改革としては、中体西用を基本とした洋務運動、戊戌の政変で失敗した変法運動、立憲君主政を目指した光緒新政が挙げられる。康有為が中心となって行った変法運動は、日本の明治維新にならっていたが西太后の反対によって失敗に終わった。しかし西太后は義和団戦争で敗北すると一変して変法運動にならった改革を行い、科挙の廃止や憲法大綱の発表などを行った。①洋務運動では、軍事面のほか軽工業の近代化も図られた。②戊戌の変法で試みられたのは立憲君主政。③戊戌の政変で幽閉されたのは光緒帝である。

(3) 義和団戦争は、宗教結社である義和団が中心となっておこした排外運動である。「扶清滅洋」をかかげて北京に入り、教会を破壊して列強の公使館を包囲した。清朝が義和団を支持して列強に宣戦すると日本・ロシアを中心とする8か国が共同出兵し北京を占領した。その後北京議定書が結ばれたことにより、列強に対する清朝の従属関係が強まった。②「列強に共同出兵を求めた」が誤り。③日本・イギリスではなく、日本・ロシアが正しい。④義和団戦争後、ロシアは満洲に駐留したが、北京議定書によって承認されたわけではない。

2(3) 日本の韓国併合は次のように推移している。まず第1次日韓協約によって日本人の外交顧問を韓国におく。次に第2次日韓協約により韓国の外交権を接収し、韓国統監府を設置する。初代統監は伊藤博文である。ここで韓国の高宗がハーグで開催された万国平和会議に密使を派遣して窮状を訴える事件が起きる。これに対して日本は第3次日韓協約によって韓国の内政権を掌握した。

(6) ①洋務運動では国会開設は図られなかった。③戊戌の変法を行ったのは光緒帝のとき。乾隆帝は18世紀前半に清の領土を拡大した。④中国同盟会が発足したのは東京。この頃の東京はアジアの革命家の国際拠点となっていた。

(7) 日露戦争の日本の勝利は、列強の支配からの解放と発展を目指すアジアの国々に刺激を与えた。**資料A**でベトナムではファン=ボイ=チャウらがフランスからの独立を目指すとともに日本に留学生を派遣する東遊運動を展開した。しかし、**資料B**ネルーの回想からは日本の韓国併合は帝国列強のアジア分割に日本という列強国を加えたにすぎなかったことが読み取れる。

探究型演習Ⅰ　近代化と現代的な諸課題

P.52〜55

1
(1)　「世界の工場」
(2)　④
(3)　南部は<u>プランテーション</u>で奴隷を使用した綿花栽培による農業が中心であったのに対し，北部は鉄鉱石や石炭など鉱山資源を用いた工業が中心であった。
(4)　③
(5)　④
(6)　④
(7)　②
(8)　自由貿易を支持する立場は，外国に比べ強い産業に携わる人々・地域・国が，保護貿易は外国に比べ弱い産業に携わる人々・地域・国が，支持していた。

2
(1)　⑥
(2)　子どもを低賃金・長時間労働させる児童労働の問題，工業化に伴う石炭の大量使用による大気汚染，都市人口の増加に伴う人口過密と不衛生な都市環境などの社会問題が生じた。
(3)エ　アフガーニー
　オ　シパーヒー
　カ　ウラービー（オラービー）
　キ　タバコ＝ボイコット
(4)　④
(5)　④
(6)国内　土地や工場を持つ資本家が労働者を雇い，利潤を得る資本主義経済の体制。
国家間　市場や資源供給地としての植民地拡大を目指す列強の帝国主義政策。
思想・行動　私的財産権の一部制限や土地や工場の公有化を目指す社会主義思想が生まれ，労働者の連帯を進める国際組織である第1インターナショナルの結成や，選挙権の拡大運動が発生した。

【解説】
1(2)　穀物法は地主や農業資本家の利益を守る保護貿易の政策であったが，産業革命により産業資本家や工場労働者が力をつけると，工業製品（綿布など）の輸出が阻害されることから反発が強まった。1838年にはコブデンとブライトを中心に反穀物法同盟が結成された。
(4)　①1840年代アイルランドで主食とされていたジャガイモに疫病が発生し，大飢饉が起こった（アイルランド飢饉）。このことはアメリカへの移民を急速に加速させる要因となった。③中国からの移民は1940年代から減少することなく増加している。この背景には1842年の南京条約によって中国の海禁政策が終わり開国し，1860年北京条約で海外渡航が認められたことによる。中国系移民は「華僑」と呼ばれ，安価な出稼ぎ労働力となった。④低賃金で働く華僑は，白人労働者の反発を招き，中国人排斥運動が過熱した。1882年には中国人労働者移民排斥法が制定され，中国人移民が制限された。
(5)　1842年にアヘン戦争の講和条約として締結されたのが南京条約。広州・福州・厦門・寧波・上海の5港を開港，香港島のイギリスへの永久割譲，清朝から許された特許商人である公行の廃止など，イギリスの自由貿易政策が進められ，中国の半植民地化の第一歩となった。北京条約は1856〜60年のアロー戦争後に締結されたものである。なお，香港は1997年に返還された。
(6)　④キリスト教の布教が目指されたのは，16世紀のスペインなどによる大航海時代のことである。
2(2)　資料4からは子どもを威圧しながら労働させる児童労働の様子，資料5からはロンドンの大気汚染の様子が読み取れる。2つの資料から読み取れることを参考に，当時のイギリスの社会問題を説明すること。
(4)　第2次産業革命の結果，アメリカやドイツの工業生産高は増加する一方，「世界の工場」と呼ばれていたイギリスの工業生産における世界的地位は相対的に低下することとなった。
(5)　資料7はマルクス・エンゲルスによる『共産党宣言』の一節である。マルクスらは，それ以前の社会主義者たちの主張であるＸを「空想的社会主義」と批判し，武力革命による社会体制の変革を目指す共産主義を「科学的社会主義」と呼び，労働者の団結を訴えた。ヘーゲルは弁証法哲学を大成した哲学者である。
(6)　産業革命による近代化は，産業資本家と工場労働者の経済格差を拡大させるとともに，産業革命に成功した列強による帝国主義政策を進めることになった。列強各国の帝国主義政策によって，アジアやアフリカの国々は分割，植民地化され，国家間の経済格差も拡大することになる。このような経済格差を背景に，労働者の権利拡大や帝国主義政策を批判する社会主義思想が登場し，労働者の世界的な連帯を求める行動が起こった。歴史をみると格差があるところに平等を実現しようとする思想や行動が生じることが分かる。

10 第一次世界大戦とロシア革命

P.58・59

—— **ポイント整理** ——

1 三国協商
2 ３Ｂ政策
3 ３Ｃ政策
4 パン＝ゲルマン主義
5 パン＝スラヴ主義
6 青年トルコ革命
7 バルカン同盟
8 サライェヴォ事件
9 ベルギー
10 東部戦線
11 青島
12 二十一カ条の要求
13 袁世凱
14 総力戦
15 無制限潜水艦作戦
16 フセイン・マクマホン協定
17 サイクス・ピコ協定
18 バルフォア宣言
19 ロシア社会民主労働党
20 ボリシェヴィキ
21 レーニン
22 血の日曜日事件
23 ニコライ２世
24 ソヴィエト
25 平和に関する布告
26 ブレスト＝リトフスク条約
27 シベリア出兵
28 コミンテルン
29 ネップ
30 戦時共産主義

P.60・61

||||||| 問題演習 |||||||

1
① ウィルソン
② サイクス・ピコ
③ キール
④ サライェヴォ
⑤ イタリア
(1)ア　山東
　　イ　南満洲
(2)　④
(3)　③
(4)　第一次世界大戦は戦車や飛行機，毒ガスなどの新兵器が使用され，多くの国民や植民地の人々を動員した総力戦となった。
(5)　②・⑤

2
① ペトログラード
② ケレンスキー
③ コミンテルン
(1)　②
(2)　④
(3)番号　④
　理由　日本は他国よりも多くの軍隊を派遣し，他国の撤兵後も軍をとどめていたから。
(4)　Ｃ
(5)　③

【解説】

1(2)　Ｘアメリカの参戦は1917年４月。当初は戦争不参加の姿勢だったが，ドイツの無制限潜水艦作戦を受けて，参戦に転じた。ロシア十月革命は1917年11月（西暦）。Ｙ日本は日英同盟を根拠にして参戦し，中国における権益拡大のため，二十一カ条の要求を提出した。日英同盟の廃棄は1921年のワシントン会議で結ばれた四カ国条約で決定された。

(3)　あ第一次世界大戦で男性が兵士として戦地に動員されたので，女性は軍需工場などで働くこととなった。これにより，欧米での女性の社会進出が進んだ。

(4)　それまでの戦争と違い，第一次世界大戦の特徴として，新兵器の使用や総力戦が挙げられる。指定語句のどちらにも触れること。

(5)　カードＡ（アメリカの参戦）は1917年，カードＢ（サイクス・ピコ協定）は1916年，カードＣ（ドイツ革命）は1918年，カードＤ（日本の参戦）は1914年８月，カードＥ（サライェヴォ事件）は1914年６月，カードＦ（イタリア参戦）は1915年の出来事。一つ一つの年号が分からなくても，第一次世界大戦はサライェヴォ事件から始まり，ドイツ革命により休戦することを理解していれば，正答を絞ることができる。

2　ロシア革命は，いくつかの段階があるのでそれぞれ整理すること。二月〔三月〕革命で帝政が崩壊し，十月〔十一月〕革命で社会主義政権が成立した。また，第一次世界大戦の影響をおさえること。第一次世界大戦が長期化したことで，民衆の生活が困窮し，労働者や兵士による反乱へとつながった。また，第一次世界大戦開戦後，ドイツ語由来のペテルブルクという名称はペトログラードと改称されたので注意。

(1)　いロシア暦２月ではなく，ロシア暦10月の十月革命での出来事。

(2)　下線部ⓑは十月革命のこと。自由主義者を中心とした臨時政府は，戦争継続路線をとったが，民衆の支持を得られなかった。①は二月革命の説明。②は「土地に関する布告」で，土地の私的所有を廃止した。③「平和に関する布告」で全交戦国に無併合・無償金・民族自決の原則による講和を呼びかけた。

(3)　表はそれぞれ①フランス，②イギリス，③アメリカである。各国がロシア革命に干渉するためシベリアに出兵し，日本もそれに同調した。連合国が計２万人余り出兵したのに対し，日本は７万人もの兵力をあて，シベリアへの勢力拡大を目論んだ。多大な犠牲を払うも目的は達成されず，他国よりも長く駐留したため，非難された。

(4)　ブレスト＝リトフスク条約は1918年。ただし年号が分からなくても，十月革命後のソヴィエト政権が条約を結んだことを理解していれば正答にたどり着ける。Ｄ（1919年）はドイツが休戦した後なので，当てはまらない。

(5)　あ新経済政策（ネップ）ではなく，正しくは戦時共産主義。新経済政策は戦時共産主義に対する民衆の反発を受けて，導入された。

11 国際平和とアジア・アフリカの民族運動

P.62〜64

―― ポイント整理 ――

1 ウィルソン
2 十四カ条
3 民族自決
4 委任統治
5 女性参政権
6 社会民主党
7 ルール占領
8 シュトレーゼマン
9 ドーズ案
10 ロカルノ条約
11 (パリ)不戦条約
12 ムッソリーニ
13 ファシスト党
14 三・一独立運動
15 新文化運動
16 陳独秀
17 五・四運動
18 ワシントン会議
19 四カ国条約
20 海軍軍備制限（海軍軍縮）条約
21 九カ国条約
22 中国国民党
23 中国共産党
24 第1次国共合作
25 蔣介石
26 北伐
27 張作霖
28 タキン党
29 ホー=チ=ミン
30 スカルノ
31 インドネシア国民党
32 ローラット法
33 非暴力・不服従運動
34 ガンディー
35 ネルー
36 プールナ=スワラージ
37 セーヴル条約
38 ムスタファ=ケマル
39 アンカラ
40 ローザンヌ条約
41 イブン=サウード
42 ワフド党
43 レザー=ハーン
44 パフレヴィー朝

P.65〜67

|||||||| 問題演習 ||||||||

1
① パリ
② ヴェルサイユ
(1) ウィルソン
(2) 平和に関する布告
(3) ④
(4) ①
(5) ⅰ ①
　ⅱ 会議名　ワシントン会議
　　理由　日本からのニ十一カ条の要求の破棄を求めたが，列強に認められなかったから。

2
① アイルランド自由国
② ヴァイマル
③ シュト・レーゼマン
④ ムッソリーニ
(1) A　④
　　B　②
(2) ブリアン
(3) ⅰ ア　イギリス
　　　イ　ロシア
　　　ウ　日本
　　ⅱ ④

3
① ガンディー
② ジンナー
③ タイ
④ ホー=チ=ミン
⑤ スカルノ
(1) A　①
　　B　①
(2) 3 → 1 → 2

4
① ムスタファ=ケマル
② カリフ
(1) 条約　ローザンヌ条約
　　領土　C
(2) ⓑ

【解説】

1(2) 十月革命でソヴィエト政権が樹立し，無併合・無賠償・民族自決の和平を訴える「平和に関する布告」が出された。連合国は，この布告を公式には黙殺したが，国内の挙国一致体制を維持するために戦争目的を明示する必要が高まり，ウィルソンの「十四カ条」にも影響を与えた。

(3) ①・③・④は国際連盟の問題点，②は国際連合の問題点である。風刺画では，橋にアメリカが入るべきスペースが空いていることからアメリカの不参加が表現されている。

(4) ②は第一次世界大戦中の地図。戦後，中・東欧で多くの国が独立した。

(5) ⅱ 日本の大隈重信内閣は，第一次世界大戦中，ドイツに宣戦を布告し山東半島の青島を占領した。日本は，山東省のドイツ利権継承などを要求した（二十一カ条の要求）。中国では，受諾した5月9日を国恥記念日とし排日運動が高まった。中国政府も連合国側で参戦し，戦勝国としてパリ講和会議で日本の要求の破棄を求めたが，列強は認めなかった。このため，五・四運動がおき，中国はヴェルサイユ条約を締結しなかった。

2① アイルランドは，ケルト系カトリックの地域だったが，17世紀アングロ=サクソン系で国教会のイングランドに征服された。アイルランドが独立してからも，イングランドからの入植者が多かった北アイルランドはイギリスにとどまっており，紛争の原因となった。

+α情報 **現代のイギリスとアイルランド**

(3) ⅰ 問題文に「次第に女性の割合が高まる」とあるのでアがイギリス。「ほとんど変化がない」とあるのでウは日本。　ⅱ ロシアでは，1917年にロシア革命が起こり社会主義政権が樹立された。一般に社会主義の理念には，男女同権も含まれている。なお，すべての分野で実現したわけではない。

3(2) 資料1は，統治権を日本に譲渡しているため1910年の韓国併合条約。資料2は，朝鮮の独立性を訴えており1919年の三・一独立運動。資料3は，「外国人の保護国となるような状況に至った」とあり，日韓協約が結ばれ韓国が保護国化された時期でかつ韓国併合以前の資料であることが分かる。

4(2) 史料は，1922年11月にアンカラの大国民議会が採択した，オスマン帝国の滅亡を宣言する決議である。史料の「旧いオスマン帝国が歴史の彼方に消え去り」や「パーディシャー位が廃され」の表現からオスマン政体の消滅が述べられており，イスタンブル政府を「影のよう」と批判していることからアンカラ政府の立場による史料とわかるためⓑ。世界史教科書では，オスマン帝国の滅亡は1922年だと考えられている。また，史料では，パーディシャー位とあるが，オスマン帝国の皇帝をスルタンと呼ぶ。

12 大衆消費社会の到来と日本の社会運動

P.68～70

—— ポイント整理 ——

1 債権国
2 フォード
3 禁酒法
4 移民法
5 職業婦人
6 キング
7 円本
8 ラジオ放送
9 立憲政友会
10 憲政会
11 天皇機関説
12 桂太郎
13 第1次護憲運動
14 大正政変
15 大隈重信
16 民本主義
17 米騒動
18 原敬
19 大戦景気
20 普通選挙(普選)運動
21 美濃部達吉
22 吉野作造
23 労働争議
24 小作争議
25 日本農民組合
26 平塚らいてう
27 新婦人協会
28 市川房枝
29 全国水平社
30 関東大震災
31 加藤高明
32 日ソ基本条約
33 治安維持法
34 普通選挙法
35 満25歳以上の男性

P.71～73

||||||| 問題演習 |||||||

1
① 大衆消費社会
② 都市中間
③ ラジオ
④ キング
⑤ 円本
(1)ア 地方
　イ 購買意欲
　ウ 消費
(2) 趣味，娯楽，社会運動への参加など
(3) 従来の平民，民衆，労働者，下層階級などとはやや異なる国民の大多数という意味のマッスの訳語として採用された。
(4) 教育
(5)A 識字
　B 国民（社会）

2
① 吉野作造
② 原敬
③ 加藤高明
(1)Ⅰ 国家の主権が人民にある
　Ⅱ 人民の幸福にあり，政策の決定は民衆の意向によって行われなければならない
(2)ア 1.1
　イ 25
　ウ 地租
　エ 日露戦争
　オ 投票者数
(3)A 問題
　B 思想
　C 言論
　D 労働
　E 社会（共産）
　F 治安維持法

3
① 国際労働機関
② 小作争議
③ 日本農民組合
④ 市川房枝
⑤ 新婦人協会
⑥ 治安警察法
(1) 職業婦人

(2) 第一次世界大戦によって工場労働者が増加しており，1917年に起きたロシア革命を契機に労働運動の気運が高まった。

【解説】
1(1) 資料1はシアーズ・ローバック社の1927年春夏用のカタログの表紙である。1,100ページに35,000種の商品が掲載されていた。アメリカの大衆消費社会をつくり上げる広告・宣伝の先駆けとなった。資料2はイギリスの電気掃除機の広告である。
(2) 電化製品の登場により，家事労働に関わる時間を省略化，趣味や娯楽に当てる時間として活用された。
(3) 資料3は思想家の高畠素之の考えを紹介している。高畠は，マルクス主義者，国家社会主義の提唱者として知られる。資料3に「平民，民衆，労働者，下層階級，労働階級，等々の語はあっても，何れも適切にマッスの意味に当て嵌らない」とあるように，それらの言葉ではマッスに該当しなかった。そのため，高畠は，「国民の大多数」という意味のマッスの訳語を「大衆」とし利用するようになっていった。マスメディアなどの「マス」は大衆という意味である。
(4) 原敬内閣時に制定された，大学令や高等学校令（ともに1918年）によって，帝国大学の他に公立・私立大学の設置や高等学校の増設が認められ，学生数が増加した。高学歴者の増加は大衆文化発展の背景となった。
(5) 義務教育の高まりは，識字率を向上させ日本国民という意識を形成させた。生活に必要な知識技能や道徳教育や国民教育がなされた。
2(1) 大正デモクラシーの理論として，よく問われるのが吉野作造の民本主義，美濃部達吉の天皇機関説である。民本主義と民主主義を混同しないよう注意する必要がある。
(2) 1889年に公布されてからの衆議院議員選挙法の変遷はよく問われる。どのタイミングで有権者の資格が変わっていったのかを整理しておく必要がある。
(3) 資料3は北沢楽天筆の「こいつはどうも厄介な仕事だ」である。1925年に制定された治安維持法に対して，言論・思想の自由を弾圧しようという政府の姿勢を風刺している。普通選挙法の成立で，労働運動・社会主義運動が活発になることを恐れた政府が新たな治安対策として成立させたのが治安維持法である。
3(1) 電話交換事業は1890年から始まり，大正・昭和初期に急増。1915年に考案された和文タイプライターの影響で，タイピストも女性の仕事として拡大した。
(2) この頃，労働争議などの社会運動が飛躍的に発展した。特に第一次世界大戦とロシア革命の影響は大きかった。第一次世界大戦は大戦景気や工場労働者の増加を促し，1917年のロシア革命は世界的に社会運動を活発化させた。さらに1919年の国際労働機関（ILO）の設置など国際的な動きもあり，日本でも労働運動が本格化していった。

13 世界恐慌とファシズムの台頭

P.74・75

—— ポイント整理 ——

1 ウォール街
2 金本位制
3 イギリス連邦経済会議
4 スターリング（ポンド）=ブロック
5 フランクリン=ローズヴェルト
6 農業調整法
7 テネシー川流域開発公社
8 全国産業復興法
9 善隣外交
10 ワグナー法
11 ラパロ条約
12 トロツキー
13 五カ年計画
14 国民社会主義ドイツ労働者党
15 国会議事堂放火事件
16 全権委任法
17 総統
18 ラインラント
19 ユダヤ人
20 ミュンヘン会談
21 宥和政策
22 独ソ不可侵条約
23 人民戦線
24 フランコ
25 ローマ進軍
26 エチオピア

P.76・77

‖‖‖‖‖ 問題演習 ‖‖‖‖‖

1
① ウォール街
② ドイツ
③ 管理通貨制度
(1) i 資料1の人物は政府の規制を少なくして自由な経済活動を重要視しているが，資料2の人物は政府主導で経済をコントロールする必要性を説いている。
ii ③
(2) ④
(3) ③

2
① ヴェルサイユ
② アルバニア
③ 日独伊〔三国〕防共協定
(1) エチオピア
(2) ③
(3) 工業を発展させて失業者を減らすほか，公共事業などにも力を入れ，人々の生活に旅行などの娯楽を提供したから。
(4) 全権委任法
(5) ②

【解説】

1(1) 資料1はフーヴァー大統領の演説で，資料2はローズヴェルト大統領の演説である。i フーヴァーは政府の介入は少なくして，民間企業の自主性を求める考えを示していた。しかし演説翌年の世界恐慌では自由放任主義の効果が見られないため，ローズヴェルトは政府が主導して経済をコントロールし，景気を回復することを目指した。ii 資料3は労働者の権利を保障するために制定されたワグナー法である。全国産業復興法とは，失業者救済のために公共事業の促進を目的として制定された法律である。

(2) 経済ブロックの名称について，イギリス中心をスターリング（ポンド）=ブロック，フランス中心をフラン=ブロック，アメリカ中心をドル=ブロックと呼んだ。

(3) 資料4はスターリンの五カ年計画の一つとして行われた農業政策に関する説明である。コルホーズとは農業生産を向上させるため，農場の共同経営化を図ったものである。さらに富農から土地を買収し国営農場としたものをソフホーズと呼んだ。これにより農業生産高を大きく伸ばせるはずが，1932〜33年に見舞われたホロドモール（大飢饉）などの影響により，著しく生産高を向上させることはできなかった。

2(1) 1935年よりイタリアのムッソリーニ政権が，国境紛争を口実にエチオピアへ侵攻し，翌年に併合した。

(2) 世界恐慌後，ドイツではヒトラー率いるナチ党が勢力を拡大した。1933年に国際連盟を脱退し，1935年に再軍備宣言をしたヒトラーは，ラインラント進駐（1936年）→オーストリア併合（1938年3月）→ズデーテン地方併合（1938年）を行った。

(3) 資料1を見ると，1933年頃を境に鉄鋼生産量が増えていることから工業化が進んでいることがわかる。また国民所得，鉄鋼生産量，雇用数が増えていることから，国民の生活基盤が確立していることもわかる。資料2では，同じ頃からの工業や公共の投資が増えている。さらに資料3からは，娯楽などを提供している様子が読み取れる。このことから工業化と公共事業を発展させ，ドイツ国民から支持を得られたことが読み取れる。当時のナチスは大幅な軍備拡張をはかり，アウトバーン（自動車専用道路）の建設などにより失業者を急速に減らしたのである。

(4) 1933年に立法権を政府に移譲することを定めた法律である。これによりヒトラー政権が権力を掌握した。

(5) ピカソによって描かれた「ゲルニカ」は，1936〜39年に起きたスペイン内戦の中で，ドイツ軍による空爆で破壊された町や人々の苦しみの様子を表している。い ガリバルディは，イタリア統一運動の指導者で，1860年には赤シャツ隊を率いて全シチリアを解放したため，国民的英雄として讃えられた。

14 満洲事変から日中戦争へ

P.78〜80

―― ポイント整理 ――

1 金融恐慌
2 緊縮財政
3 金解禁
4 昭和恐慌
5 高橋是清
6 金輸出再禁止
7 円安
8 若槻礼次郎
9 立憲民政党
10 田中義一
11 山東出兵
12 治安維持法改正
13 特別高等(特高)警察
14 (パリ)不戦条約
15 浜口雄幸
16 幣原喜重郎
17 ロンドン海軍軍備制
　限条約
18 統帥権干犯問題
19 柳条湖事件
20 犬養毅
21 リットン調査団
22 五・一五事件
23 斎藤実
24 日満議定書
25 岡田啓介
26 二・二六事件
27 皇道派
28 広田弘毅
29 日独防共協定
30 長征
31 抗日民族統一戦線
32 西安事件
33 張学良
34 近衛文麿
35 盧溝橋事件
36 国民精神総動員運動
37 第2次国共合作
38 国家総動員法
39 東亜新秩序
40 汪兆銘
41 大政翼賛会
42 援蒋ルート
43 配給制
44 皇民化政策
45 創氏改名
46 国民学校
47 産業報国会

P.81〜83

▏▎▍▌ 問題演習 ▐▊▉█

1
① 蒋介石
② 南満洲
③ 田中義一
④ 山東出兵
⑤ 張作霖
⑥ 溥儀
⑦ 〔中国〕共産党
⑧ 南京
⑨ 汪兆銘
⑩ フランス
(1) ③
(2)1 ②
　　2 ③
(3)Ⅰ A 平和
　　　B 満洲国
　　　C 承認
　　Ⅱ 満洲国は，現地の中国人が自主的に建国した国家ではないため認められない。

2
① 憲政の常道
② 財閥
③ 治安維持法
④ 金解禁
⑤ 満洲事変
⑥ 犬養毅
⑦ 五・一五
⑧ 高橋是清
⑨ 二・二六
⑩ 大政翼賛会
⑪ 国民学校
(1)X ①
　 Y ④
　 Z ②
(2) 内閣が軍備を決定するのは，天皇の統帥権を侵犯しているという批判。
(3)㋐ 国家総動員法
　 ㋑ 全権委任法
　 ㋒ 日中戦争
(4) A→C→B

3
① 幣原喜重郎
② 海軍軍備制限(海軍軍縮)
③ ヒトラー
④ 共産(社会)
⑤ 日独伊〔三国〕防共協定
⑥ 近衛文麿
⑦ 日独伊三国同盟
(1)a ①
　 b ⑤
(2)Aさん ④
　 Bさん ①・⑦
　 Cさん ⑥
　 Dさん ②・③
　 Eさん ⑤

【解説】

1(2) 満洲国の国歌は複数あるが，**資料1**の国歌は中国語で「ここに我が国家を建つ」と歌っている。満洲国は日本の関東軍が「でっちあげた」としばしば言われる。しかし，この国歌や，政府の各部署の長官が中国人であること，溥儀を皇帝とすることなどは，満洲国は現地の中国人が自立し建国した国家である(民族自決)という性格を示す。ただ，それは関東軍による国際社会の非難を回避するための策である。また，**資料2**は，満洲国で日本人・モンゴル人・満洲人・朝鮮人・漢人が共存する様子を描いている。満洲国は「王道楽土・五族協和」をスローガンとし，日本の影響下で東洋の諸民族が共存することを強調することで，日本のアジア・太平洋地域への進出は正当化された。

(3) 日本は満洲国の独立が極東の平和に必要なのだとして，国際連盟に承認を求めたが，リットン調査団の報告を受けて，加盟国の多くは満洲国を承認しなかった。日本の国際連盟脱退の背景となるように説明する。

2(2) 統帥権とは陸海軍を指揮する権限であり，大日本帝国憲法が定める天皇大権の一つである。ここでは統帥権干犯問題について，簡潔に説明する。

(3) 史料出典：「国家総動員法案委員会速記録」

(4) Aは，1929年10月24日のニューヨークのウォール街の様子。世界恐慌の始まりとなった。Bは，昭和恐慌を経て軍部が台頭する中でおきた二・二六事件(1936年)の新聞記事。Cは，世界恐慌の影響を受けておきた日本の昭和恐慌の様子(1934年)。昭和恐慌では，農村の困窮が深刻化し，欠食児童などが続出した。

3(1) 日独伊三国同盟の背景を踏まえて考える。日中戦争で膠着状態に入っていた日本は，物資支援(援蒋ルート)を遮断しようとしたが，支援しているアメリカとの関係悪化は明白であった。そのため，ドイツと結び牽制しようとした。対アメリカ戦は海上戦が必須であるため，bにあてはまるのは海軍だと考えられる。

(2) Aさんの「世界では戦争をしない仕組みが〜国際協調体制に加わっていた」という発言の根拠は，④国際連盟が発足し日本も常任理事国となったことである。Bさんの発言の「軍部の仕事や予算を奪うような内閣の政策に軍部は反対した」は①統帥権干犯問題の非難，「列強を相手とする戦争に勝って利益を得ることができた」は⑦日露戦争のことである。Cさんの「日本がドイツと提携した」という発言は⑥日独伊三国同盟を指している。Dさんの「国家の政策に反対することが難しい」は②治安維持法の改正，「天皇中心の〜否定された」という発言は③国体明徴声明によるものである。Eさんの「当時の日本国民が，普通の生活が送れない状況で」という発言の根拠は，⑤日本政府による満洲への移民が奨励されたことである。5人の会話のように，日本が戦争への道を歩んでしまった理由は多面的・多角的に考察すべきである。

15 第二次世界大戦と太平洋戦争

P.84・85

—— ポイント整理 ——

1 枢軸国
2 ポーランド
3 チャーチル
4 ヴィシー
5 レジスタンス
6 パルチザン
7 武器貸与法
8 大西洋憲章
9 スターリングラード
　の戦い
10 ノルマンディー
11 ユダヤ人
12 ゲットー
13 ホロコースト
14 カイロ
15 ヤルタ
16 フランクリン=ロー
　ズヴェルト
17 チャーチル
18 蔣介石
19 スターリン
20 トルーマン
21 ハル
22 南部仏印
23 石油
24 東条英機
25 ハル=ノート
26 大東亜戦争
27 ミッドウェー海戦
28 ガダルカナル島戦
29 勤労動員
30 大東亜会議
31 大東亜共栄圏
32 学徒出陣
33 サイパン島陥落
34 疎開
35 沖縄戦
36 シベリア抑留
37 ポツダム宣言

P.86・87

:::::::::: 問題演習 ::::::::::

1
① ポーランド
② ユダヤ人
③ フランス
④ レジスタンス
⑤ 独ソ不可侵
⑥ 独ソ戦
⑦ フランクリン=ロー
　ズヴェルト
⑧ チャーチル
⑨ 大西洋憲章
⑩ 蔣介石
⑪ スターリン
⑫ ヤルタ
(1)パリ　a
　モスクワ　f
　スターリングラード　g
　ベルリン　c
(2)枢軸国　ドイツ
　　　　　日本　イタリア
　連合国　アメリカ
　　　　イギリス　ソ連
　　　　中国
(3)A　④
　B　①
　C　⑥
(4)　①・④

2
① 日ソ中立
② 石油
③ 東条英機
④ マレー
⑤ 真珠湾
⑥ 切符
⑦ 朝鮮
⑧ 学徒出陣
⑨ 勤労動員
⑩ サイパン
⑪ ポツダム宣言
⑫ ヤルタ
(1)Ⅰ　②
　Ⅱ　①
　Ⅲ　③
(2)　①→③→④→②
(3)A　ソ連
　B　ポツダム宣言
　C　軍国
　D　無条件降伏
出来事　広島と長崎に
　原子爆弾が投下され
　たこと。

【解説】

1(3)　第一次世界大戦に敗れたドイツでは1920年代にヒトラーがナチ党の指導者となり，大衆の支持を集めはじめた。さらに世界恐慌下で，ヒトラーは巧みな演説により大衆の熱狂的な支持を得て，ヴェルサイユ体制の破壊―第二次世界大戦に乗り出した。大衆人気に支えられたヒトラーであったが，1943年2月スターリングラードの敗戦はドイツ国民に衝撃を与えた。第二次世界大戦の中でも最大規模であるこの戦いで，ドイツはソ連を打倒できる能力を失った。ソ連が優勢となったため，ドイツ国内ではヒトラーに対する批判も現れ，大衆人気は揺らいだ。このように，ファシズムが大衆と結び付いていることを理解したい。

(4)　②戦勝国の中で一番戦死者数が少なかったのはアメリカであるため誤り。アメリカは自国が戦場にならなかったこともあり，民間人の被害がなかった。③中国の戦死者数が多いのは，日中戦争の影響による。

2(1)　Ⅰの「太平洋戦争」という名称は，この戦争が，太平洋地域を舞台とした日本とアメリカの戦争であることを示す。この戦争は，1941年の12月8日（日本時間）にアメリカのハワイ真珠湾を日本軍が奇襲攻撃したことで始まり，アメリカが原爆を投下したことで戦争が終結し，戦後の日本はアメリカに占領された。これらの出来事に着目すると，この戦争はまさに太平洋を挟んだアメリカとの「太平洋戦争」であったと認識される。一方，12月8日に日本軍は，真珠湾への攻撃だけではなく，東南アジアのイギリス領―マレー半島のコタバルにも上陸し，イギリスとの戦争を始めた。この戦争は，広くアジア・太平洋地域を舞台としたものである。当時の日本政府やメディアは，「東亜の解放」「大東亜共栄圏の建設」を掲げて，中国，東南アジア，そして南アジアへも及ぶ侵略を正当化した。このことに注目すると，この戦争は日中戦争から継続するⅢ「大東亜戦争」であり，戦争当時もこのように呼ばれていた。しかし，現代においては「大東亜戦争」という名称を用いることは侵略戦争を正当化する意図につながりかねない。日本がアジア諸地域を戦争に巻き込み多大な犠牲を出したことを反省しつつ，戦争の舞台が広くアジア・太平洋地域であることから，近年はⅡの「アジア・太平洋戦争」という名称が用いられるようになっている。

(2)　すべて1945年の出来事。具体的な日付までわからなくても，大まかな流れをつかんでおきたい。①東京大空襲は3月10日，②長崎への原爆投下は8月9日，③沖縄戦は3～6月，広島への原爆投下は8月6日の出来事である。いずれも多くの民間人が犠牲になった。

(3)　波線部の「残虐なる爆弾」は原子爆弾のことを指している。

16 新たな国際秩序とアジア諸地域の独立

P.88～90

――― ポイント整理 ―――

1　ニューヨーク
2　安全保障理事会
3　拒否権
4　ブレトン=ウッズ体制
5　基軸通貨
6　国際通貨基金
7　IMF
8　国際復興開発銀行
9　関税及び貿易に関する一般協定
10　チャーチル
11　鉄のカーテン
12　トルーマン=ドクトリン
13　マーシャル=プラン
14　コミンフォルム
15　ティトー
16　ベルリン封鎖
17　北緯38度線
18　李承晩
19　大韓民国
20　金日成
21　朝鮮民主主義人民共和国
22　中ソ友好同盟相互援助条約
23　人民義勇軍
24　ホー=チ=ミン
25　ベトナム民主共和国
26　インドシナ戦争
27　ジュネーヴ休戦協定
28　スカルノ
29　シオニズム
30　第1次中東戦争
31　パフレヴィー朝
32　モサッデグ
33　パフレヴィー2世
34　ネルー

P.91～93

:::::::::: 問題演習 ::::::::::

1
① サンフランシスコ
② 安全保障理事会
③ 拒否権
④ ブレトン=ウッズ
(1) アメリカ・イギリス・フランス・ロシア・中華人民共和国
(2) IMF・IBRD
(3)国名　ユーゴスラヴィア
　指導者名　ティトー
(4) ③
(5) ①
(6) ④

2
① 李承晩
② 金日成
③ ホー=チ=ミン
④ オランダ
⑤ アウン=サン
⑥ マラヤ連邦
⑦ シハヌーク
(1)ア　①
　イ　②
(2)資料1　①
　資料2　④
(3)資料　2
　理由　資料2では，ムスリムを独自の一つの民族と考えており，資料3ではムスリムで独立した国家をつくるべきと主張しているから。
(4) パキスタン・バングラデシュ
(5) 6→7→5→4
(6) ②
(7) A→D→B→C

3
① ヨルダン川西岸地区
② シナイ
③ イギリス
(1) ②
(2) ③

【解説】

1(1)　問題文に「現在の」とあるためソ連は誤り。また，設立当初は，中華民国であったが，1949年に中華人民共和国が成立し，台湾の中華民国と中華人民共和国のどちらが国連での代表権を持つかが問題になった。ニクソン政権の米中の接近にともない，1971年に中華人民共和国が代表権を持つことになった。

(2)　IMF (International Monetary Fund)：国際通貨基金の目的は，国際金融や為替の安定。IBRD (International Bank for Reconstruction and Development)：国際復興開発銀行は，ヨーロッパ復興支援のために設置され，現在発展途上国の開発支援などを行っている。

(3)　ユーゴスラヴィアは，第二次世界大戦中，自力で解放を成し遂げたためソ連への自主性を保っていた。

(5)　戦争では必ず死者が出ると考える。下のグラフを見ると，ａの時期には，朝鮮戦争によりアジア・オセアニアでの死者数が多い。ｂｃについても，時期や地域からその要因を考えてみよう。

+α 情報 国家が関与した武力紛争による地域別の死者数

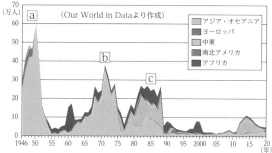

2(1)イ　マレー半島ではイギリスが中国人・インド人を労働力として用いていた。現在のマレーシアの人口でも中華系22％，インド系7％を占める。

(2)　資料1はムスリムを一つの民族と捉えておらず，統一インドでの独立を主張しているためガンディーである。資料2はムスリムの自立を主張しているため全インド=ムスリム連盟の指導者のジンナーである。

(3)　「ムスリムが多数を占める地帯は…『独立した諸国家』をつくるべき」とあり，「諸」とあることからもガンディーらの統一インドでの独立を否定している。

(5)　資料4は「台湾」を強調していることから国共内戦後，資料5は「中国の八年にわたる奮闘」や「勝利」から日中戦争（アジア・太平洋戦争）に勝利した時点。資料6は抗日民族統一戦線の樹立を訴えているため西安事件以前である。資料7は「帝国政府ハ爾後国民政府ヲ対手トセス」から国共合作が成立した後である。

(6)　ベトナムの宗主国はフランス。①はソヴィエト社会主義共和国連邦結成に関する宣言，②はフランス人権宣言，③は五箇条の誓文，④はアメリカ独立宣言。

史料出典：資料1～3近藤治「ガンディー・ジンナー会談とその波紋」　(6)①『世界史史料10』岩波書店　②④『人権宣言集』岩波文庫　③『法令全書』

17 占領下の日本の改革と独立回復

P.94〜96

━━ ポイント整理 ━━

1 間接統治
2 GHQ
3 マッカーサー
4 極東委員会
5 幣原喜重郎
6 吉田茂
7 五大改革指令
8 公職追放令
9 極東国際軍事裁判
10 二・一ゼネスト
11 労働基準法
12 教育基本法
13 財閥解体
14 農地改革
15 独占禁止法
16 過度経済力集中排除法
17 A級戦犯
18 戦争放棄
19 象徴
20 地方自治法
21 刑法
22 民法
23 日本社会党
24 復員
25 闇市
26 買出し列車
27 墨ぬり教科書
28 食糧メーデー
29 経済安定九原則
30 ドッジ=ライン
31 均衡予算
32 360
33 単一為替レート
34 レッド=パージ
35 特需景気
36 警察予備隊
37 サンフランシスコ平和条約
38 全面講和論
39 単独講和論
40 日米安全保障条約
41 日米行政協定
42 保安隊
43 MSA協定

P.97〜99

━━━ 問題演習 ━━━

1
① 法律
② 最高機関

③ 立法機関
④ 帝国議会
(1) マッカーサー
(2) i 幣原喜重郎
ⅱ 女性参政権の付与・労働組合の結成・教育制度の自由主義的改革・経済機構の民主化・〔秘密警察など〕圧政的諸制度の撤廃
(3) 吉田茂
(4) 大日本帝国憲法では、神聖不可侵とされた天皇は統治権を総攬し、広範な天皇大権を持っていたが、日本国憲法では、天皇は日本国と日本国民統合の象徴とされ、政治的な権力を持たなくなった。
(5)丹波さん　③
　出辺さん　②

2
(1) 間接統治
(2) i 極東国際軍事裁判（東京裁判）
ⅱ 公職追放
(3) 人権指令
(4) 過度経済力集中排除法
(5) 独占禁止法
(6) 労働組合法・労働関係調整法・労働基準法
(7) 公務員
(8) ①
(9) ①・④
(10) 1948年にはアメリカの占領する大韓民国と、ソ連の占領する朝鮮民主主義人民共和国の南北に朝鮮半島が分かれ、1949年には中国で共産党が中華人民共和国を成立させた。
(11) i 警察予備隊
ⅱ 共産主義者
(12) i サンフランシスコ平和条約
ⅱ 吉田茂
ⅲ ②
ⅳA 個人
　 B 国家
(13) i 日米安全保障条約
ⅱ 日米行政協定

【解説】

1(4)　大日本帝国憲法と日本国憲法での天皇の地位の大きな変化として、1）神聖不可侵な存在として神格化されていたが、日本国・日本国民統合の象徴とされたこと、2）統治権を総攬する主権者であったが、主権を持たなくなったこと、3）軍を指揮する統帥権といった天皇大権と呼ばれる広範な権限を有していたが、国事行為のみを行うとされ、政治的権力を持たなくなったことが挙げられる。

+α 情報 天皇の地位に関する規定

大日本帝国憲法
第1条　大日本帝国ハ万世一系ノ天皇之ヲ統治ス
第3条　天皇ハ神聖ニシテ侵スヘカラス
第4条　天皇ハ国ノ元首ニシテ統治権ヲ総攬シ此ノ憲法ノ条規ニ依リ之ヲ行フ

日本国憲法（抜粋）
第1条　天皇は、日本国の象徴であり日本国民統合の象徴であつて、この地位は、主権の存する日本国民の総意に基く。
第4条　天皇は、この憲法の定める国事に関する行為のみを行ひ、国政に関する権能を有しない。
2　天皇は、法律の定めるところにより、その国事に関する行為を委任することができる。

---

(5)　資料1は1947年に文部省が中学校用教科書として発行していた『あたらしい憲法のはなし』の挿し絵である。資料2は1946年の食糧メーデーで掲げられたプラカードで、昭和天皇を揶揄する言葉がみられる。

2(8)　農地改革は、地主自らは耕作をせず、農地を小作人に貸しつけて小作料をとるという寄生地主制の解消を目指したものである。1946年の自作農創設特別措置法によって寄生地主制は解消したとされるため、グラフで増えている方が自作地で、減っている方が小作地である。小作地（イ）が1941年の46.2％から49年には13.1％と大幅に減っているので、地主の所有する土地面積は減り、農地改革は一定の効果があったといえる。

(9)　①1945年にGHQは連合国批判を禁止するプレスコードを発令し、検閲を実行していたため、誤り。④湯川秀樹が1949年に受賞したノーベル賞は物理学賞であるから誤り。

(10)　1）1948年に朝鮮半島が南北に分かれ、朝鮮民主主義人民共和国と大韓民国が成立したこと、2）1949年に中華人民共和国が成立したことの2点に触れる。

(12)　ⅲ②ソ連は平和条約調印を拒否し、中華人民共和国と中華民国は会議に招かれていなかったため、誤り。ソ連を含むすべての交戦国との講和を求める全面講和論も主張されていたが、アメリカとの関係協調や独立回復を優先され、単独講和が採用された。ⅳドイツの戦後補償はナチスの政策における被害者個人に対するものが中心で、日本の戦後補償はアジア諸国に対するものが中心である。

探究型演習Ⅱ　国際秩序の変化や大衆化と現代的な諸課題

P.100〜103

1

(1)ア　移民
　イ　難民
(2)ウ　関東大震災
　エ　世界恐慌
　オ　満洲事変
　カ　景気悪化
　キ　農業
(3)　クー=クラックス=ク
　ラン（KKK）
(4)　排日移民法
(5)ク　③
　ケ　①
　コ　②
　サ　④
　シ　①
(6) i　②
　 ii　工業
(7)　（例）災害などが発
　生した際に，必要な情
　報が瞬時に得られない
　こと。／行政や契約の
　手続きなど重要な内容
　の理解が難しいこと。
　／けがや病気の際に症
　状を簡潔に相手に伝え
　られないこと。　　など

2

(1)ア　第一次世界大戦
　イ　第二次世界大戦
(2) i ウ　性別
　　 エ　差別
　 ii　当初，オリンピッ
　クへの出場は男性の
　みであったが，オリ
　ンピック憲章で人種
　や性別における差別
　がないよう権利と自
　由を保障され，1928
　年以降女性の選手比
　率が徐々に増え，
　1960年以降は約50%
　にまで上昇した。
(3)　②
(4)オ　①
　カ　総力戦
　キ　労働力
(5)　参政権（選挙権）
(6) i　第一次世界大戦の
　「総力戦」を契機に
　女性の社会進出が重
　要視され，女性参政
　権の獲得につながっ
　た。
　 ii　諸外国は女性参政
　権の実現後，女性国
　会議員の割合が上昇
　し，スウェーデンで
　は2019年に約半数に
　まで伸びている。そ
　れに対し，日本は
　2000年以降約10%に
　留まっており，諸外
　国に比べて女性の政
　治参加が進んでいな
　い点の改善が必要だ
　と考えられる。

【解説】

1(1)　移民と難民の定義についての問題である。今日の時事的問題でもあるため押さえておくことが重要。

(5)　パリ講和会議は，第一次世界大戦の講和会議である。この講和会議の中で日本が人種差別撤廃について提案したという事実がある。日本は，平和のためには人種差別を撤廃することを掲げたが，実際は黄色人種が世界で差別されることがないよう仕向けたものだった。

(6)　この問題は，自治体のゴミ出しルールをもとに出題されている。 i Aの選択肢は，英語かポルトガル語だが，記載されている内容を見ると「á」「é」など，英語では使わない文字なども見える。Bの選択肢はコリアタウンかブラジリアンタウンであるが，ポルトガル語を使用するのは韓国人ではなくブラジル人である。静岡県浜松市や愛知県豊田市などブラジル人が多く住む町が日本には存在する。他にも東京都の新宿区新大久保は，コリアタウンで有名である。大規模なコリアタウンは「パスポートのいらない韓国」などと言われ，日本国内で韓国を体感することができる。

(7)　自分が長期間外国で生活することを想像してみよう。災害等の緊急性の高い放送などは多言語への対応が難しく，言語における壁は大きい。日本では多言語への対応として，複数の言語での併記やピクトグラムなどの視覚情報の活用，外国人にも伝わりやすい「やさしい日本語」を使うといった取り組みも広まっている。

2(2)　 i 資料Ⅱオリンピック憲章は国際オリンピック委員会によって採択されたオリンピズムの根本原則，規則などを文章にしたものである。 ii 資料Ⅰから，女性参加が徐々に増えていっていることが読み取れる。また，資料Ⅱには，自由や権利についての記載がある。これらのことから，男女格差の是正が進められていったと考えられる。

(3)　第一次世界大戦前には腰を締めた裾の長いドレス等動きにくい服装だったが，20世紀には活動しやすい服装に変わった。「総力戦」を経て，女性が社会で活躍できる場面が増えていったことの表れといえる。

(5)　欧米の多くの国では20世紀前半に女性参政権が実現した。アメリカでは1920年に憲法修正第19条が成立し，女性参政権が実現した。

(6)　 i 第一次世界大戦への参加を通して，女性の活躍が期待されるようになっていったため，欧米諸国では女性参政権の獲得が日本よりも早かったと考えられる。 ii 海外における女性国会議員の数はスウェーデンで50%に近いが，日本は約10%程度である。日本は女性参政権の獲得が遅く，近代において女性は家を守る存在として社会進出を控える伝統が残っていたためと考えられる。女性が今以上に政治の場で活躍するにはどのようにしたら良いのか，考える必要があるといえよう。

18 冷戦と平和共存

P.106 作業 解答

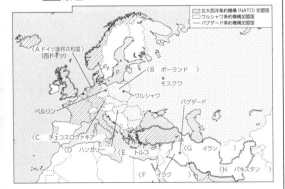

P.108・109

‖‖‖‖‖ 問題演習 ‖‖‖‖‖

1

(1) ④
(2) ④
(3) ソ連を中心とする社会主義陣営が東欧諸国へと勢力を拡大することを，国民の自由や国家の独立を阻害するものとして，アメリカを中心とする資本主義陣営が警戒したこと
(4) a ②
　　b ①

2

① スターリン
② フルシチョフ
③ ベルリンの壁

(1) i ソ連やイギリスなどが相次いで核開発に成功し，アメリカ以外にも核兵器を持つ国が現れたことで，国家間の対立に核兵器を使用するリスクが高まったため。
　ii スターリンの死後，ソ連は外交方針を転換し，アメリカなど資本主義陣営との緊張緩和に向けた交渉が行われたため。
(2) ③
(3) ビキニ環礁
(4) スプートニク1号

【解説】

1 第二次世界大戦直後のソ連とアメリカの関係を軸に冷戦の成立過程を問う問題である。

(1) 冷戦初期に形成された集団防衛体制に関する知識を問う問題。それぞれの発足時期は，①北大西洋条約機構（NATO）が1949年，②米州機構（OAS）が1948年，③東南アジア条約機構（SEATO）が1954年，④アフリカ統一機構（OAU）が1963年である。

(2) 資料1から，西ヨーロッパ（イギリス）から見て東ヨーロッパ世界がソヴィエトの影響下にあり，ソヴィエトが全体主義（社会主義）によって支配しようとしていると主張していることを読み取りたい。①は「民主主義を確立しようとしている」が誤り。②は資料からは読み取れない。③は「ワルシャワ条約機構」はまだ発足していないので誤り。

(3) (2)や資料2の読み取りから，冷戦が勃発する背景について会話文中の文脈に合わせて答える。木内さんは資料2からアメリカが「ソ連の脅威から世界を守ろうとしている」と読み取っていることを念頭に置いて考える。アメリカにとってソ連の行動が東欧諸国への社会主義陣営の拡大であり，それは国民の自由や国家の独立を阻害していると考えていることを整理して解答を作成する。

(4) 資料3は資料2よりも早い時期に，当時の商務長官ヘンリー・A・ウォーレスが大統領に宛てた手紙である。ソ連を敵視することを否定する意見が大統領に近い政治家にあったにもかかわらず，資料2のようなソ連を批判する方針がとられたことから，疑問aが浮かんだと考えられる。また，資料1〜3はいずれも西側諸国の資料であり，東側諸国からみた資料がないため，疑問bが浮かんだと想定できる。

2 1960年代までの世界終末時計の変化と同時期の年表を照らし合わせて，米ソ関係の変化や核開発の歴史について問う問題である。

(1) i 1953年までの出来事を年表で確認すると，東側諸国，西側諸国ともに核開発に成功していることが読み取れる。東西冷戦の成立期に核開発に成功する国が現れたことは，国家間の対立に核兵器が用いられるリスクを高めると考えることができる。 ii 核戦争などのリスクの高まりは，1953年にスターリンの死去をきっかけに改善の兆しが見られた。1959年にスターリンの後を継いだフルシチョフがアメリカを訪問したことで，東西両陣営の緊張が緩和したと考えることができる。

(2) 冷戦の勃発に伴い，アメリカ国内では「赤狩り」と呼ばれる共産主義者への激しい攻撃がなされた。資料3では，「内からの敵（＝共産主義者）」によって「民主主義国家が崩壊する」と述べている。ただし，資料2のように，不十分な証拠（不揃いな木材）が根拠（Evidence）で職を追われる議員もいた。

19 西ヨーロッパの経済復興と第三世界の連携

P.110・111

―― ポイント整理 ――

1 労働党
2 アトリー
3 福祉国家
4 ゆりかごから墓場まで
5 ドイツ連邦共和国
6 アデナウアー
7 アルジェリア戦争
8 ド=ゴール
9 ヨーロッパ石炭鉄鋼共同体
10 シューマン
11 ヨーロッパ経済共同体
12 ヨーロッパ原子力共同体
13 ヨーロッパ自由貿易連合
14 ヨーロッパ共同体
15 ネルー
16 周恩来
17 平和五原則
18 アジア=アフリカ会議
19 平和十原則
20 第1回非同盟諸国首脳会議
21 ティトー
22 ベオグラード
23 ヒンドゥー教
24 パキスタン
25 第1次印パ（インド=パキスタン）戦争
26 バングラデシュ
27 ガーナ
28 エンクルマ（ンクルマ）
29 アフリカ統一機構
30 コンゴ動乱
31 アラブ連盟
32 第1次中東戦争
33 ナセル
34 パレスチナ解放機構
35 PLO
36 アラファト
37 アスワン=ハイダム
38 カストロ

P.112・113

::::::::: 問題演習 :::::::::

1
① シューマン
② 自由貿易
③ 原子力
(1) ④
(2) ①
(3) ③
(4) ④
(5) ②

2
① 周恩来
② スエズ
③ 米州機構（OAS）
④ バティスタ
(1) ③
(2) ③
(3)指導者名 エンクルマ（ンクルマ）
説明 1960年は「アフリカの年」と呼ばれ，新たに17の独立国がアフリカに誕生した。また，1963年にはアフリカ諸国首脳会議が開かれ，アフリカ統一機構（OAU）が結成された。
(4) ④
(5) ①

P.110 作業 1 ～ 作業 3 解答

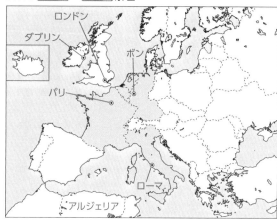

P.111 作業 4 解答

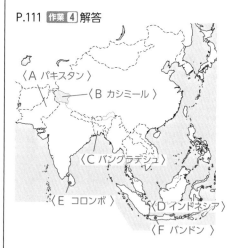

P.111 作業 5 解答

【解説】

1(1)　ECSCを結成したのはフランス・西ドイツ・イタリア・ベルギー・オランダ・ルクセンブルクの6カ国。石炭と鉄鋼業の共同管理の提案（シューマン＝プラン）は，国という枠組みを超えた共同市場・共通経済を構築する画期的な提案であった。

(2)　ド＝ゴールは第五共和政を成立させた。第四共和政の成立は1946年。

(3)　あアデナウアーではなく，正しくはアトリー。アデナウアーは西ドイツの首相（在任1949～63年）。

(4)　AイギリスはEC加盟の際,EFTAを脱退した。Bそもそも ECSCの結成には，軍需物資でもある石炭・鉄鋼を超国家的な組織が管理することで，フランスとドイツとの間のいかなる戦争も不可能にする構想が含まれていた。

2(1)　あアジア=アフリカ会議はインドネシアのバンドンで開催された。ティトーらが呼びかけベオグラードで開催されたのは，第1回非同盟諸国首脳会議。

(2)　日本はアジア=アフリカ会議には参加したが，非同盟諸国首脳会議には参加していない。

(3)　エンクルマはアフリカの独立と統一を目標とするパン=アフリカ主義を掲げた指導者。OAUの結成などアフリカの連帯がめざされた一方で，コンゴで内乱が生じるなど，アフリカ内での対立も生じた。（史料出典：『ンクルマ　アフリカ統一の夢』）

(4)　あカストロではなく，正しくはペロン。カストロはキューバ革命の指導者で，革命後キューバの首相となる。いグアテマラの左翼政権はアメリカの支援を受けた軍部クーデタにより倒された。

(5)　A非同盟諸国とは，東側・西側陣営のどちらにも属さない国のこと。B第2次中東戦争の別名はスエズ戦争。第3次中東戦争は1967年に勃発。パレスチナ問題をめぐってアラブ諸国とイスラエルが対立した。

20 55年体制の成立と日本の高度経済成長

P.114〜116

―――― ポイント整理 ――――

1 日本社会党
2 米軍基地反対闘争
3 自由民主党
4 鳩山一郎
5 55年体制
6 日ソ共同宣言
7 国際連合
8 岸信介
9 日米相互協力及び安全保障条約
10 安保闘争
11 池田勇人
12 国民所得倍増計画
13 LT貿易
14 貿易の自由化
15 OECD
16 佐藤栄作
17 日韓基本条約
18 非核三原則
19 沖縄返還
20 田中角栄
21 日本列島改造
22 日中共同声明
23 第1次石油危機
24 特需景気
25 もはや戦後ではない
26 いざなぎ景気
27 技術革新
28 設備投資
29 石油
30 過密化
31 核家族化
32 水俣病
33 革新自治体
34 公害対策基本法
35 環境庁
36 耐久消費財
37 三種の神器
38 電気洗濯機
39 中流意識
40 過疎化

P.117〜119

::::::::::: 問題演習 :::::::::::

1
① 破壊活動防止法
② 自衛隊
③ 日本民主党
④ 革新
(1) MSA協定
(2) 3分の1
(3) ③

2
① 国際連合
② 歯舞
③ 色丹
④ サンフランシスコ
(1) 資料1 日ソ共同宣言
資料2 日米相互協力及び安全保障条約（日米新安全保障，新安保条約）
資料3 日韓基本条約
資料4 沖縄返還協定
資料5 日中共同声明
(2) 北方領土問題
(3) 事前協議
(4) 韓国併合条約
(5) 北朝鮮
(6) 台湾

3
① 朝鮮戦争
② 池田勇人
③ 設備投資
④ 石炭
⑤ 石油
⑥ 東京オリンピック
⑦ 過密
⑧ 過疎
(1) もはや戦後ではない
(2) 経済協力開発機構（OECD）
(3) 電気洗濯機・白黒テレビ・電気冷蔵庫
(4) 東海道新幹線
(5) 日本人の食生活は洋風化が進んだ一方で，米は消費量が減って供給過剰が続いたため，減反政策が実施されるようになった。
(6) ④

【解説】

1(1) アメリカの相互安全保障法に基づき，経済支援を受ける代わりに日本の防衛力増強を求めた協定である。日米相互防衛援助協定・農産物購入協定・経済措置協定・投資保証協定の4つが同時に締結された。

(2) 日本国憲法第96条第1項では「この憲法の改正は，各議院の総議員の3分の2以上の賛成で，国会が，これを発議し，国民に提案してその承認を経なければならない」とされている。サンフランシスコ平和条約をめぐり左右両派に分裂していた社会党は，1955年の衆議院議員選挙で議席を伸ばし，両派あわせて衆議院の3分の1の議席に到達した。

(3) X 1955〜63年は自民党の獲得議席が6割を超えているが，1967年以降はわずかに下回っているので誤りである。ただし，自民党の議席は衆議院の単独過半数を大きく上回っているので，政権交代は起こらなかったという考察は正しい。Y 社会党の議席が伸び悩むなか，1960年以降の総選挙で民社党，共産党，公明党が一定の議席数を確保していることが読み取れる。

2(1) 戦後日本外交史はサンフランシスコ平和条約（1951年）で積み残された課題を解決していく過程である。各条約が調印されたときの内閣も確認しておこう。**資料1** 日ソ共同宣言（1956年）は鳩山一郎内閣，**資料2** 日米新安全保障条約（1960年）は岸信介内閣，**資料3** 日韓基本条約（1965年）と**資料4** 沖縄返還協定（1971年）は佐藤栄作内閣，**資料5** 日中共同声明（1972年）は田中角栄内閣のときである。

(2) 北方領土は択捉島，国後島，色丹島，歯舞群島を指す。第二次世界大戦末期の1945年に日ソ中立条約を一方的に破棄して侵攻したソ連に占領された。日ソ共同宣言では平和条約調印後にソ連側が色丹，歯舞の二島を返還することが明記された。

(6) 日中共同声明の発効にともない，台湾（中華民国国民党政府）との間で結ばれていた日華平和条約（1952年4月調印）は効力を失うことになった。

3(1) 1956年に経済企画庁（当時）が発行した『経済白書』のなかに登場する文言である。

(2) OECD は Organisation for Economic Co-operation and Developmentの略で，自由主義諸国への経済援助・開発支援を行う国際機関である。先進資本主義諸国はすべて加盟しており，「先進国クラブ」と称されることもある。1964年にOECD加盟を果たしたことで，日本は先進資本主義諸国に仲間入りしたと見なすことができる。

(3) 「三種の神器」とは本来，日本神話で皇位継承の象徴とされる宝物のことである。1950〜60年代前半にかけて普及した電気洗濯機・白黒テレビ・電気冷蔵庫が神話にちなんで「三種の神器」と呼ばれた。なお，1960年代後半〜70年代にかけて普及したカラーテレビ・クーラー・カー（自動車）は「新三種の神器」または英語の頭文字をとって「3C」と呼ばれた。

(5) 減反政策は，政府の食糧管理特別会計の赤字削減のため，米の作付面積を強制縮小させる政策である。

(6) ④1971年に発足した環境庁は，2001年の中央省庁再編にともない，環境省となった。

21 キューバ危機と冷戦構造のゆらぎ

P.120・121

ポイント整理

1 大躍進
2 カストロ
3 部分的核実験禁止条約
4 プロレタリア文化大革命
5 核拡散防止条約
6 プラハの春
7 ブラント
8 東方外交
9 中ソ国境紛争
10 ニクソン
11 第1次戦略兵器制限交渉
12 バティスタ
13 ゲバラ
14 ケネディ
15 フルシチョフ
16 ホットライン
17 デタント
18 ドプチェク
19 ソ連
20 ポーランド
21 国連加盟
22 毛沢東
23 人民公社
24 劉少奇
25 鄧小平
26 紅衛兵
27 毛沢東語録
28 キング牧師
29 公民権運動
30 対抗文化
31 ワシントン大行進
32 ジョンソン
33 南ベトナム解放民族戦線
34 ベトナム和平協定

P.122・123

問題演習

1
① 緊張緩和（デタント）
② ブラント
③ 部分的核実験禁止条約（PTBT）
④ 核拡散防止条約（NPT）
(1) i ②
　　ii ④
(2) Aはソ連のフルシチョフ，Bはアメリカのケネディで，互いを警戒してそれぞれが核兵器や軍備を増強し，一触即発の状態となっていた。
(3) ホットライン
(4) ソ連や東欧諸国と国交正常化するためにとった，友好路線のこと。
(5) ①
(6) 東西ドイツの国際連合への加盟

2
① ベトナム民主共和国
② ベトナム共和国
③ 南ベトナム解放民族戦線
④ ジョンソン
⑤ 空爆（北爆）
(1) i インドシナ戦争
　　ii 北ベトナム　ソ連,中国
　　　南ベトナム　アメリカ
(2) i 密林に毒性の強い枯葉剤をまいた。
　　ii 各国で反戦運動が展開されるようになった。
(3) i 人物　キング牧師
　　　A　公民権
　　ii プラハの春
　　iii ④

【解説】

1(1) i カストロは1959年にバティスタ独裁政権を打倒し，キューバ革命を指導。アメリカとの国交回復直後，2016年に死去。 ii ド=ゴールはフランスの軍人，政治家。第二次世界大戦でドイツによる侵攻を受けると，亡命先のロンドンにて自由フランス政府を樹立した。また国内に対して抵抗を呼びかけ，臨時政府の首相となった。①ブレジネフは1964～1982年にかけて，ソ連の政権を担当した。③ドレフュスは1894年，第三共和政のフランスでドイツのスパイ嫌疑をかけられたユダヤ系軍人。本人は無罪を訴えたが，有罪となった。後に無罪が判明した。

(2) 人物として，Aはソ連のフルシチョフ，Bはアメリカのケネディであること，持っているものとして，核兵器や武器，そして，核兵器や武器を互いに増強して危険な状態になっていたことにふれること。

(3) ホットラインとは，広くは直通電話という意味で，ここでは米ソ間の意思疎通のための電話を指す。

(4) 地域・国として，東欧諸国とソ連を挙げ，目的として，友好関係を築くことやそれによる国交正常化について説明すること。従前，西ドイツの対共産圏外交はほとんど行われていなかったが，ブラントは現実主義的な立場で，関係性の変化を生み出そうと試みた。これは，世界的な緊張緩和（デタント）の流れに沿った考えであった。

(5) ①SALT I は，1969～72年の米ソによる核ミサイルなど戦略兵器の制限交渉。緊張緩和の流れの中で合意。②SALT II は，1973～79年の米ソ間による核軍縮交渉。戦略兵器の制限で合意するも，ソ連のアフガニスタン侵攻が原因で実行されずに終わった。③START I は，1982～91年の米ソによる戦略兵器（核ミサイル）の削減交渉。核弾頭と運搬手段の削減について合意。④START II は，1991～93年の米ソによる核ミサイル削減交渉。2003年までに核弾頭を一定量削減することで合意。

(6) ドイツ連邦共和国，ドイツ民主共和国が国際連合へ加盟したという内容になっていればよい。

2(2) ii 反戦の風潮が世界各国に広まったことにふれること。悲惨な状況がアメリカ国民に知られると，まず学生の中で反戦集会が始まり，しだいに国際的に広まっていった。

(3) i この運動の一つの帰結として，1964年に公民権法が制定された。キング牧師は1963年にワシントン大行進を実現するも，1968年に暗殺された。 ii ドプチェクは「人間の顔をした社会主義」を掲げていた。運動自体は，ワルシャワ条約機構軍が軍事侵攻し，鎮圧された。 iii ④周恩来とネルーが発表したのは，「平和五原則」。その後，アジア=アフリカ会議で，平和五原則を発展させた「平和十原則」が打ち出された。①鄧小平とサッチャー首相が合意して，1984年に香港返還が実現した。

22 石油危機とアジア経済の発展

P.124〜126

―― ポイント整理 ――

1 金ドル本位制
2 ドル=ショック
3 変動相場制
4 ブレトン=ウッズ体制
5 パレスチナ
6 第1次中東戦争
7 第4次中東戦争
8 アラブ石油輸出国機構
9 イラン（=イスラーム）革命
10 スタグフレーション
11 先進国首脳会議
12 省エネルギー化
13 原子力発電
14 減量経営
15 OPEC
16 新自由主義
17 小さな政府
18 サッチャー
19 レーガン
20 中曽根康弘
21 JR
22 アフガニスタン
23 双子の赤字
24 プラザ合意
25 円高不況
26 安定成長
27 貿易摩擦
28 ODA
29 バブル経済
30 開発独裁
31 朴正熙
32 マルコス
33 スハルト
34 新興工業経済地域
35 NIES
36 韓国
37 台湾
38 香港
39 シンガポール
（36〜39順不同）
40 東南アジア諸国連合
41 ASEAN
42 鄧小平
43 四つの現代化
44 改革開放政策
45 蔣介石

P.127〜129

‖‖‖‖‖‖‖ 問題演習 ‖‖‖‖‖‖‖

1

(1)ア 米ドルに対する各国通貨の交換比率が固定されていた
　イ 先進国の国際石油資本が原油価格の決定権を握っていたから
(2) ニクソン
(3) i 戦後初のマイナス成長を記録し，高度経済成長が終了した。
　ii 省エネルギー化とコンピュータによるハイテク化が加速し，産業構造の転換が進んだ。

2

① 朴正熙
② 日韓基本条約
③ リー=クアンユー
④ スハルト
⑤ 鄧小平
⑥ 改革開放
(1) アジアNIES
(2) ②
(3) 東南アジア諸国連合（ASEAN）
(4) マハティール
(5) 農業・工業・国防・科学技術

3

① 国際通貨基金（IMF）
② GATT（関税及び貿易に関する一般協定）
③ いざなぎ
④ 政府開発援助（ODA）
⑤ 貿易摩擦
⑥ オレンジ
⑦ 米
⑧ バブル
(1) 360円
(2) ブレトン=ウッズ体制
(3) 省エネルギー化や人員削減などにより，経費を削減する経営。
(4) ③
(5) ②
(6) 財政赤字・国際収支（貿易）赤字
(7) ①

(8) 日本の輸出品価格が相対的に高くなるため，日本からの輸出が減少した。

【解説】

1(1) ア1944年に調印されたブレトン=ウッズ協定で基軸通貨の米ドルと各国通貨の交換比率が決められ，固定為替相場制となった。また，金1オンス（約31ｇ）が35ドルと交換される金ドル本位制をとった。イ国際石油資本（メジャー）は石油の採掘・生産から精製・輸送・販売までを複合的に展開する欧米の多国籍企業で，1960年代まで石油の国際価格決定権を握る存在であった。

(3) ウ第4次中東戦争に際し，アラブの産油国は石油戦略を発動したため，国際的に石油価格が高騰した。日本経済も原油価格の上昇に始まる異常な物価上昇に苦しみ，1974年の経済成長率は戦後初めてマイナスを記録した。エ石油危機を経験した西側先進諸国は資源の有限性という観点から，資源やエネルギー使用量の節約に努めた。日本を中心に重化学工業中心の「重厚長大」型からコンピュータなどを代表とする「軽薄短小」型へ産業構造の転換が進められた。

2(1) NIESとはNewly Industrializing Economiesの略で発展途上国のうち，急速に経済発展を遂げた国・地域を指している。アジアではシンガポール，韓国，香港，台湾が，中南米ではアルゼンチンやメキシコがNIESと呼ばれた。

(3) 1967年，東南アジア5ヵ国で結成された地域協力機構。当初は反共軍事同盟的な性格が強かった。加盟国が増えた現在，経済・社会・文化など多方面での協力が進められている。

3(3) 二度の石油危機を乗り越えた日本は，1970年代後半から1980年代を通じて3〜5％前後の安定的な経済成長を実現した。減量経営は安定成長期に見られた企業の経営手法で，省エネや人員削減に努めながら，ME（マイクロ=エレクトロニクス）を利用した工場やオフィスの自動化が進められた。

(4) ③石油危機を経験した西側諸国では，1980年代に新自由主義を掲げる政権が成立した。イギリスのサッチャー首相，アメリカのレーガン大統領，日本の中曽根康弘内閣は，規制緩和や国営事業の民営化を進めた。①国民所得倍増計画は1960年，池田勇人内閣のときに閣議決定された。②傾斜生産方式は1946年，第1次吉田茂内閣で採用され，片山哲内閣にも継承された。④中曽根康弘内閣のもとでも大型間接税の導入が検討されたが，実現しなかった。続いて成立した竹下登内閣のときに，大型間接税は消費税として実現し，1989年4月から実施された。

(6) 「強いアメリカ」を掲げたレーガン政権は高金利政策を打ち出しており，1980年代前半の外国為替市場はドル高の傾向が続いていた。

(7) プラザ合意はドル高を是正するための協調介入を行うことで先進5ヵ国の蔵相・中央銀行総裁が一致した。

(8) 為替変動にともなうリスクを回避するため，日本企業が海外に生産拠点を移す動きが活発になったことで，日本では製造業を中心に産業の空洞化が進んだ。

23 冷戦終結，ソ連崩壊，そしてグローバル化

P.130・131

P.132・133

║║║║║║ 問題演習 ║║║║║║

1
① アフガニスタン
② チェルノブイリ（チョルノービリ）
③ 中距離核戦力（INF）
④ ホメイニ
⑤ イラン=イスラーム
⑥ 〔サダム=〕フセイン
(1) ①
(2) ②
(3) ペレストロイカを行うソ連のゴルバチョフが東欧社会主義圏への内政干渉を否定すると，ポーランドでは複数政党制による選挙が行われ，自主管理労組「連帯」による連立政権が発足した。この動きは他の東欧諸国にも波及し，共産党政権の崩壊や市場経済の導入へとつながった。
(4) チャウシェスク
(5) 湾岸戦争

2
① 北米自由貿易協定（NAFTA）
② 世界貿易機関（WTO）
(1) i エリツィン
ii 独立国家共同体（CIS）
iii ②・⑤
iv ②
(2) EECは経済的な連携を目的としていたが，EUはそれだけでなく政治的な連携や外交，安全保障での協力も目的としている。

【解説】

1(1) ②「強いアメリカ」を掲げたのはレーガンである。③サッチャーが新自由主義の立場をとったことは正しいが，新自由主義の特徴は，福祉の縮小，規制緩和や民営化，市場原理主義の重視などである。④SDI構想を発表したのはレーガン米大統領である。

(2) ①ペレストロイカは当時の改革を総称した言葉で，ソ連の硬直した政治と社会の更新をめざした。③国民所得は2倍以上に「なった（増えた）」のではなく「減少」した，とある。④ゴルバチョフは，ペレストロイカを推進していた。

(3) 1）ソ連が東欧社会主義圏への内政干渉を否定したこと，2）ポーランドで「連帯」による連立政権が樹立されたこと，3）他の東欧諸国でも政治経済に変化があったことが記されていればよい。なお，ソ連が社会主義の多様性を認めたこの宣言のことを新ベオグラード宣言という。

(4) ルーマニアで独自路線を推進するも，しだいに独裁政治へ傾向。東欧革命の中で政権が倒され，その後処刑された。

(5) 冷戦終結後，地域紛争が深刻化する契機となった。さらに，米軍に対するイスラーム原理主義の反発のきっかけともなり，同時多発テロなどの過激派テロの口実とされた。アフガニスタン戦争，イラク戦争などにもつながっている。

2(1) i 1990年代，ソ連解体後の政治家。ロシア連邦初代大統領となり，社会主義から資本主義への転換を図った。ii 1991年，ロシアなどの旧ソ連加盟国で構成された国家連合体。民族対立などの課題を内包している。iii ②「偉大な社会」は，ジョンソン米大統領が提唱したものである。⑤コミンフォルム解散はフルシチョフによるものである。iv bについて，NATO軍はセルビア側を空爆した。

(2) 1）EECは経済的な連携のみ，2）EUは政治・外交・安全保障など多岐にわたる目的をもつ，ということにふれる。なお，EUは，イギリスが国民投票の結果2020年に離脱するなど，新たな局面を迎えている。

P.131 作業 解答

24 途上国の民主化と地域紛争の激化

P.134〜136

------ ポイント整理 ------

1 チリ
2 ベネズエラ
3 ブラジル
4 アルゼンチン
5 天安門事件
6 香港
7 一国二制度
8 ミャンマー
9 カンボジア
10 金正日
11 金大中
12 李登輝
13 ドイモイ
14 インティファーダ
15 パレスチナ暫定自治協定
16 オスロ合意
17 アフガニスタン
18 イラク
19 トルコ
20 シリア
21 同時多発テロ事件
22 アフガニスタン戦争
23 ターリバーン
24 イラク戦争
25 アラブの春
26 チュニジア
27 シリア
28 IS
29 ルワンダ
30 アパルトヘイト
31 マンデラ
32 リクルート事件
33 細川護熙
34 小選挙区比例代表並立制
35 失われた20年
36 小泉純一郎
37 新自由主義
38 リーマン=ショック
39 鳩山由紀夫
40 民主党
41 東日本大震災
42 東京電力福島第一原発事故

P.137〜139

.... 問題演習 ....

１

① 開発独裁
② 輸入
③ 朴正熙
④ スハルト
⑤ 輸出
⑥ ピノチェト
⑦ 第1次石油危機（オイル=ショック）
⑧ 民政移管
(1) ツイッターやフェイスブックなどのSNS
(2) 李登輝
(3) 光州事件
(4) 資料1 アルゼンチン
　　資料2 フィリピン
　　資料3 ミャンマー
　　資料4 北朝鮮
(5) 天安門事件

２

① イギリス
② アラブ人
③ ユダヤ人
④ イスラエル
⑤ ヨルダン
⑥ パレスチナ解放機構
⑦ インティファーダ
⑧ ラビン
⑨ オスロ合意
(1) 植民地期の人為的な国境線による民族の分断や，民族・宗教間の差別によって国民国家の統合が難しいこと。
(2) 東西対立という大きな枠組みが外れたことにより，地域での対立が紛争に発展することが多くなったため。
(3) ②

３

① バブル
② 国連平和維持活動
③ 海外派遣
④ カンボジア
⑤ 自民党
⑥ 社会党
⑦ 自衛隊
⑧ 東日本大震災

(1) A班 ②
　　B班 ①
　　C班 ⑤
　　D班 ⑥
(2) ア ②
　　イ ③
　　ウ ①
　　エ ④
(3) ③
(4) 地下鉄サリン事件

（解説はP.29）

P.134 作業 解答

【解説】

1(1)　2011年，北アフリカのチュニジアで発生した反政府デモに端を発し，中東・北アフリカ諸国に拡大した「アラブの春」は，長期独裁政権が続いていたチュニジアやエジプトでは大統領が退陣，リビアでは反体制派との武力衝突を経た政権交代が行われるなど，かつてない大規模な政治変動となった。ツイッターやフェイスブックなどのSNSにより連帯と情報共有を図り，かつてないほどのスピードで国境を越えて民主化運動が拡大した。

(2)　国共内戦に敗れた蔣介石は台湾に逃れて中華民国政府を維持し，中国の代表権を主張して国連でもこれを認められた。しかし，1971年に一転して中華人民共和国の代表権が承認されると国連を脱退し，正式な外交を樹立していた国々からも「断交」された。その後，蔣親子の独裁後に初の台湾出身の総統となった，李登輝のもとで民主化と経済発展をとげた。

(5)　天安門事件で，中国政府は民主化運動を武力で弾圧し，国際社会に大きな衝撃を与え，各国から非難を受けた。日本は事件を容認できないとしながらも，日中関係悪化を避けようと対中配慮に動いた。対中批判を強める他のG7各国に対して，改革・開放政策を続ける中国を孤立させるべきではない立場だった。

2(1)(2)　アフリカは宗主国から独立する際，植民地時代の名残で，民族や宗教を鑑みず人為的に国境が引かれた。そのため，宗教や民族の違いをめぐる問題が国内の対立の原因となっていると考えられる。

3(1)　A班の資料は，バブル経済の崩壊がテーマである。株や土地が値上がりすることを期待して，投資目的でゴルフ会員権や高級マンションなどが高額で取引された。しかし，バブル経済が崩壊すると価格が大幅に下落し平成不況を引き起こした。B班の資料は，自衛隊などの国際貢献がテーマ。国連平和維持活動法に基づき，自衛隊や自治体職員，医師・看護師などが海外に派遣されている。当地において，国連平和維持活動，人道的な国際救援活動，国際的な選挙監視活動などを行っている。C班のテーマは55年体制の崩壊。1993年に出された宮沢内閣不信任案は一部の自民党議員が同調して可決され，衆議院が解散し総選挙が行われた。その結果，自民党は過半数を割る議席数にとどまり，非自民8党派による連立内閣が発足。38年間にわたる自民党政権（55年体制）に終止符が打たれた。D班は，平成の事件・災害についてまとめている。日本は，事件が少なく安全な国とされていた。しかし，地下鉄サリン事件や東京電力福島第一原発事故を通して，その安全神話が崩壊しつつある。

(4)　オウム真理教信者によりサリン（毒ガス）が散布された無差別テロ事件。死者13人ほか，5,800人以上に被害が出た。

25 国際社会と日本の諸課題

P.140・141

――― ポイント整理 ―――

1 新自由主義
2 サミット
3 G20
4 WTO
5 情報通信技術
6 AI
7 リーマン=ショック
8 経済格差
9 排外主義
10 ポピュリズム
11 パリ協定
12 持続可能な開発目標
13 SDGs
14 少子高齢化
15 石油危機
16 福島第一原発事故
17 再生（可能）エネルギー
18 太陽光

P.142・143

‖‖‖‖‖ 問題演習 ‖‖‖‖‖

１
① サッチャー
② レーガン
③ 新自由
④ リーマン=ショック
⑤ ウクライナ
⑥ リオデジャネイロ
(1) 〔バラク=〕オバマ
(2) ⑧
(3) 受入国の国民の雇用の場を奪われる可能性，治安悪化への懸念，文化摩擦，不法滞在などの問題が生じるため。
(4) ポピュリズム（大衆迎合主義）
(5) ③

２
① 少子高齢
② 東日本大震災
③ 熊本
④ LGBTQ
(1) 労働人口減少による経済成長の低下，年金や医療費など社会保障費の現役世代への負担増大などの問題が生じる。
(2) ①
(3) ④
(4)人物　（例）キング牧師
　問題　米国における黒人の権利獲得を目指して公民権運動を指導した。

【解説】

１ ③新自由主義は，国営企業の民営化や公共事業の縮小，規制緩和などによる自由な経済活動を目指した経済政策である。1960年代までは社会福祉の充実による富の再分配を図る経済政策（ケインズ主義）が主流であったが，第二次世界大戦後の経済的不況を背景として，これら経済政策は「大きな政府」として批判されることになる。そこで，経済学者のフリードマンによって提唱されたのが「小さな政府」を目標とする新自由主義経済であった。④アメリカの投資銀行リーマン=ブラザーズの財政破綻からはじまる世界的不景気。低所得者向け住宅ローンであるサブプライムローンが大量に不良債権化して住宅バブルが崩壊し，世界へと拡大した。⑤ウクライナのNATO加盟へ向けた動きに対し，危機感を示していたロシアが2022年2月に軍事侵攻を開始。2014年ロシアによるクリミア半島併合など，東欧諸国を巡りNATOとロシアは対立し，それが表面化したのがロシアによるウクライナ侵攻である。⑥国連人間環境会議（1972年）から20年目に開催された国際会議。「持続可能な開発」という理念を取り入れた「リオ宣言」が採択され，さらに「アジェンダ21」（具体的な行動計画）が策定された。1997年には温室効果ガスの削減目標を定めた京都議定書，2015年には新たな地球温暖化防止対策の国際的枠組みであるパリ協定が合意された。

(2) ギリシャ危機は，ギリシャ旧政権が行っていた財政赤字の隠蔽が明らかになったことを発端としている。財政赤字が露呈したことで，ギリシャ国債は信用を失い暴落。このギリシャ国債の暴落によって，共通通貨ユーロも暴落，ユーロ圏全体の経済危機へと拡大した。

(5) ①ロシアだけでなくドイツやイギリスも削減目標を達成している。②ドイツではなくイギリスが削減目標を達成している。④減少量が最も大きい国はイギリスである。

２ (2)　ウ太陽光発電は発電量が天候に左右され，日当たりによって設置場所が限られるため，どんな場所でも発電できるわけではない。エバイオマス発電は動植物などの有機性燃料を燃焼させることで発電機を回し，発電するものである。

(3) ④資料より「中国の軍事力増強など安全保障上の問題」は20.5%であり，20%を上回っていることが分かる。

(4) 黒人の権利獲得を目指したキング牧師の他に，イギリスの看護師でクリミア戦争に赴き近代的看護制度の確立に尽力したナイティンゲール，日本で女性の参政権獲得を目指して活動した平塚らいてう，非暴力・不服従をスローガンにイギリスからのインド独立を訴えたガンディー，アパルトヘイト（人種隔離政策）の撤廃のため尽力したマンデラ元南アフリカ共和国大統領などを挙げることができる。

探究型演習Ⅲ　グローバル化と現代的な諸課題

P.144〜147

1

(1) 奴隷

(2) パキスタン

(3) ④

(4) 人混みのなかではマスクを着用することや帰宅後にうがいをすることを推奨している。

(5) 陸相・海相・外相を除く閣僚が立憲政友会員で占められた最初の本格的政党内閣だった。

(6) ①

(7) ①

(8) ⑥

(9) 経済活動や戦争など多くの人の移動をともなう行動が感染症拡大の背景にあったと考えられる。

2

(1) ⅰ　イギリス，ソ連（ロシア）

ⅱ　当時のイギリスは世界中に広大な植民地を保有し，ロシア（ソ連）は社会主義国となっていたことから，民主主義国家としてのヨーロッパの一員と見なされなかったため。

(2) シューマン

(3) マーストリヒト条約

(4) ③

(5) ②

(6) 人やモノ　民族や宗教，価値観の違いから紛争やテロが生じたり，移民に対して自国の雇用などを守るために排外主義が台頭したりするなど，生活が脅かされること。

経済　国によって経済的な格差が拡大したり，リーマン=ショックやユーロ危機のように一国で起こった経済問題が世界的な規模で瞬時に影響を与えたりすること。

情報　情報の受発信が手軽になったことで，誤った情報（フェイクニュース）の拡散による社会の混乱や，サイバー攻撃などによる情報漏洩の危険が高まったこと。

(5) 原敬内閣は憲政史上初の本格的政党内閣だったが，陸軍・海軍大臣は現役の大将・中将が，外務大臣は外交官が就任していたため，政党出身の政治家が就任することが難しい閣僚ポストであった。また，原敬は首相就任時，現職の衆議院議員であり，当時としては珍しい衆議院に政治基盤をもつ政治家であったため「平民宰相」と呼ばれた。

(6) 資料2は1956年にソ連共産党第一書記だったフルシチョフが行った「スターリン批判」の一部である。資料中の「自分に反対する人々だけでなく自分の方針に反していると思われた人々に対しても，無作法な暴力を行使」，「自分の方針を無理強いし自分の意見に無条件に服従することを求める」という記述から当時のソ連では，人々がスターリンの思想・信条に従わざるを得なかった状況を推測することができる。

(7) ①イラン=イラク戦争は1980〜88年。②アフリカ諸国首脳会議と③朴正熙の大統領就任は1963年。④「国民所得倍増計画」の閣議決定は1960年。

(8) Ⅰベトナム反戦運動は1965年のアメリカによる軍事介入の本格化後なので1960年代後半〜1970年代前半。Ⅱキューバの社会主義化は1959年のキューバ革命後なので1960年代前半。Ⅲ日本の再軍備は1950年の朝鮮戦争の最中から始まり，自衛隊発足が1954年であるので1950年代前半〜中盤。

(9) 「世界の一体化」や第一次世界大戦などの人々の移動，産業革命にともなう人口集中が会話文の中で触れられていることに着目する。

2

(1) クーデンホーフ=カレルギーはオーストリアの政治家で母親は日本人である。資料1にあるように第一次世界大戦終結から間もない時期にヨーロッパ統合を説いたことで知られる。

(4) 東南アジア諸国連合（ASEAN）は反共軍事同盟としてベトナム戦争が続いていた1967年に結成されたため，アメリカと交戦状態にあったベトナムは原加盟国には含まれない。ベトナムのASEAN加盟は1995年である。

(5) X資料3中の4で「開放的な多角的貿易体制の強化」が必要だとされており，閉鎖的なブロック経済とは異なる体制が目指されている。Y資料3中の6にアジア太平洋地域における貿易・投資の自由化は「APEC経済間の経済発展段階の違いを考慮に入れ」るとあるので，先進国と開発途上国の自由化速度を考慮していることが読み取れる。

(6) メモにある「テロ問題」と「移民排斥運動」は「人やモノ」の移動，「リーマン=ショック」と「ユーロ危機」は「経済」のグローバル化，「サイバー攻撃」と「フェイクニュース」は「情報」の移動に関する用語であり，解答を作成するためのヒントになっている。それぞれの視点と結びつく用語を見つけ，学習のまとめとして答案を作成してもらいたい。

【解説】

1(3) X内務省は1873年に設立され，初代内務卿には大久保利通が就任した。伊藤博文は1878年の大久保暗殺後に内務卿に就任。Z富岡製糸場はフランスの技術が導入された近代製糸業の官営模範工場である。

(4) 資料1のポスター中央に「汽車電車人の中ではマスクせよ　外出の後はウガヒ忘るな」，ポスター右下に「『マスク』とうがひ」というフレーズが見える。

資料強化演習

P.148〜152

1

I

(1) a　6
　 b　1・4
　 c　2
　 d　5
　 e　3

(2) A　統合
　 B　国家主義
　 C　自由主義

(3) X　台湾
　 Y　国民学校

(4) 国際関係　冷戦下で，ソ連の科学技術に対抗するため。

　 国内経済　労働者や経営者として高度経済成長を支える人材を育成するため。

II

(5) A　南アフリカ戦争（ブール戦争，ボーア戦争）
　 C　ニューディール（新規まき直し）
　 E　満洲事変
　 F　共産（社会）

(6) B　サッチャー
　 D　レーガン
　 政策　②

(7) ②→③→①→④

2

I

(1)① 王政復古
　 ② ヴィルヘルム2世
　 ③ ナポレオン

(2) ア　④
　 イ　①

(3) ②

II

④ ラジオ
⑤ 第一次世界大戦

(4) ④
(5) ④
(6) ①　④

III

(7) A　三種の神器
　 B　白黒テレビ
　 C　石油危機
　 D　自動車

(8) ④
(9) ②

【解説】

1 I　学校の起源は古代文明にさかのぼるが，一般の人々に向けて明確な意図をもって教える場である学校が普及したのは19世紀である。産業革命により労働力となる子どもたちを育てる「装置」として，また言語や文化を教えることで国民を統合する「装置」として学校教育が機能した。西欧では19世紀に義務教育が定着し，明治日本も西欧にならった学校教育を始めた。

資料はいずれも日本の学校教育にかかわるものである。**資料1**は明治初期の小学校で行われた授業の様子。**資料2**は日清戦争後に日本の植民地となった台湾で先住民に対する教育を行った蕃童教育所の様子。**資料3**は高度経済成長期の1960年代におきた高校増設を求める運動の様子。**資料4**は江戸時代の寺子屋で行われた教育の様子。**資料5**は1947年に公布された教育基本法。**資料6**は1872年明治政府が「国民皆学」を目指して交付した学制の序文（「被仰出書」）である。

(1)　b「この2つの資料」は「比較すると，義務教育により子どもたち皆が同じことを学ぶようになったとわかる」資料なので，子どもたちがおのおの自習する義務教育以前の様子（**資料4**）と，義務教育の一斉教授の様子（**資料1**）を選ぶ。cは，「植民地の人々にも大日本帝国の一員としての自覚を植えつけることが目指された」ことを表すので，**資料2**を選ぶ。

> +α 情報
>
> 　台湾の人口の9割は漢民族，1割は山岳地帯で伝統的な生活を営む先住民（蕃族と呼ばれた）であり，蕃童教育所は先住民の習慣を矯正して日本国としての自覚を涵養することを方針とした。
>
> （近藤正巳『総力戦と台湾』）

eは，「高校へ進学させようとする家庭」が増えた結果おきた出来事を示すので，**資料3**を選ぶ。**資料3**では，「中学浪人になりたくない」「多摩地区にも高校を増設せよ」「浪人はいや　もっと高校をたてて下さい」と書かれたプラカードを持った保護者たちが運動をしている。第二次世界大戦後のベビーブーム世代の子どもたちは1960年代に中学卒業をむかえた。高度経済成長を支える人材を求める産業界の要請もあり，「高校の大衆化」が進んだ。

(3)　1895年日清戦争にて植民地となった台湾や1910年に併合された韓国では，1937年日中戦争勃発を機に徹底した「皇民化」政策がとられることとなった。

(4)　波線部の改革が1950年代後半であることに注目しよう。1957年にソ連が人類初の人工衛星スプートニク1号の打ち上げに成功したことが西側諸国に衝撃を与えたこと（国際関係），1956年度の『経済白書』が「もはや戦後ではない」と著し，高度経済成長が始まったこと（国内経済）を想起したい。

II　日本の学校給食は，恐慌の時代には欠食児童の問題を解決するため，戦時下では国民の体力向上のために徐々に広まった。戦後占領期にアメリカの諸制度が導

入される中で学校給食も輸入され，独立回復後の1954年に学校給食法が公布された。

(6) ②の「福祉政策を削減し，経済への規制を緩和する」政策は新自由主義とよばれる。石油危機後の1980年代には経済の効率化が求められるようになり，イギリスのサッチャー首相，アメリカのレーガン大統領，日本の中曽根康弘首相らが公共事業支出を抑制し「小さな政府」をめざした。

+α 情報

コスト削減のターゲットの1つとなったのが給食であり，日本では子どもに弁当を持たせることが促され，先割れスプーン，ソフト麺，冷凍食品などの導入が行われた。
（藤原辰史『給食の歴史』）

2 大問は，「世界の家族の歴史」を主題として性質の異なる史資料（Ⅰ：文字資料，Ⅱ：図像資料，Ⅲ：統計データ）を基に探究する場面を想定した問題としている。さらに，上記のⅠ～Ⅲは，Ⅰを「近代化と私たち」に，Ⅱを「国際秩序の変化や大衆化と私たち」に，Ⅲを「グローバル化と私たち」にそれぞれ対応させ，歴史総合で学んだ知識を総復習できるように設問を用意した。

Ⅰ　文字資料を取り扱うときは，まず書かれている内容を正確に読み取ること。また，「誰が，いつ，どのような背景で作成したのか」に着目し，その資料のもつ意味をつかみたい。

(2) カード2に書かれた共通点と資料1～3を照らし合わせて答える。アは資料1中の801条，資料2中の1428条，資料3中の1363条が該当する。イは資料1中の749条及び788条，資料2中の214条が該当する。

(3) X(2)の解説のとおり，妻の財産は夫が管理し，居住に関しても夫が選択権を有している。したがって，夫婦の関係は夫の権限が強いと考えられる。Y「妻が夫の財産を管理する」のではなく，「夫が妻の財産を管理する」が正しい。なお，フランス民法がドイツ・日本で参考にされていたことは押さえておきたい。

Ⅱ　絵画や写真など図像資料を取り扱うときは，作り手の意図にも注意すること。切り取り方が変われば同じ事象でも印象は変わる。「何を見せようとしているのか」に注意して読み取りたい。

(4) ①日本では所得による格差が存在していた。②女性に選挙権が与えられたのは1946年からである。③大衆化に伴う大量生産・大量消費は日本でも見られた。④女性の社会進出が進み，女性の服装も活動しやすいものが好まれた。

(5) 図像資料の特性に関する問題。資料4は絵画，資料5は写真資料であるが，どちらも構図に作り手の意図が込められている点で共通している。

(6) 作品の解釈とその解釈が成立する理由の組み合わせを選ぶ問題。解釈X・Yは相反する解釈となっているが，この絵が1930年に成立したことを考えると，解釈Xは世界恐慌の影響を受けた大衆の姿を，解釈Yは第一次世界大戦後の好景気の影響を受けた大衆の姿を読み取っていると考えることができる。資料の中身だけでなく，年代や資料タイトルにヒントが隠れていることもあるので，見落とさないこと。

Ⅲ　グラフなどの統計データを取り扱うときは，「比較したとき，どのような特徴があるのか」「いつ，どのような変化があったか」に着目すること。背景にある歴史事象をつかみたい。

(7) B・Dは知識だけでも答えられるが，資料7のグラフとも照らしあわせて考えたい。B白黒テレビは1960年代に一気に普及するが，カラーテレビの登場に伴い，激減している。D自動車は1970年頃から広まり，現在でも高い普及率を維持している。

(8) X・Yはともに資料9を正確に読み取っている。一方で，仮説a・bを見ると，aは三世代家族の増加が世帯人員の減少に影響を与えていると述べているが，資料9からは三世代家族が減少していることが読み取れる。

(9) 資料8からは，日本の婚姻件数が減少傾向にあり，1990年以降の国際結婚の割合は3％以上で推移していることが読み取れる。このことから，家族形態の多様化について，世帯構成だけでなくグローバル化による多様化も考察することで，設問中「日本の家族の特徴」をより深めることができると考えられる。

MEMO

MEMO

MEMO

MEMO

MEMO

MEMO

年	組	番	
年	組	番	

A1XL

諸地域の成り立ち

①東アジア

本誌P.2・3

1 砂漠	2 海	3	4
5 山脈	6 部	7 部	8
9	10	11	12
13	14	15 幕府	16
17 帝国	18	19	

②南アジア・東南アジア

本誌P.4

1 川	2 高原	3 川	4 島
5 半島	6 文明	7 教	

③西アジア・エジプト

本誌P.5

1 川	2 川	3 半島	4 文明
5	6	7	8
9			

④ヨーロッパ

本誌P.6・7

1	2	3 山脈	4 海
5 半島	6 海流	7 教	8
9	10	11	12 政
13 帝国	14 社会	15	16
17	18 会	19 時代	

1章　結びつく世界

1 アジア諸地域の繁栄と日本

ポイント整理

本誌P. 8 〜10

1	2	3　　　　　料	4
5　　　　政策	6	7　　　　　人	8
9　　　　帝	10　　　　帝	11	12
13	14	15　　　　　使	16　　　　体制
17	18　　　　制	19　　　　氏	20　　　　館
21　　　　氏	22	23	24　　　　国
25	26	27　　　　屋敷	28　朝鮮

問題演習

本誌P.11〜13

1

(1)ア　　イ	(2)	(3)	(4)	(5)

2

(1)	(2)	(3)	

3

①	②	③

(1)ア	イ	(2)	(3)
(4)	(5)A　　　　　　B		

4

①	②	③	④
(1)	(2)	(3)	(4)

1章　結びつく世界

2　ヨーロッパの主権国家体制と海外進出

ポイント整理　　　　　　　　　　　　　　　　　　　本誌P.14・15

1　　　　帝国	2　　　　革命	3　　　　革命	4
5　　　　時代	6　　　　山	7	8
9　　　　器	10　　　貿易	11	

問題演習　　　　　　　　　　　　　　　　　　　本誌P.16・17

1

(1)	(2)	(3)	(4)	(5)

(6) i

　ii

(7)

2

(1)ア	イ	ウ	(2)
(3)	(4)		

2章　近代ヨーロッパ・アメリカ世界の成立

3　産業革命とアメリカ独立革命・フランス革命

ポイント整理　　　　　　　　　　　　　　　　　　　　　　　　　本誌P.18・19

1	2　大西洋 　　　　貿易	3 　　　　革命	4　第2次
5	6	7 　　　革命	8 　　　　機関
9	10 　　　革命	11	12 　　　資本家
13 打ちこわし運動	14　世界の	15 　　　思想	16
17 　　権	18 　　税	19 　　　なくして	なし
20 　　事件	21 　　会議	22	23
24 　　条約	25	26 　　世	27 　会
28 　　議会	29 　　議会	30 　　公会	31 　大同盟
32	33 　　派	34 　　政治	35 　政府
36 　　政府	37 　令	38	39 　の戦い
40 　の戦い			

問題演習　　　　　　　　　　　　　　　　　　　　　　　　　　本誌P.20・21

1 ①	②	③	④	
(1)A	B	C	(2) i	
ii			(3)	(4)

2 ①	②	③	(1)	(2)	(3)
(4) i					
ii	iii　　　　　　　→　　　　　　　→　　　　　　　→				

2章　近代ヨーロッパ・アメリカ世界の成立

4　19世紀のヨーロッパ・アメリカ大陸

ポイント整理　　　　　　　　　　　　　　　　　　　　本誌P.22〜24

1	2　　　　　主義	3　　　　　同盟	4　　　　　同盟
5　　　独立戦争	6　　　　　革命	7	8　　　　　革命
9　諸国民の	10　　　　革命	11　　　国民議会	12 男性　　選挙
13	14　　　　=	15　　　　　党	16　　　　　党
17　　　女王	18　　　　運動	19　　　　　法	20 ロンドン　　会
21	22　=エマヌエーレ2世	23	24　　　　　世
25　　　条約	26	27　　　　　令	28
29　　　政策	30 パリ=	31	32 サン=　　条約
33 社会主義者　　法	34　　　　貿易	35	36　　　　宣言
37 先住民　　法	38	39 アメリカ　　国	40　　　　宣言
41	42　　　　経済	43 シモン=	44
45　　　宣言	46		

問題演習　　　　　　　　　　　　　　　　　　　　　　本誌P.25〜27

1

①	②	③	④		
⑤	(1)	(2)	(3)	(4)	(5)

2

①	②	③
④	⑤	

(1)	(2)	(3) i	ii

3

①	②	(1)
(2) i	ii	

2章　近代ヨーロッパ・アメリカ世界の成立

5　アジアの植民地化と中国・日本

ポイント整理　　　　　　　　　　　　　　　　　　　　　　　　　本誌P.28〜30

1 問題	2	3	4 憲法
5　ミドハト=	6 世	7 運河	8
9 朝	10　タバコ= 運動	11	12 王国
13 の戦い	14 国	15	16 経済
17	18	19 条約	20 島
21 自主権	22 裁判権	23	24
25 戦争	26 条約	27 運動	28
29	30	31 令	32 令
33	34　日米 条約	35 調所	36 天皇
37	38	39　日米 条約	40　徳川
41　徳川	42	43 合体	44 の変

問題演習

本誌P.31〜33

1

①	②	③
④	⑤	⑥
⑦	⑧	(1)

(2)

2

①	②	③	④
(1)	(2)	(3) i	ii

(4)ア	イ	ウ	(5)

3

A①	②	(1)	(2)	(3)	(4)
B③	④	⑤	⑥		
(5)	(6)	(7)	(8)		

3章　明治維新と日本の立憲体制

ポイント整理　　　　　　　　　　　　　　　　　　　　　　　　　　　本誌P.34〜36

1　大政	2 　　　　　　の大号令	3 　　　　　　の戦い	4 　　　　　　戦争
5　五箇条の	6 　　　　　　の掲示	7 　　　　奉還	8
9	10 　　　　兵	11 　　　　置県	12 県
13 　　　令	14	15 徴兵	16 　　　　改正条例
17 　　　論	18 　　　令	19	20 　　　　証書
21 　　　博覧会	22 　　　条例	23 　　　製糸場	24 　　　　使
25 　　　制度	26 　　交換条約	27 北海道 　　　　法	28 日清
29 琉球	30 　　　島事件	31 　設立の建白書	32 　　　　社
33 　　　社	34 　　　条例	35 　　　同盟	36 　　　の政変
37 国会開設の	38 立憲 　　　党	39 　　　憲法	40 　　　事件
41 　　　条例	42 　　　令	43 　　　院	44
45 　　　憲法	46 　　　権	47	48

問題演習

本誌P.37〜39

1

①	②	(1)	(2)

2

(1)	(2)		

3

①	②	③	④
⑤	⑥	⑦	⑧
⑨	⑩	⑪	⑫
⑬	⑭	⑮	⑯
⑰	⑱	⑲	⑳
㉑	(1)		

(2)ア	イ	ウ	エ	オ	(3) ．

4章　帝国主義の展開とアジア

7　日清戦争と日本の産業革命

ポイント整理　　　　　　　　　　　　　　　　　　　　本誌P.40・41

1　　　　軍乱	2　　　　妃	3　　　　事変	4
5　　　　論	6　　　　条約	7　　　　事件	8　　　　戦争
9　　　　条約	10	11	12　　　　半島
13　　　　宗	14 台湾	15　　　　権	16　　　　権
17	18　　　　館	19　　　　党	20 第1次　　　内閣
21 第2次　　　内閣	22　　　　法	23　　　　制	24 立憲
25	26	27　　　　製糸	28　　　　製糸
29　　　　地主	30	31	32　　　　紡績会社
33　　　　会社	34　　　　法	35　　　銅山　　　事件	
36	37 日本　　　会社	38	39 労働組合　　　会
40　　　　制	41　　　　法	42　　　製鉄所	43
44　　　　事件	45　　　　法		

問題演習　　　　　　　　　　　　　　　　　　　　本誌P.42・43

1 ①	②	③	④	⑤
(1)	(2)	(3)	(4)	(5)　　・

2 ①		②		(1)		(2)
(3)						(4)
(5)						

4章　帝国主義の展開とアジア

8　帝国主義と列強の対立

ポイント整理

本誌P.44・45

1	2 論	3	4 力
5 資本	6	7 世	8 政策
9 ロシア 労働党	10 アメリカ= 戦争	11 宣言	12
13 (=コンゴ)会議	14 アフリカ 政策	15 セシル=	16 アフリカ 政策
17 事件	18 戦争	19 人	20 英仏
21 露仏	22 英露	23	24
25	26	27	

問題演習

本誌P.46・47

1 ①	②	③	④
⑤	⑥	⑦	⑧
(1)A ┊ B	(2)	(3)	(4)
2 ①	②	③	④
(1)記号 ┊ 理由			(2)
(3)	(4)		

4章　帝国主義の展開とアジア

9　日露戦争とその影響

ポイント整理　　　　　　　　　　　　　　　　　　　　　　　　本誌P.48・49

1	2	3	4　　　帝
5	6　戊戌の	7	8　戦争(事件)
9	10　北京	11	12　同盟
13　　条約	14	15　　州	16　焼打ち事件
17	18　　府	19　株式会社	20
21	22　　府	23　　事件	24　運動
25	26　　府	27　事業	28　革命
29	30　　会	31　主義	32　新政
33	34	35　　帝	36　党
37	38　インド	39　令	40
41	42　連盟	43　革命	44　革命
45　=イスラム	46　(東遊)運動		

問題演習　　　　　　　　　　　　　　　　　　　　　　　　本誌P.50・51

1 ①	②	③	④
⑤	(1)	(2)	(3)
2 ①	②	③	④
⑤	(1)	(2)	(3)　→　→　→
(4)	(5)	(6)	(7)

探究型演習Ⅰ　近代化と現代的な諸課題

本誌P.52〜55

1

(1)	(2)	

(3)

(4)	(5)	(6)	(7)

(8)

2

(1)	(2)

(3)エ	オ	カ	キ	(4)	(5)

(6)国内

国家間

思想・行動

5章　第一次世界大戦と大衆社会

10 第一次世界大戦とロシア革命

ポイント整理

本誌P.58・59

1　三国	2 政策	3 政策	4　パン= 主義
5　パン= 主義	6 革命	7 同盟	8 事件
9	10 戦線	11	12 カ条の要求
13	14 戦	15 潜水艦作戦	16　フセイン・ 協定
17　サイクス・ 協定	18 宣言	19　ロシア 党	20
21	22 事件	23 世	24
25 に関する布告	26 条約	27 出兵	28
29	30 主義		

問題演習

本誌P.60・61

1 ①	②	③	④	
⑤	(1)ア ¦ イ		(2)	(3)
(4)			(5)　　　　　・	

2 ①	②	③	(1)	(2)
(3)番号 ¦ 理由			(4)	(5)

5章　第一次世界大戦と大衆社会

11 国際平和とアジア・アフリカの民族運動

ポイント整理

本誌P.62〜64

1	2 カ条	3 民族	4 統治
5 参政権	6 党	7 占領	8
9 案	10 条約	11 （パリ）条約	12
13 党	14 独立運動	15 新 運動	16 陳
17 運動	18 会議	19 条約	20 条約
21 条約	22 中国 党	23 中国 党	24 第1次
25	26 北	27	28 党
29	30	31 インドネシア 党	32 法
33 非暴力・ 運動	34	35	36
37 条約	38	39	40 条約
41	42 党	43	44 朝

問題演習

本誌P.65〜67

1

①	②	(1)	(2)
(3)	(4)	(5) i	ii 会議名
理由			

2

①	②	③	④
(1)A　　　B	(2)		
(3) i ア　　　イ　　　ウ			ii

3

①	②	③	④
⑤	(1)A　　　B	(2)　　→　　→	

4

①	②	(1)条約	領土　　(2)

5章　第一次世界大戦と大衆社会

12 大衆消費社会の到来と日本の社会運動

ポイント整理　　　　　　　　　　　　　　　　　　　　　　　　　本誌P.68〜70

1 債 国	2	3 法	4 法
5 婦人	6	7 本	8 放送
9 立憲 会	10 会	11 説	12
13 第1次 運動	14 政変	15	16 主義
17	18	19 景気	20 運動
21	22	23 労働	24
25 日本	26	27 協会	28 市川
29 社	30 大震災	31	32 条約
33 法	34 法	35　　歳以上の	

問題演習

本誌P.71〜73

1

①	②	③	④
⑤	(1)ア　　　イ　　　ウ		

(2)

(3)

(4)	(5)A　　　　　　　B

2

①	②	③

(1) I

Ⅱ

(2)ア	イ	ウ	エ	オ

(3)A	B	C
D	E	F

3

①	②	③	④
⑤	⑥	(1)	

(2)

6章　経済危機と第二次世界大戦

13 世界恐慌とファシズムの台頭

ポイント整理
本誌P.74・75

1　　　　　　　　街	2　　　　　　　　制	3　イギリス連邦　　　　　　　　会議	4　　　（ポンド）=ブロック
5	6　　　　　　　　法	7　　　　　川流域開発公社	8　　　　　　　　法
9　　　　　　　外交	10　　　　　　　法	11　　　　　　　条約	12
13　　　　　　　計画	14　　　　　　主義　　　　　　　党		15　　　　　　　事件
16　　　　　　　法	17	18	19　　　　　　　人
20　　　　　　会談	21　　　　　　政策	22　独ソ　　　　　　条約	23
24	25　ローマ	26	

問題演習
本誌P.76・77

1 ①		②		③	
(1) i				ii	
				(2)　　　　　(3)	

2 ①	②	③	(1)	(2)
(3)			(4)	(5)

6章　経済危機と第二次世界大戦

14 満洲事変から日中戦争へ

ポイント整理

本誌P.78〜80

1 　　　　恐慌	2 　　　　財政	3 金	4 　　　　恐慌
5	6　金輸出	7 円	8
9 立憲 　　　　党	10	11 　　　　出兵	12 　　　　法改正
13 　　　警察	14（パリ） 　　　　条約	15	16
17 　　海軍軍備制限条約	18 　　　　問題	19 　　　　事件	20
21 　　　調査団	22 　　　　事件	23	24 日満
25	26 　　　　事件	27 　　　　派	28
29 日独 　　　　協定	30	31 　　　　戦線	32 　　　　事件
33	34	35 　　　　事件	36 国民 　　　　運動
37 第2次	38 　　　　法	39	40
41 大政 　　　　会	42 　　ルート	43 　　　　制	44 　　　　政策
45	46 　　　学校	47 　　　　会	

問題演習

本誌P.81〜83

1

①	②	③	④	⑤
⑥	⑦	⑧	⑨	⑩

(1)	(2) 1　　　　2	(3) Ⅰ A　　　B　　　C

Ⅱ

2

①	②	③	④
⑤	⑥	⑦	⑧
⑨	⑩	⑪	(1) X　　Y　　Z

(2)

(3)⑦	④	⑦	(4)　　　→　　　→

3

①	②	③	④
⑤	⑥	⑦	

(1) a　　　b	(2) Aさん　　　Bさん　　　Cさん　　　Dさん　　　Eさん

6 章　経済危機と第二次世界大戦

15 第二次世界大戦と太平洋戦争

ポイント整理

本誌P.84・85

1 　　　　　国	2	3	4
5	6	7 　武器 　　　　　法	8 　　　　　憲章
9 　　　の戦い	10	11 　　　　　人	12
13	14	15	16
17	18	19	20
21	22	23	24
25 　ハル=	26 　　　　戦争	27 　　　　海戦	28 　　　　島戦
29 　　　　動員	30 　　　　会議	31 　　　　圏	32 　　　　出陣
33 　　　島陥落	34	35 　　　　戦	36 　　　　抑留
37 　　　　宣言			

問題演習

本誌P.86・87

1

①	②	③	④
⑤	⑥	⑦	⑧
⑨	⑩	⑪	⑫

(1)パリ	モスクワ	スターリングラード	ベルリン

(2)枢軸国	連合国

(3)A	B	C	(4) ．

2

①	②	③	④
⑤	⑥	⑦	⑧
⑨	⑩	⑪	⑫

(1)Ⅰ	Ⅱ	Ⅲ	(2) → → →

(3)A	B	C	D

出来事

7章　戦後の国際秩序と日本の改革

16 新たな国際秩序とアジア諸地域の独立

ポイント整理

本誌P.88～90

1	2 理事会	3 権	4 体制
5 通貨	6 基金	7	8 銀行
9 及び　　　　に関する一般協定		10	11
12 =ドクトリン	13 =プラン	14	15
16 ベルリン	17 北緯 度線	18	19 国
20	21 共和国	22 中ソ 条約	
23 軍	24	25 ベトナム 共和国	26 戦争
27 休戦協定	28	29	30 第1次 戦争
31 朝	32	33 世	34

問題演習

本誌P.91～93

1

①	②	③	④

(1)　　　・　　　・　　　・			(2)　　　・

(3)国名	指導者名	(4)	(5)	(6)

2

①	②	③	④
⑤	⑥	⑦	(1)ア　　　イ

(2)資料1　　資料2	(3)資料　　理由		

(4)　　　・	(5)　→　→　→	(6)	(7)　→　→　→

3

①	②	③	(1)	(2)

7章　戦後の国際秩序と日本の改革

17　占領下の日本の改革と独立回復

ポイント整理　　　　　　　　　　　　　　　　　　　　　　　　　　　　本誌P.94〜96

1 統治	2	3	4 会
5	6	7 指令	8 追放令
9 裁判	10 二・一	11 法	12 法
13 解体	14 改革	15 法	16 法
17　A級	18	19	20 法
21 法	22 法	23　日本 党	24
25 市	26 列車	27 教科書	28 メーデー
29 原則	30 =ライン	31 予算	32
33 レート	34	35 景気	36
37 平和条約	38 講和論	39 講和論	40 条約
41 協定	42	43 協定	

問題演習

本誌P.97〜99

1

①	②	③	④	(1)
(2) i　　　　　ii				(3)
(4)				(5)丹波さん
				田辺さん

2

(1)	(2) i　　　　　ii			(3)
(4)	(5)	(6)　　　　・　　　　・		
(7)	(8)	(9)　　　・		
(10)				
(11) i	ii			
(12) i	ii	iii	iv A	B
(13) i	ii			

探究型演習Ⅱ　国際秩序の変化や大衆化と現代的な諸課題

本誌P.100〜103

1

(1)ア	イ	(2)ウ
エ	オ	カ
キ	(3)	(4)

(5)ク	ケ	コ	サ	シ	(6) i	ii

(7)

2

(1)ア	イ	(2) i ウ	エ

ii

(3)	(4)オ	カ	キ	(5)

(6) i

ii

8章　冷戦と世界経済

18 冷戦と平和共存

ポイント整理

本誌P.106・107

1 条約機構	2	3	4 条約機構
5 条約機構	6 (中東)条約機構	7 爆	8 環礁
9 丸	10 =アインシュタイン宣言	11 世界大会	12
13 4巨頭会談	14	15 平和	16
17	18 1号	19	20 の壁

問題演習

本誌P.108・109

1

(1)	(2)	(3)
(4) a	b	

2

①	②	③

(1) i

ⅱ

(2)	(3)	(4)

8章　冷戦と世界経済

19 西ヨーロッパの経済復興と第三世界の連携

ポイント整理　　　　　　　　　　　　　　　　　　　　　本誌P.110・111

1　　　　党	2	3　　　　国家	4　　　から　　まで
5　ドイツ　　共和国	6	7　　　　戦争	8
9　ヨーロッパ　　共同体	10	11　ヨーロッパ　　共同体	12　ヨーロッパ　　共同体
13　ヨーロッパ　　連合	14　ヨーロッパ	15	16
17　平和　　原則	18　　　会議	19　平和　　原則	20　第1回　首脳会議
21	22	23　　　教	24
25　第1次　　（インド=パキスタン）戦争		26	27
28	29　アフリカ	30　　　動乱	31　アラブ
32　第1次　　戦争	33	34　パレスチナ　　機構	35
36	37　　　ダム	38	

問題演習　　　　　　　　　　　　　　　　　　　　　　本誌P.112・113

1

①	②	③	(1)
(2)	(3)	(4)	(5)

2

①	②	③	④	(1)	(2)
(3)指導者名	説明			(4)	(5)

8章　冷戦と世界経済

20 55年体制の成立と日本の高度経済成長

ポイント整理

本誌P.114〜116

1 党	2 米軍 反対闘争	3 党	4
5 体制	6 日ソ	7	8
9 日米 及び安全保障条約	10 闘争	11	12 国民 計画
13 貿易	14 の自由化	15	16
17 日韓 条約	18	19 返還	20
21 日本	22 日中	23 第1次	24 景気
25 もはや ではない	26 景気	27 技術	28 投資
29	30 化	31 家族化	32 病
33 自治体	34 公害 法	35 庁	36 財
37 三種の	38 電気 機	39 意識	40 化

問題演習

本誌P.117〜119

1

①	②	③	④
(1)		(2)	(3)

2

①	②	③	④

(1)資料1	資料2	資料3
資料4	資料5	
(2)	(3)	(4)
(5)	(6)	

3

①	②	③	④
⑤	⑥	⑦	⑧

(1)		(2)	

(3)	・	・	(4)

(5)	(6)

8章　冷戦と世界経済

21 キューバ危機と冷戦構造のゆらぎ

ポイント整理

本誌P.120・121

1	2	3 部分的 　　　条約	4 プロレタリア 　　　革命
5 核 　　　条約	6 　　　の春	7	8 　　　外交
9 中ソ 　　　紛争	10	11 第1次 　　　交渉	
12	13	14	15
16	17	18	19
20	21	22	23 　　　社
24	25	26 　　　兵	27 毛沢東
28 　　　牧師	29 　　　運動	30 　　　文化	31 　　　大行進
32	33 南ベトナム 　　　戦線	34 ベトナム 　　　協定	

問題演習

本誌P.122・123

1

①	②	③	④
(1) i　　　ii	(2)		
(3)	(4)		
(5)　　(6)			

2

①	②	③	④
⑤	(1) i	ii 北ベトナム	南ベトナム
(2) i		ii	
(3) i 人物　　　　A		ii	iii

8章　冷戦と世界経済

22 石油危機とアジア経済の発展

ポイント整理

本誌P.124〜126

1 本位制	2 =ショック	3 制	4 体制
5	6　第1次 戦争	7　第 次中東戦争	8　アラブ 機構
9 (=イスラーム)革命	10 フレーション	11 会議	12 エネルギー化
13 力発電	14 経営	15	16 主義
17 な政府	18	19	20
21	22	23 の赤字	24 合意
25 不況	26 成長	27　貿易	28
29 経済	30	31	32
33	34 地域	35	36
37	38	39	40　東南アジア
41	42	43　四つの 化	44 政策
45			

問題演習

本誌P.127〜129

1

(1)ア			
イ		(2)	
(3) i			
ii			

2

①	②	③	④
⑤	⑥	(1)	(2)
(3)		(4)	(5)

3

①	②	③	④
⑤	⑥	⑦	⓪
(1)	(2)		
(3)			
(4)	(5)	(6) ·	(7)
(8)			

9章　グローバル化する世界

23 冷戦終結，ソ連崩壊，そしてグローバル化

ポイント整理　　　　　　　　　　　　　　　　　　　　　　　　本誌P.130・131

1	2	3　　　　構想	4
5	6	7　　　　外交	8　原子力発電所事故
9　　　　条約	10	11	12　　　　会談
13	14　　　3国	15	16　　　共同体
17　　　世	18　　　派	19	20　　　戦争
21	22	23　　　戦争	24　　　軍
25	26	27　=ヘルツェゴヴィナ	28　　　紛争
29	30　　　条約	31 ヨーロッパ	32
33	34 北米	35	36

問題演習　　　　　　　　　　　　　　　　　　　　　　　　本誌P.132・133

1

①	②	③	④
⑤	⑥	(1)	(2)
(3)			
(4)	(5)		

2

①	②		
(1) i	ii	iii　　　・	iv
(2)			

9章　グローバル化する世界

24　途上国の民主化と地域紛争の激化

ポイント整理

本誌P.134〜136

1	2	3	4
5　　　　　　事件	6	7　　　　　　制度	8
9	10	11	12
13	14	15　パレスチナ　　　　　　協定	16　　　　　　合意
17	18	19	20
21　　　　テロ事件	22　　　　　　戦争	23	24　　　　　　戦争
25	26	27	28
29	30	31	32　　　　　　事件
33	34　小選挙区　　　　　　制	35　　　　　20年	36
37　　　　　主義	38　　　　=ショック	39	40　　　　　　党
41　　　　　大震災	42　東京電力　　　原発事故		

問題演習

本誌P.137〜139

1

①	②	③	④
⑤	⑥	⑦	⑧

(1)		(2)	(3)

(4)資料1	資料2	資料3	資料4

(5)	

2

①	②	③
④	⑤	⑥
⑦	⑧	⑨

(1)

(2)

(3)	

3

①	②	③	④
⑤	⑥	⑦	⑧

(1)A班	B班	C班	D班

(2)ア	イ	ウ	エ

(3)	(4)	

10章　現代の課題

25 国際社会と日本の諸課題

ポイント整理　　　　　　　　　　　　　　　　　　　　　　　本誌P.140・141

1 主義	2	3 G	4
5 技術	6	7 ＝ショック	8 経済
9 主義	10 リズム	11 協定	12 可能な開発目標
13	14 化	15	16 原発事故
17 エネルギー	18		

問題演習　　　　　　　　　　　　　　　　　　　　　　　本誌P.142・143

1

①	②	③	④
⑤	⑥	(1)	(2)
(3)			
(4)		(5)	

2

①	②	③	④
(1)			
(2)	(3)	(4)人物	
問題			

探究型演習Ⅲ　グローバル化と現代的な諸課題

本誌P.144〜147

1

(1)	(2)	(3)

(4)

(5)

(6)	(7)	(8)

(9)

2

(1) i	ii

(2)	(3)	(4)	(5)

(6)人やモノ

経済

情報

資料強化演習

本誌P.148〜152

1

Ⅰ(1)a	b	c	d	e
(2)A	B	C	(3)X	Y
(4)国際関係				
国内経済				

Ⅱ(5)A	C	E	F
(6)人名B	D	政策	(7) → → →

2

Ⅰ(1)①	②	③
(2)ア	イ	(3)

Ⅱ④	⑤	(4)	(5)	(6)

Ⅲ(7)A	B	C
D	(8)	(9)

MEMO